W0461606

Schatz Yoga für den Rücken

Meinem Vater, Dr. med. Richard Murphy Pullig, dem ich meine Wißbegier und die Freude am Lernen verdanke und der mein Vorbild als Helfer der Leidenden wurde.

Meinem Yogalehrer, dem verehrten B.K.S. Iyengar, der mir und weltweit zahllosen Yogaschülern selbstlos sein Wissen und seine in fünfzig Jahre währender Arbeit mit Rückenschmerzpatienten gesammelte Erfahrung vermittelte.

Meinem Mann Walter Frederick Schatz, dessen beständiger Liebe und geduldiger Zuwendung ich verdanke, daß ich dieses Buch schreiben konnte.

Mary Pullig Schatz, M.D.

Yoga für den Rücken

Aus dem Amerikanischen von Ulla Schuler

TRIAS THIEME HIPPOKRATES ENKE

Umschlaggestaltung:
Dominique Loenicker, Stuttgart
unter Verwendung eines Photos von
Fred Stimson/San Francisco

Konzeption der Typographie:
B. und H. Willberg, Eppstein/Ts.

Alle Textphotos:
Clark Thomas/Nashville

Illustrationen:
© 1992 William J. Myers

Die amerikanische Originalausgabe erschien
1992 unter dem Titel
Mary Pullig Schatz »Back Care Basics« bei
Rodmell Press, Berkeley

Die Deutsche Bibliothek – CIP-Einheitsaufnahme

Schatz, Mary Pullig:
Yoga für den Rücken / Mary Pullig Schatz. Aus
dem Amerikan. von Ulla Schuler. [Alle Text-
photos: Clark Thomas]. – Stuttgart: TRIAS –
Thieme Hippokrates Enke, 1994
Einheitssacht.: Back care basics <dt.>

Rüdigerstraße 14,
70469 Stuttgart
Printed in Germany
Druck: Gutmann, Talheim

ISBN 3-89373-274-8

2 3 4 5 6

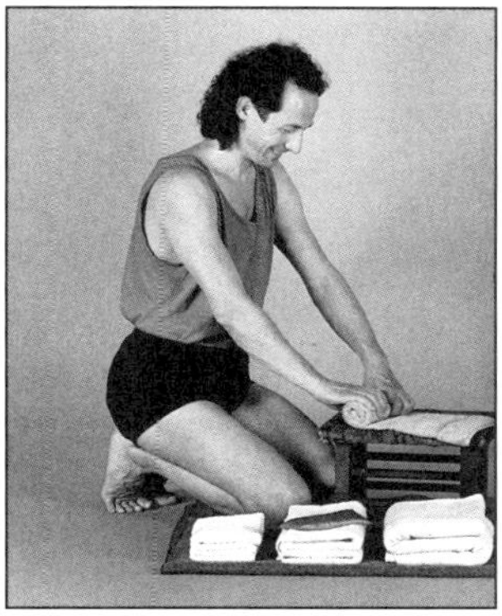

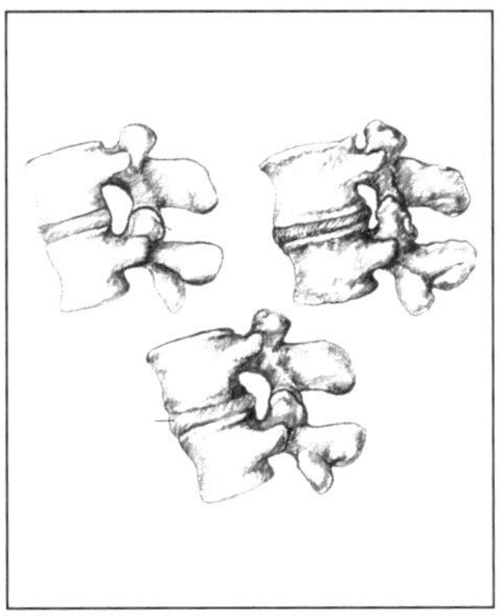

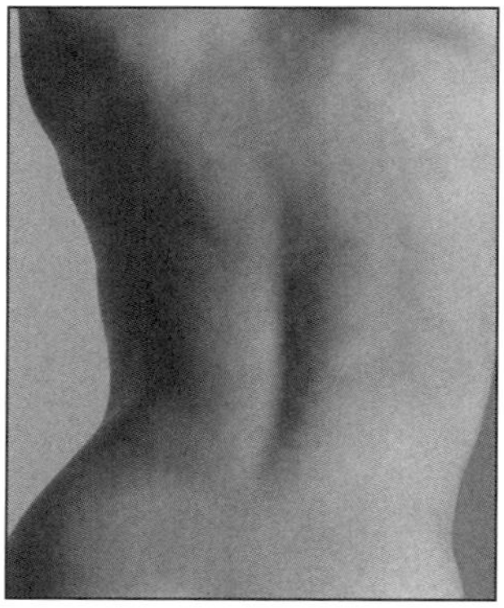

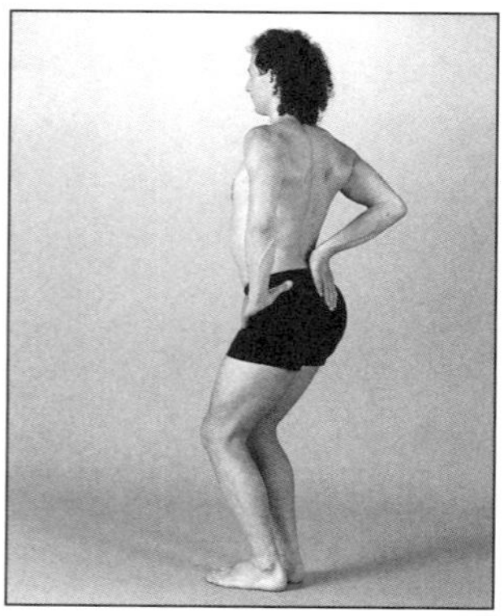

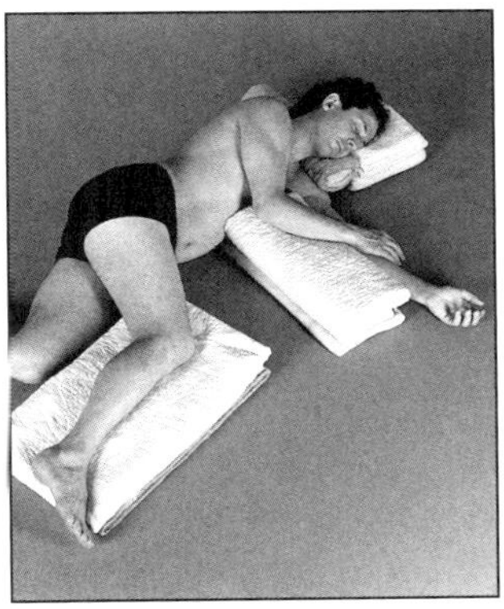

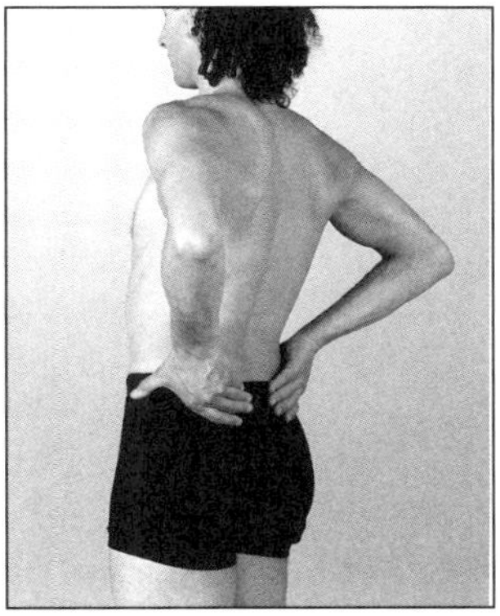

8 Schmerzen im Iliosakralgelenk und Ischias 177

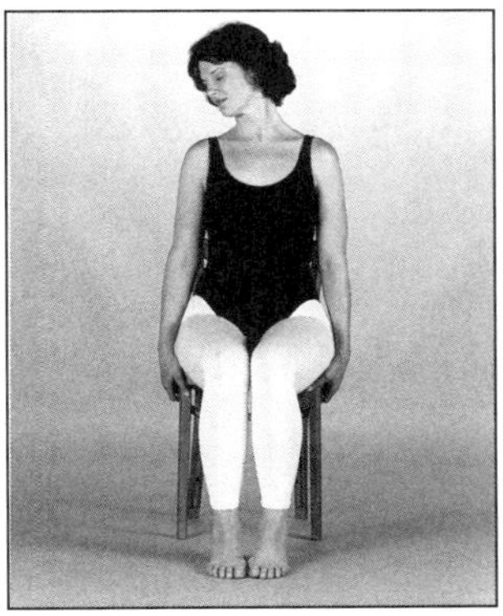

9 Rundrücken, vorgeschobener Kopf und Nackenschmerzen 188

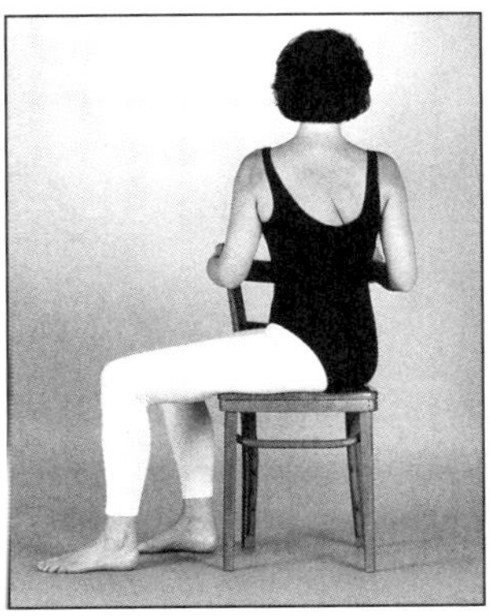

10 Skoliose 210

11 Der weibliche Rücken 229

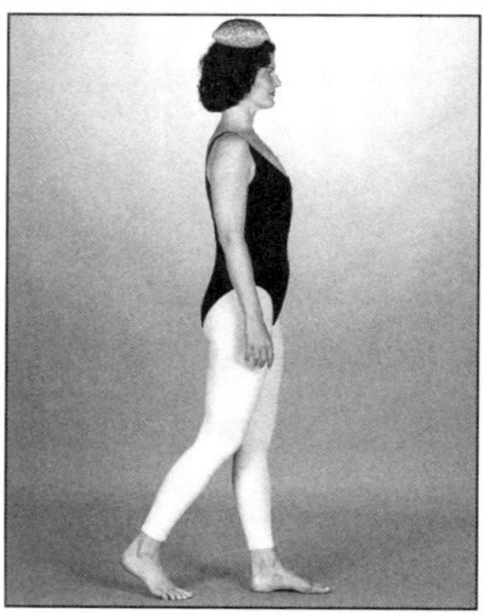

12 Yoga im Alltag 250

Zu diesem Buch

Yoga – das bedeutet Einssein oder Harmonie. Yoga ist sowohl ein philosophisches System als auch angewandte Wissenschaft, beide mit dem Ziel, zur Selbsterkenntnis zu gelangen. Die Wurzeln des Yoga reichen bis ins Dunkel der Vorgeschichte Indiens zurück, erste Darstellungen der Praxis von Yoga finden sich schon in der Industalkultur zwischen 2000 und 4000 vor unserer Zeitrechnung. Yoga ist also sehr alt, aber keineswegs veraltet – vielmehr ist es gerade in unserer Zeit von großem Wert. Yoga bietet uns die Möglichkeit, unser Selbstverständnis durch körperliche Bewegung, Atmung und Meditation zu vertiefen. Die medizinischen Indikationen für Yoga sind zahlreich: Es ist hilfreich bei Herzkrankheiten, Bluthochdruck, Asthma, Problemen des Bewegungsapparates und hier insbesondere zur Vorbeugung und Behandlung von Rückenschmerzen.

Der Rücken des Menschen spiegelt akut und chronisch die Einseitigkeit unserer sitzenden Lebensweise und deren Folgen. Im westlichen Kulturkreis sind Rückenbeschwerden ein sehr häufiges Gesundheitsproblem. Bei Millionen von Amerikanern und Europäern sind sie für Invalidität und Schmerzen verantwortlich und verursachen einen hohen Anteil der Kosten im Gesundheitswesen. Mit ihrer Yoga-Rückenschule gibt uns Frau Dr. Mary Schatz den Schlüssel zur Lösung dieses modernen Dilemmas in die Hand. Für ihr Buch bringt sie ungewöhnliche und ausgezeichnete Voraussetzungen mit. Frau Schatz ist leitende Pathologin und Direktorin des ärztlichen Personals am Centennial Medical Center und West Side Hospital von Nashville, Tennessee. Schon deshalb ist sie mit der Pathologie des kranken Rückens gründlich vertraut. Noch wichtiger ist vielleicht, daß sie selbst unter schweren Rückenschmerzen zu leiden hatte und durch Yoga lernte, ihr Problem in den Griff zu bekommen, und wieder gesund wurde. Sie wurde Schülerin des renommierten Yoga-Meisters B.K.S. Iyengar in Pune, Indien. Er lehrte sie, die traditionellen Yoga-Haltungen so zu modifizieren, daß sie gefahrlos bei akuten Rückenbeschwerden praktiziert werden können. In die Yoga-Rückenschule hat Frau Dr. Schatz ihre langjährigen Erfahrungen mit der Anwendung von Yoga-Prinzipien bei Rückenschmerzpatienten einfließen lassen. Sie ist eine Expertin auf diesem Gebiet.

Ich selbst kann die Erfahrungen von Frau Dr. Schatz nur bestätigen, da mein Leben durch meine nunmehr vierjährige Beschäftigung mit Yoga bereichert wurde. Meine chronischen Hüftgelenksschmerzen, die mich beim Gehen beträchtlich behinderten, sind durch die täglichen Yoga-Übungen vollständig verschwunden. Auch mein Aussehen hat sich verändert, denn Körper, Geist und Seele haben zu größerer Harmonie im Wollen und Können gefunden.

Auch für Ärzte ist die Yoga-Rückenschule ein wichtiges Buch. Sie sollten sich gründlich damit befassen, lehrt es doch, wie Rückenbeschwerden im Alltag zu verhindern sind. Immer mehr niedergelassene Ärzte erkennen, daß Yoga ihren Patienten helfen kann. Ich schicke meine Patienten, die an Herzkrankheiten, Fettsucht und Erkrankungen oder Beschwerden des Bewegungsapparates leiden, zu qualifizierten Yoga-Lehrern, und die Ergebnisse machen ihnen neuen Mut. Frau Dr. Schatz hat uns allen einen großen Dienst erwiesen, indem sie uns dieses altehrwürdige Heilverfahren nahebrachte.

Prof. Dr. med. William Connor

Leiter der Ernährungswissenschaftlichen Abteilung
Medizinische Klinik
Oregon Health Sciences University

Zum Geleit

Mit ihrer Yoga-Rückenschule trägt Frau Dr. Mary Pullig Schatz dazu bei, Rückenschmerzpatienten zu führen und zum aktiven Üben anzuleiten. Sie erklärt Rückenbeschwerden aus der Sicht der westlichen Medizin, bedient sich aber der traditionellen Wissenschaft des Yoga, um umfassende Hilfe zur Selbsthilfe und Selbstheilung zu geben.

Yoga fördert die körperliche Gesundheit und die geistige Klarheit. Außerdem hat es therapeutischen Wert, indem es Wege eröffnet, Krankheiten zu verhüten und zu heilen. Yoga versetzt die verschiedenen Teile des Körpers in die Lage, harmonisch zu funktionieren, es erhält die Zellverbände und Organe gesund und verbessert die Durchblutung und die Atmung – wesentliche Voraussetzungen der Gesundheit.

Frau Dr. Schatz hat die Wirksamkeit des Yoga aufgezeigt, indem sie westliches mit östlichem Gedankengut verschmolz. Klar und einfach hat sie den Aufbau der Wirbelsäule aus Wirbeln und stützenden Muskeln beschrieben, so daß ihre Funktionen für jede und jeden leicht zu begreifen sind. Sie weist auf die angemessenen, beim Üben zu beachtenden Vorsichtsmaßnahmen hin und betont, wie wichtig die Rehabilitation nach Verletzungen und chirurgischen Eingriffen ist. Wunderbar ist, wie sie immer wieder die Wichtigkeit einer geraden Körperhaltung hervorhebt.

Ich hoffe, daß diese Yoga-Rückenschule andere im Gesundheitswesen Tätige ermutigen wird, sich mit Alternativen der Rückenschmerzbehandlung auseinanderzusetzen. Ich freue mich, daß ich das Buchprojekt von Frau Dr. Schatz fördern konnte. Wenn es den Schmerzgeplagten ebenso nützlich ist wie ihren Therapeuten, werde ich noch glücklicher sein, seine Entstehung begleitet zu haben.

B.K.S. Iyengar, Pune, Indien

Vorwort zur deutschen Ausgabe

Als der amerikanische Verleger von „Back Care Basics“ an mich herantrat und anfragte, ob ich bei der deutschen Übersetzung des Buches fachlich behilflich sein könnte, war ich spontan einverstanden.

Meine Erfahrungen als Yoga-Lehrerin der B.K.S.-Iyengar-Methode ließen mich schon nach kurzem Einblick in die englische Originalausgabe erkennen, daß hier ein Yoga-Übungsbuch vorliegt, welches auf dem derzeitigen Buchmarkt außergewöhnlich ist. Deshalb war ich geradezu begeistert, daran mitwirken zu können, dem deutschen Leser dieses Buch zugänglich zu machen.

Im Laufe der Monate ergab sich eine sehr gute Zusammenarbeit mit Frau Ulla Schuler, der verantwortlichen Übersetzerin, und ich kann mit Freude und Genugtuung sagen, daß die klare ansprechende Ausdrucksweise das „Üben zu Hause“ wesentlich leichter macht, was auch ganz im Sinne der Autorin, Frau Dr. Mary Pullig Schatz, ist.

Wir begegnen in der Autorin des Buches der Ärztin, die durch gezielte Yoga-Übungen von ihren Rückenschmerzen befreit wurde und dann den Weg zur Yoga-Lehrerin beschritt. Zu dieser Zeit lernten wir uns im B.K.S.-Iyengar-Institut in Puna kennen.

In jeder Hinsicht ist Frau Dr. Pullig Schatz heute fachlich doppelt gerüstet. Mit den Augen der Medizinerin durchleuchtet sie die praktischen Übungen und versteht es, sie so behutsam aufzubauen, daß sie sich ganz individuell der jeweiligen Körperverfassung des Übenden anpassen. Die Leser sollten sich keinesfalls von der Anzahl der Hilfsmittel abschrecken lassen. Es wird bald deutlich, daß diese wertvollen Stützen sich mit etwas Phantasie in jedem Durchschnittshaushalt finden lassen.

Einleitend macht die Autorin den Laien gut verständlich mit den Grundbegriffen der Anatomie vertraut. Dadurch lernt er nicht nur seinen Körper besser kennen, sondern erfaßt leichter die Ursache seiner Fehlhaltungen, meist auch die Ursache körperlicher Schmerzen, die nicht selten zu Depressionen führen. Im Laufe des Übungsteiles lernt er, Körperhaltungen zu verändern und sich dadurch bewußt anders zu bewegen. Die Angst vor dem Schmerz und dem „Leidenmüssen“ baut sich ab, denn er weiß jetzt, er kann sich weitgehend selbst helfen. Diese optimistische Grundhaltung vermittelt die Autorin dem Leser und Übenden in allen Kapiteln ihres Buches, und das macht es so wertvoll.

Anne Waldenfels

Das Yoga-Studio Hof, Hermann-Löns-Str. 89, 95032 Hof/Saale

Ein guter Rat zum Beginn

Dieses Buch soll Menschen helfen, die an Schmerzen infolge chronischer Überlastung im Bereich des Rückens und Nackens, infolge Arthritis der Wirbelsäule, Osteoporose, prämenstruellen Syndroms, Schwangerschaft oder Skoliose leiden. Die gegebenen Informationen sollen nicht die Behandlung durch einen kompetenten Arzt ersetzen!

Beginnen Sie erst dann mit den Übungen, wenn Sie die ersten vier Kapitel dieses Buches durchgearbeitet haben und nachdem ein erfahrener Arzt oder entsprechend qualifizierter Heilkundiger Sie gründlich untersucht und Sie im Hinblick auf die Übungen dieses Buches beraten hat.

Konsultieren Sie Ihren Gesundheitsberater,

- wenn Ihre Schmerzen sich verschlimmern oder länger anhalten, nachdem Sie mit diesem Übungsprogramm begonnen haben;
- falls der Schmerz auch dann nicht nachläßt, wenn Sie sich in einer der Entspannungshaltungen hinlegen;
- sobald zu den Rückenschmerzen Kopfschmerzen, Erbrechen oder Fieber auftreten;
- wenn die Rückenschmerzen mit einem Verlust der Kontrolle über Blase oder Darm einhergehen;
- wenn in einem oder in beiden Beinen oder Armen ein Gefühl der Schwäche oder Taubheit auftritt.

1 Yoga oder die Rückkehr zur Gesundheit

Dieses Buch lehrt Sie eine ungefährliche, sichere, kostengünstige Methode, Ihren Rücken ohne Einsatz von Medikamenten und ohne chirurgischen Eingriff wieder funktionstüchtig und schmerzfrei zu machen. Sie erlernen ein einfaches und zweckmäßiges Programm, mit dem Sie Ihren Rücken heilen, Ihren Körper wieder in Form bringen und Streß bewältigen können. Sie erfahren, wie ganz normale Aktivitäten im Alltag Ihrem Rücken schaden und wie Sie diese so abändern können, daß Ihnen Schmerzen und Verletzungen künftig erspart bleiben. Sie werden die Frühzeichen einer drohenden „Rückenattacke" schneller erkennen und erfahren, wie Sie diese abwenden können. Vor allem aber werden Sie ein Fitneßprogramm einüben, das sich auf eine Philosophie gründet, die Sie zu gesundheitsbewußtem Verhalten und positivem Denken anregen wird.

Ihre Rückenbeschwerden mögen noch so schlimm sein, eine Rehabilitation und eine Besserung bis hin zur Heilung ist fast immer möglich. Selbst wenn Sie chronische Rückenschmerzen haben, sollten Sie nicht „lernen, damit zu leben", denn die Zukunft hält Besseres für Sie bereit. Auch Sie können wieder ein unabhängiges Leben führen und Schmerzen und Behinderung überwinden.

Die Wirbelsäule ist bei jedem Menschen individuell einzigartig. Deswegen muß ein Übungsprogramm für den Rücken maßgeschneidert und auf Ihre Gelenkigkeit, Ihre Kräfte und Ihre normale Körperhaltung abgestimmt sein. Stehen die Rückenschmerzen in Zusammenhang mit einer Schwangerschaft oder mit dem Menstruationszyklus, müssen Sie Ihren Rücken ganz anders behandeln als etwa bei einer Skoliose oder Osteoporose. Ein allgemeines Übungsprogramm mag wohl Ihre Beschwerden ein wenig lindern, aber ein umfassendes Programm, das Ihre besonderen Schwächen berücksichtigt, hat selbstverständlich viel bessere Aussichten auf einen dauerhaften Erfolg.

Dieses Buch lehrt Sie, sich gezielt Ihr ganz persönliches Bewegungsprogramm für einen gesunden Rücken zu erarbeiten. Sie lernen, Ihre Haltung, Kraft und Gelenkigkeit zu beurteilen und einzuschätzen, wie sich diese Faktoren auf Ihren Rücken auswirken. Außerdem lernen Sie, jede Übung so auf Ihre anatomischen Gegebenheiten abzustimmen, daß sie wohltuend und wirkungsvoll ist. In dem Maße, wie Sie Fortschritte machen, werden Sie dann die Übungsroutine so ändern, daß Sie allmählich mehr Kraft, größere Gelenkigkeit und stärkeres Selbstvertrauen entwickeln. Sie werden eine sicher wirkende Streßbewältigung und Entspannungstechniken einüben.

Obwohl der Rücken thematischer Schwerpunkt dieses Buches ist, wendet es sich auch an jene, die unter Nackenschmerzen leiden. Indem die Übungen den Rücken lockern, kräftigen und wieder in die korrekte Haltung ausrichten, stellen sie gleichzeitig das störanfällige biomechanische Gleichgewicht des Nackens wieder her.

Das Übungsprogramm hat mich selbst von meinen Rückenbeschwerden befreit, und meine mehr als dreizehnjährige Erfahrung mit Patienten und Yogaschülerinnen und Yogaschülern, die an chronischen Rücken- und Nackenschmerzen litten, ist darin verarbeitet. Grundlage ist die traditionelle Kunst des Hatha Yoga, die von B.K.S. Iyengar, einem der einflußreichsten Yogalehrer unserer Zeit, weiterentwickelt wurde.

Was ist Yoga?

Die Wurzeln des Yoga finden wir in der Hindu-Kultur Indiens, was zu dem verbreiteten Mißverständnis geführt hat, Yoga sei eine Religion. Doch genausowenig, wie Sie Buddhistin oder Buddhist werden müssen, um die japanischen Kriegskünste Karate und Aikido ausüben zu können, müssen Sie zum Hinduismus übertreten, wenn Sie Yoga praktizieren wollen. Vielmehr ist Yoga alles andere als sektiererisch oder religiös gebunden, sondern fördert die Gesundheit und lehrt Sie, im Einklang mit sich selbst zu leben.

Hatha Yoga überliefert unserer modernen Lebensweise die Kunst, den Körper durch ein sehr ausgefeiltes System von Körperhaltungen, Bewegungen und Atemtechniken zu heilen. Die Übungen beanspruchen jedes unserer Gelenke in seinem gesamten Bewegungsumfang – sie kräftigen, dehnen und harmonisieren jedes einzelne. Regelmäßig geübt, fördern die Yoga-Haltungen und -Atemtechniken die körperliche und geistig-seelische Gesundheit.

Von anderen Übungsweisen zur Rehabilitation unterscheidet sich Yoga dadurch, daß es den ganzen Menschen fordert. Die auf dem Yoga gründenden Entspannungstechniken, Dehnungs- und Kräftigungsübungen dieses Buches sind deshalb wirksam, weil Ihr Geist sich meditativ in Ihre Bewegungen, Ihre Haut- und Muskelempfindungen und die entspannte Atmung versenkt. Geist und Körper arbeiten zusammen und schaffen ein physiologisches und psychologisches Milieu, welches die heilenden Kräfte in uns weckt und optimiert.

Steter Tropfen höhlt den Stein, lautet eine Redensart. Ebenso wirkt Yoga langsam, aber sicher im Sinne einer Heilung und Erneuerung der Gewebe des Rückens und des muskulären und knöchernen Stütz- und Bewegungsapparates insgesamt. Gleichzeitig trägt Yoga dazu bei, daß Sie sich von den psychischen Folgen Ihrer Schmerzen und Ihrer Behinderung erholen.

Die in diesem Buch vorgestellte Version des Hatha Yoga nach B.K.S. Iyengar vermittelt den Lernenden Kraft und Ausdauer, wobei sie die biomechanisch relevanten Prinzipien einer ausgeglichenen Körperhaltung und korrekter Bewegung berücksichtigt. Die Yoga-Haltungen werden den Bedürfnissen und Fähigkeiten des einzelnen Schülers individuell angepaßt. Da der ganze Körper koordinierte Bewegungen ausführt (im Gegensatz zum Krafttraining isolierter Muskelgruppen, wie z.B. beim Gewichtheben), werden die Haltung und die Körpermechanik bei Alltagsaktivitäten grundlegend verbessert. Auf diese Weise gelingt es, den Teufelskreis aus Schmerz und falschen Bewegungsabläufen (Körpermechanik) zu durchbrechen und aufzulösen.

Durch das Üben der Yoga-Haltungen bekommen Sie eine unmittelbarere Körperwahrnehmung, die Sie künftig bei den ersten Anzeichen einer Überlastung des Rückens warnen wird. Diese neue Wahrnehmungsfähigkeit verhindert auch, daß Sie alte eingefahrene Bewegungen wiederholen. So erhält Ihr Körper die Chance, sich auf neue Weise zu bewegen und zu reagieren, und die Chance nimmt zu, daß Sie die bei den Yoga-Lektionen erlernten Bewegungsabläufe in Ihrem Alltag übernehmen.

Einer der größten Vorzüge des Yoga besteht darin, daß es die katastrophalen Wirkungen von Schmerz, Behinderung und Streß auf Leib und Seele bekämpfen hilft. Während Sie sich mit wachen Sinnen die Übungen zur Rehabilitation erarbeiten, lernen Sie einiges über die Ursachen von Schmerz in Ihrem Körper und deren Zusammenhang mit Gefühlen, Empfindungen, Erfahrungen und Erwartungen. Yoga als Übungsbehandlung gibt Ihnen große Kraft, um mit den Wechselfällen des Lebens besser umzugehen.

Durch Yoga erwerben Sie Flexibilität, innere Kraft und Selbstbewußtsein. Bereits nach wenigen Lektionen spüren Sie die positiven Veränderungen an Leib und Seele. In dem Maße, wie Ihr Körper flexibel wird, wird es auch Ihr Denken. So wie Ihre Muskeln kräftiger werden, wächst auch Ihre innere Kraft. Indem Sie lernen, für Ihren Rücken zu sorgen, lernen Sie auch, unter jedem Aspekt Ihres Lebens besser für sich zu sorgen.

Über den Umgang mit diesem Buch

Ich weiß, daß Sie am liebsten auf der Stelle mit den Yoga-Übungen beginnen würden, aber bitte beherrschen Sie sich zunächst und überspringen Sie die nächsten Seiten nicht. Wenn Sie von diesem Programm wirklich profitieren sollen, sind das Wissen und die Einsichten, die Ihnen die folgenden drei Kapitel vermitteln werden („Lernen Sie Ihren Rücken kennen", „Beweglich werden nach einer Verletzung oder Operation" und „Lernen Sie, Ihre Gelenkigkeit und Haltung zu beurteilen"), unerläßlich. In den genannten Kapiteln lernen Sie nämlich, worauf Sie bei den anschließenden „Übungskapiteln" besonders achten müssen.

Nachdem Sie mit Hilfe des 4. Kapitels Ihre Gelenkigkeit und Haltung beurteilt haben, gehen Sie gut vorbereitet mit diesem Buch zu Ihrem Arzt oder Rückenschmerztherapeuten (Krankengymnastin) und besprechen Sie mit ihm die Übungen, die Sie zu machen gedenken. Bitten Sie, bevor Sie mit dem Üben beginnen, um die professionelle Betreuung Ihres Therapeuten. Falls Sie an einer schweren Osteoporose leiden, ist es ganz unabdingbar, daß Sie Ihren Arzt konsultieren, bevor Sie anfangen, die Yoga-Rückenschule oder irgendein beliebiges Bewegungsprogramm zu praktizieren.

Die Kapitel 5 bis 7 bauen aufeinander auf: Im 5. Kapitel – „Entspannungstechniken" – lernen Sie, Ihren Rücken zu entmüden und zu entspannen. Daran schließt sich im 6. Kapitel – „Statische Grundübungen" – eine vorsichtige Haltungskorrektur an. Sobald Sie mit den Entspannungstechniken und den statischen Grundübungen vertraut sind, gehen Sie zu den „dynamischen Bewegungsübungen" (Drehübungen, Balance- und Umkehrübungen) des 7. Kapitels über, durch die Sie Kraft und Ausdauer erwerben. Am Ende jedes Kapitels finden Sie zum Einstieg jeweils einen übersichtlichen Übungsplan. Um optimal von diesem Programm zu profitieren, sollten Sie zweckmäßigerweise auf Übungen, die Sie, wenn überhaupt, bislang gemacht haben, verzichten. Fangen Sie ganz neu und unbefangen mit Yoga an.

Lesen Sie ruhig auch schon die Kapitel 12 und 13 („Yoga im Alltag" und „Üben ohne Risiko"), wenn Sie gerade erst anfangen, mit diesem Buch zu arbeiten. Sie erfahren daraus nämlich, wie bestimmte Sportarten und Alltagsaktivitäten Ihren Rücken gefährden können. Dann begreifen Sie, welche besonderen Anforderungen diese Aktivitäten an Ihren Rücken stellen, und lernen, sich risikoarm zu bewegen.

Falls Sie ein spezielles Rückenproblem haben, etwa eine Skoliose, einen Rundrücken oder eine funktionelle Störung im Iliosakralgelenk, arbeiten Sie die entsprechenden Kapitel (8. bis 10. Kapitel) sowie die Kapitel 5 bis 7 durch. Das 13. Kapitel – „Der weibliche Rücken" – befaßt sich mit speziellen weiblichen Problemen wie Schwangerschaft und Mutterschaft sowie mit Rückenschmerzen infolge eines prämenstruellen Syndroms, einer Endometriose oder Osteoporose.

Benutzen Sie die Tagebuchseiten am Ende des Buches; notieren Sie darin, welche Einzelziele Sie sich gesetzt und wann Sie das jeweilige Ziel erreicht haben. Ein Beispiel zeigt die Abbildung **1**. Setzen Sie sich einige Nah- und einige Fernziele. Was möchten Sie am liebsten wieder tun können? Während eines Kinofilms beschwerdefrei sitzen? Acht Stunden arbeiten? Einen Kilometer gehen können? Denken Sie positiv. Setzen Sie sich realistische Ziele. Stellen Sie sich bildlich vor, Sie hätten Ihr Ziel bereits erreicht.

Tagebuch: Zielsetzungen für den Rücken

Datum	gesetztes Ziel	Ziel erreicht, Datum
1.4.92	Ohne Schmerzen eine Kinovorstellung durchhalten	6.9.92 Hurrah!!

Abb. 1 Tagebuchseite mit Formulierung der Zielsetzung

Abb. 2 Yoga-Hilfsmittel

Der Schlüssel zum Durchhalten ist die Überzeugung, daß es Ihnen gelingen wird, Ihre Schmerzen in den Griff zu bekommen und das Risiko zu minimieren, daß sie wiederkehren. Wenn Sie beharrlich an sich arbeiten, werden die Schmerzen bald der Vergangenheit angehören. Allmählich werden Sie Ihre Bewegungsabläufe ändern und dabei Ihre Haltung und Ihren Rücken normalisieren. Mit der Zeit werden dann Ihre Rückenschmerzattacken milder verlaufen und seltener auftreten.

Hilfsmittel für die Yoga-Übungen

Bei den folgenden Übungen werden verschiedene Hilfsmittel aus der häuslichen Umgebung verwendet, mit denen Sie die einzelnen Übungen Ihren individuellen Bedürfnissen entsprechend abwandeln können. Diese Yoga-Hilfsmittel reichen von Büchern und Decken über Türgriffe zu Tisch und Wand. Gefaltete und zusammengerollte Handtücher werden bei vielen Rückwärtsbeugen benutzt, um zu stützen und um die natürlichen Krümmungen der Wirbelsäule hervorzuheben. Für viele Haltungen werden auch Decken benötigt. Am praktischsten sind Decken aus Wolle oder schwerer Baumwolle. Wärmedecken und flauschige Dekken aus Kunstfaser sind zu weich und werden zu stark zusammengedrückt, als daß sie festen und sicheren Halt geben könnten. Manchmal brauchen Sie auch einen Stuhl, um Haltungen zu üben, die anders zu belastend sein könnten.

Yoga-Hilfsmittel können auch bewirken, daß Sie Ihren Körper besser wahrnehmen. Wenn Sie beispielsweise mit einem Säckchen Trockenbohnen oder Reis auf Ihrem Kopf sitzen, stehen oder gehen, merken Sie, wie Sie sich gerade halten müssen.

Der Hauptnutzen der Hilfsmittel besteht darin, daß sie Ihnen die Angst nehmen, auszurutschen oder zu stürzen. Entfällt das Moment der Angst, können Sie Ihre ganze Geschicklichkeit auf die Ausführung der Yoga-Haltungen konzentrieren. Üben Sie nicht auf lose liegenden Teppichen, denn bei den Übungen im Stehen können Ihnen dann leicht die Füße wegrutschen. Sehr wichtig ist eine rutschfeste Unterlage wie Linoleum oder ein Holzfußboden. Wenn diese Ihnen nicht zur Verfügung stehen, gibt eine rutschfeste Yoga-Matte Ihren Füßen bei den Übungen im Stehen sicheren Stand und bietet außerdem ein angenehmes Polster bei Übungen im Knien und bei Rückwärtsbeugen.

Die Abbildung **2** zeigt eine Auswahl der Hilfsmittel, die Sie brauchen werden, wenn Sie mit diesem Buch arbeiten:

- Bohnensäckchen (oder mit Sand oder Reis gefüllte Säckchen),
- Gürtel (aus Baumwolle geknüpft und mit D-förmiger Schnalle versehen),
- Decken (oder Yoga-Polster),
- Limonaden- oder Konservendosen,
- solider Stuhl (mit flachem Sitz),
- Augensäckchen (reisgefüllter Stoffsack zum Bedecken der Augen) oder ein gefaltetes Gesichtshandtuch,
- rutschfeste Matte (oder andere rutschfeste Unterlage, z.B. Linoleum-, Holz-, Korkfußboden),
- Seil (Baumwolle, Hanf),
- Socken,
- Hocker,
- Handtücher,
- Holzklotz (oder gebundene dicke Bücher).

Daneben brauchen Sie noch einen Türrahmen, eine Tür, einen Türknopf, einen Tisch und eine Wand.

Yoga-Kurse und Yoga-Lehrer

Während der ersten Phasen Ihrer Rückengesundung ist es wahrscheinlich am sichersten, wenn Sie mit diesem Buch allein oder mit einem erfahrenen Yoga-Lehrer arbeiten. Ideal wäre eine Lehrerin oder ein Lehrer, die Erfahrung mit dem Einsatz von Yoga zur Rehabilitation nach Rückenverletzungen haben. Nachdem Sie eine Zeitlang Privatstunden genommen haben, möchten Sie vielleicht einen Anfängerkurs besuchen. Sollten Sie niemand für privaten Unterricht finden, lernen Sie die Entspannungstechniken, die statischen Grundübungen und die dynamischen Bewegungsübungen der Kapitel 5, 6 und 7 und eignen sich das im 12. Kapitel beschriebene Yoga für den Alltag an. Danach können Sie sich zu einem Anfängerkurs anmelden.

Eine Yoga-Lehrerin oder einen -Lehrer müssen Sie mit Bedacht wählen. Besuchen Sie eine Probestunde, bevor Sie an einem Kurs teilnehmen. Ist die Gruppe klein genug, daß jede Teilnehmerin sich ungehindert bewegen kann und individuelle Betreuung erhält? Gibt die Lehrerin oder der Lehrer einzeln Hilfestellung? Nimmt sie oder er Korrekturen vor? Werden die Haltungen den Schwächen und den besonderen Bedürfnissen der einzelnen Kursteilnehmer angepaßt? Gefällt es Ihnen, wie der Stoff vermittelt und die Gruppe geleitet wird? Ist der äußere Eindruck erfreulich und macht es Spaß?

Wollen Sie an einem Kurs teilnehmen, ohne sich zu gefährden, dann muß Ihre Lehrerin imstande sein, die Yoga-Haltungen nach Ihren Bedürfnissen zu variieren. Manche haben ihr Zeugnis nach einer Yoga-Schulung von nur wenigen Wochen erhalten, und viele Lehrer sind kaum oder gar nicht ausgebildet, die Gelenkigkeit zu prüfen, die Haltung zu beurteilen oder Übungen den Kursteilnehmerinnen so anzupassen, daß sie diese ohne Gefahr ausführen können. Dagegen umfaßt die Ausbildung eines Iyengar-Yoga-Lehrers ein gründliches Studium der Anatomie, der Physiologie, der Philosophie des Yoga und der Anpassungsmöglichkeiten von Yoga-Übungen an individuelle Bedürfnisse. Im Anhang finden Sie Adressen von Schulen für Iyengar-Yoga in Deutschland, Österreich und der Schweiz. Ansonsten können Sie Adressen von Iyengar-Yoga-Lehrern beim Arbeitskreis für Iyengar-Yoga in Deutschland (Anhang) erfragen.

Dieses Buch enthält eine Fülle von Ratschlägen und Anregungen, die genügen, Sie mehrere Jahre zu beschäftigen – das soll Sie freilich nicht abschrecken. Die Übungspläne am Ende eines jeden Kapitels müssen Sie nicht Punkt für Punkt befolgen. Falls Sie wenig Zeit haben oder für eine umfassende Übungsreihe nicht in Stimmung sind, machen Sie nur eine Übung. (Diese wird Ihnen vielleicht so gut tun, daß Sie beschließen, noch eine oder zwei weitere zu machen!) Blättern Sie in den Entspannungs- und den Grundübungen, suchen Sie sich ein, zwei Haltungen aus, die aussehen, als würden sie Ihnen wohltun, und fangen Sie damit an. Wenn Sie nur täglich eine Haltung üben, ist das bereits ein Schritt in die richtige Richtung. Setzen Sie sich nicht das lobenswerte, aber vielleicht unrealistische Ziel, jeden Tag so und so lange zu üben, denn das könnte Sie hindern, überhaupt etwas zu tun.

Wichtig ist, daß Sie sich überhaupt auf den Weg machen, wieder zur Gesundheit zu gelangen. Dieses Buch soll Sie als Straßenkarte begleiten.

2 Lernen Sie Ihren Rücken kennen

Wenn Ihr Rücken gesund werden soll, müssen Sie ihn erst einmal kennen. Rückenschmerzen beruhen meist auf einer komplizierten Kombination von Faktoren, einschließlich der Haltung, angeborener Störungen und der Einstellung zum Leben. Wenn Sie Ihren Schmerz als ein von Ihrem übrigen Leben isoliertes Geschehen betrachten, kann dies Sie daran hindern, schmerzerhaltende Gewohnheiten zu ändern.

Rückenbeschwerden kommen nicht von ungefähr. Die Wirbelsäule ist kein isolierter Körperteil. Soll ein therapeutischer Versuch, chronische Rücken- oder Nackenverspannungen zu beseitigen, erfolgreich sein, muß die Wirbelsäule als integraler Bestandteil des ganzen Menschen betrachtet werden.

Folgende Faktoren beeinflussen den Zustand Ihres Rückens:

- genetisches Erbe;
- Wohnung, Beruf, Weg zur Arbeit, Spiel, Familie und Bekanntenkreis;
- Hoffnungen, Träume, Fähigkeiten, Siege und Niederlagen;
- Ernährung, Körpergewicht, Fettverteilung;
- Medikamente und Drogen/Genußmittel.

Jeder einzelne dieser Faktoren kann Ihre Gesundheit allgemein und die Ihres Rückens im besonderen günstig oder nachteilig beeinflussen. Deshalb muß die Behandlung des Rückens, soll sie erfolgreich sein, den ganzen Menschen einbeziehen.

Der ganze Körper beeinflußt den Rücken. Es besteht eine wechselseitige Beeinflussung zwischen der mechanischen Funktion der Wirbelsäule und der Ausrichtung, Biegsamkeit und Stärke vieler Körperteile, nämlich:

- Ausrichtung von Fuß, Knie und Bein;
- Muskelkraft von Beinen, Gesäß und Bauchwand;
- Vorwölbung des Bauches (wie beim Bierbauch oder bei Schwangerschaft);
- Beweglichkeit der Hüftgelenke;
- Längsachse des Beckens (nach vorne, hinten oder seitlich geneigt);
- Form (Kurvatur) und Biegsamkeit der Lendenwirbelsäule (das „Kreuz“);
- Form (Kurvatur) und Biegsamkeit der Brustwirbelsäule (oberer Teil der Wirbelsäule);
- Haltung des Schultergürtels und freie Beweglichkeit der Arme in den Schultergelenken;
- Form der Halswirbelsäule;
- Stellung des Kopfes in Beziehung zu den Schultern.

Angenommen, Ihre Schultergelenke wären nicht frei beweglich, dann würden Sie das, wenn Sie die Arme über den Kopf heben müssen, ausgleichen, indem Sie ein Hohlkreuz machen. Eine falsche Ausrichtung der Füße, Knie und Beine (z.B. Sichelfüße, Plattfüße, Beinlängendifferenzen) wird nach oben weitergegeben und führt zu einer Fehlstellung des Beckens und der Wirbelsäule. Wenn Sie den Kopf vor die Schultern gereckt tragen, werden die Muskeln des Nackens und der oberen Rückenregion überlastet, und Sie bekommen davon Nackenschmerzen und Spannungskopfschmerzen.

Auch Ihr gesamter Tagesablauf beeinflußt Ihren Rücken. Jede Aktivität kann entweder heilsam oder schädlich sein. Beobachten Sie genau, was jeweils welche Wirkung hat, also Schlaf, Arbeit, Autofahren, Hausarbeit, Sport und Freizeitaktivitäten wie Lesen und Fernsehen (siehe 12. Kapitel „Yoga im Alltag").

Soll die Pflege des Rückens optimal wirken, darf sie nicht auf eine Übungszeit begrenzt bleiben, sondern muß in eine neue Lebensweise integriert werden. Stellen Sie sich mal einen Menschen vor, dessen Rückenschmerzen mit einer schlechten Haltung und einem ergonomisch falschen Bewegungsablauf bei der Berufstätigkeit (acht Stunden), dem Weg von und zur Arbeit (zwei Stunden), dem Schlaf (acht Stunden) und dem abendlichen Abschalten beim Fernsehen (zwei Stunden) zusammenhängen. Eine Stunde therapeutischen Übens kann unmöglich zwanzig Stunden verheerender Bewegungsabläufe wieder wettmachen.

Anatomie und Funktion der Wirbelsäule

Wenn Sie die Anatomie der Wirbelsäule kennen, werden Ihnen die Ursachen Ihrer speziellen Rückenbeschwerden viel leichter verständlich.

Die Wirbelsäule besteht aus einer Reihe raffiniert übereinander gepackter ringförmiger knöcherner Teilstücke, den Wirbeln (vertebrae), die durch ein kompliziertes System von Muskeln und Bändern gehalten werden. Der Wirbelkanal, der vorne von den Wirbelkörpern, hinten von den knöchernen Wirbelbögen gebildet wird, deren Fortsätze sich am Rücken übereinanderschieben, schützt das Nervengewebe des Rückenmarks.

Die Arme und Beine sowie der Brustkorb sind über den Schultergürtel, die Rippen und das Becken mit der Wirbelsäule verbunden. Das Gewicht des Kopfes ruht auf dem oberen Ende der Wirbelsäule. Deswegen wirkt sich jede Bewegung des Körpers auf die Wirbelsäule aus und umgekehrt. Wird z.B. der Kopf nicht in der richtigen Balance gehalten, wird die natürliche (nach vorne konvexe) Krümmung der Halswirbelsäule beeinträchtigt. Sind die Arme oder Beine nicht im vollen Umfang beweglich, dann muß die Wirbelsäule dies durch zusätzliches Beugen und Drehen ausgleichen. Wenn umgekehrt die Wirbelsäule nicht

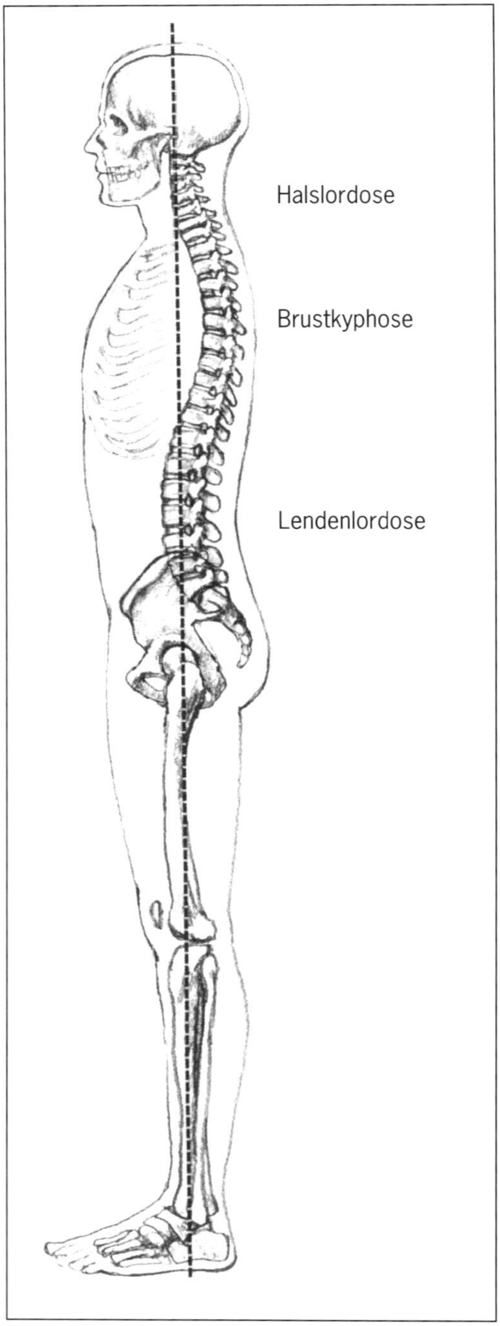

Abb. 3 Die Wirbelsäule und ihre Krümmungen

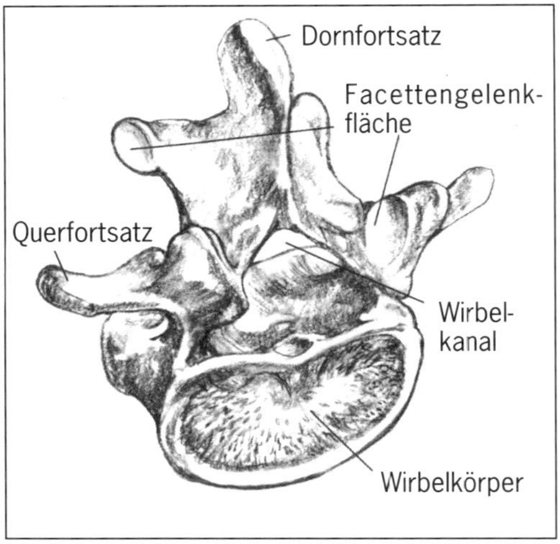

Abb. 4 Lendenwirbel

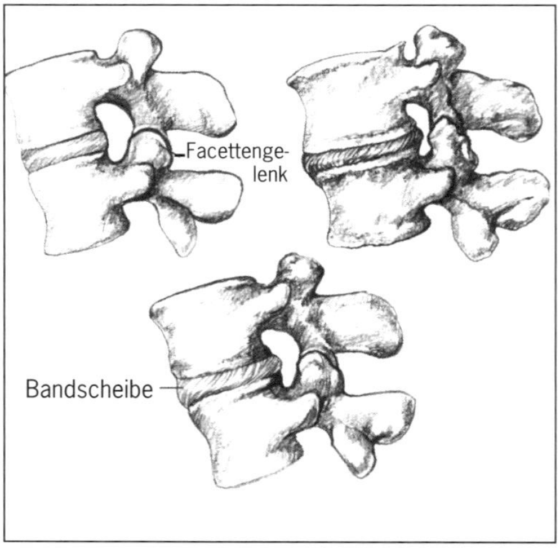

Abb. 5
Zwei Lendenwirbel, seitliche Ansicht.
A Normal, B u. C Abflachung der Bandscheibe. Vergleichen Sie die Ränder der Knochen links mit den unregelmäßigen, arthritischen Knochenveränderungen rechts. (Nach *The Intervertebral Disc* von A.F. de Palma u. R.H. Rothman; mit freundlicher Erlaubnis der W.B. Saunders Co., Philadelphia 1970)

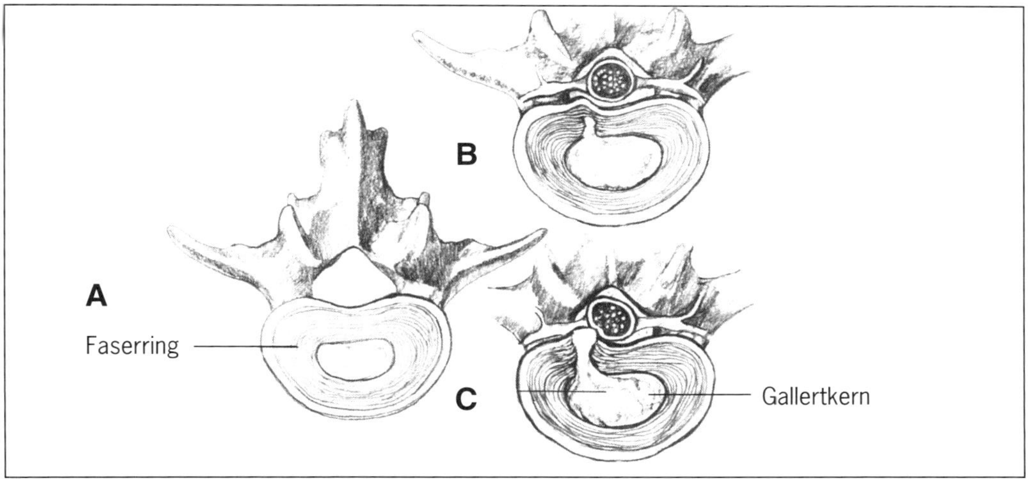

Abb. 6 A normale, B vorgewölbte und C vorgefallene Bandscheibe. (Nach *The Intervertebral Disc* von A.F. de Palma u. R.H. Rothman; mit freundlicher Erlaubnis der W.B. Saunders Co., Philadelphia 1970)

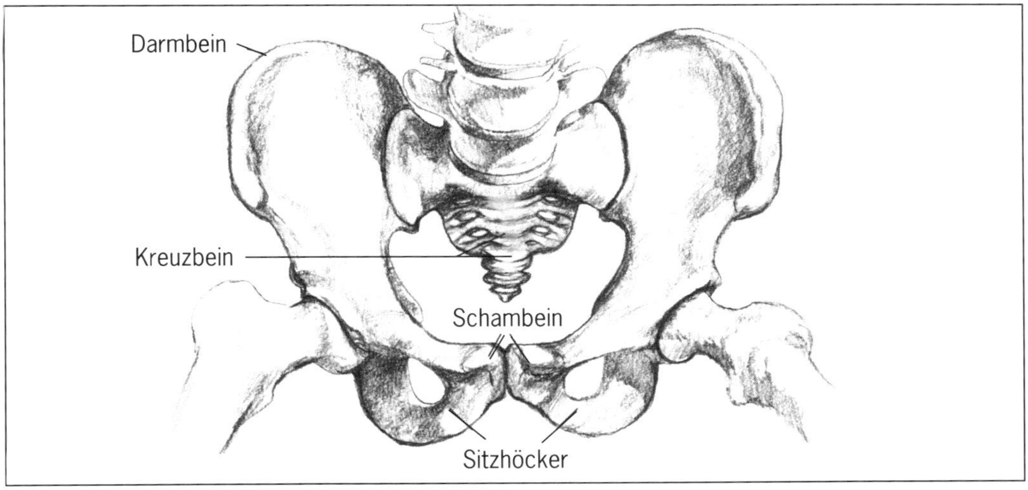

Abb. 7 Kreuzbein und Becken

ganz funktionstüchtig ist, können sich die Arme, die Beine und der Kopf ebenfalls nicht frei bewegen. Und wenn die Wirbelsäule nicht ordentlich ausgerichtet ist, werden die inneren Organe zusammengedrückt.

Die natürlichen Krümmungen der Wirbelsäule sind lebenswichtig, denn sie ermöglichen erst, daß die Erschütterungen während des Gehens, Laufens oder Sitzens in einem fahrenden Wagen wie von Stoßdämpfern aufgefangen werden. Die natürlichen Verbiegungen geben der Wirbelsäule eine Stärke und Elastizität, die das Vielfache einer geraden starren Säule beträgt. Vergleichen Sie analog die Stoßdämpfung einer Metallfeder und einer starren Stange. Wenn Sie das Ende einer Stange auf eine harte Oberfläche schlagen, spüren Sie einen unangenehmen heftigen Stoß. Tun Sie das gleiche mit einer Spiralfeder aus dem gleichen Material, wird die Kraft, statt sich auf Ihren Körper zu übertragen, von der Feder geschluckt.

Von der Seite erkennen Sie die Krümmungen der Wirbelsäule (Abb. **3**):

- zervikal (Nackenbereich): nach vorne konvex, sogenannte Halslordose;
- thorakal (oberer Abschnitt; Brustwirbelsäule): nach hinten konvex, sogenannte Brustkyphose;
- lumbal (unterer Abschnitt; Lendenwirbelsäule): nach vorne konvex, sogenannte Lendenlordose.

Diese natürlichen Krümmungen der Wirbelsäule befinden sich in der Sagittalebene des Körpers. (Auf die Abweichungen nach der Seite, die Skoliosen, komme ich später zu sprechen.) Sind die genannten Kurvaturen zu ausgeprägt oder zu schwach, können als Folge Funktionsstörungen, Schmerzen und Krankheiten auftreten.

Die Wirbel

Die Lendenwirbel sind sehr kompakte Gebilde (ihr Durchmesser beträgt etwa 5 cm), was ihre gewichtstragende Funktion spiegelt. Die Halswirbel, die nur den Kopf tragen müssen, sind entsprechend kleiner. Bei den Wirbelkörpern handelt es sich um feste, grob zylindrisch geformte Knochenstücke, die übereinander gestapelt und durch Zwischenwirbelscheiben („Bandscheiben"; wir werden im weiteren Text diesen nicht ganz korrekten Begriff benutzen, weil er sich eingebürgert hat) voneinander getrennt sind (Abb.**4**). Zur Rückseite jedes Wirbelkörpers hin breiten sich beidseits knöcherne Fortsätze aus, die sich zu den Wirbelbögen zusammenfügen. Gemeinsam bilden sie den Wirbelkanal, der das Rückenmark schützt. An diesen knöchernen Fortsätzen (sie heißen Processus spinosus und Processus transversus) sind die Beuger- und Drehermuskeln angewachsen.

Am Ende eines jeden Querfortsatzes befindet sich eine kleine rundliche flache Fläche, die Facette; ihre Form erinnert an die Facette eines geschliffenen Edelsteins (Abb. **5**). Die Facetten jedes Wirbels sind mit den Facetten des Wirbels darüber bzw. darunter gelenkig verbunden (Facettengelenke). Die Neigung der Facettenflächen bestimmt die Richtungen, in die sich der Wirbel bewegen kann. Rücken- oder Nackenschmerzen, die einen Bandscheibenvorfall vermuten lassen, können auch durch Anomalien der Facettengelenke (z.B. Arthritis) verursacht sein.

Zwischenwirbelscheiben oder Bandscheiben

Sie müssen nur den Aufbau der Zwischenwirbelscheiben begreifen, dann wird Ihnen die Funktion und die Dysfunktion dieser Stoßdämpfer – Ursache ungezählter Rückenschmerzen – ohne weiteres klar sein.

Die Bandscheiben sind dicke Knorpelpolster zwischen den Wirbelkörpern. Direkt übereinandergestapelt machen sie ein Viertel der Länge der Wirbelsäule aus. Diese Scheiben dienen als Stoßdämpfer und erlauben größere Bewegungen der Wirbel gegeneinander, als bei direktem Kontakt der Wirbelkörper möglich wären. Am wichtigsten aber ist, daß sie, wenn die Wirbelsäule gebeugt wird, das Gewicht auf eine große Fläche verteilen. Wenn die Bandscheiben degenerieren, konzentriert sich dieses Gewicht auf die Kanten der Wirbel, und das führt zu Zackenbildung (Knochensporn).

Die Zwischenwirbelscheiben bestehen aus einer besonderen Knorpelart, nämlich Faser- oder Bindegewebsknorpel (Fibrocartilago), das ist eine Kombination aus Knorpel und Bindegewebe. Der äußere Rand der Scheiben, der aus sehr straffen ringförmig angeordneten Bindegewebsfasern und Knorpelzellen gebildet ist, heißt Anulus fibrosus (Faserring). In der Mitte der Scheibe befindet sich der Nucleus pulposus oder Gallertkern, eine weiche, quellfähige gelatineartige Substanz. Wenn der feste äußere Faserring schwach wird oder reißt, kann der Gallertkörper sich von innen vorwölben oder durch die Lücke herausquellen (Bandscheibenvorfall). Er drückt dann auf die austretenden Spinalnerven, was äußerst schmerzhaft ist (Abb.**6**).

Die Nährstoffversorgung des gallertigen Bandscheibenkerns wird durch seine Quell- und Absorptionsfähigkeit ermöglicht. Da die Scheiben über keine eigenen Blutgefäße verfügen, müssen sie ihre Schwammeigenschaft nutzen, um Nährstoffe aus den umgebenden Geweben anzusaugen und zu absorbieren. Im Ruhezustand ohne Gewichtsbelastung verdicken sich die Bandscheiben, indem sie Flüssigkeit aufnehmen. Deshalb wird die Wirbelsäule während der Nachtruhe um etwa 2,5 cm länger. Unter Belastung wird diese Flüssigkeit in die benachbarten Weichgewebe und Wirbel zurückgequetscht, um während der nächsten Ruhephase durch frische Flüssigkeit ersetzt zu werden. Wird dieser normale Regenerationsmechanismus durch schlechte Haltung oder Verlust der Elastizität behindert, werden die Bandscheiben dünn, brüchig und verletzungsanfällig. Ärzte bezeichnen diesen Zustand als degenerative Erkrankung der Bandscheiben. Sie kann eine Vorwölbung oder einen Vorfall der Bandscheibe zur Folge haben. Die Bewegungsprinzipien des therapeutischen Yoga – „öffnen" (Raum schaffen in einem Körperbereich), „durchtränken" (Blut und Flüssigkeit veranlassen, eine Region zu durchfluten und zu reinigen) und „quetschen" (Flüssigkeit aus einer Region herauspressen) – nutzen die Physiologie der Bandscheibe für die Heilung.

Rückenmark und Nervenwurzeln

Das Rückenmark ist eine Fortsetzung des Gehirns und enthält ein Bündel von Nerven, die im Wirbelkanal abwärts ziehen. Dieser wird durch die bereits erwähnten Wirbelbögen gebildet. Zweigt ein Nerv aus dem Rückenmark ab, so verläßt er die Wirbelsäule durch das Foramen intervertebrale (eine Lücke zwischen zwei Wirbeln). An dieser Austrittsstelle kann der Nerv sehr leicht durch eine vorgewölbte oder vorgefallene Bandscheibe zusammengedrückt werden.

Kreuzbein und Becken

Das Becken wird durch eine trichterförmige Gruppe relativ flacher Knochen gebildet. Am Rücken ist es höher als an der Bauchseite. Da die gelenkigen Verbindungen zwischen den Beckenknochen nur einen sehr geringen Bewegungsumfang zulassen, funktioniert das Becken praktisch wie ein einziger Knochen (Abb. **7**). Der Endabschnitt der Wirbelsäule, das Steißbein und das Kreuzbein (sacrum, ein flacher dreieckiger Knochen), das aus der Verschmelzung der fünf letzten Wirbel entstanden ist, bilden einen Teil der Rückwand der Beckenhöhle, und die oberen Enden der Oberschenkelknochen liegen in den Hüftgelenkspfannen der seitlichen Beckenknochen. So sind die Beine über das Becken indirekt mit der Wirbelsäule verbunden.

Da der Endabschnitt der Wirbelsäule (das Kreuzbein) einen Teil des Beckentrichters bildet, übt die Beckenstellung starke Wirkungen auf die Krümmung der Lendenwirbelsäule aus. Diesen Zusammenhang können Sie sich durch die folgende einfache Übung veranschaulichen: Setzen Sie sich auf einen harten Stuhl mit ebener Sitzfläche. Neigen Sie das Becken nach vorne, so daß Ihr Nabel in Richtung der Knie und das Steißbein nach hinten oben bewegt wird. Wenn Sie dabei die Hände auf die Lendengegend halten, spüren Sie, wie die Krümmung der Lendenwirbelsäule größer wird, das Hohlkreuz sich stärker ausprägt. Beugen Sie dann Ihr Becken zurück, indem Sie den Steiß einziehen und den Nabel in Richtung Wirbelsäule bewegen. Sie fühlen, wie die Lendenwirbelsäule wieder flacher wird.

Muskeln, die auf die Wirbelsäule einwirken

Die knöchernen Strukturen der Wirbelsäule und des Beckens werden durch viele verschiedene Muskeln gestützt und bewegt, deren Zustand Ihre Lendenregion massiv beeinträchtigen kann. Ist auch nur einer von diesen Muskeln verspannt oder geschwächt, kann er Rückenschmerzen verursachen oder verschlimmern.

Rechts und links der Wirbelsäule verlaufen die tiefen Rückenmuskeln (M. erector trunci, Aufrichter und Strecker). Wie Spanndrähte halten sie die Wirbelsäule aufrecht (Abb. **8**). (Um die Rückenstrecker zu ertasten, legen Sie die Hände in Taillenhöhe an den Rücken. Die kleinen länglichen Vorwölbungen, die Sie dort beidseits der Wirbelsäule fühlen, werden von den Rückenstreckern gebildet.) Die tiefen Rückenmuskeln drehen die Wirbelsäule, beugen sie rückwärts und seitwärts und beeinflussen die Haltung dadurch, daß sie an der Bildung und Erhaltung der natürlichen Krümmungen der Wirbelsäule beteiligt sind. Sind diese Muskeln verspannt, unterstützen sie ein Hohlkreuz. Sind sie stark gedehnt, bewirken sie ein flaches Kreuz. Werden sie überstrapaziert, können sie mit schmerzhaften Spasmen reagieren. Yoga fördert die Gesundheit des Rückens, indem es die tiefen Rückenmuskeln nicht nur strafft, sondern auch kräftigt.

Auch die Lendenregion wird stark durch drei Muskelgruppen beeinflußt, die am Becken bzw. an den Lendenwirbeln ansetzen: die Hüftbeuger (Flexoren) (sie ziehen den Oberschenkel zur Brust), die Bauchmuskeln und die langen Muskeln an der Rückseite des Oberschenkels oder ischiocrurale Muskelgruppe (v.a. Biceps femoris und Semimembranosus) (Abb. **9 a, b**). Diese Muskeln können die Lendenlordose verstärken oder verringern, indem sie die Neigung des Beckens nach vorne oder nach hinten verändern. Werden beispielsweise die Hüftflexoren, die ja an der Vorderseite des Beckens ansetzen, angespannt, kippen sie das Becken nach vorne und bewirken dadurch ein Hohlkreuz. Durch Anspannen der Strecker an der Oberschenkelrückseite hingegen wird das Becken aufgerichtet, so daß das Kreuz flach wird. Schlaffe Bauchmuskeln bewirken, daß das Becken nach vorne sinkt, und sind außerstande, ihrerseits die Lendenwirbelsäule zu stützen. Im 4. Kapitel „Lernen Sie, Ihre Gelenkigkeit und Haltung zu beurteilen“ erfahren Sie mehr über diese Muskeln und ihre Funktionen.

Nacken und Rücken

Da der Nacken zur Wirbelsäule gehört, kann er durch die gleichen Einflüsse beeinträchtigt werden, die dem Rücken schaden, u.a. Überlastung der Muskeln, degenerative Erkrankung der Bandscheiben und Arthritis. Auch die Zwischenwirbelscheiben der Halswirbelsäule können sich unter chronischer zu starker Beanspruchung vorwölben oder vorfallen. Ein Bandscheibenvorfall im

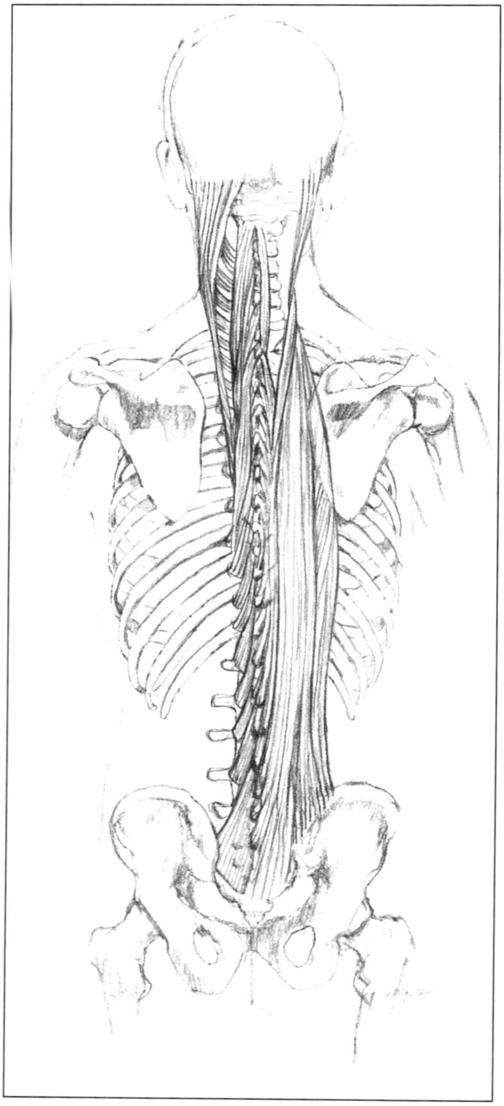

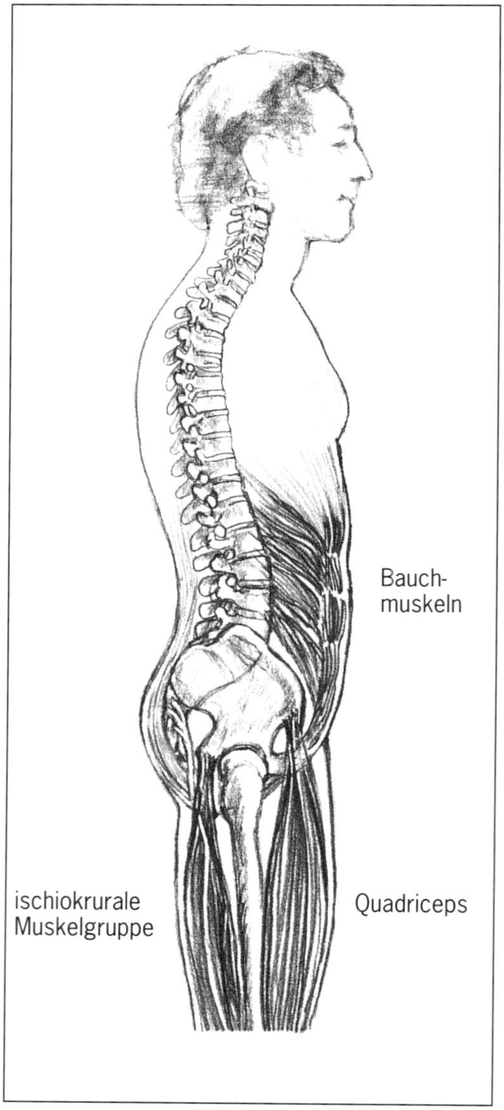

Abb. 8 Rückenstrecker

Abb. 9a Muskeln, die auf die Krümmung der Lendenwirbelsäule und auf die Beckenneigung wirken. Die Bauchmuskeln stützen die Wirbelsäule von vorne. Sie können das Schambein hochziehen, um das Kreuz abzuflachen, oder das Becken nach vorne kippen lassen und dadurch ein Hohlkreuz bewirken. Der Quadriceps, der zu den Hüftgelenksflexoren gehört, kann zum Hohlkreuz beitragen, indem er die Vorderseite des Beckens herabzieht. Wenn die Muskeln an der Rückseite des Oberschenkels verkürzt und verspannt sind, können sie zu einer Abflachung der Lendenlordose beitragen.

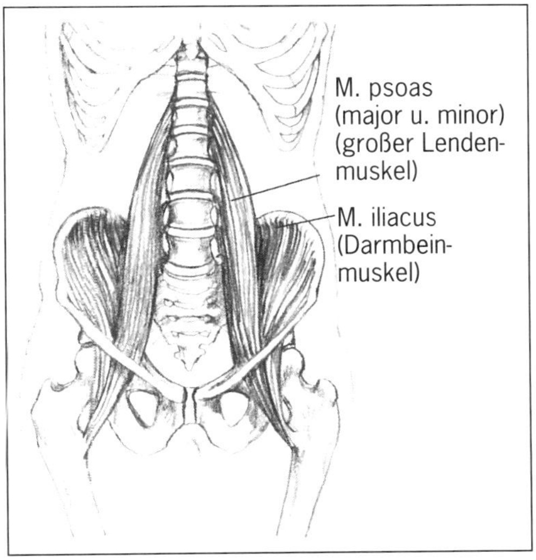

Abb. 9b Muskeln, die auf die Kurvatur der Lendenwirbelsäule und die Beckenneigung wirken. Der Iliopsoas beidseits gehört zur Flexorengruppe. Er kann zum Hohlkreuz beitragen, indem er die Lendenwirbel und den hinteren Beckenkamm nach vorne unten zieht

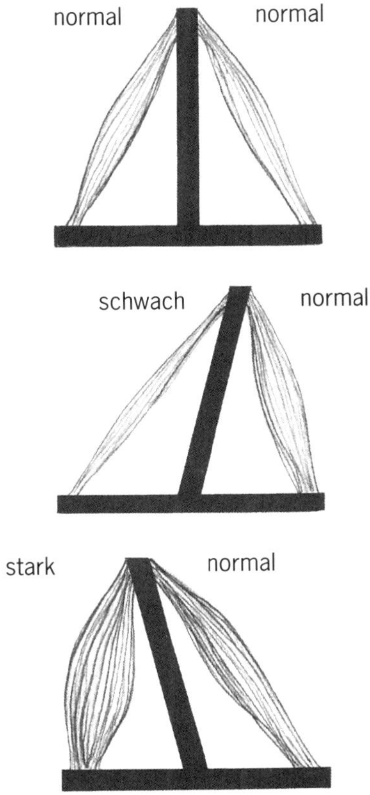

Muskuläres Gleichgewicht

Abb. 10 Muskuläres Gleichgewicht. Wenn Muskeln auf beide Seiten eines Gelenks gleich stark einwirken, ist die Gelenkstellung normal. Ist das muskuläre Gleichgewicht gestört, dann ist eine korrekte Bewegung des Gelenks nicht möglich und das Gelenk kann geschädigt werden. (Mit freundlicher Erlaubnis nach *Applied Kinesiology, Volume 1: Basic Procedures and Muscle Testing* von D.W. Walther. Pueblo, Colo. : Systems D.C., 1981)

Halsbereich kann Schmerzen, Schwäche- oder Taubheitsgefühl in Schulter, Arm oder Hand verursachen.

Körperhaltung und Rückenschmerzen

Sobald Sie mit der Anatomie der Wirbelsäule vertraut sind, verstehen Sie leicht, wie jede Bewegung, die Sie im Laufe des Tages machen, das Wohlbefinden Ihres Rückens stören kann. Ein wichtiger Schritt zum Verständnis Ihrer Rückenschmerzen besteht darin, daß Sie Ihre eigene Haltung erkennen – die Art, wie Sie gewohnheitsmäßig Ihren Körper halten. Die meisten Rückenbeschwerden beruhen nicht auf angeborenen Knochenkrankheiten, sondern auf schlechter Haltung oder fehlerhaftem Einsatz der Wirbelsäule. Die Art und Weise, wie Sie stehen, sitzen, sich bewegen, eine Last heben und tragen – all diese Dinge können Ihrem Rücken entweder nichts anhaben oder aber ihm schaden.

Viele Menschen nehmen gewohnheitsmäßig die Haltung ein, die sie bei ihrer täglichen Berufsausübung am wenigsten anstrengend finden. Die hängenden Schultern eines Buchhalters, die krumme Haltung eines Zahnarztes am Behandlungsstuhl oder der hängende Kopf eines deprimierten Menschen sind nur drei beliebige Beispiele für gewohnheitsmäßige Fehlhaltungen, die zu Kreuzschmerzen führen können. Länger anhaltende einseitige Körperhaltungen können noch schlimmere Probleme zur Folge haben, so eine degenerative Erkrankung der Bandscheiben (einschließlich Vorwölbung und Vorfall einer Bandscheibe), eine Arthritis und eine Degeneration oder Deformation von Wirbeln.

Glücklicherweise können Sie Ihre schlechte Haltung korrigieren. Die meisten Menschen wissen, daß sich die Haltung ändern kann, aber normalerweise beschränkt sich ihr Wissen auf die altersbedingten Veränderungen, solche also, die sie bei ihren Eltern, Tanten und Onkeln mit zunehmendem Alter beobachten. Die wenigsten wissen, daß auch positive Veränderungen möglich sind. Nur zu einem Teil ist die Körperhaltung genetisch bedingt. Sie wird ebenso stark durch die Vorbilder beeinflußt, die wir als Kinder nachahmen, durch unser Selbstbild während der Kindheit und Jugend, ferner durch Traumen und Verletzungen. Häufig ändert sich die Haltung zum Schlechten. Dagegen zeigt Ihnen dieses Buch, wie Sie Ihre Haltung verbessern können.

Das Nachahmen von Vorbildern

Die Grundhaltung Ihres Körpers ist zwar abhängig von dem Knochenbau, den Sie von Ihren Eltern geerbt haben, sie wird aber auch durch weitere bewußte und unbewußte Faktoren geprägt. So spiegeln sich in Ihrer Haltung sowohl Ihre Vorbilder als auch das Bild, das Sie von sich haben.

Beim Urlaub am Meer vertreibe ich mir gern die Zeit damit, die von verhüllenden Kleidungsstücken befreiten Menschen am Strand zu beobachten. Wenn ich Familien am Wasser entlangspazieren sehe, fasziniert mich oft die Ähnlichkeit in der Haltung und dem Gang von Eltern und Kindern, von Paaren oder von Kindern und den Anführern ihrer Gruppe. Es ist herzerwärmend zu beobachten, wie ein sechsjähriger Junge hingebungsvoll seinen Vater anlacht und perfekt nachahmt, wie dieser durch den Sand schlendert. Im späteren Verlauf des Tages sehe ich vielleicht dasselbe Kind versuchen, die Haltung und den Gang eines älteren Jungen zu imitieren. Junge Mädchen wiederum lassen die Schultern nach vorne hängen, um ihre knospenden Brüste zu verbergen.

Machen Sie sich Ihre Vorbilder bewußt und bedenken Sie, daß es an Ihnen liegt, eine andere Haltung anzunehmen. Eine junge Mutter in den Zwanzigern, die an einem meiner Yoga-Kurse teilnahm, litt unter Beschwerden im Nacken, in den Schultern und dem oberen Rückenabschnitt, weil sie einen ausgeprägten Rundrücken hatte. Da ihre Mutter und ihre Großmutter sich genauso krumm hielten, hatte sie das als unvermeidlich hingenommen. Als Heranwachsende hatte sie nicht begriffen, daß die gebeugte Haltung der älteren Frauen durch eine Osteoporose verursacht war, und nie versucht, sich anders zu halten. Es fiel ihr sehr schwer, sich aufzuraffen, um eine andere Haltung des Oberkörpers einzuüben. Als Ausrede, um es nicht versuchen und ändern zu müssen, gab sie vor, das läge in ihrer Familie.

Viele junge Mädchen wählen sich als Vorbild Turnerinnen, die bei den Olympischen Spielen eine Medaille gewonnen haben und deren triumphierend übertriebenes Hohlkreuz am Ende der Kür eine abnorme und zerstörerische Haltung darstellt bei einer Sportart, die wir mit Gesundheit und Kraft assoziieren. (Turnerinnen erleiden häufig Lendenwirbelbrüche und renken sich oft Wirbel aus, weil sie die Lendenwirbel immer wieder traumatisieren.) Ganz ähnlich imitieren Jungen und Männer oft die hängenden Schultern und den vorgeschobenen Kopf ihrer Basketballidole, wenn diese ins Abseits treten.

Die Haltung einer anderen Person nachzuahmen kann sich günstig auswirken, wenn die betreffende Person eine gute Haltung hat. Ich erinnere mich noch an das herrliche erhabene Gefühl, das ich empfand, als ich beschloß, mir die Haltung und den Gang meiner hochgewachsenen eleganten Yoga-Lehrerin anzueignen. Fast sofort fühlte ich mich größer und gelassener.

Körperhaltung und Gemütsverfassung

Die Stimmung hat einen enormen Einfluß auf die Haltung, und umgekehrt wirkt sich die Haltung auf die Stimmung aus. Lassen Sie uns ein kleines Experiment machen. Erinnern Sie sich an das letzte Mal, als Sie sehr niedergeschlagen waren, und stellen Sie sich bildlich vor, wie Sie in diesem Zustand Ihren Tagesablauf bewältigten. Vergegenwärtigen Sie sich das damalige Gefühl der Verzweiflung oder der Niederlage. Und in welcher Haltung sehen Sie sich jetzt vor Ihrem geistigen Auge? Lassen Sie den Kopf hängen und halten Sie sich krumm? Hängen die Schultern herab? Stützen Sie den Kopf in die Hände?

Kontrollieren Sie in diesem Augenblick Ihre Körperhaltung. Hat nicht bereits der Gedanke an das damalige Stimmungstief Ihre Haltung verändert?

Rufen Sie sich jetzt eine aufregende oder fröhliche Zeit ins Gedächtnis. Malen Sie sich die Straße, das Haus oder den Arbeitsplatz wieder aus – das Umfeld dieser glücklichen Zeit. Verfolgen Sie im Geist, wie Sie mit Schwung Ihre gewohnten Aufgaben meistern. Ist Ihr Gesichtsausdruck lebhaft? Lächeln, ja lachen Sie? Bewegen Sie sich voller Energie? Zeigt die Haltung, an die Sie sich erinnern, Offenheit?

Beobachten Sie jetzt wieder Ihre Haltung. Drückt sie eher Freude aus oder Trauer?

Sie haben gerade den Einfluß der Gemütsverfassung auf die Körperhaltung beobachtet. Jetzt versuchen Sie umgekehrt, den Einfluß der Haltung auf die seelische Verfassung zu prüfen. Nehmen Sie eine gedrückte Haltung ein und gehen Sie drei bis fünf Minuten in dieser Haltung umher. Machen Sie ein gleichgültiges, ausdrucksloses Gesicht. Lassen Sie den Kopf hängen und die Schultern herabsinken. Bewegen Sie sich so sparsam wie möglich. Erschaffen Sie die Körpersprache der Lethargie neu.

Prüfen Sie, wenn die Zeit abgelaufen ist, Ihre Gedanken und Gefühle. Haben Ihre Haltung und Ihre Bewegungsweise sie beeinträchtigt?

Jetzt verstehen Sie allmählich – mit Leib und Seele – den Einfluß von Geist und Seele auf den Körper und umgekehrt. Halten Sie sich diese Erkenntnis vor Augen, während Sie die Übungen in diesem Buch erlernen. Bei vielen davon müssen Haltungen der Stärke und Entschiedenheit eingenommen werden. Die Körpersprache jeder Haltung oder Übung vermittelt Ihnen eine positive Botschaft, so wie die Körpersprache der Depression Ihnen eine negative Botschaft sendet. Gehen Sie mit einer positiven Einstellung an die Übungen heran, das erhöht ihre Wirksamkeit.

Gezielte Dehnung und Kräftigung

Nicht nur Ihre seelische Verfassung beeinflußt Ihre Haltung, sondern auch die im Laufe der Zeit entwickelte Kraft oder Schwäche der Muskeln. Außer auf die Stimmung und die Körpersprache können sich die Yoga-Übungen ganz unmittelbar und spezifisch auf Ihre Haltung auswirken, indem sie Muskeln, welche die Haltung kontrollieren, gezielt dehnen und kräftigen.

Auf jedes Gelenk wirken mindestens zwei Muskelgruppen ein: die Flexoren oder Beuger, die das Gelenk beugen, und die Extensoren oder Strecker, die es strecken. Außerdem gibt es bei einer Reihe von Gelenken noch rotatorische Muskeln oder Dreher, welche die Knochen in (entgegengesetzte Richtungen) drehen. Eine gute Haltung ist nur möglich, wenn Flexoren, Extensoren und Rotatoren sich im funktionellen Gleichgewicht befinden, so daß jedes Gelenk voll funktionstüchtig ist (Abb. 10). Bei einem gesunden funktionstüchtigen Gelenk bewegen sich die mit Knorpel überzogenen Gelenkflächen so gegeneinander, daß die systematische Regeneration der Gelenkgewebe gefördert wird.

Häufig besteht jedoch ein Ungleichgewicht bei den Muskeln, die auf ein Gelenk wirken. Sind zum Beispiel die Beuger starrer oder kürzer als die Strecker, kann das betreffende Gelenk nicht vollständig gestreckt werden. Oder die Dreher in die eine Richtung sind stärker als die der Gegenrichtung. Diese ungleichen Kräfte machen das Gelenk schwächer und verletzungsanfälliger. Die Gelenkflächen werden ungleich belastet. Dieses Ungleichgewicht kann, indem es die normalen Regenerationsprozesse, die das Gelenk gesund erhalten, verändert, zu Schmerzen und Arthritis führen.

Viele Menschen mit Rücken- oder Nackenschmerzen leiden an einem Ungleichgewicht der Beuge-, Streck- und Drehmuskeln der Wirbelsäule, der Arme und der Beine. Diese Muskelgruppen lassen sich mit Hilfe eines vernünftigen Programms aus Dehnungs- und Kräftigungsübungen wieder ins Gleichgewicht bringen. In den folgenden Kapiteln lernen Sie, wie Sie Störungen des funktionellen Gleichgewichtes der einzelnen Muskelgruppen erkennen und wie Sie diese durch gefahrlose Übungen wieder ins Gleichgewicht bringen können.

In dem Maße, wie sich die Funktion Ihrer Muskelgruppen normalisiert, wird sich Ihre Haltung ändern. Mit den Übungen, die das Gleichgewicht der Muskelgruppen wiederherstellen und den Körper wieder ausrichten (ins Lot bringen) sollen, müssen Sie aber auch innerlich eine verbesserte Haltung zulassen. Ihre innere Einstellung dazu, wer Sie sind und wie Sie aussehen, wirkt sich auf die Weise aus, wie Sie sich tragen. Wenn Sie das Bild, das Sie beim Beginn Ihrer Rückenschmerzen von sich hatten, weiter in sich tragen, wird sich der Nutzen dieser Übungen in Grenzen halten.

3 Beweglich werden nach einer Verletzung oder Operation

Jeder Mensch, der einmal Rückenschmerzen hatte und sich nicht rühren konnte, versteht die Angst davor, die frühere Beweglichkeit wieder einzuüben. Die meisten Rückenschmerzpatienten befürchten, daß irgendeine Bewegung oder Übung eine erneute Verletzung bewirken könnte. Ohne ein vernünftiges Übungsprogramm, das nicht nur den Rücken, sondern den ganzen Körper und die Psyche rehabilitiert, ist eine erneute Verletzung nicht nur wahrscheinlich, sondern praktisch unvermeidlich.

Nach einer Rückenverletzung ist zwar eine mehrtägige Ruhigstellung oft unumgänglich, aber eine längerdauernde Inaktivität ist kontraproduktiv. Es ist natürlich, daß Sie, wenn Sie der Rücken oder der Nacken schmerzt, versuchen, sich durch Ruhigstellung Linderung zu verschaffen. Sobald jedoch eine solche Inaktivität sehr lange dauert, werden die Muskeln, die normalerweise dem Rücken Halt geben, geschwächt, und der Rücken wird zunehmend anfälliger für eine erneute Verletzung. Diese ist schmerzhafter, führt also zu größerer Inaktivität, was wiederum eine ausgeprägtere Muskelschwäche verursacht und noch verletzungsanfälliger macht. Diese Spirale der Verschlimmerung wird noch beschleunigt durch die Depression, die mit der Inaktivität und den Schmerzen einhergehen kann.

Vielleicht wissen Sie aber nicht zwischen Übungen, die gut für den Rücken sind, und solchen, die ihm schaden, zu unterscheiden. Womöglich ist Ihnen auch nicht recht klar, was Ihre Verletzung oder Ihre Operation an Ihrem Rücken bewirkt hat – eventuell glauben Sie, irgendwas Mysteriöses habe sich „hinter Ihrem Rücken" abgespielt, und haben nur eine verschwommene Vorstellung davon, was jetzt wirklich „dahinten los ist". Falls Sie sich gerade von einer Verletzung oder einer Operation erholen, wird Ihnen dieses Kapitel ein besseres Verständnis dessen vermitteln, was mit Ihrem Rücken geschehen ist, was sich im Verlauf der Heilung an ihm verändert hat und wie Sie am ehesten wieder normal beweglich werden.

Die Bedeutung des Übens und der guten Körpermechanik

Manche Menschen fühlen sich nach einer Operation oder zwischen ihren „Rückenattacken" so wohl, daß sie sich einbilden, sie wären für immer von ihren Beschwerden befreit. Weil ihre Beschwerden ohne weiteres verschwunden sind oder operativ beseitigt wurden, glauben sie, sich nicht mehr um ihren Rücken kümmern zu müssen. Ohne den mahnenden Schmerz wird die Notwendigkeit, etwas für den Rücken zu tun, leicht vergessen. Indessen ist es äußerst wichtig, nicht zu vergessen, daß der Schmerz vielleicht nur vorübergehend beseitigt wurde. Die ursächlichen Probleme (Fehlbelastung und muskuläres Ungleichgewicht) bleiben bestehen und können irgendwann in der Zukunft Ärger machen.

Falls Sie operiert worden sind, bleiben nicht nur die ursprünglichen Probleme bestehen, sondern es kommen neben der durch die Ruhigstellung verursachten Schwäche der Muskeln neue, operationsbedingte strukturelle Schwächen hinzu. Für die Genesung ist es darum unerläßlich, daß nach der Operation Zeit und Energie aufgewendet werden, um ein vernünftiges, auf Yoga aufgebautes Übungsprogramm und ein entsprechendes Verhalten bei den Verrichtungen im Alltag (richtige Körpermechanik) zu erlernen. Wenn Sie nach überstandener Operation Ihre bisherige Fehlhaltung und Ihre falschen Bewegungsabläufe beibehalten, kehren die früheren Probleme bald zurück.

An Ihnen liegt es, sich eine gesündere Wirbelsäule anzutrainieren. Der Chirurg kann Ihnen keinen neuen Rücken machen – das können nur Sie.

Narbengewebe

Nach einer Verletzung, sei sie traumatisch oder operativ bedingt, heilt sich der Körper selbst, indem er an der verletzten Stelle Narbengewebe bildet. Die Größe der Vernarbung hängt vom Umfang der Verletzung oder des chirurgischen Eingriffs ab. Besteht der Eingriff beispielsweise nur darin, daß eine beschädigte Bandscheibe mit einer Spezialkanüle abgesaugt wird, so ist die Verletzung des benachbarten Gewebes minimal. Die Größe der Vernarbung hängt in diesem Fall davon ab, wie schwer die Verletzung ist, die den chirurgischen Eingriff erforderlich machte. Wenn jedoch eine große Operation durchgeführt wurde (wie z.B. bei einer Arthrodese), kommt es zu umfangreichen Narbenbildungen in allen von dem Eingriff betroffenen Schichten einschließlich Muskeln, Bändern, Nerven und Knochen. Neben den speziellen Unfalltraumen oder großen chirurgischen Eingriffen können auch wiederholte Mikrotraumen eine Vernarbung bewirken.

Narbengewebe sieht so ähnlich aus wie die weißen Faszien und Sehnen, die Sie vom Fleisch kennen. Dieses Bindegewebe, das die einzelnen Muskeln umhüllt und sie an den Knochen befestigt, ist die gleiche Art von Gewebe, wie sie während des Heilungsprozesses gebildet wird. Im Verlauf der Heilung wird dieses Bindegewebe in Gruppen faserförmiger Kollagenbündel organisiert, ähnlich wie Stränge von Garn. Am Beginn der Heilung läßt sich das Kollagen noch leicht dehnen und formen. Später (wenn die Narbe älter als sechs Monate ist) ist das Kollagen dann weniger elastisch.

Sobald sich frisches Kollagen bildet, beginnt dieses bereits, sich zu verkürzen und die verletzten Gewebe zusammenzuziehen. Diese Eigenschaft ist wesentlich, damit sich die Wundränder schließen. Leider kann es geschehen, daß die Narbe sich um einen Nerv im Wundgebiet bildet. In diesem Fall kann eine Dehnung der Narbe zu einer schmerzhaften Zerrung des Nervs führen. Da es eine grundlegende Eigenschaft von Narbengewebe ist zu schrumpfen, nimmt die Wahrscheinlichkeit zu, daß ein Nerv in der Narbe jedes Mal gezerrt wird, wenn die verkürzte Narbe Druck auf ihn ausübt.

Nach jeder Verletzung oder Operation an der Wirbelsäule können die entstandenen Narben die normale Beweglichkeit der Wirbel gegeneinander einschränken. Dieser hypomobile (ungenügend bewegliche) Abschnitt ist nicht mehr imstande, sich normal zu bewegen. Die dadurch bedingte Erschlaffung der stützenden Muskeln und Bänder hat zur Folge, daß die Abschnitte oberhalb und unterhalb des hypomobilen Segmentes hypermobil (überbeweglich) und somit verletzungsanfälliger werden. Infolge der abnorm erhöhten Beweglichkeit können außerdem die Facettengelenke von einer Arthritis befallen werden.

Wegen dieser gesteigerten Verletzlichkeit müssen Sie nach einer Verletzung oder Operation ein besonderes Gespür für die Empfindungen und Gefühle direkt ober- und unterhalb der verletzten Stelle entwickeln. Es könnte Ihnen z.B. auffallen, daß Sie bei bestimmten Haltungen und Bewegungen in einem oder beiden Segmenten ein unangenehmes Ziehen spüren. Diese Information ist wichtig, weil sie ermöglicht, die Übungen und die Haltung entsprechend anzupassen.

In dem Zeitraum nach der Operation oder Verletzung (nach den ersten Wochen der Wiederherstellung) kann ein vernünftiges Übungsprogramm dazu beitragen, daß eine unkompliziertere Narbenbildung erfolgt. Bedenken Sie, daß die erste Aufgabe des Narbengewebes darin besteht, die Wundränder zusammenzubringen und sicher zusammenzuhalten. Das entstehende Narbengewebe ist anfangs leichter zu dehnen. Nach sechs Monaten ist es schwerer (wenn auch nicht unmöglich), die Länge einer Narbe zu vergrößern. Sobald Sie also die operierte oder verletzte Stelle wieder strecken und bewegen können (der Arzt wird Ihnen sagen wann), werden vorsichtige Dehnungen dazu beitragen, das Narbengewebe zu verlängern, so daß die Narbe später weniger leicht die Beweglichkeit einschränken oder Nerven beeinträchtigen wird.

Falls Sie alte Narben haben, sollten Sie nicht verzweifeln – sogar fix und fertige Narben lassen sich noch dehnen. Es erfordert nur viel mehr Geduld. Die einzelne Dehnung muß bloß länger dauern (mindestens neunzig Sekunden), nämlich nach und nach auf mehrere Minuten mehrmals täglich gesteigert werden. Die Fachliteratur über physikalische Therapie konzentriert sich auf mechanische Streckapparate, die eine Dehnung von zwanzig Minuten je Sitzung ermöglichen, doch hat mich meine Erfahrung mit Dehnungsübungen im Yoga belehrt, daß diese bei einer Dauer von fünf bis zehn Minuten zum gleichen Ziel führen.

Längere Bettlägerigkeit als Ursache von Rückenschmerzen

Bei akuten Rückenschmerzen werden zwar häufig ein bis drei Tage Bettruhe ärztlich verordnet, aber eine aus irgendwelchen Gründen länger dauernde Bettlägerigkeit kann ihrerseits zu Rückenschmerzen führen. Die Muskeln, welche die Wirbelsäule stützen, werden sehr bald schwach, wenn sie längere Zeit von ihrer Aufgabe, den Körper beim Sitzen und Stehen aufrecht zu halten, freigestellt sind. Mit weiteren physiologischen Veränderungen infolge längerer Inaktivität erzeugt diese Muskelschwäche eine Neigung zur Instabilität, die Verletzungen und weitere Behinderungen begünstigt.

Als wären Bettruhe und Schwäche nicht schon genug, wird das Problem der Bettruhe durch einen Krankenhausaufenthalt zusätzlich kompliziert, da in diesem Fall die Wirbelsäule besonders gefährlichen Gegebenheiten ausgesetzt ist – dem Krankenhausbett! Ein solches Bett kann Ihre Rückenbeschwerden verschlimmern, weil es meist Ihre Wirbelsäule krümmt. Wird das Kopfteil zum Lesen oder Fernsehen hochgestellt, rutschen Sie leicht zum Fußende des Bettes. Dem kann gegengesteuert werden, indem man das Fußteil höherstellt. Dies jedoch krümmt die Lendenregion, was eindeutig nachteilig ist. Durch die Krümmung der Lendenwirbelsäule werden die Rückenstrecker und die Bänder im Bereich der Lendenwirbelsäule überdehnt. Folglich wird die Lendenwirbelsäule schwach und unstabil sein, sobald Sie wieder aufstehen dürfen.

Die Sache wird noch ärger, weil die unförmigen dicken Kopfkissen bewirken, daß der Kopf stark vorgereckt vor die Brust zu liegen kommt. Dies sind perfekte Voraussetzungen für die Entstehung von Nacken- und Rückenschmerzen.

Noch größer ist die Gefährdung des Rückens bei Patienten, die nach einer Operation im Bereich des Bauches, des Brustkorbs oder des Beckens das Bett hüten müssen. Ein Patient lernt sehr schnell, daß jede Dehnung im Bereich der Operationswunde ihm Schmerzen bereitet. Deswegen nimmt er eine gebeugte Haltung ein, um das Spannungsgefühl in der Wundnaht zu verringern.

Nehmen Sie zu diesen Fehlhaltungen noch die Muskelschwäche und die Erschlaffung der Haltung, die durch schmerzstillende Medikamente verursacht sind, dann ist die Wahrscheinlichkeit für einen Rückenschaden groß.

Rückenschäden im Zusammenhang mit Bettlägerigkeit und chirurgischen Eingriffen lassen sich verhindern:

- Sorgen Sie dafür, daß die natürlichen Kurvaturen der Wirbelsäule beim Sitzen im Bett gestützt werden. (Lenden- und Nackenwirbelsäule durch zusammengerollte Handtücher abstützen, feste Rolle oder zusammenge-

rolltes Badetuch oder Kissen unter die Kniekehlen schieben; siehe Abb. 50 bis 53 und 61.)
- Wechseln Sie häufig Ihre Lage, indem Sie sich abwechselnd auf die linke oder rechte Seite oder auf den Rücken legen.
- Machen Sie sich bewußt, daß erzwungene Bettruhe Langeweile, Reizbarkeit und Niedergeschlagenheit mit sich bringt, dann können diese Reaktionen Sie nicht überraschen oder beunruhigen.
- Richten Sie sich niemals abrupt aus dem Liegen auf. Stehen Sie immer langsam und vorsichtig auf, indem Sie sich zuerst auf die Seite rollen und die Kraft Ihrer Arme nutzen, um sich in sitzende Haltung hochzustemmen, während die Beine bereits über der Bettkante baumeln. Bleiben Sie dreißig bis sechzig Sekunden sitzen, bevor Sie sich hinstellen, damit Ihnen nicht schwindlig wird und Sie keine weichen Knie bekommen.
- Machen Sie Gymnastik im Bett, um den Kreislauf zu aktivieren, die Muskeln kräftig zu erhalten und um sich Langeweile und Stimmungstiefs zu ersparen. Machen Sie Entspannungsübungen und Grundübungen, soweit sie im Liegen möglich sind, beispielsweise die Beckenkippung in Rückenlage (Abb. 63), die Krokodildrehung (Abb. 69) oder die Hüftdrehung in Rückenlage mit angewinkelten Knien (Abb. 67).

Richtlinien für die Übungsbehandlung nach einer Operation oder nach Verletzung

Da die Motivation als wesentliches Element entscheidet, ob Sie ein Übungsprogramm konsequent befolgen, ist es wichtig, falls Sie an postoperativen oder verletzungsbedingten Rückenbeschwerden leiden, daß Sie den Nutzen des Übens begreifen und sich die Grundlagen der Rehabilitation des Rückens aneignen. Die Kenntnis der angestrebten speziellen Heilwirkungen hilft Ihnen mehr als eine vage Vorstellung wie „Training ist gut für meinen Rücken“. Wenn Sie diese Prinzipien kennen, ist auch die Frage, welche Übungen für Ihren Rücken angezeigt sind, leichter zu beantworten.

Folgende Richtlinien für die Übungsbehandlung nach einer Operation oder einer Verletzung an der Wirbelsäule sollten Sie beherzigen:

Erziehen Sie sich selbst zu einer guten Haltung und richtigen Bewegungen. Sie müssen Ihren Körper neu erziehen, damit das Ungleichgewicht der Muskeln, Knochen, Gelenke und Bänder, das die ursprüngliche Verletzung ausgelöst hat, in der neuen, noch etwas anfälligeren Situation nicht wieder entsteht. Wenn Sie lernen, in der richtigen Haltung zu sitzen, zu stehen und zu arbeiten, wird die Wahrscheinlichkeit eines Rückfalls oder einer neuen Verletzung im angrenzenden hypermobilen Segment deutlich geringer. Gezielte Übungen und das Aneignen der Wahrnehmung einer besseren Körpermechanik und einer verbesserten Haltung lernen Sie im 12. Kapitel „Yoga im Alltag". Jede Übung und jede Aktivität im Tagesablauf sollte eine bessere Haltung und Ausrichtung des Rückens fördern.

Kräftigen Sie die Muskeln, die Ihrem Rücken Halt geben. Die Hauptmuskelgruppen, die gestärkt werden müssen, sind die Bauch-, Bein- und Rückenmuskeln. Ganz besonders wichtig ist die Kräftigung der Muskeln, wenn Schwäche und Erschlaffung sich eingestellt haben. Ist zum Beispiel ein Bein durch eine Nervenschädigung geschwächt, müssen Sie daran arbeiten, die verbliebenen intakten Muskeln zu stärken. Das gesunde Bein muß ebenfalls gekräftigt werden, da es ja stärker arbeiten muß.

Gelenkigkeit verbessern. Eine größere Gelenkigkeit der Schultern und Hüften entlastet den Rücken. Bedenken Sie, daß Sie Ihrer Lendenwirbelsäule extreme Bewegungen zumuten, falls Sie die Arme nicht gerade über den Kopf heben oder die Beine nicht vollständig im Hüftgelenk strecken können. Gelenkigkeit ist auch erforderlich, um die Wirbelsäule richtig drehen zu können. Die Muskelgruppen, die gestärkt werden müssen, um die Gelenkigkeit zu verbessern, sind die Hüftflexoren (die Muskeln, die das Bein an die Brust ziehen), die Muskeln an der Rückseite des Oberschenkels (ischiokrurale Gruppe) und die Rückenstrecker zu beiden Seiten der Wirbelsäule (paravertebrale Muskeln).

Kräftigung der Bein- und Gesäßmuskeln, um leichter aufstehen zu können. Biomechanisch betrachtet, setzt richtiges Aufstehen mehr voraus als bloß kräftige Arme und einen starken Rücken. Es erfordert auch eine ausreichende Kraft und Gelenkigkeit der Beine und der Hüften. Im 12. Kapitel „Yoga im Alltag" erfahren Sie, daß das Aufheben einer schweren Last ein ziemlich hohes Maß an Gelenkigkeit in den Hüft-, Knie- und Sprunggelenken erfordert, um so dicht an die Last heranzutreten, daß sie, anstatt mit dem Kreuz, unter Einsatz der Beinmuskeln gehoben werden kann. Natürlich brauchen Sie kräftige Arme, um die Last fest gegen den Körper zu drücken. Das Heben jedoch geschieht mit Hilfe der großen starken Muskeln von Gesäß und Beinen. Sobald diese Bereiche kräftiger und gelenkiger sind, wird der Rücken beim Heben weniger belastet.

Rauchen bitte einstellen. Rauchen verringert die Durchblutung der Bandscheiben. Durch zwanzig- bis dreißigminütiges Rauchen wird die Nährstoffzufuhr zu den Bandscheiben um dreißig bis vierzig Prozent reduziert. Bis zu zwei Stunden nach dem Rauchen kann es dauern, bis die Durchblutung sich normalisiert hat.

Schmerzlinderung durch körperliches Training. Der Körper produziert seine eigenen Beruhigungs- und Schmerzmittel, die sogenannten Endorphine. Es wurde nachgewiesen, daß die Endorphinkonzentration in der Rückenmarksflüssigkeit von Patienten mit chronischen Rückenschmerzen erniedrigt ist. Allerdings läßt sich der Endorphinspiegel des Liquors auch nachweislich durch ein körperliches Training, das die großen Muskelgruppen aktiviert, erhöhen. Eine Zunahme der Endorphine im Liquor mindert Ihre Schmerzempfindlichkeit. Wenn Sie die Übungen in diesem Buch absolvieren, können Sie sich darauf verlassen, daß sehr rasch ein schmerzlindernder Effekt eintritt, zusätzlich zu so erfreulichen Langzeitwirkungen wie Haltungskorrektur, verbesserte Körpermechanik und besseres seelisches Befinden.

Lernen Sie, die ersten Warnzeichen zu erkennen. Werden Sie vertraut mit Ihrem „Alarmpunkt", der Stelle, die zuerst wehtut, wenn eine Rückenattacke droht. Der Alarmpunkt kann sich in dem Segment ober- oder unterhalb der Stelle befinden, an der Sie sich verletzt haben oder operiert wurden. Oft ist der Alarmpunkt verspannt oder schmerzhaft, bevor der gesamte Rücken in Mitleidenschaft gezogen wird. Lernen Sie Ihren Alarmpunkt sehr genau kennen. Wie fühlt er sich an? Legen Sie eine Hand auf den Rücken und berühren Sie den Punkt. Probieren Sie, ob Sie sich die Knochen, Muskeln und etwaiges Narbengewebe in diesem Bereich bildlich vorstellen können. Konzentrieren Sie sich auch, während Sie die Übungen durchgehen, auf das Bild, das Sie von Ihrem Alarmpunkt haben. Merken Sie sich, wie dieser sich verändert, während er auf die heilende Wirkung der Übungen reagiert.

Wie können die ersten Warnzeichen aussehen? Das ist individuell ganz verschieden, aber beim einzelnen wieder recht konstant. Es kann ein leichtes Gefühl von Unbehagen oder Wärme am Alarmpunkt auftreten. Oder ein Gefühl der Verspannung oder eine allgemeine Mißempfindung im Brust- oder Lendenbereich des Rückens. Vielleicht merken Sie, daß es Ihnen schwerfällt, sich von einem weichgepolsterten Sessel zu erheben. Sie erwischen sich, wie Ihre Hand gegen den Alarmpunkt drückt, um ihn während schwieriger Bewegungen zu schonen. Auch Muskelkater oder Schmerzempfindlichkeit über diesem Punkt oder ein dumpfer Schmerz in den umgebenden Muskeln können frühe Warnzeichen sein. Das Verbessern der Fähigkeit, feine Signale zu spüren und darauf zu reagieren, ist ein natürliches Feedback. Verstärken Sie Ihre Wahrnehmungsfähigkeit für diese Warnsignale, indem Sie die „Entspannungstechniken" aus dem 5. Kapitel üben und vorübergehend den Rücken weniger belasten, bis sich alles wieder beruhigt hat.

Seien Sie Ihr/e eigene/r Therapeut/in. Nutzen Sie das natürliche Feedback. Sie wissen mehr (oder können mehr lernen) als jeder andere, mehr auch als Ihr Arzt, über Ihren Rücken und seine Reaktionen auf Belastungen. Nur Sie können Ihr natürliches Biofeedback benutzen, um die allerersten Warnzeichen einer drohenden Rückenschmerzattacke wahrzunehmen und darauf zu reagieren, damit diese sich gar nicht erst zu einem Höhepunkt entwickeln kann. Sie allein können die subtilen Veränderungen spüren, die eine Haltungskorrektur und eine

Verbesserung der Körpermechanik an der Fühligkeit Ihres Rückens und Nackens bewirken. Sobald Schmerzen Sie veranlassen, therapeutische Hilfe beim Experten zu suchen, ist es meist zu spät, größere Unannehmlichkeiten zu vermeiden.

Indem Sie die hier vorgestellten Übungen und Techniken erlernen, erwerben Sie auch ein feines Gespür für die frühen Warnsignale, die Ihr innerer Doktor Ihnen sendet. Sie lernen, zwischen (beginnendem oder) Vorschmerz und (manifestem) Schmerz zu unterscheiden. Sie lernen, was Sie bei den ersten Signalen herannahender Schmerzen tun können, und vermeiden somit die totale Hilflosigkeit, die einen ausgeprägten Anfall begleitet.

Den Schmerz begreifen und mit ihm, nicht gegen ihn arbeiten

Bei meiner Arbeit mit Rückenschmerzpatienten, von denen viele schon mehrfach operiert wurden, bin ich oft verblüfft, wie sehr diese sich vor Bewegungsübungen fürchten. Die meisten haben mit der Bewegungstherapie freilich unerfreuliche, leidvolle Erfahrungen nach dem Schema „was nicht weh tut, bringt nichts" gemacht und begreifen anfangs nicht, daß sie die Übungen ihrem Zustand anpassen können, so daß diese kaum oder gar keine Schmerzen auslösen. Die meisten glauben, daß sie sich insgesamt schaden und daß praktisch alles, was sie tun, ihnen Schmerzen bereitet. Es hilft ihnen, wenn ihnen allmählich dämmert, daß der Schmerz nicht ständig präsent ist, die Bedingungen zu erkennen, unter denen der Schmerz sie heimsucht, und genau den Schmerzort und die Schmerzqualität einzugrenzen. Sobald sie das begreifen, können sie ihre Übungen modifizieren und erwerben ein besseres Körpergefühl, so daß sie weiteren Verletzungen vorbeugen können.

Patienten, die eine Rückenverletzung oder -operation hatten, müssen lernen, zwischen den verschiedenen Arten von Empfindungen zu unterscheiden, die als Schmerz wahrgenommen werden können. Hierzu gehören das *Gefühl der Muskeldehnung, der Muskelüberdehnungsschmerz, der ausstrahlende Nervenschmerz* (einschießender, brennender Schmerz wie bei einem Stromschlag), *Narbendehnungsschmerz und Muskelkater.*

Jede Bewegung oder Haltung, die ein Taubheitsgefühl oder einen Nervenschmerz wie bei einem heftigen elektrischen Schlag erzeugt, muß so abgewandelt werden, daß die Grundbewegung ausgeführt werden kann, ohne daß diese Empfindungen auftreten. Diese Auffassung mag manchen neu sein, denen geraten wurde, eine Übung, die Taubheitsgefühl oder Schmerzen auslöste, zu unterlassen, ebenso auch den Vertretern der Devise „was nicht schmerzt, bringt nichts". Das Verbot schmerzhafter Übungen kann dazu führen, daß einige Übungen ganz unterlassen werden, die, würden sie den Bedürfnissen des einzelnen Patienten exakt angepaßt, sehr heilsam sein könnten. Dagegen ist es kontraproduktiv, sich auf eine Übung zu versteifen und zu hoffen, daß man den Schmerz irgendwie überlisten könne. Taubheitsgefühl, Nervenschmerzen oder Muskelüberdehnungsschmerzen weisen auf fehlerhafte Bewegungen hin. Wenn es zu diesen Empfindungen kommt, reagiert der Körper mit Muskelverspannungen, die den Schmerz und das Ungleichgewicht verstärken können.

Bei den Dehnungsübungen müssen Sie lernen, sehr genau zwischen dem Gefühl der *Muskeldehnung* und dem *Schmerz der Muskelüberdehnung* zu unterscheiden. Ihre Grenzen werden von einem Tag zum anderen und ebenso bei den einzelnen Körperpartien schwanken. Bereitet Ihnen eine Dehnung Schmerzen, führen Sie sie sanfter, auf einem erträglichen Niveau aus. Mit „erträglich" meine ich nicht, daß Sie die Zähne zusammenbeißen und die Übung machen, sondern daß Sie entspannt eine Haltung einnehmen und den Muskeln gestatten, sich zu dehnen und zu verlängern. Das Gefühl bei der Muskeldehnung soll ein angenehmes Ziehen und Längerwerden sein. Und denken Sie daran: Die Dehnung muß fünfzehn bis zwanzig Sekunden gehalten werden, damit der Muskel den Befehl bekommt, sich zu entspannen und in die Länge zu ziehen.

Ausstrahlende Nervenschmerzen beruhen auf einer Nervenkompression, häufig infolge eines Bandscheibenvorfalls, und werden im gesamten Verlauf des betroffenen Nervs bis hin zur Peripherie des Körpers wahrgenommen. Dieser oft konstante Schmerz weist darauf hin, daß der Nerv beschädigt ist, meist weil eine vorgefallene Bandscheibe auf ihn drückt. Beim sogenannten übertragenen Schmerz wird der Schmerz nicht auf der ganzen Länge des Nervs gespürt, sondern nur peripher als Gesäß-, Hüft-, Oberschenkel-, Knie-, Unterschenkel- oder Fußschmerz wahrgenommen (obwohl eine Nervenkompression in der Lendenregion die eigentliche Schmerzursache sein kann). Bei einer Nervenkompression im Bereich der Halswirbelsäule können Schmerzen oder Taubheitsgefühl in der Schulter, im Arm, in den Händen oder den Fingern auftreten.

Nervenschmerzen können auch mit einer Schwäche der Muskeln, die von dem verletzten oder gereizten Nerv versorgt werden, und mit Taubheitsgefühl in dem Innervationsgebiet verbunden sein. Bei Erkrankung der lumbalen Bandscheiben äußert sich die Muskelschwäche mitunter, indem die Patienten den Fuß nachziehen oder stolpern. Dauert die Nervenkompression länger an, können die Bein- und Gesäßmuskeln schrumpfen, und die Nervenschädigung ist irreparabel. Wenn die Bandscheiben der Halswirbelsäule krank sind, können Hand und Arm beeinträchtigt werden. *Lassen Sie es während Ihrer Übungen nicht zu einem Nervenschmerz kommen.* Sollte ein anhaltender derartiger Schmerz auftreten, obwohl Sie die Haltung, wie empfohlen, modifiziert haben, beraten Sie sich mit Ihrem Arzt.

Ein *Narbendehnungsschmerz* beruht auf einer Dehnung verkürzter Bindegewebsfasern um ein zuvor verletztes Wirbelsegment. Dies ist ein notwendiger Schmerz. Wenn das verkürzte Bindegewebe richtig gedehnt wird, ist eine Schädigung ausgeschlossen. Diese Art des Schmerzes strahlt in der Regel nicht in das Gesäß oder nach unten ins Bein aus, sondern beschränkt sich auf das Narbengewebe im unmittelbaren Bereich der Wirbelsäule. (Ist allerdings ein Nerv im Narbengewebe eingeschlossen, kann es zu einem gelegentlichen kurzdauernden Ausstrahlen des Schmerzes kommen.) Der Narbendehnungsschmerz ist nicht konstant, sondern er tritt bei Körperhaltungen auf, bei denen die Narbe gedehnt wird, und verschwindet, sobald diese Haltung geändert wird. Sie müssen die Grenze zum Narbendehnungsschmerz erkennen lernen, dann läßt sich eine Zerrung der Weichgewebe vermeiden, obwohl die verkürzten Bindegewebsfasern hinreichend gedehnt werden, so daß eine allmähliche Längenzunahme einsetzen kann. Konsequente, wiederholte sanfte Dehnungen, deren jede mindestens zwei bis vier Minuten dauern sollte, sind notwendig, um eine ausgewachsene Narbe (älter als sechs Monate) und verkürzte Bindegewebsfasern wieder in Form zu bringen.

Narbendehnungsschmerz, Nervenschmerz und Muskelüberdehnungsschmerz dauern nur solange an, bis die Dehnung ausgesetzt oder eine Fehlbelastung geändert wird. Ein anderer Schmerz, der *Nachübungsschmerz,* beginnt am Ende der Übungsarbeit und dauert mehrere Stunden an, meist als dumpfer Schmerz. Dieser verzögert auftretende und länger währende Schmerz ist häufig bei Personen anzutreffen, die eine Arthritis der Wirbelsäule plagt oder denen Narben infolge chronischer Beschwerden oder einer Operation zu schaffen machen. Als Grundregel sollten Sie beherzigen, daß Sie das Pensum, die Intensität oder die Zusammenstellung der Übungen ändern müssen, wenn Sie nach dem Üben länger als zwei oder drei Stunden Schmerzen haben.

Ein nach dem Üben länger anhaltender Schmerz erfordert ein Überdenken der Übungsarbeit. War die Sitzung zu lang? Wurden die einzelnen Bewegungen zu intensiv ausgeführt? Wurden die Dehnungen zu lange gehalten? Wurden einige der Haltungen falsch eingeübt?

Zuerst erkennen Sie vielleicht gar nicht exakt, wo das Problem liegt. In diesem Fall ist eine Yoga-Lehrerin mit einem guten Blick für die richtige Haltung eine große Hilfe. Wenn Sie sich vergebens bemüht haben, Ihre Schmerzen loszuwerden, nachdem Sie die Intensität oder die Dauer der Haltungen verringert bzw. verkürzt haben, dann kann ein Yoga-Lehrer, der sich in therapeutischer Arbeit auskennt, Ihnen Wege aufzeigen, wie Sie Ihre Haltung verbessern können.

Yoga – der Weg aus Schmerz und Angst

Schmerz wird durch Angst gesteigert und unterhalten. Durch ruhige Beobachtung hingegen wird Schmerz gemildert.

In jeder schmerzhaften Situation bestimmen zwei Hauptfaktoren, wieviel Schmerz Sie wahrnehmen: Der eigentliche Schmerz und der Schmerz, den Ihre Reaktion auf den ersteren noch hinzufügt. Dieser überlagerte Schmerz entsteht aus den Gefühlen der Angst, Hilflosigkeit und Ungewißheit, die der eigentliche Schmerz erzeugt. Besorgt fragen Sie sich: Wie lange wird der Schmerz dauern? Bleibt er so oder wird er sich verschlimmern? Wann wird er schlimmer? Wie lange werde ich außer Gefecht sein? Was ist, wenn er nie mehr aufhört? Bin ich vielleicht lebensgefährlich krank?

Die Angst vergrößert und unterhält den Schmerz über den Mechanismus des Streßzyklus (den ich ausführlich im 5. Kapitel „Entspannungstechniken" behandele). Treten während einer Übung Schmerzen auf, besteht die automatische Streßreaktion darin, daß sich die Muskeln der betroffenen Region verspannen. Der Schmerz nimmt zu. Dies bestätigt Ihre schlimmsten Befürchtungen: Es wird nicht besser, die Übungen tun Ihnen weh, und Sie werden nie mehr gesund. Sie versuchen nicht mehr zu üben. Die Schmerzen bestehen nach wie vor, und es geht Ihnen weiterhin schlecht. Dieses Zusammentreffen von Schmerz und Streßreaktion ist besonders ausgeprägt, wenn Sie wegen einer Verletzung therapeutische Übungen versuchen.

Yoga bietet einen Weg, diese bedrückende Situation grundlegend zu ändern. Über ein natürliches Biofeedback lehrt Sie Yoga, Schmerzsituationen von einem objektiveren Standpunkt aus zu betrachten, um dann Anpassungen und Neubewertungen vorzunehmen. Statt in Panik zu geraten, lernen Sie, sich sinnvolle Fragen zu stellen, die zu konstruktiven Lösungen führen können: Wie habe ich mich gerade bewegt, als der Schmerz einsetzte? War das jetzt bloß die Wahrnehmung der Muskeldehnung oder ein echter Schmerz? Falls echter Schmerz, war es ein Nerven- oder ein Überdehnungsschmerz? Was geschieht, wenn ich meine Haltung so und so abwandle und weniger intensiv dehne? Kann ich die Atmung einsetzen, um den Schmerz teilweise wegzuatmen? Kann ich visualisieren, wie der Schmerz meinen Körper verläßt?

Während Sie sich dies abfragen, geschieht ein offenkundiges Wunder:

- Sie distanzieren sich von Ihrem Schmerz.
- Sie lernen, daß Sie die Wahl haben, auf den Schmerz zu reagieren und ihn zu verschlimmern oder ihn aus der Distanz zu beobachten und die Übung so anzupassen, daß der Schmerz nachläßt.

- Die Angst vor dem Schlimmsten weicht einem Gefühl der Kontrolle.
- Hilflosigkeit weicht der sachlichen Überlegung.
- Sie erkennen die bis dahin unbekannte Ursache des Schmerzes und verstehen ihn besser.
- Sie lernen, wie eine falsche Bewegung Schmerz verursachen und die richtige Bewegung ihn mindern kann.
- Sie lernen etwas über die Macht des bewußten Atmens und der Vorstellungskraft; dadurch können Sie den Schmerz verringern und sich wieder in den Griff bekommen.

So lehrt Yoga Sie eine schmerzminimierende Strategie, die Ihnen hilft, sich selbst zu lehren, wie Sie den Schmerz immer mehr verringern können.

Kann Yoga meinem Rücken schaden?

Yoga wird Ihrem Rücken nicht schaden, sondern helfen – vorausgesetzt, Sie gehen mit der richtigen Einstellung ans Werk. Vernünftiges Yoga macht Sie wieder fit. Dagegen kann schlampig oder aggressiv geübtes Yoga – und jede andere inadäquate Körperschulung – schädlich sein.

Üben Sie Yoga niemals hastig oder aggressiv. Die ständige Beobachtung der Atmung und der richtigen Körperhaltung unterscheidet Yoga von Gymnastik und Akrobatik und macht es heilsam für Körper und Geist. Indem Sie jede Haltung benutzen, um innere Ruhe und Frieden zu finden, werden Sie zu Heilung und Verjüngung geführt.

Wenn Sie jedoch versuchen, sich Yoga-Haltungen anzueignen, ohne die Grundregeln einer guten Körpermechanik und der richtigen Wirbelsäulenhaltung zu berücksichtigen, können Sie sich eine Verletzung zuziehen. Falls Sie nicht normal gelenkig sind, können die Vorwärts- und Rückwärtsbeugen Ihrem Rücken schaden, sofern Sie diese nicht Ihrer aktuellen Gelenkigkeit anpassen. Und falls Sie versuchen, Ihren steifen (oder überbeweglichen) Körper in Yoga-Haltungen zu bringen, wie sie gestandene Yoga-Praktiker vorführen, kann das Schäden verursachen.

Um Yoga aus einer potentiellen Gefahr in eine heilsame Praxis zu überführen, müssen Sie dem Stufenplan dieses Buches folgen oder eine Lehrerin finden, die Erfahrung hat mit der Anwendung von Yoga in der Rehabilitation. Die richtigen Haltungen, unter sorgfältiger Beachtung der korrekten Wirbelsäulenhaltung und Ihrer Gelenkigkeit angepaßt, können das ideale Rehabilitationsprogramm darstellen.

Vorwärts- und Rückwärtsbeugen, Drehungen und Übungen im Stehen können für Ihren Rücken therapeutisch wertvoll oder verheerend sein, je nachdem wie gründlich Sie das Prinzip befolgen, die normalen Kurvaturen der Wirbelsäule beizubehalten. Die meisten Fehler werden beim Vorbeugen (im Stehen und im Sitzen) und beim Rückwärtsbeugen begangen. Deswegen wird in diesem Buch auf extreme Versionen dieser Haltungen verzichtet, und sie werden im Rahmen eines Rückenrehabilitationsprogramms nicht empfohlen.

Viele Rückenschäden entstehen als Folge von Drehbewegungen beim Heben. Deshalb befürchten viele Menschen, die unter Rückenbeschwerden leiden, daß Yoga-Haltungen, bei denen die Wirbelsäule gedreht wird, ihnen schaden könnten. Die hier beschriebenen Yoga-Drehübungen sind jedoch sicher, wenn sie so ausgeführt werden, daß die Wirbelsäule korrekt aufgerichtet und gestützt ist. Der Schlüssel zu ungefährlichen und therapeutisch wirksamen Wirbelsäulendrehungen ist, daß die Wirbelsäule sich während der Übung in normaler oder neutraler Konfiguration befindet. Wenn Sie einen Haltungsschaden haben (z.B. eine zu stark gekrümmte oder steife Brustwirbelsäule, ein ausgeprägtes Hohlkreuz oder ein zu flaches Kreuz) und die Drehungen Ihnen auch nur das geringste Problem bereiten, brauchen Sie die Hilfe eines Yoga-Lehrers, der die Rückenschmerzbehandlung durch Iyengar-Yoga beherrscht.

Während andere physikalische Therapien entweder die Flexion (das Beugen der Wirbelsäule nach vorne) oder die Extension (das Beugen nach hinten) betonen, liegt der Akzent der Rückenrehabilitation beim Iyengar-Yoga darauf, den vollen Bewegungsumfang wiederherzustellen. Unterstützte Beugehaltungen der Wirbelsäule lindern Spasmen der Rückenstrecker. Sanfte und in richtiger Haltung ausgeführte Drehungen der Wirbelsäule dehnen die Rückenmuskeln, vergrößern die Intervertebralräume und die Wirbelsäulenbeweglichkeit. Die Übungen im Stehen kräftigen die Rückenmuskeln, die Bauchmuskeln und die Beine, so daß Sie eine bessere Haltung, eine stabilere Wirbelsäule bekommen und ohne Gefahr heben können. Gestützte Rückwärtsbeugen (Brücke) bringen die Wirbelsäule sacht in eine Extensionsstellung, ohne die Gefahr einer Kompression im Lendenbereich heraufzubeschwören. Dies sind also die Grundzüge des vorliegenden Yoga-Programms zur Rehabilitation von Rückenbeschwerden.

Mangelnde Ausdauer: Was tun, wenn Sie mal keine Lust zum Üben hatten?

Auch wenn Sie hochmotiviert und von besten Vorsätzen erfüllt sind, die Yoga-Rückenschule zu absolvieren, kann es passieren, daß Sie das Programm nach einer gewissen Zeit schleifen lassen. Manche vernachlässigen die Übungen und das Streßbewältigungsprogramm, sobald alles gut geht und sie keine Schmer-

Rückenschmerztagebuch

Datum	Umstände/Ursachen der Rückenattacke	Schmerzdauer	Schmerzort und -intensität (leicht/gleichmäßig/stark)	Anmerkungen
7.1.91	Blumenkasten gehoben	3 Tage	im Kreuz / mäßig	Nächstes Mal laß ich mir helfen.
5.5.91	Streß mit der Familie; 3 Monate nicht geübt	3 Tage	oberer Rücken, Nacken	Jeden Morgen zuerst 5-10 min Yoga üben!

Abb. 11 Rückenschmerztagebuch, Beispiel eines Eintrags

zen haben. Andere verzichten darauf, etwas für ihren Rücken zu tun, wenn Beruf und Familie sie verstärkt beanspruchen. Falls Sie einmal Ihr Rehabilitationsprogramm unterbrochen haben und noch keine erneute Rückenschmerzattacke aufgetreten ist, nehmen Sie Ihre Übungen schnell wieder auf. Verderben Sie sich nicht die Laune mit nutzlosen Schuldgefühlen, sondern bedenken Sie lieber, daß eine Wiederkehr der Schmerzen wahrscheinlich ist, wenn Sie nicht bewußt und beharrlich an Ihrer Rehabilitation arbeiten. Genesung ist ein langsam fortschreitender Prozeß.

Erwarten Sie nicht, wenn ihnen bewußt wird, daß Sie Ihre Yoga-Übungen seit ein paar Tagen (oder einigen Wochen) vernachlässigt haben, Sie könnten dort weitermachen, wo Sie aufgehört hatten. Wahrscheinlich haben Sie manches, was Sie sich vorher mit den Übungen erarbeitet hatten, wieder verlernt. Das beste Vorgehen ist dann, zunächst wieder eine Zeitlang mit den Positionen des 5. Kapitels, „Entspannungstechniken“, zu arbeiten. Sobald Sie sich dazu bereit fühlen, machen Sie mit den „Grundübungen“ des 6. Kapitels weiter. Gehen Sie dabei nach

Ihrem eigenen Tempo vor, indem Sie neue Übungen hinzunehmen und den Schwierigkeitsgrad steigern, sobald Sie spüren, daß Sie soweit sind.

Absolvieren Sie diese Wiederholung des Übungsprogramms nicht zu schnell. Der Schlüssel zur gefahrlosen Rehabilitation des Rückens liegt darin, mit dem jeweils angemessenen Schwierigkeitsgrad zu üben. Es ist kontraproduktiv, auf dem gleichen Niveau wie vor dem Aussetzen der Übungen weitermachen zu wollen.

Rückfälle: Was tun, wenn die Schmerzen wiederkehren?

Manchmal werden die Übungen unterbrochen, bis eine neue Rückenschmerzattacke auftritt. Ein Schmerzanfall kann mitunter aber auch auftreten, obwohl Sie Ihr Yoga-Programm gewissenhaft geübt haben. Es wäre unrealistisch zu erwarten, daß Sie nie wieder Rückenschmerzen bekommen, sobald Sie angefangen haben, nach der Yoga-Rückenschule zu üben. Diese Erkenntnis müssen Sie positiv werten. Blicken Sie vorwärts und nutzen Sie jeden Rückschlag, der Sie ereilen mag, um Ihr Yoga-Rehabilitationsprogramm zu verbessern. Lassen Sie sich durch einen Rückfall nicht erzürnen oder entmutigen. Nutzen Sie die Erholungsphase nach jedem Rückfall, um zu lernen, wie Sie künftige verhüten können.

Rekonstruieren Sie genau, was der Rückenattacke vorausging. Welche Faktoren (körperliche und seelische) haben zum erneuten Auftreten der Schmerzen geführt? Hatten Sie vermehrt beruflichen oder häuslichen Streß? Haben Sie Ihre Yoga-Übungen vernachlässigt? Haben Sie die Übungen zu rabiat ausgeführt? Haben Sie mit einer neuen sportlichen Aktivität oder einer neuen Übung begonnen? Wie hat sich Ihr Alarmpunkt kurz vor und in der Anfangsphase Ihres Rückfalls angefühlt? Hatten Sie einen Unfall oder haben Sie eine ungeschickte Bewegung gemacht? (In dem Fall dürfte es sinnvoll sein, einen Arzt aufzusuchen.) Notieren Sie die Antworten auf diese Fragen in Ihrem Rückenschmerztagebuch (siehe Anhang sowie Eintrag in Abb. **11**).

Die Antworten auf diese Fragen können Ihnen den Weg weisen, wie Sie Ihr Verhalten, die Übungen und das Streßmanagement ändern müssen, um künftige Rückschläge zu vermeiden.

So ein Rückfall ist auch Anlaß, darüber nachzudenken, wie sich die aktuelle Situation von früheren Attacken unterscheidet. Haben Sie die Warnzeichen der bevorstehenden Rückenattacke früher registriert als beim letzten Mal? Mußten Sie weniger lange das Bett hüten? Hat das schmerzfreie Intervall länger gedauert als das vorige? Glauben Sie, daß Sie sich dieses Mal besser zu helfen wußten? Fassen Sie Mut, falls Sie auch nur eine dieser Fragen mit Ja beantworten können. Sie bekommen nämlich die Situationen, die Ihrem Rücken schaden, zunehmend besser in den Griff, und der Zustand Ihrer Wirbelsäule hat sich bereits gebessert. Lautet die Antwort auf eine oder mehrere der obigen Fragen Nein, geben Sie nicht auf. Wenn Sie Ihrer Rückenschule treu bleiben, werden Sie wahrscheinlich in absehbarer Zeit die Fragen bejahen können.

Hören Sie nicht einfach mit dem Üben auf, falls Sie einen Rückfall erleiden. Kehren Sie während der akuten Schmerzphase zu jenen Übungen des 5. Kapitels („Entspannungstechniken") zurück, die Sie besonders wohltuend finden. Rekapitulieren Sie außerdem „Yoga im Alltag" (12. Kapitel) und „Gefahrlos üben" (13. Kapitel). Und wenn Sie spüren, daß Sie wieder einigermaßen fit sind, fangen Sie mit den „Grundübungen" des 6. Kapitels an. Achten Sie anfangs beim Üben besonders auf Ihren Alarmpunkt! Und arbeiten Sie besonders sorgfältig mit den besserungsbedürftigen Partien, wobei Sie Ihre Einschätzung zu Rate ziehen, was bei Ihnen die neueste Attacke ausgelöst hat. Notieren Sie jede Attacke und ihre Umstände in Ihrem Rückenschmerztagebuch (siehe Anhang). Diese Aufzeichnungen helfen Ihnen nämlich, negative und positive Trends zu erkennen.

Zusätzliche therapeutische Maßnahmen

Die wichtigsten, zu einer anhaltenden Besserung führenden Maßnahmen, die hier ausführlich erläutert werden, sind heilendes Yoga, verbesserte Biomechanik bei alltäglichen Verrichtungen sowie konstruktive Ruhe. Es gibt aber noch einige weitere therapeutische Möglichkeiten, deren Für und Wider ich hier besprechen möchte. Sie haben sämtlich eine Einschränkung: Sie können Ihnen symptomatische Linderung verschaffen, werden aber nicht Ihre gewohnheitsmäßige schlechte Haltung ändern oder Sie lehren, angemessen mit Streß umzugehen. Bedenken Sie, daß alle schmerzstillenden Mittel kontraproduktiv sein können, weil sie die Signale, mit denen der Körper Sie darauf aufmerksam machen will, wie Ihre Haltung und Ihre Bewegungen den Rücken und Nacken beeinträchtigen, abschwächen oder unterdrücken. Wenn Sie Ihren Schmerz künstlich beseitigen, fehlt Ihnen die natürliche Rückmeldung, die Sie brauchen, um Korrekturen vorzunehmen.

Transkutane elektrische Nervenstimulation (TENS). Bei der transkutanen elektrischen Nervenstimulation wird durch Elektroden, die auf der Haut befestigt und an eine an einem Gürtel getragene kleine Stromquelle angeschlossen sind, ein elektrischer Strom in die Muskeln geleitet. Der Stromstoß blockiert die Schmerzleitung zum Gehirn, und dadurch wird der Kreislauf Muskelspasmus-Schmerz-Muskelspasmus unterbrochen. Das Gerät kann im akuten Schmerzanfall, wenn die Muskeln schmerzhaft verkrampft sind, hilfreich sein. Es kann vom Therapeuten oder vom Fachhandel leihweise zur Verfügung gestellt oder käuflich erworben werden, und in begründeten Fällen übernimmt die Krankenversicherung die Kosten. Das Anlegen der Elektroden und das Tragen des Apparates (am

Gürtel) ist ein bißchen lästig, aber diese Unbequemlichkeit mag man in Kauf nehmen, wenn man dafür eine gewisse Schmerzfreiheit erzielt.

Warme Packungen und Eispackungen. Bei manchen Rückenproblemen kann die Anwendung von Wärme oder Kälte lindernd wirken. Den einen Patienten hilft Wärme, den anderen Kälte. Für die kalte Packung gefrieren Sie ein glatt gefaltetes nasses Handtuch in einem wasserdichten Plastikbeutel im Eisfach Ihres Kühlschranks und legen sich in einer Haltung konstruktiver Ruhe darauf (siehe „Entspannungstechniken“, 5. Kapitel). Die Eispackung darf nicht länger als zwanzig Minuten pro Stunde angewandt werden. Falls Ihnen Wärme besser hilft, benutzen Sie ein Heizkissen mit Thermostat, damit Sie sich, sollten Sie einschlafen, keine Verbrennung zuziehen.

Steroidhaltige entzündungshemmende Medikamente. Steroide wirken stark entzündungshemmend, können über eine begrenzte Zeit in Tablettenform eingenommen oder aber direkt in den Bereich einer schmerzhaften Schwellung eingespritzt werden. (Bei den Steroiden, die therapeutisch gegen Rückenschmerzen eingesetzt werden, handelt es sich nicht um anabol wirkende Steroide, die manche Athleten illegal zum Aufbau von Muskelmasse benutzen.) Da Steroide im Körper kumulieren und das Immunsystem und die Gewebe schädigen, dürfen sie nicht zur Langzeitbehandlung von Rückenschmerzen angewandt werden. Dagegen können sie akute Schmerzen lindern und helfen dem Arzt nicht selten, die richtige Diagnose zu stellen: Wenn Steroide eine deutliche Linderung bewirken, zeigt dies an, daß Ihre Schmerzen ganz oder teilweise durch eine Schwellung und Entzündung des Gewebes in der betreffenden Region verursacht sind. Deswegen werden Bewegungstherapie und konstruktive Entspannungsübungen in diesen Fällen wahrscheinlich eine Besserung herbeiführen.

Nichtsteroidale entzündungshemmende Medikamente. Zu den nichtsteroidalen entzündungshemmenden Medikamenten gehören die Acetylsalicylsäure (ASS, Aspirin) und davon abgeleitete Substanzen mit entzündungshemmender Wirkung. Alle Substanzen dieser Gruppe können Reizungen der Magenschleimhaut verursachen. Wie die Steroide können sie eine symptomatische Besserung bewirken, sofern der Schmerz ganz oder teilweise mit einer Gewebeschwellung und -entzündung zusammenhängt. Und genauso wie bei den Steroiden besagt ein gutes Ansprechen auf diese Arzneimittel, daß Bewegungstherapie und konstruktive Entspannung gute Aussichten haben, die Schmerzursache zu bessern.

Muskelrelaxantien. Ist der Schmerz ganz oder teilweise durch Muskelspasmen verursacht, läßt sich mit muskelentspannenden Medikamenten eine rasche Linderung erzielen. Leider sind sie aber bei vielen Patienten nicht sehr wirksam. Die beste muskelrelaxierende Wirkung haben Tranquilizer (psychisch entspannende Beruhigungsmittel). Dabei ist aber stets das hohe Suchtpotential dieser Medikamente gegen die vorübergehende symptomatische Schmerzlinderung sorgfältig abzuwägen. Die muskelrelaxierend wirkenden Tranquilizer erzeugen darüber hinaus psychische Wirkungen, die nicht grundsätzlich positiv sind. Diese Medikamente können Sie derart benebeln, daß Ihre Motivation schwindet, ein Übungsprogramm zu befolgen, und Ihr Streßbewältigungsprogramm und Ihre mitmenschlichen Beziehungen gestört werden.

Stützkorsetts und Stützbandagen. Stützende Mieder und Bandagen können äußeren Halt geben, allerdings sind sie nur kurzfristig sinnvoll. Wenn Sie solche Hilfen auf Dauer benutzen, wird die Rückenmuskulatur geschwächt und die Wirbelsäule in der Folge noch anfälliger. Bandagen können allerdings notwendig sein bei Patienten mit schwerer Osteoporose, Wirbelfrakturen oder postoperativer Instabilität des Rückens.

Massagen. Sie können nützlich sein, obgleich sie nicht zu den Rehabilitationsmaßnahmen für den Rücken zu rechnen sind. Vorübergehend können Massagen schmerzhafte Muskelspasmen lösen und damit entspannend wirken. Ein guter Masseur kann Ihnen erklären, welche Muskeln verspannt sind und welche nicht, so daß Sie sich bei Ihren Dehnungsübungen auf die verspannten Regionen stärker konzentrieren können. Besonders wichtig ist jedoch, daß Sie durch die Massage lernen, wie sich geschmeidige, entspannte Muskeln anfühlen. Für viele Menschen ist dies das erste Mal seit Jahren, daß sie überhaupt eine Muskelentspannung wahrnehmen. Diese Erfahrung sowie die Erkenntnis, daß Ihre Muskeln sich eigentlich meistens so anfühlen müßten, kann sehr lehrreich sein. Allein das Wissen, daß es diesen Zustand der Muskelentspannung gibt, kann dazu beitragen, daß Sie sich wieder völlig entspannen lernen.

Chirotherapie. Vielen Menschen, die an Rückenbeschwerden leiden, hat eine Behandlung durch einen Chiropraktiker zeitweise Linderung verschafft. Chiropraktiker verstehen sich darauf, die richtige Haltung des Körpers und der Wirbelsäule zu beurteilen. Chiropraktiker, die mit Iyengar-Yoga vertraut sind, überweisen ihre Patienten gern an Yoga-Lehrer. Sie können den Patienten eine dauerhafte Haltungskorrektur vermitteln, so daß der Erfolg der chirotherapeutischen Eingriffe länger anhält. Um zu erkennen, wie das funktioniert, sollten Sie nach jeder erfolgreichen Chirotherapie prüfen, wie sich die Haltungsänderung anfühlt. Versuchen Sie, dieses Gefühl zu erhalten, indem Sie zulassen, daß Ihre Haltung und Ihre Bewegungsabläufe sich entsprechend der Haltungskorrektur ändern. Wenn Sie einfach wieder in Ihre gewohnte (schlechte) Haltung und Bewegungsweise verfallen, kehren die alten Probleme bald wieder.

4 Lernen Sie, Ihre Gelenkigkeit und Haltung zu beurteilen

Ist wirklich Ihr Rücken Ursache Ihrer Schmerzen, oder sind die Rückenschmerzen nur ein Symptom, das auf einen anderen Krankheitsprozeß in Ihrem Körper hinweist? Bei den meisten Menschen leidet der Rücken unter Streß und Belastungen, die durch Fehlhaltungen in anderen Gebieten ausgelöst werden. Nicht selten findet sich die eigentliche Ursache eines scheinbaren Rückenproblems im Fuß, Knie oder Bein, in Hüfte, Schulter oder Nacken.

In diesem Kapitel sollen Sie lernen, die Haltung und Gelenkigkeit Ihres gesamten Bewegungsapparates einzuschätzen, so daß Sie Ihren Rückenschmerzen auf die Spur kommen können. Es zeigt Ihnen außerdem, welche Haltungen – bzw. Kapitel – für Sie besonders geeignet sind, wenn Sie das auf Yoga aufgebaute Übungs- und Entspannungsprogramm absolvieren. Nehmen Sie sich Zeit für diese Beurteilung, auch wenn Sie die Ursache Ihrer Rückenbeschwerden bereits zu kennen glauben – das Ergebnis könnte Sie verblüffen. Es wäre denkbar, daß Sie eine ganz bestimmte Vorstellung von Ihrer Kraft, Gelenkigkeit und Körperhaltung haben, die auf einer alten Information oder auf einem Körperbild beruht, das aus einem früheren Lebensabschnitt stammt. Allerdings werden sich Ihre Haltung und Ihre Gelenkigkeit im Laufe der Jahre wahrscheinlich merklich gewandelt haben.

Geben Sie sich die Erlaubnis zur Besserung. Die Beurteilung Ihres aktuellen Zustandes spiegelt, wo Sie jetzt stehen, nicht wo Sie vor zehn oder zwanzig Jahren standen oder wo Sie nach einer gründlichen Körperschulung stehen werden. Ihr Körper ist keine starre Gipsfigur. Alle Gewebe (auch Knochen und Narben) sind formbar, und mit beharrlichem, vernünftigem Bemühen lassen sie sich wieder in Form bringen. Nehmen Sie Ihre jetzige Haltung und Gelenkigkeit nicht als unwandelbar hin, sondern machen Sie sich lieber klar, daß Sie jetzt nur an einem Ausgangspunkt stehen, an dem Sie Ihre künftigen Fortschritte werden messen können. Jedes Mal, wenn Sie Ihre derzeitigen Grenzen und Fehlhaltungen hinnehmen, indem Sie sagen „So bin ich halt“, verhindern Sie, daß eine Änderung mit Ihnen geschieht. Sagen Sie sich statt dessen „Mein Rücken bessert sich“ oder „Diese Übung hilft mir, meine Wirbelsäule wieder aufzurichten“. Ihr Körper hört und glaubt, was Sie sagen. Vergessen Sie nicht, sich selbst bei jeder Gelegenheit zu ermutigen und die Besserung zuzulassen.

Gelenkigkeit und Rückenschmerzen

Bedenken Sie, daß es nicht genügt, bloß gelenkig zu sein. Zwar werden überwiegend die steifen Zeitgenossen von Rückenschmerzen heimgesucht, aber normalgelenkige und überbewegliche sind ebenfalls betroffen.

Eine normale Gelenkigkeit kann Rückenschmerzen nicht verhindern, wenn Sie eine schlechte Haltung haben, sich falsch bewegen, körperlich träge sind oder an einem frischen oder alten Trauma leiden. Hypermobilität dagegen – sie ist durch eine Bänderschwäche bedingt – kann einen Menschen für Rücken- und Gelenkschäden anfällig machen, falls die Muskeln nicht kräftig genug sind, um die Gelenke zu stabilisieren und zu stützen. Die Bänder werden überdehnt, und durch die resultierenden Extrembewegungen werden die Gelenke geschädigt.

Glücklicherweise vermittelt die Yoga-Rückenschule allen – den Ungelenken ebenso wie den Normalgelenkigen und Hypermobilen – genau das, was sie brauchen. Wer steif ist, wird gelenkiger, während er lernt, seine Haltung und seine Körpermechanik zu verbessern. Die Überbeweglichen entwickeln die nötige Muskelkraft, um ihre Gelenke in der richtigen Position zu halten. Und alle gewöhnen sich eine bessere Haltung, bessere Bewegungsabläufe und ein ausgewogeneres Zusammenwirken der einzelnen (antagonistischen) Muskelgruppen an.

Selbsteinschätzung der Wirbelsäulenhaltung und der Gelenkigkeit

Für die folgenden Tests der Beweglichkeit und Gelenkstellung benutzen Sie bitte die Checkliste im Anhang, um die Entwicklung Ihrer Körperhaltung und Gelenkigkeit verfolgen zu können. (Ein Beispiel ist das Arbeitsblatt, Abb. **47**, am Ende dieses Kapitels.) Vergleichen Sie stets die rechte und linke Körperhälfte. Am Ende jedes Tests empfehle ich spezielle Yoga-Haltungen, welche die Kraft und die Gelenkigkeit in der beurteilten Region des Körpers verbessern. Wenn Sie bestimmte Schwachstellen haben, sollten Sie die empfohlenen Haltungen bei Ihrer Yogalektion besonders sorgfältig üben. Dokumentieren Sie Ihre Fortschritte auf dem Arbeitsblatt, indem Sie die folgenden Tests alle drei bis sechs Monate wiederholen. In den „Anmerkungen" am Ende jedes Tests finden Sie Tips für besondere Probleme.

Lassen Sie sich von einem Freund, einer Freundin fotografieren, während Sie Ihre Körperhaltung und Beweglichkeit prüfen, damit Sie genau wissen, wo Sie stehen. Anhand der Fotos können Sie exakt vergleichen, wie sich die Wirbelsäulenkontur und Ihre Haltung ändern. Vergessen Sie nicht, die Fotos zu datieren.

Die folgenden Tests sollen gefahrlos sein und keine Schmerzen bereiten. Sollte ein Test Mißempfindungen auslösen, lesen Sie bitte die Anleitung erneut durch und wiederholen Sie den Test, indem Sie die Dehnung weniger intensiv praktizieren. Bleibt das Mißempfinden bestehen, notieren Sie dies bitte in Ihrem Arbeitsblatt. Falls Sie auch im weiteren Verlauf des Übungsprogramms in der betreffenden Region Ihres Körpers Beschwerden haben, sollten Sie einen Iyengar-Yoga-Lehrer (siehe Anhang) oder einen anderen erfahrenen Gesundheitsberater konsultieren. Bedenken Sie, daß niemand vollkommen symmetrisch gebaut ist. Auch bei Ihnen werden geringe unbedeutende Abweichungen von der Längsachse vorhanden sein. Falls jedoch bei Ihnen kleine Fehlstellungen in einer Problemzone oder in einer schmerzhaften oder mit anderen Symptomen geplagten Region bestehen, sollten Sie diesen besondere Aufmerksamkeit schenken und an ihrer Korrektur arbeiten.

Nutzen Sie die bei den Tests gewonnenen Erkenntnisse, wenn Sie später die Übungen in diesem Buch absolvieren. Den ersten Schritt zur Korrektur haben Sie schon getan, wenn Sie Ihre Asymmetrien und Fehlstellungen erkennen.

Beurteilung der Lendenlordose

Da eine einfache visuelle Beurteilung irreführen kann, verlassen Sie sich bei der Beurteilung der Lendenlordose besser auf Ihr Tastgefühl. Die beiden folgenden Anatomielektionen werden Ihnen dabei helfen.

Beurteilung im Sitzen. Sie brauchen einen soliden Stuhl mit flachem Sitz. Stellen Sie den Stuhl möglichst vor einen großen Spiegel, in dem Sie sich von der Seite betrachten können. Steht Ihnen kein Spiegel zur Verfügung, so können Sie den Test trotzdem ausführen, indem Sie Ihr Fingerspitzengefühl zu Hilfe nehmen.

Sie setzen sich mit Ihren Sitzhöckern (nicht mit dem Steiß oder dem Kreuz) auf die vordere Hälfte des Stuhlsitzes. Legen Sie eine Hand an die Lendenwirbelsäule (an der Rückseite der Taille), die andere seitlich etwa in Taillenhöhe über den Beckenkamm (Abb. **12**).

Jetzt beugen Sie den Rücken und kippen Sie das Becken nach vorne, so daß der Nabel sich in Richtung Knie bewegt. Sie fühlen, wie diese Bewegung die Lendenkurvatur zu einem Hohlkreuz verstärkt und wie das Becken nach vorne gekippt ist (Abb. **13**).

Jetzt schieben Sie den Nabel zur Wirbelsäule und richten das Steißbein auf. Die Hand auf dem Beckenkamm fühlt, wie das Becken nach hinten kippt (Abb. **14**). Die in Taillenhöhe am Rücken liegende Hand spürt, wie sich die Lendenwirbelsäule abflacht. Achten Sie darauf, daß mit der Abflachung der Lendenwirbelsäure die normalerweise am Rücken vorhandene Einsenkung verschwindet und Sie statt dessen die knöchernen Dornfortsätze an der Rückseite der Wirbelsäule tasten.

Machen Sie diese Kippbewegung mehrmals, um den maximalen Bewegungsumfang der Lendenwirbelsäule von der verstärkten Krümmung (Hohlkreuz) über normal bis hin zum flachen Kreuz zu erkennen. Setzen Sie sich jetzt in Ihrer gewohnten Haltung hin und prüfen Sie Ihre normale Lendenlordose im Vergleich zu den getesteten Positionen.

Untersuchung im Stehen. Stellen Sie sich seitlich vor den Spiegel. Beugen Sie ganz leicht die Knie, damit das Becken frei beweglich ist. Legen Sie wieder die Hände an den Körper, die eine seitlich in Taillenhöhe über den Beckenkamm, die andere in Taillenhöhe auf die Lendenregion (Abb. **15**).

Während Sie sich von der Seite betrachten, kippen Sie wieder das Becken nach vorne, so daß die Lendenlordose bis zum Hohlkreuz vergrößert wird (Abb. **16**). Fühlen Sie, wie diese Bewegung die Lendenwirbelsäule unter Ihrer Hand verschiebt.

Nun kippen Sie Ihr Becken nach hinten, indem Sie die Gesäßmuskeln zusammenziehen und die Bauchmuskeln anspannen, während Sie das Steißbein aufrichten und das Schambein in Richtung Brustbein schieben. Sie spüren, wie das Kreuz flach wird, und registrieren, daß Ihr Kopf sich gleichzeitig vorschiebt, der Brustkorb einsinkt und die obere Rückenpartie sich rundet (Abb. **17**).

Diese Beurteilung vermittelt Ihnen einen Begriff davon, welchen Bewegungsumfang Ihre Lendenwirbelsäule von der Extension (Streckung bzw. Beckenkippung nach vorn mit Zunahme der Lendenlordose) bis zur Flexion (Beckenkippung nach hinten mit Abflachung der Lendenlordose) durchläuft. Drücken Sie nun die Knie durch und stellen Sie sich wie gewohnt aufrecht hin. Beobachten Sie die Haltung Ihrer Lendenwirbelsäule, und setzen Sie sie in Beziehung zu dem gerade getesteten Bewegungsumfang. Ist Ihre Lendenlordose zu stark, normal oder zu flach?

Die Auswirkungen der Lendenlordose auf das Wohlbefinden Ihres Rückens sind enorm. Sie haben bereits gesehen, daß die Krümmung des unteren Abschnitts der Wirbelsäule beim Hohlkreuz abnorm ausgeprägt ist – typischerweise hängt dabei der Bauch vor und die Pobacken sind nach hinten gereckt. Die Bänder, die die Wirbelsäule stützen sollen, erschlaffen, und das Gewicht, das sich gleichmäßig auf die ganze Lendenlordose verteilen sollte, konzentriert sich auf den Scheitelpunkt der Krümmung. Diese starke Kombination – Instabilität plus abnorme Konzentration von Druck auf die Mitte der Lendenlordose – ermöglicht

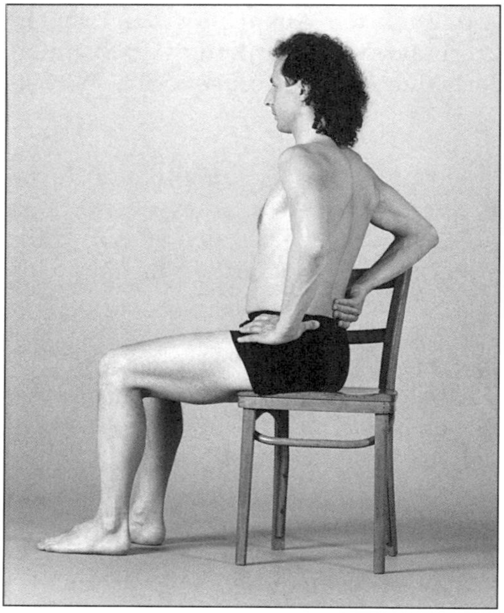

Abb. 12 Beurteilung der Lendenlordose im Sitzen – normale Lordose

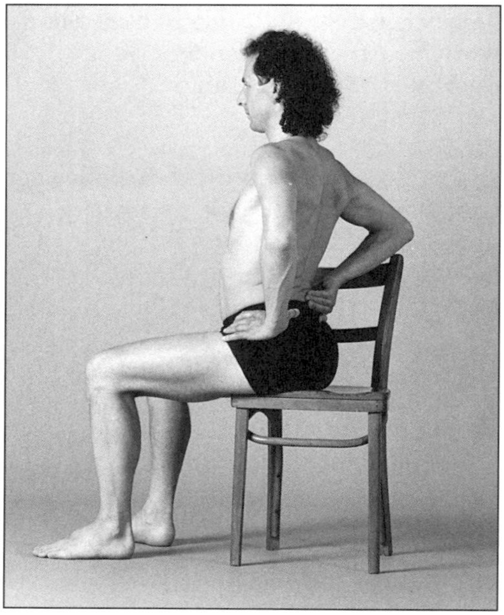

Abb. 13 Beurteilung der Lendenlordose im Sitzen – Hohlkreuz

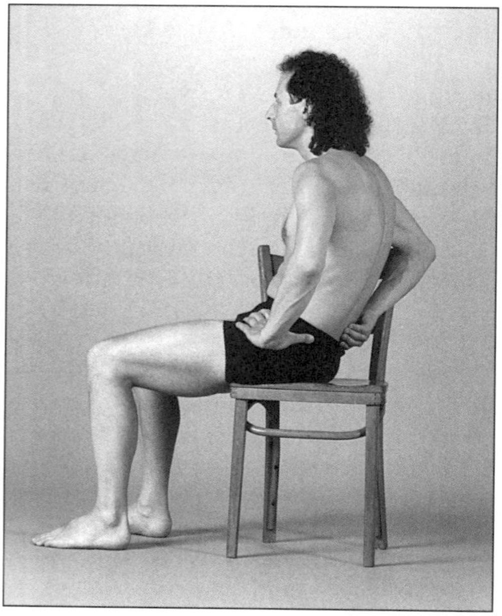

Abb. 14 Beurteilung der Lendenlordose im Sitzen – flaches Kreuz

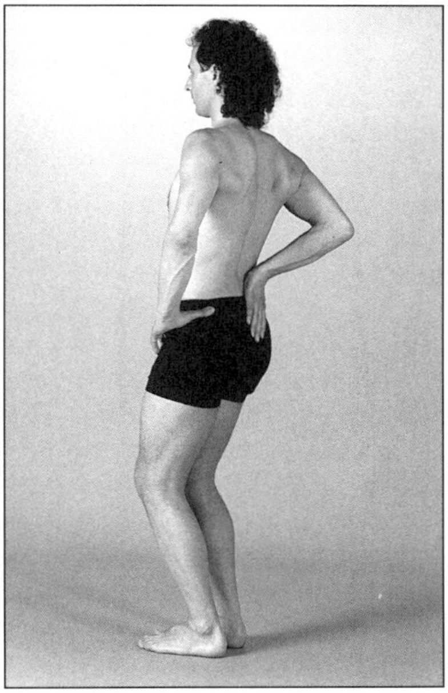

Abb. 15 Beurteilung der Lendenlordose im Stehen – normale Lordose

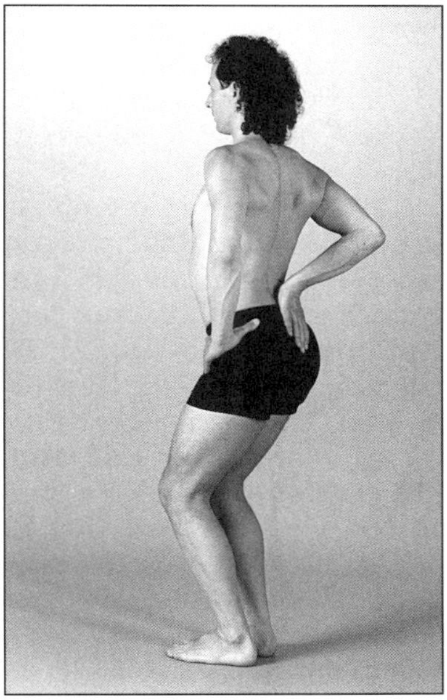

Abb. 16 Beurteilung der Lendenlordose im Stehen – Hohlkreuz

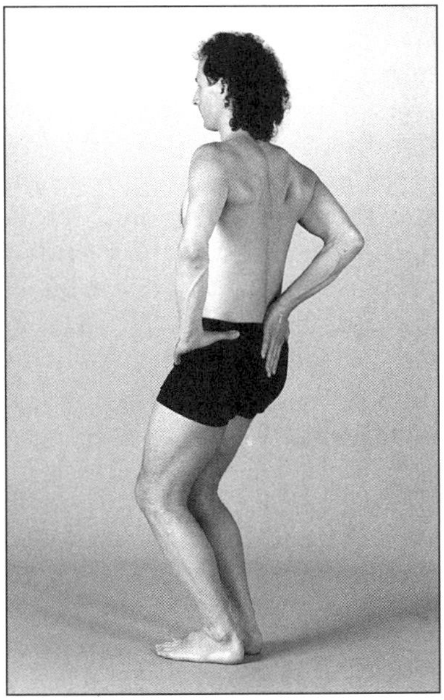

Abb. 17 Beurteilung der Lendenlordose im Stehen – flaches Kreuz

Extrembewegungen zwischen den Wirbeln und fördert die Degeneration der Bandscheiben und, dadurch bedingt, Knochenveränderungen wie z.B. Knochensporne (das heißt, der Knochen wächst auf abnorme Weise im Bemühen, genügend Stärke zu entwickeln, um der vorhandenen Belastung standzuhalten).

Da das Hohlkreuz die dorsalen Anteile der Wirbel zusammenpreßt, erzeugt es eine chronische Kompression des rückwärtigen Teils der Bandscheiben im Lendenbereich, die die Wirbel voneinander trennen. Diese anhaltende Kompression unterbricht den Zustrom von Nährstoffen mit der Folge, daß die Bandscheiben entarten und schrumpfen. Im Verlauf des Schrumpfungsprozesses verringert sich der physiologische Abstand zwischen den Flächen der Facettengelenke (Abb. **5**) (die Gelenke zwischen den Knochenfortsätzen der Wirbelkörper). Sie beginnen, gegeneinander zu reiben, und verursachen schließlich eine Form der Arthritis. Die Fehlfunktion der Facettengelenke belastet die Bandscheiben zusätzlich. So entsteht ein Teufelskreis aus Beschädigung und Degeneration.

Beim flachen Kreuz ist die natürliche Lendenlordose abgeplattet oder stark vermindert, und das Gesäß erscheint eingezogen. Diese Haltung findet sich oft bei Rückenschmerzpatienten, die eine verstärkte Lendenlordose überkorrigiert haben. Die Krankengymnastik für Rückenschmerzpatienten beschränkte sich jahrelang auf Beugeübungen, bei denen die Lendenlordose abgeflacht wurde. Die wiederholte Anwendung dieser Übungen und fehlgeleitete Anstrengungen, mit flachem Kreuz zu gehen und sich zu bewegen, schufen häufig ein neues Rückenproblem.

Wie das Hohlkreuz kann auch das flache Kreuz ernsthafte Beschwerden verursachen. Der Verlust der natürlichen Lordose beeinträchtigt das Vermögen der Wirbelsäule, als Stoßdämpfer zu wirken. Die Abflachung der Krümmung überdehnt die Haltebänder und bewirkt, daß die Wirbel dicht zusammengedrückt werden. Dadurch wird die Bewegung eingeschränkt und die Versorgung der Bandscheiben mit Nährstoffen gefährdet. Außerdem wird den Bandscheiben nun das Gewicht aufgebürdet, das normalerweise die Facettengelenke tragen, und dies führt zur Kompression, zu einer schlechten Ernährung und (schließlich) zur Degeneration der Bandscheiben.

Anmerkungen

- *Wenn Sie ein Hohlkreuz oder ein flaches Kreuz haben, üben Sie beharrlich sämtliche Haltungen von Kapitel 5 „Entspannungstechniken“, von Kapitel 6 „Statische Grundübungen“ und von Kapitel 7 „Dynamische Bewegungsübungen“ (Drehübungen, Balanceübungen und Umkehrhaltungen).*
- *Falls Sie ein flaches Kreuz haben, benutzen Sie bei allen Übungen in Rückenlage stets ein Lendenpolster (Abb.* ***53****).*

Beurteilung der Brustkyphose

Wenn Sie versuchen, die Krümmung der Brustwirbelsäule von der Seite zu beurteilen, ohne die Wirbelsäule direkt im Spiegel zu betrachten, werden Sie vielleicht fälschlich annehmen, Ihr Rücken sei krumm, falls Ihre Schulterblätter vorstehen. Um die Brustwirbelsäulenkrümmung korrekt zu beurteilen, gehen Sie folgendermaßen vor.

Stellen Sie sich in einem Winkel so mit dem Rücken vor einen Spiegel, daß Sie beim Blick über die Schulter den oberen Teil der Wirbelsäule sehen können. Falls Sie hinreichen, legen Sie die Finger einer Hand direkt unterhalb des Nackens in der Mitte gegen den Rücken. Sind Sie nicht so beweglich, dann betrachten Sie nur Ihre Wirbelsäule im Spiegel. Stellen Sie sich möglichst gerade hin und streichen Sie über die Haut zwischen den Schulterblättern. Ist die Ausrichtung der Brustwirbelsäule korrekt, dann fühlt sich die Haut glatt an, und wenn Sie mit den Fingern von einem Schulterblatt zum anderen streichen, steht kein Wirbel vor (Abb. **18**). Beugen Sie sich nun vor und krümmen Sie den oberen Rücken, so stark Sie können. Dabei spüren Sie, wie die Wirbel an der Mittellinie knotenförmig hervortreten (Abb. **19**). Schauen Sie in den Spiegel und beobachten Sie den Bewegungsumfang Ihrer Brustwirbelsäule von der optimal aufrechten bis zur gebeugten Haltung. (Achten Sie auch darauf, ob Ihre Wirbelsäule so steif ist, daß zwischen beiden Haltungen kein Unterschied besteht.) Stellen Sie sich dann so hin, wie Sie sich normalerweise halten, und begutachten Sie, ob der obere Teil Ihres Rückens gerade oder krumm ist.

Anmerkung

– *Bei ausgeprägtem Rundrücken üben Sie die Haltungen von Kapitel 9 „Übungen gegen Rundrücken, vorgereckte Kopfhaltung und Nackenschmerzen“.*

Beurteilung der Haltung der Schultern und der Schulterblätter

Stellen Sie sich vor einen Spiegel und betrachten Sie Ihre Schultern. Kreisen Sie mit den Schultern vorwärts und rückwärts (Abb. **20a** und **20b**). Beim Vorwärtskreisen sehen Sie an der Verbindung zwischen Schultergelenk und Brust eine Einbuchtung. Sie besagt, daß die Schultern sich in einer anormalen und verletzungsanfälligen Stellung befinden. Beim Rückwärtskreisen der Schultern verschwindet diese Einsenkung. Nun stellen Sie sich so mit dem Rücken zum Spiegel, daß Sie über die Schulter blicken und Ihre Schulterblätter betrachten können. Kreisen Sie mit den Schultern vorwärts, so daß sich die Einsenkungen an der Vorderseite des Brustkorbs bilden. Dabei sehen Sie im Spiegel, daß sich die Schulter-

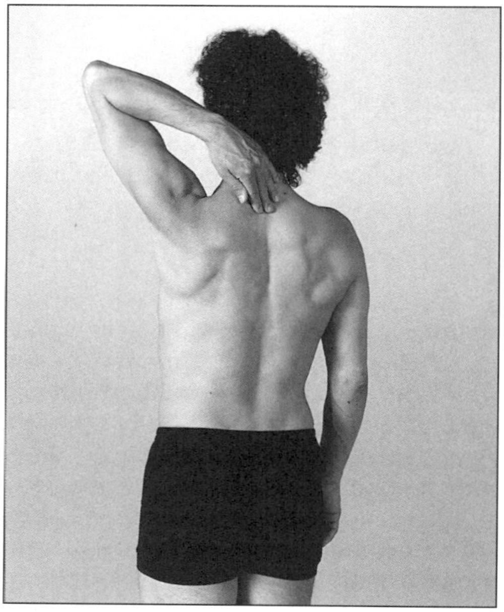

Abb. 18 Beurteilung der Brustwirbelsäule – normale Krümmung

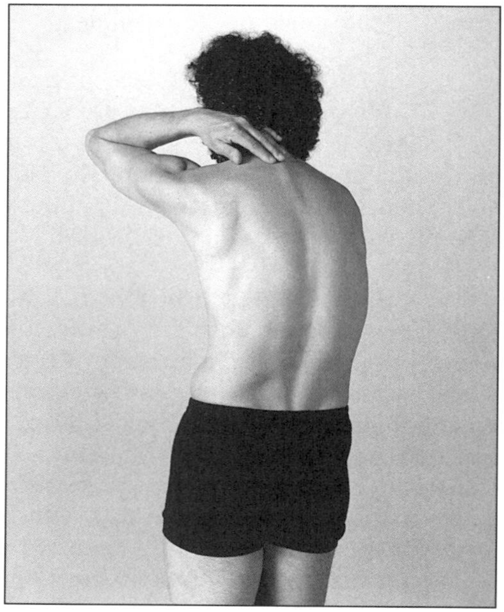

Abb. 19 Beurteilung der Brustwirbelsäule – Rundrücken

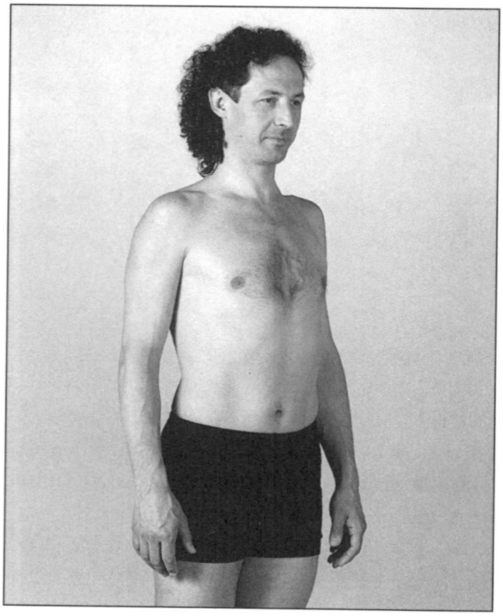

Abb. 20a Beurteilung der Schultern – normal, gerade

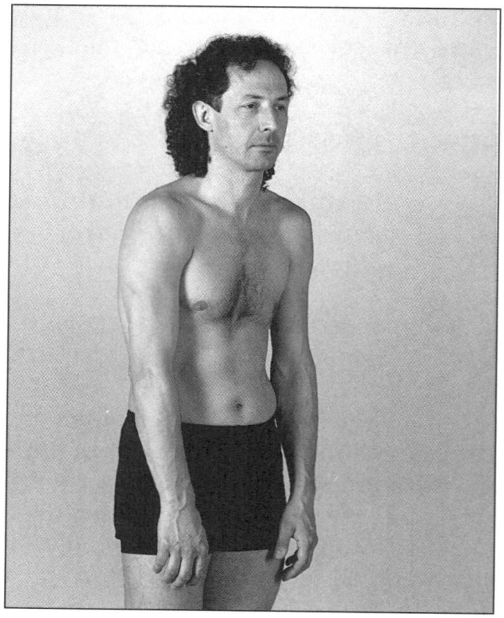

Abb. 20b Beurteilung der Schultern – Rundschultern

blätter hochschieben und stärker vorstehen (Abb. **21**). Kreisen Sie jetzt mit den Schultern rückwärts, so daß die Einsenkungen an der Brustseite verschwinden. Gleichzeitig beobachten Sie, daß die Schulterblätter abwärtsgleiten und flacher werden (Abb. **22**). Diese letztere ist die gesunde Haltung für die korrekte Ausrichtung der Schultern. Und diese Haltung der Schultern fördert die richtige Beziehung zwischen oberem Rücken und Nacken.

Jetzt stellen Sie sich in Ihrer gewohnten Haltung hin. Wie ist die natürliche Stellung Ihrer Schulterblätter?

Anmerkung

- *Wenn Ihre Schultern nach vorne hängen, üben Sie fleißig das Drücken gegen die Wand (Abb.* ***112****), ferner alle Haltungen von Kapitel 9 „Übungen gegen Rundrücken, vorgereckte Kopfhaltung und Nackenschmerzen“.*

Beurteilung der Ausrichtung der Wirbelsäule beim Stehen

Um die Ausrichtung Ihrer Haltung (im Stehen) gegen ein Lot zu prüfen, brauchen Sie die Hilfe einer anderen Person. Binden Sie ein kleines Gewicht ans Ende einer Schnur, die Sie an der Zimmerdecke oder über einem Türrahmen befestigen. Um die Ausrichtung von der Seite zu prüfen, stellen Sie sich so hin, daß die Schnur 2,5 cm vor der Mitte des Außenknöchels senkrecht herabhängt. Zur Prüfung der Ausrichtung vom Rücken her stellen Sie sich so, daß die Schnur genau in der Mitte zwischen den Fersen hängt. Von der Seite betrachtet, soll das Lot vor den Knöcheln beidseits durch die Mitte des Kniegelenks, des Hüftgelenks und des Schultergelenks sowie die Öffnung des Gehörgangs fallen (Abb. **23**). Diese Ausrichtung verteilt die schweren Strukturen von Kopf, Brustkorb und Unterleib auf die (gewichts)tragenden Teile der Wirbelsäule und der Beine. Befinden sich der Kopf oder die Schultern vor dem Lot, dann haben Sie *eine vorgestreckte Kopfhaltung*. Diese Haltung kann von einer Verstärkung der Krümmung der Brustwirbelsäule (Kyphose) begleitet sein. (Näheres über vorgestreckte Kopfhaltung und Rundrücken finden Sie im 9. Kapitel.) Liegt der Mittelpunkt des Kniegelenks hinter dem Lot, haben Sie vielleicht hyperextendierte (überstreckte) Knie. Sobald Sie die Knie leicht beugen, kommt der Drehpunkt vor das Lot zu liegen. Stehen Sie vor dem Lot, sollte die Linie exakt den Schädel und jeden einzelnen Wirbel längs halbieren und durch die Analfurche bis in die Mitte zwischen den Fersen verlaufen (Abb. **24**).

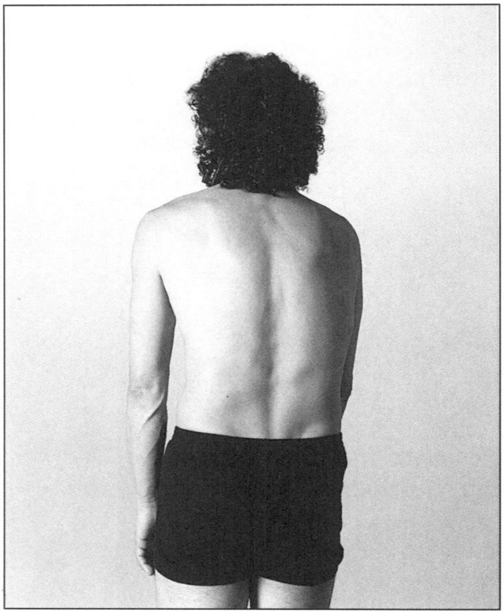

Abb. 21 Stellung der Schulterblätter – hochgezogen/herausstehend

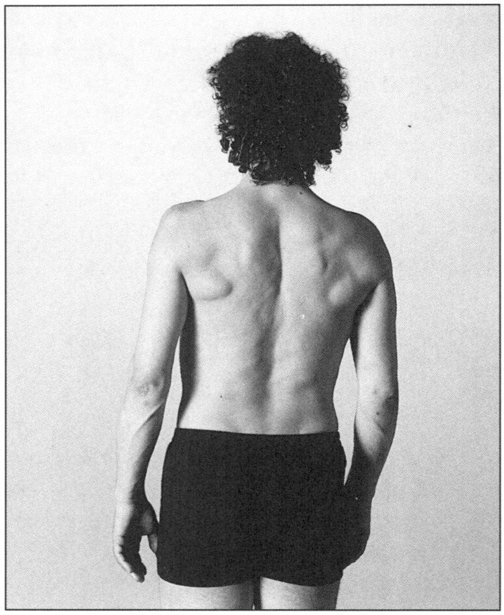

Abb. 22 Stellung der Schulterblätter – normal

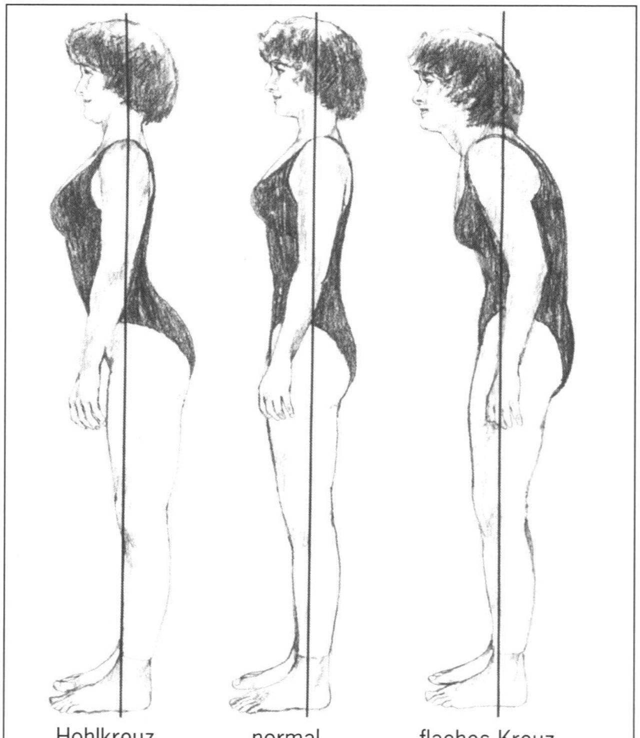

Abb. 23 Ausrichtung der Körperhaltung im Stehen

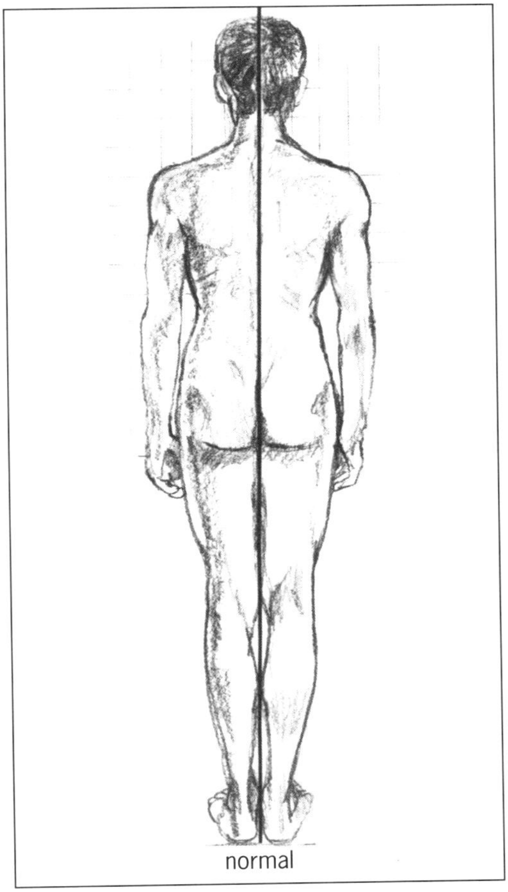

Abb. 24 Ausrichtung der Wirbelsäule zur Mittelachse – normal

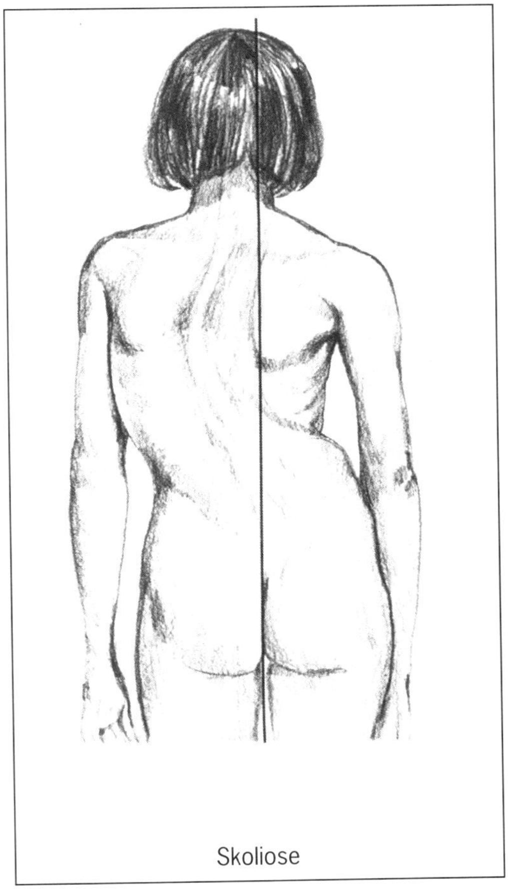

Abb. 25 Abweichung der Wirbelsäule von der Mittelachse – Skoliose (nach Zeichnungen von Dr. Frank Netter, mit freundlicher Genehmigung der Firma CIBA-Geigy)

Kleinere Abweichungen von der Mittelachse kommen häufig vor und sind klinisch meist unbedeutend. Falls jedoch die Zone einer falschen Ausrichtung Schmerzen bereitet, ist sie wahrscheinlich klinisch relevant und kann mit einer Skoliose zusammenhängen (Abb. **25**).

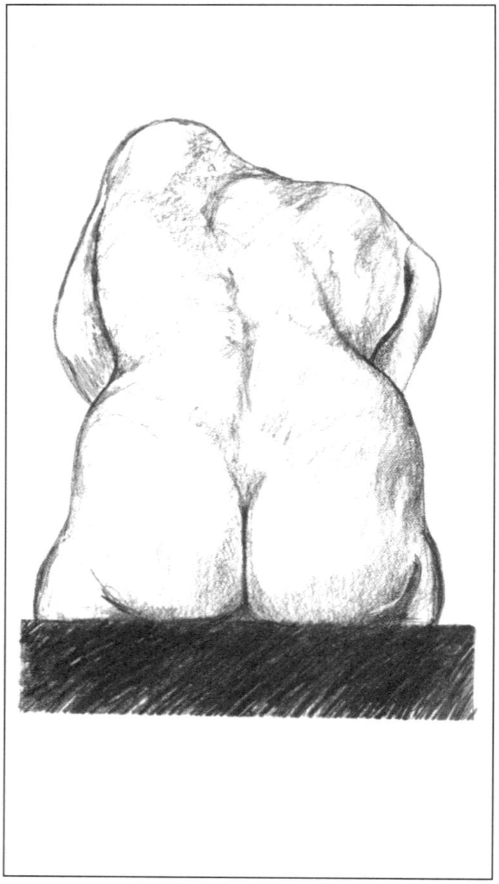

Abb. 26 Echte Skoliose, einseitig vorstehende Rippen (nach Zeichnung von Dr. Frank Netter, mit freundlicher Genehmigung der Fa. CIBA-Geigy)

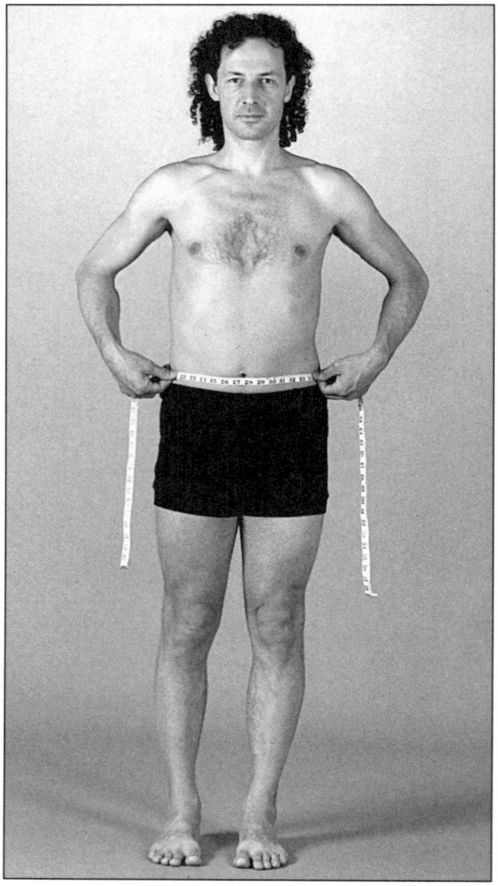

Abb. 27 Prüfung des Beckenstandes mit dem Maßband

Anmerkung

– *Wenn Ihre Knie überstreckt sind, üben Sie die Bergstellung (Abb. **84**).*

Untersuchung auf Skoliose

Betrachten Sie Ihre Rippen vor einem Spiegel. Stehen die Rippen auf einer Seite stärker vor? Ist eine Schulter höher als die andere? Diese Unterschiede können eine Skoliose (eine seitliche Verkrümmung der Wirbelsäule) anzeigen. Um festzustellen, ob Sie eine Skoliose haben, setzen Sie sich auf einen geraden Stuhl, während eine andere Person beobachtend hinter Ihnen steht. Beugen Sie sich aus den Hüften vor. Der Beobachter beurteilt dabei, ob Ihr Rücken achsensymmetrisch ist. Bei einer echten Skoliose (einer Verkrümmung, die Teil der Wirbelsäulenstruktur ist) steht am Rücken eine Hälfte des Brustkorbs stärker vor als die andere (Abb. **26**). Bei einer funktionellen Skoliose (Verkrümmung, die nicht an die Struktur der Wirbelsäule gebunden ist, sondern auf anderen Variablen beruht, z.B. Ungleichgewicht des Beckens) wird jede im Stehen sichtbare Verkrümmung bei diesem Beugetest verschwinden.

Anmerkung

- *Falls Sie eine Skoliose haben, üben Sie zusätzlich zu den Entspannungstechniken, den Übungen im Stehen und den Dreh- und Balanceübungen vor allem die in Kapitel 10 gezeigten Haltungen.*

Beurteilung des Beckenstandes

Stellen Sie sich vor einen Spiegel und halten Sie ein Maßband an die beiden höchsten Punkte Ihrer beiden Hüftknochen. Das gestraffte Band muß parallel zum Boden liegen (Abb. **27**). Bildet dagegen die Linie des Bandes einen Winkel zur Ebene des Bodens, kann dies hinweisen auf ein kürzeres Bein, eine Skoliose, Asymmetrien der Länge von Muskeln, die das Becken stützen und ausbalancieren, oder auf eine Asymmetrie der Beckenknochen. Ein Bein kann kürzer als das andere erscheinen, wenn ein Bein schwach ist, ein Fuß einwärts gedreht ist oder ein Knie überstreckt oder einwärts gedreht ist. Es kann auch eine echte Längendifferenz der Beinknochen vorhanden sein.

Anmerkung

- *Sollte Ihr Beckenstand nicht gerade sein, prüfen Sie sorgfältig die Ausrichtung Ihrer Knie, Knöchel und Füße, denn diesbezügliche Unregelmäßigkeiten können zu einer Beckenverkrümmung (Schiefstand) beitragen. Prüfen Sie besonders sorgfältig auch, ob die Iliosakralgelenke symmetrisch sind (Abb.* ***37*** *bis* ***39****), denn dies ist oft nicht der Fall bei einem Beckenschiefstand. Üben Sie vor allem die Bergstellung (Abb.* ***84****) und alle Haltungen des 7. Kapitels „Dynamische Bewegungsübungen“.*

Beurteilung der Knie

Stellen Sie sich mit parallelen Füßen vor einen Spiegel und beugen Sie die Knie. Berühren sich die Knie (Abb. **28**), streben sie auseinander oder bewegen sie sich gerade in Richtung auf die Zehen (Abb. **29**)? Drücken Sie die Knie durch (Abb. **30**). Bekommen Sie beim Durchdrücken deutliche O-Beine (Abb. **31**)?

Wenn Ihre Knie beim Beugen und Strecken zusammenkommen oder deutlich auseinandergehen, besteht ein Ungleichgewicht der Muskeln, die für die Beuge- und Streckfunktion der Knie zuständig sind. Falls Ihre Knie, wenn Sie sie durchdrücken, einander mehr oder weniger berühren, wenn sie über den Knöcheln ausgerichtet sind, und dann bei noch stärkerem Durchdrücken weit auseinanderstehen, haben Sie vielleicht überstreckte (hyperextendierte) Kniegelenke (Abb. **32**). Dieser Befund verursacht ein O-beiniges Erscheinungsbild, ohne daß eine Knochendeformität vorliegt. Kniefehlstellungen, die häufig mit Plattfüßen und Hohlkreuz gemeinsam vorkommen, können übermäßigen Druck auf die Vorderseite des Beckens im Bereich der Hüftgelenke ausüben. Die abnormen Krafteinwirkungen auf das Kniegelenk können zu Schäden an demselben führen.

Anmerkung

- *Bei Fehlstellungen der Knie üben Sie betont die Berghaltung (Abb. **84**). Üben Sie außerdem sorgfältig alle Dreh- und Balancehaltungen des 7. Kapitels.*

Beurteilung der Ausrichtung der Knöchel und des Fußes

Eine helfende Person steht hinter Ihnen und beurteilt das Verhältnis der Fersen und Knöchel. Sind die Fersen und Knöchel nach innen oder außen geneigt, erzeugt diese Fehlstellung abnorme Kräfte, die auf die Füße, Knie und Hüften einwirken. Ist ein Fuß stärker nach innen oder außen gerichtet als der andere? Sind die Fußgewölbe eingesunken? Haben Sie Krallenzehen, Hammerzehen, entzündete Fußballen (Frostbeulen) oder von der Mittelachse abweichende Großzehen? Bei Krallenzehen ist das erste und zweite Zehengelenk in Klauenstellung fixiert. Bei Hammerzehen sind die ersten (fußnahen) Gelenke in Streckhaltung fixiert, während das Endgelenk gebeugt werden kann, was dann wie ein kleiner Hammer aussieht. Sowohl Klauen- als auch Hammerzehen können sich durch eine Arthritis verschlimmern. Diese Zehenfehlstellungen entstehen meist durch eine schlechte Gewichtsverteilung auf den Fuß, die die Zehen veranlaßt, sich zur Erhaltung der Standfestigkeit in den Boden zu krallen. Von der Mittelachse abweichende Großzehen sind in der Regel durch das Tragen enger, spitzer Schuhe verursacht

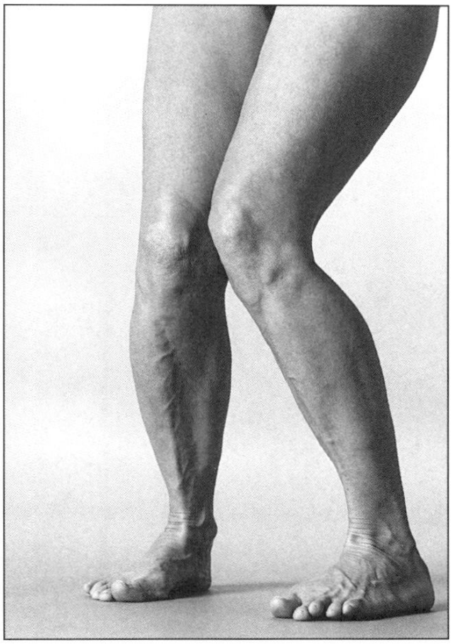

Abb. 28 Anwinkeln der Knie – X-Beine

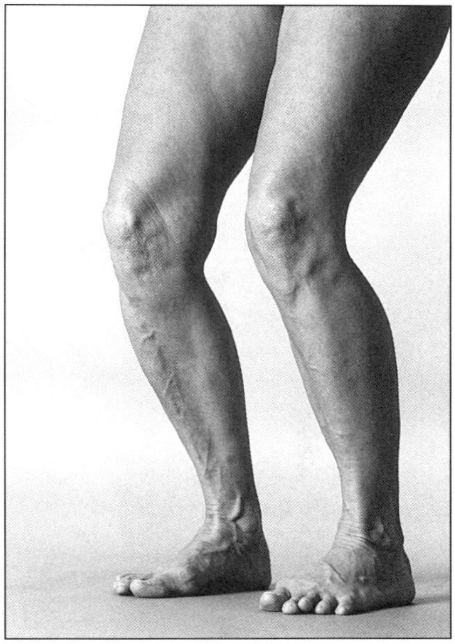

Abb. 29
Anwinkeln der Knie –
Oberschenkel bleiben parallel

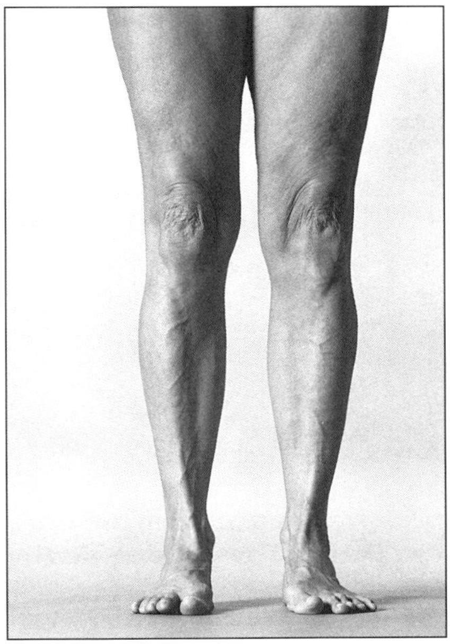

Abb. 30 Strecken der Knie – normal

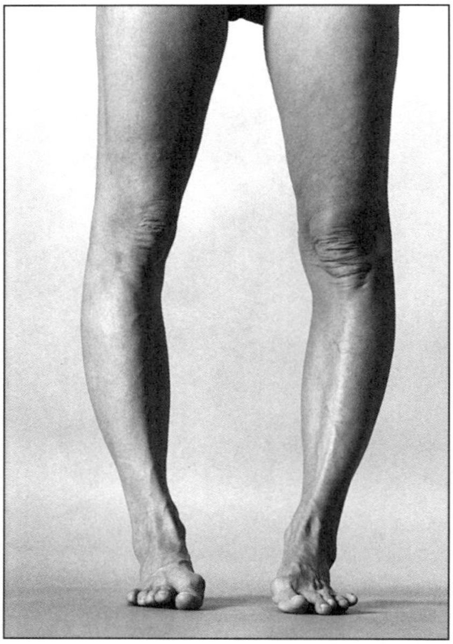

Abb. 31 Strecken der Knie – O-Beine

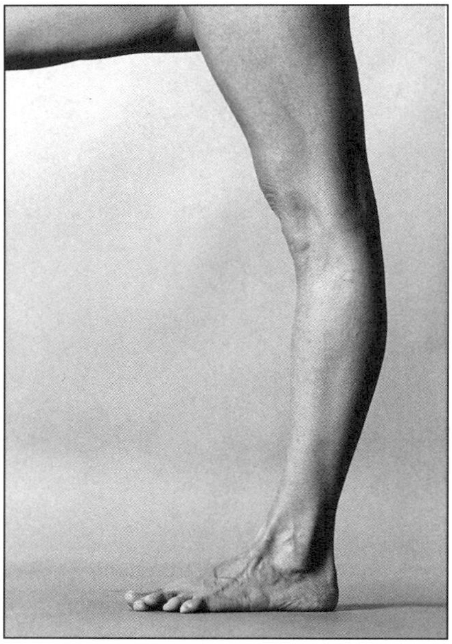

Abb. 32 Überstreckte Knie

und können zu schmerzhaft entzündeten Ballen führen. Die resultierende falsche Gewichtsverteilung wiederum hat ungünstige Auswirkungen auf die Fuß- und Kniegelenke und auf das Kreuz.

Anmerkung

– *Wenn Ihre Knöchel und Füße falsch ausgerichtet sind, gehen Sie so oft wie möglich barfuß, und machen Sie auch Ihre Yoga-Übungen barfuß. Achten Sie darauf, daß Ihre Schuhe weit genug sind, um die Zehen spreizen zu können, als gingen Sie barfuß. Üben Sie besonders die Bergstellung (Abb.* ***84****). Betrachten Sie auch die Abbildungen in Kapitel 7 für die Zehenhaltung bei den Übungen im Stehen?*

Beurteilung der Beweglichkeit der Schultern

Legen Sie sich auf den Rücken, die Knie sind gebeugt und die Füße stehen flach auf dem Boden. Jetzt drücken Sie das Kreuz gegen den Boden und bleiben so liegen. Strecken Sie beide Arme nach hinten über den Kopf. Die Hände sollen locker auf dem Boden liegen, während Ihr Kreuz flach gegen den Boden gepreßt ist (Abb. **33**).

Falls Sie mit den Händen nicht den Boden erreichen oder das Kreuz nicht gegen den Boden gepreßt bleibt, ist Ihre Fähigkeit, die Arme zu heben, deutlich eingeschränkt (Abb. **34**). Diese Einschränkung der Schulterbeweglichkeit kann beim Nach-oben-Greifen die Kreuzregion extrem belasten.

Anmerkung

- *Wenn Sie steife Schultern haben, üben Sie besonders das Gegen-die-Wand-Drücken (Abb.* ***112****), aus dem 9. Kapitel das Heben der Arme (Abb.* ***134, 135****), das Umeinanderschlingen der Unterarme (Abb.* ***138****) sowie den Kuhkopf (Hände von oben und unten hinter dem Rücken zusammenführen) (Abb.* ***140****).*

Beurteilung der Hüftbeweglichkeit

Sie legen sich auf den Rücken, die Füße sind angestellt, das Kreuz berührt den Boden. Ziehen Sie ein Knie an die Brust und strecken Sie das andere gerade auf den Boden (Abb. **35**). Wenn das Knie des gestreckten Beins nicht ganz durchgedrückt werden kann, weist dies auf eine Steifheit der Hüftflexoren hin, die das Hüftgelenk vor dem Oberschenkelknochen kreuzen (Abb. **36**). Diese Muskeln, zu ihnen gehören der Quadriceps und der Iliopsoas, bewirken, daß der Oberschenkel gegen die Brust gezogen wird (siehe auch Abb. **9a** und **9b**). Das eine Ende des Iliopsoas ist an der Innenseite des Beckens und der Wirbelsäule befestigt, das andere oben innen am Femurknochen. Ein verkürzter Iliopsoas zerrt daher an der Wirbelsäule und bewirkt eine abnorme, Verspannung erzeugende Zunahme der Lendenlordose. Ein verkürzter Quadriceps (die Muskelgruppe vorn am Oberschenkel) kann ebenfalls die Lendenlordose verstärken, indem er eine Zugwirkung am Schambein zu den Beinen hinab ausübt.

Anmerkung

- *Bei verspannten Hüftflexoren üben Sie vor allem die Beinschere (Abb.* ***77****), den Ausfall im Knien (Abb.* ***79****), die Rumpfdrehung im Stehen (Abb.* ***87****), die ungestützte Brücke (Abb.* ***74, 75****) des 6. Kapitels „Statische Grundübungen“. Aus dem 7. Kapitel „Dynamische Bewegungsübungen“ üben Sie besonders die Dreieckstellung (Abb.* ***91****), die Halbmondstellung (Abb.* ***101****), die Heldenstellung (Abb.* ***105****) und das Drücken gegen die Wand auf einem Bein (Abb.* ***116****).*

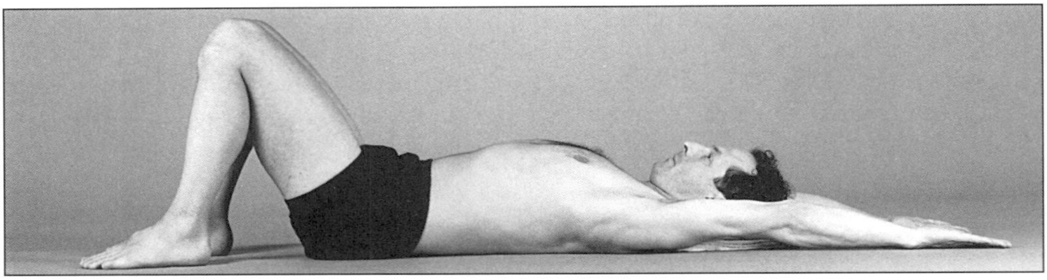

Abb. 33 Prüfung der Schultergelenkbeweglichkeit – normal

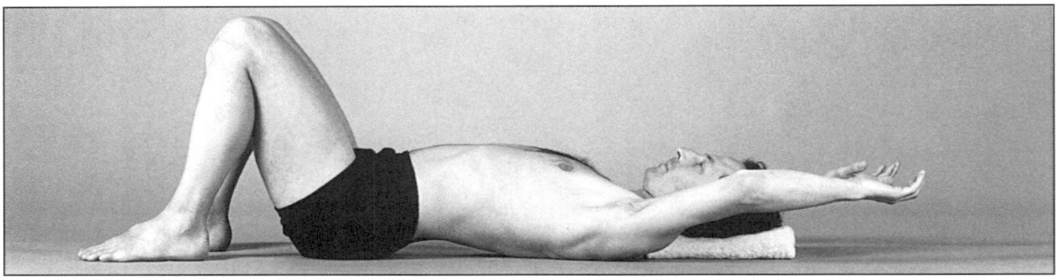

Abb. 34 Eingeschränkte Beweglichkeit der Schultergelenke

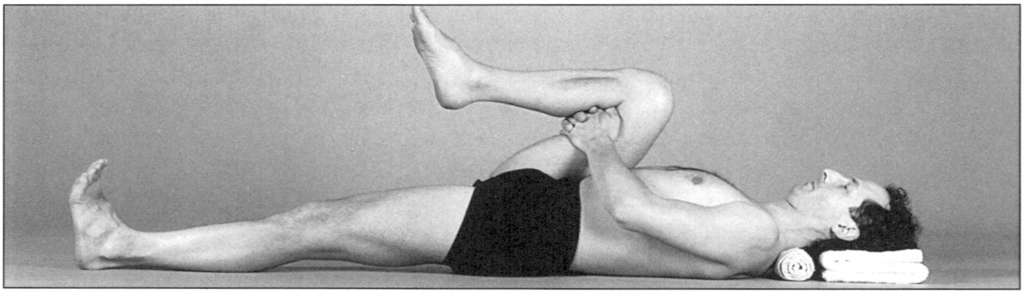

Abb. 35 Prüfung der Hüftgelenkbeweglichkeit – normal

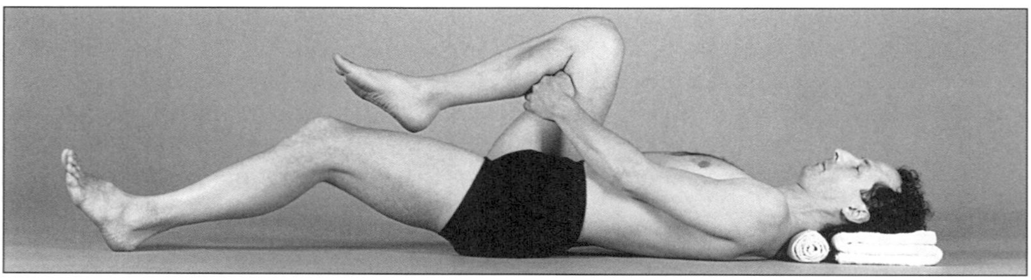

Abb. 36 Verminderte Beweglichkeit der Hüftgelenke

Beurteilung von Asymmetrien der Iliosakralgelenke

Wenn Sie den Handballen unterhalb der Taille anlegen und die Spitze des Mittelfingers an das Steißbein, dann liegt die Fläche der Hand über dem Kreuzbein (*Os sacrum*), einem flachen dreieckigen Knochen (Abb. **37**). Die *Iliosakralgelenke* sind die dicken knöchernen Höcker beidseits des oberen Kreuzbeinrandes, in denen sich die flügelförmigen Beckenknochen mit dem Kreuzbein verbinden. Um die Iliosakralgelenke (ISG) zu tasten, haken Sie die Daumen so über die Hüftknochen, daß die Daumen nach vorne und die Finger unterhalb der Taille gegeneinander zeigen. Die Fingerspitzen liegen auf den Vorsprüngen, die die Iliosakralgelenke markieren (Abb. **38**).

Legen Sie sich auf den Rücken, die Knie gebeugt und ein zusammengefaltetes Handtuch unter dem Hinterkopf. Halten Sie die Knie zusammen und bewegen Sie sie nach beiden Seiten, so daß Sie spüren, wie das Kreuzbein gegen den Boden drückt (Abb. **39**). Prüfen Sie, ob sich ein ISG schärfer oder spitzer anfühlt und ob sich die Gegenseite eingedrückt oder eingesunken anfühlt. Achten Sie auch darauf, ob eine Seite empfindlich ist.

Wenn Sie einen Unterschied zwischen beiden Seiten feststellen, könnten Sie eine Beckentorsion haben, eine Verdrehung des Beckens im Iliosakralgelenk, die eine Kompression des einen und eine Überdehnung des anderen ISG bewirkt. Dieser Zustand kann verschiedene Ursachen haben, z.B. eine Skoliose (eine abnorme Abweichung der Wirbelsäulenkrümmungen nach einer Seite), Beinlängendifferenzen, unterschiedlich ausgeprägte Muskeln an der Rückseite der Oberschenkel, Becken- oder Wirbelsäulentrauma, gewohnheitsmäßiges Sitzen mit übereinandergeschlagenen Beinen, gewohnheitsmäßige Fehlbelastung der Beine beim Stehen und Ausübung asymmetrisch belastender Sportarten wie Tennis oder Golf. Die Beckentorsion bewirkt eine ungleiche Belastung der Hüftgelenke, der Kniegelenke, der Iliosakralgelenke sowie beider Seiten der Wirbelsäule.

Anmerkung

– *Wenn Ihre Iliosakralgelenke asymmetrisch sind, lesen Sie Kapitel 8 „Schmerzen in den Iliosakralgelenken und Ischias“.*

Beurteilung der Bauchmuskelkraft

Wenn Sie Ihren Kopf vorgeschoben halten oder einen Rundrücken haben, benötigen Sie für diesen Test ein gefaltetes Handtuch oder eine Decke. Sie legen sich auf den Rücken, beugen die Knie und schieben das Handtuch oder die Decke gefaltet unter den Kopf. Kreuzen Sie die Arme vor der Brust. Heben Sie nun Kopf

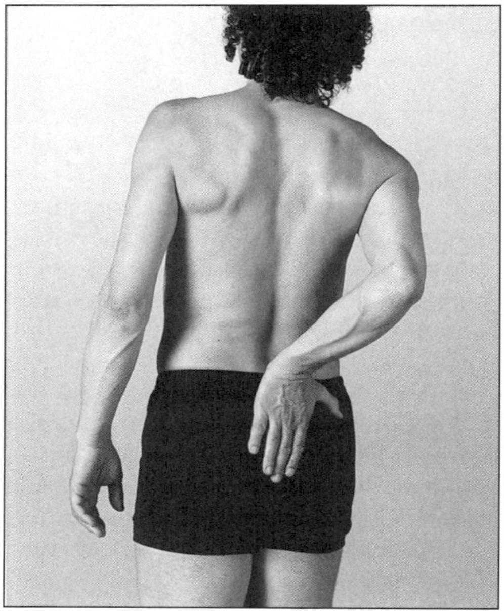

Abb. 37 Ertasten des Kreuzbeins

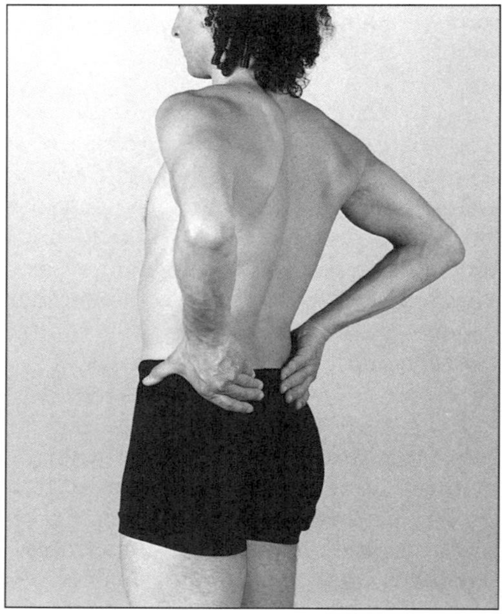

Abb. 38 Ertasten der Iliosakralgelenke (ISG)

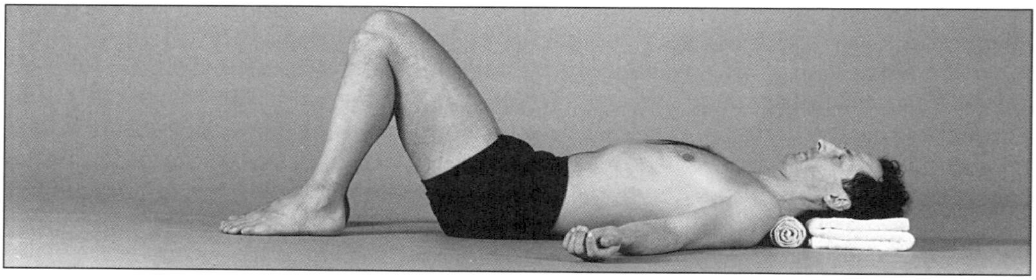

Abb. 39 Position für die Beurteilung der ISG-Symmetrie

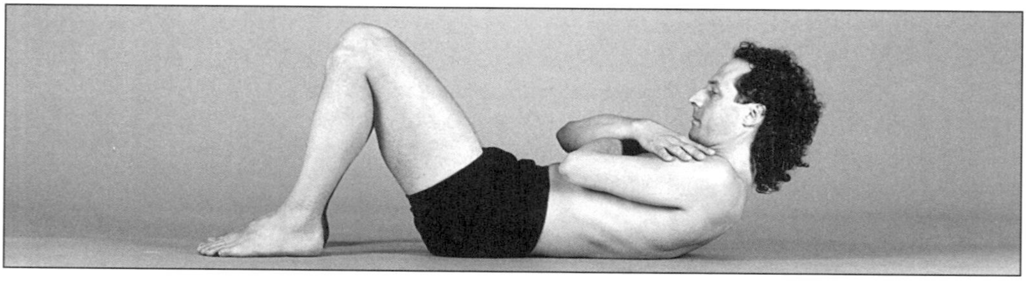

Abb. 40 Beurteilung der Bauchmuskelkraft

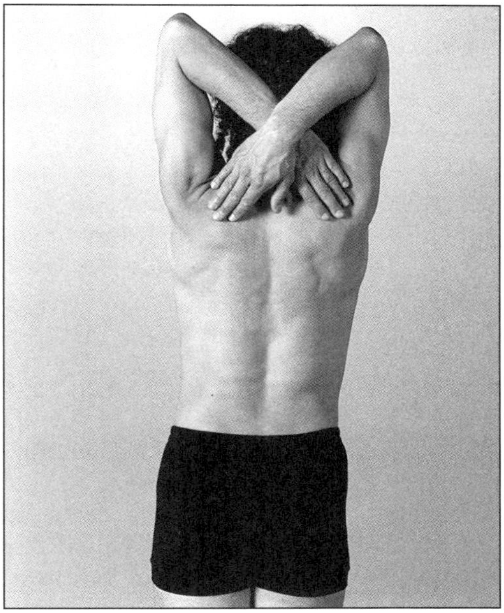

Abb. 41
Beurteilung der Bauchmuskelkraft – anstrengendere Armhaltung

und Schultern von der Unterlage (Abb. **40**). *Sie sollen sich nicht in sitzende Haltung aufrichten.*

Wenn es Ihnen leichtfällt, Kopf und Schultern anzuheben, versuchen Sie eine schwierigere Armhaltung. Kreuzen Sie die Unterarme hinter dem Kopf, so daß die jeweilige Hand die entgegengesetzte Schulter berührt (Abb. **41**), oder fassen Sie entsprechend die Ohrläppchen zwischen Daumen und Zeigefinger. (*Sie dürfen aber nicht den Hinterkopf mit den Händen halten.*) Jetzt heben Sie Kopf und Schultern von der Unterlage. Schaffen Sie es nicht, dann nehmen Sie die erste Haltung wieder ein und sehen zu, wie oft Sie Kopf und Schultern heben können. Gelingt es Ihnen, aus der schwierigeren Armhaltung Kopf und Schultern zu heben, schauen Sie, wie oft Sie das schaffen.

Wenn Sie Kopf und Schultern überhaupt nicht von der Unterlage heben können, haben Sie sehr schwache Bauchmuskeln. Mäßig schwach sind Ihre Bauchmuskeln, wenn Sie mit vor der Brust gekreuzten Armen Kopf und Schultern weniger als fünfmal vom Boden heben können.

Sie haben ziemlich starke Bauchmuskeln, wenn Sie aus einer schwierigeren Armhaltung Kopf und Schultern öfter als zehnmal heben können.

Anmerkung

- *Sollen die Bauchmuskeln gestärkt werden, dann üben Sie vor allem die Beckenkippung in Rückenlage (Abb.* ***63****), das Aufrichten des Oberkörpers (Abb.* ***65*** *und* ***66****) und die Variation 2 der Hüftdrehung mit angewinkelten Knien (Abb.* ***68****).*

Beurteilung der Muskeln an der Rückseite der Oberschenkel

Setzen Sie sich mit gebeugten Knien und nebeneinandergestellten Füßen seitlich vor eine Wand. Begeben Sie sich, indem Sie sich auf die Arme stützen, in Seitenlage, so daß Ihr Gesäß dicht an der Wand und der Kopf davon entfernt liegt. Mit an die Brust gezogenen Knien rollen Sie sich auf den Rücken. Damit Sie es bequem haben, legen Sie ein gefaltetes Handtuch unter den Kopf. Strecken Sie langsam die Beine, indem Sie die Fersen an der Wand hochschieben (Abb. **42**).

Wenn Sie die Knie nicht durchdrücken können oder wenn Gesäß und Kreuzbein keinen Kontakt mit dem Boden haben (Abb. **43**), schieben Sie das Gesäß von der Wand ab, bis das Kreuz fest auf dem Boden liegt und die Knie vollständig gestreckt werden können (Abb. **44**). Jetzt kontrollieren Sie den Abstand zwischen Gesäß und Wand. Ist er größer als 5 Zentimeter, damit Sie Ihre Beine ganz gerade strecken können, dann sind die langen kräftigen Muskeln an der Rückseite Ihrer Oberschenkel sehr steif.

Da diese Oberschenkelmuskeln an den Sitzhöckern (den knöchernen Vorsprüngen an der Basis des Beckens) befestigt sind, bremsen sie im Fall einer Verkürzung die normale Beckenbewegung und können die Lendenlordose abflachen. Steife Muskeln an der Rückseite der Oberschenkel gefährden den Kreuzbereich, indem sie verhindern, daß beim Bücken das Becken gekippt wird, so daß die gesamte Bewegung aus dem Kreuz erfolgt.

Anmerkung

- *Gegen steife Oberschenkelmuskeln üben Sie vor allem die Beinschere (Abb.* ***76, 77****), die Rumpfdrehung im Stehen (Abb.* ***86, 87****) von Kapitel 6, „Grundübungen“. Ebenso wichtig sind alle dynamischen Bewegungsübungen von Kapitel 7.*

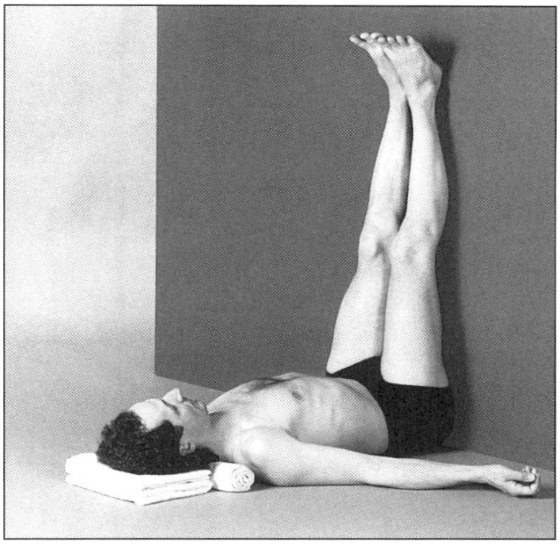

Abb. 42
Geschmeidigkeit der ischiokruralen Muskelgruppe – normal

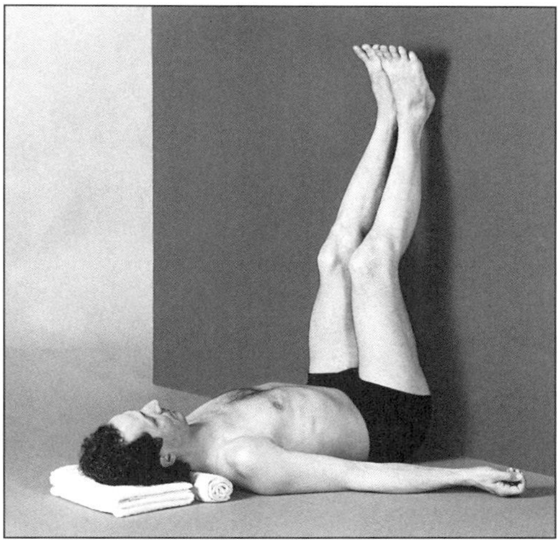

Abb. 43
Eingeschränkte Beweglichkeit der ischiokruralen Muskelgruppe – inkorrekte Haltung

Abb. 44
Eingeschränkte Beweglichkeit der ischiokruralen Muskelgruppe – korrekte Haltung

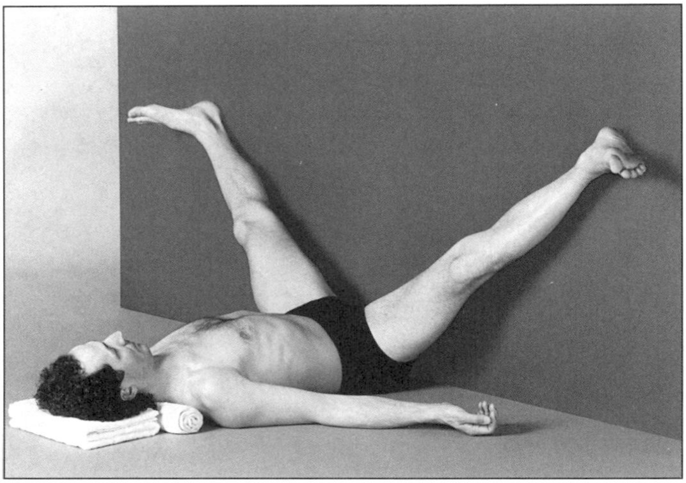

Abb. 45
Geschmeidigkeit der Muskeln an der Innenseite der Oberschenkel – normal

Beurteilung der Geschmeidigkeit der Muskeln an der Innenseite der Oberschenkel

Sie legen sich hin wie bei der Prüfung der Oberschenkelmuskeln (Gesäß und Kreuz auf dem Boden, Beine mit durchgedrückten Knien gegen die Wand, ein gefaltetes Handtuch unter dem Hinterkopf). Sie beginnen mit erhobenen, geschlossenen Beinen, die Fersen liegen an der Wand. Lassen Sie Ihre Beine nun nach außen in Richtung Fußboden fallen, so daß sie ein V bilden. Die Beine sollen einen Winkel von annähernd 90 Grad bilden (Abb. **45**). (Falls die Innenseiten der Knie schmerzen, biegen Sie die Zehen in Kopfrichtung, während Sie die Fersen nach außen richten. Sollte das nicht helfen, schieben Sie die Beine etwas näher zusammen.) Notieren Sie in Ihrem Übungstagebuch den Winkel zwischen den Oberschenkeln und ob beide Füße etwa den gleichen Abstand zum Boden haben. Um in die Grundposition zurückzukehren, drücken Sie die Beine mit den Händen wieder zusammen. Ist der Winkel, den Ihre Beine bilden, kleiner als neunzig Grad, dann müssen die Muskeln an der Innenseite der Oberschenkel (die *Adduktoren*) gedehnt werden. Wenn diese Adduktoren steif sind, ziehen sie das Schambein abwärts, kippen das Becken nach vorne und verstärken das Hohlkreuz. Außerdem können sie eine Drehung des Femurs nach innen bewirken und dadurch X-Beine bedingen. Bei Läufern führen steife Adduktoren oft zu einer Instabilität und Reizung im Bereich des Schambeins, da sie auf beide Seiten des Schambeins einen entgegengesetzten Zug ausüben.

Anmerkung

- *Wenn die Muskeln an der Innenseite der Oberschenkel steif sind, nehmen Sie täglich dreißig bis sechzig Sekunden die oben beschriebene Testposition ein. Üben Sie die Beinschere (Abb.* ***76*** *und* ***77****). Ebenfalls nützlich sind die im 7. Kapitel gezeigten Haltungen.*

Übergewicht

Falls Sie übergewichtig sind, brauchen Sie keinen Test, der Ihnen das beweist. Hingegen müssen Sie wissen, wie Ihr Gewicht sich nachteilig auf Ihren Rücken auswirken kann. Überflüssige Pfunde, die sich am Bauch angesammelt haben, können die Mechanik der Lendenwirbelsäule verändern und das Kreuz verletzungsanfällig machen. Überflüssiges Fett in den Geweben um den Darm bewirkt, daß die Bauchorgane gegen die Bauchwand gedrückt werden. Dabei dehnen und verlängern sie die Bauchmuskeln, die infolgedessen die Lendenwirbelsäule nicht mehr ausreichend von vorn zu stützen vermögen. Die durch Fettansammlung bedingte Verschiebung des Schwerpunktes verstärkt den Druck auf die Bandscheiben im Bereich der Lendenwirbelsäule.

Übergewicht steigert die Belastung der Knie- und der Fußgelenke und verschlimmert jegliche Fehlstellung der Füße, der Knöchel und der Knie. In den betroffenen Gelenken kann dies zu einer Arthritis führen.

Anmerkung

- *Wenn Sie übergewichtig sind und erfolgreich dagegen angehen wollen, benötigen Sie vielleicht die Hilfe von Experten, die Sie in einem strukturierten Programm eine Verhaltensänderung, richtiges Essen und körperliches Training lehren. Die Prinzipien der Körpermechanik, die das 12. Kapitel „Yoga im Alltag" darlegt, sind besonders wichtig für ein gesundes Aufbautraining.*

Verletzungen oder besondere Befunde

Sie müssen nicht nur Ihre Gelenkigkeit und Haltung beurteilen, sondern darüber hinaus alle möglichen speziellen Befunde und Verletzungen Ihrer Wirbelsäule berücksichtigen, etwa eine Spondylolyse, Spondylolisthese, Wirbel(kanal)stenose und eine Arthritis der Wirbelsäule. Diese Zustände lassen sich nicht durch einen einfachen Test nachweisen. Sollte aber bereits ein entsprechender Befund bei Ihnen erhoben worden sein, werden die folgenden Ausführungen

Ihnen ein Verständnis vermitteln, wie solche Befunde sich auf Ihr Übungsprogramm auswirken können.

Spondylolyse und Spondylolisthese

Die Spondylolyse und Spondylolisthese sind zwei eng miteinander verwandte Störungen im Bereich der Lendenwirbelsäule, bei der die Verbindungen zwischen den Wirbeln schwach werden und brechen. Bei der Sponylolyse entsteht eine Spalte im Wirbel nur auf einer Seite. Dieser Wirbelbruch hat zur Folge, daß sich die Knochen zu sehr bewegen und die Bandscheiben abgerieben werden.

Bei der Spondylolisthese brechen die Verbindungen auf beiden Seiten des Wirbels, und der Wirbelkörper gleitet über dem darunterliegenden Wirbel vor (Abb. **46**). Die Bandscheibe an der gleitenden Seite des Wirbels degeneriert sehr schnell. Anfangs brauchen bei diesem Befund keine Symptome aufzutreten. Sind aber Symptome vorhanden, dann sind es solche einer Nerven- oder Rückenmarkskompression, die sich in Form von ein- oder beidseitigen Schmerzen in Bein, Gesäß, Hüfte oder Fuß äußern. Bei Turnern, Keglern und Ruderern treten derartige Symptome oft als Folge eines Traumas auf, denn diese Sportarten begünstigen das Vorgleiten des Oberkörpers über den Unterkörper.

Anmerkungen

- *Wenn bei Ihnen eine Spondylolyse oder Spondylolisthese besteht, sind die statischen Grundübungen und die dynamischen Bewegungsübungen (6. und 7. Kapitel) ratsam, wobei Sie natürlich die für diesen Fall angebrachten Vorsichtsmaßnahmen bedenken müssen. Generell sollten Sie beim Üben folgende Grundregeln beherzigen:*
  - *Damit die oberen Wirbel nicht vor die unteren rutschen können, dürfen Sie den Rumpf nicht vor dem Becken tragen. Achten Sie darauf, Ihr Hohlkreuz nicht zu verstärken. Vermeiden Sie hochhackige Schuhe, Bücken und Sportarten wie Rudern, Kegeln, Gymnastik und Drehungen.*
  - *Üben Sie Bewegungen, bei denen die oberen Wirbel gegen die unteren nach hinten geschoben werden, beispielsweise in Rückenlage die Knie an die Brust ziehen.*
  - *Kräftigen Sie die Muskeln, die dem Kreuz Halt geben, einschließlich der Rückenstrecker (die Muskeln beidseits der Wirbelsäule), der Hüftdreher, der Bauchmuskeln sowie der Muskeln der Beine und des Gesäßes.*
  - *Verbessern Sie die Gelenkigkeit der anderen Regionen Ihres Körpers, um extreme Anforderungen an die Bewegung im Lumbosakralbereich zu meiden. Steigern Sie die Geschmeidigkeit des Schultergürtels, der Arme und der Hüftgelenke. Verbessern Sie die Drehbeweglichkeit des oberen Wirbelsäulenabschnitts.*

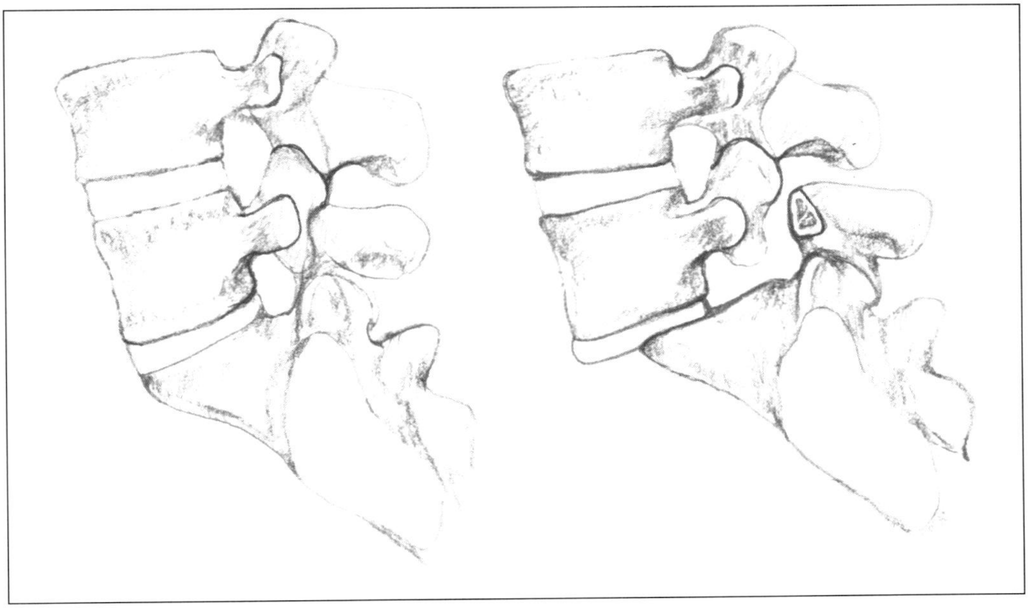

Abb. 46 Spondylolisthese (nach A.F. de Palma und H.R. Rothman: The Intervertebral Disc; mit freundlicher Genehmigung der W.B. Saunders Co., Philadelphia 1970)

Protokollblätter über Gelenkigkeit und Haltung

Datum ☞	3.4.91	3.8.91	6.1.92
Beurteilung der Lendenlordose im Sitzen (Abb. 12–14) flach, normal, Hohlkreuz	hohl	normal	normal
Beurteilung der Lendenlordose im Stehen (Abb. 15–17) flach, normal, Hohlkreuz	hohl	hohl	normal
Beurteilung der Brustwirbelsäule (Abb. 18, 19) Krümmung zu stark, normal, zu gering	verringert	verringert	normal
Beurteilung der Schulter und des Schulterblattes rechts (Abb. 20–22) rund, normal / hoch, niedrig	nach vorne fallend, hoch	nach vorne fallend, hoch	normal
Beurteilung der Schulter und des Schulterblattes links (Abb. 20–22) rund, normal / hoch, niedrig	nach vorne fallend, normal	nach vorne fallend, normal	normal
Ausrichtung der Körperhaltung im Stehen (Abb. 23) Kopf: vorgestreckt, normal, nach hinten gestreckt	vorgereckt	vorgereckt	normal

Abb. 47 Beispiel für ein Protokoll der Beweglichkeit und Haltung

Arthritis der Wirbelsäule

Beide Hauptformen der Arthritis – die rheumatoide Arthritis und die Osteoarthritis (degenerative Arthritis) – können die Facettengelenke der Wirbelsäule befallen.

Bei der *rheumatoiden Arthritis* entzündet sich infolge einer gestörten Funktion des Immunsystems der Überzug der Gelenkkapsel (Synovialis). Die Immunzellen zerstören diesen Überzug, weil sie ihn fälschlich als fremden Eindringling, wie Bakterien oder Pilze, erkennen. Erfolgt diese Reaktion in den Gelenken der Wirbelsäule (man spricht dann von *ankylosierender Spondylitis*), dann verursacht die Entzündung der Facettengelenke eine Fusion (Verschmelzung), so daß die Wirbelsäule starr und unbeweglich wird. (Im Röntgenbild sieht die Wirbelsäule dann wie ein Bambusstab aus, daher der gebräuchliche Name *Bambusstab*-Wirbelsäule.) Schmerz und Unbeweglichkeit führen zu Muskelschwäche. Da die Wirbelknochen nicht mehr stimuliert werden, verlieren sie Kalzium und werden wegen der geringeren Belastung und Übung brüchig und porös.

Bei der *Osteoarthritis* (auch als degenerative Arthritis oder degenerative Gelenkerkrankung bekannt) nimmt man an, es handele sich um die altersbedingten Folgen der normalen Abnutzung und Belastung der Gelenke. Nach meiner Erfahrung steht die Osteoarthritis häufig auch in einem Zusammenhang mit chronischer falscher Körpermechanik infolge schlechter Haltung oder Ausrichtung des Körpers.

Eine Osteoarthritis der Facettengelenke kann durch chronische Fehlstellung (beispielsweise flacher Rücken, Hohlkreuz, Skoliose, vorgereckter Kopf oder andere Probleme der Haltung oder Mechanik) entstehen, die mit abnormen Kräften auf die Gelenke einwirkt. Die gleitenden Flächen dieser Gelenke werden aufgerauht und unregelmäßig, und der Überzug der Gelenkkapsel vernarbt. Um die Facetten dabei zu unterstützen, in dieser anormalen Situation das Körpergewicht zu tragen, bilden die Knochen mitunter Auswüchse (Knochensporne), die auf Gelenke, Nerven und Weichgewebe stoßen können und dadurch die Bewegung behindern oder Schmerzen auslösen.

Die Diagnose einer Wirbelsäulenarthritis bedeutet nicht, daß man gegen die damit verbundenen Schmerzen nichts tun könnte. Die Übungen in diesem Buch helfen, die Haltung zu verbessern und die abnorme Belastung der Wirbelsäulengelenke zu verringern. Da Knochen ein lebendes, sich selbst heilendes Gewebe ist, können sogar mit der Zeit, wenn sich Haltung und Körpermechanik bessern, die Knochensporne kleiner werden.

Anmerkungen

- *Gehen Sie die Übungen vorsichtig an, falls Sie an einer Arthritis der Wirbelsäule leiden. Arbeiten Sie unter sorgfältiger Anleitung einer Krankengymnastin oder Bewegungstherapeutin, bis feststeht, daß Sie die Übungen vertragen und die Prinzipien der korrekten Bewegung verstehen. Wenn Sie mit einem Yoga-Lehrer oder einer Yoga-Lehrerin arbeiten, der/die sich mit therapeutischem Yoga auskennt, und dazu einen guten Physiotherapeuten und Rheumatologen konsultieren, kann das ein großartiges Team für Ihre Rehabilitation sein.*
- *Beginnen Sie Ihr Yoga-Programm mit den Entspannungshaltungen des 5. Kapitels und erarbeiten Sie nach und nach die statischen Grundübungen im 6. Kapitel.*
- *Falls Sie einen Rundrücken haben, fügen Sie ergänzend einige Übungen aus Kapitel 9 hinzu.*
- *Sobald Sie sich dafür fit fühlen, beginnen Sie mit den dynamischen Bewegungsübungen des 7. Kapitels.*

Lumbosakrale Verschmelzung und andere angeborene Anomalien des unteren Wirbelsäulenabschnitts

Verschiedene angeborene Knochendefekte der unteren Lendenwirbel und des Kreuzbeins sind mit Rückenschmerzen verbunden, beispielsweise *die Sakralisation des fünften Lendenwirbels, die Lumbalisation des ersten Kreuzwirbels, die Asymmetrie der lumbalen Facettengelenke* und *die Spina bifida occulta.*

Das normale Kreuzbein ist ein breiter dreieckiger Knochen, der aus der Verschmelzung der letzten fünf Wirbel entsteht. Bei der Sakralisation des fünften Lendenwirbels ist die Unterseite des letzten Lendenwirbels mit dem ersten Kreuzwirbel verschmolzen. Entsprechend besteht eine Lumbalisierung des ersten Kreuzwirbels, wenn dieser nicht mit den übrigen Kreuzwirbeln zu einem Knochen verschmolzen ist. Statt dessen ist seine eine Hälfte mit dem Kreuzbein verschmolzen, während die andere Hälfte eher die Struktur eines Lendenwirbels hat. Sowohl bei der Lumbalisation als auch bei der Sakralisation ist der verschmolzene Teilbereich ungenügend beweglich, so daß oberhalb davon eine ausgleichende Hypermobilität erzeugt wird. Die Bandscheibe in dem hypermobilen Abschnitt degeneriert, und in den verstärkter Bewegung unterliegenden Gelenken kann eine Abnutzungs- und Belastungsarthritis entstehen.

Bei der *Spina bifida occulta* haben sich die Neuralbögen, die den Wirbelkanal bilden, nicht vollständig geschlossen. Normalerweise bereitet dieser Befund keine Beschwerden. Menschen mit Spina bifida occulta machen diese oft für ihre Rückenschmerzen verantwortlich, die aber in der Regel tatsächlich auf die gleichen Haltungsfehler und die gleiche schlechte Körpermechanik zurückzuführen sind, die bei anderen Personen Schmerzen verursachen.

Eine weitere angeborene Anomalie der Lendenwirbelsäule ist die Asymmetrie der Facettengelenke. Die normalen Facettengelenke sollen die Rotation (Drehbewegung) des Wirbels einschränken. Steht die Fläche eines Facettengelenks nicht im richtigen Winkel, dann hat das Gelenk eine größere Beweglichkeit.

Dies kann zu verstärkter Belastung und Abnutzung der benachbarten Bandscheiben führen. Ziel des therapeutischen Yoga bei diesen angeborenen Defekten ist es, die Muskeln zu kräftigen, die bei solchen anormalen Strukturen stützend wirken (Muskeln von Gesäß, Oberschenkeln, Bauch sowie Rückenstrecker), und die extremen Belastungen dieser Bereiche durch Bewegung und Rotation zu mindern, indem man die Geschmeidigkeit im Bereich der Brustwirbelsäule, der Schultern und der Hüften verbessert.

Anmerkung

- *Bei angeborener Anomalie im unteren Bereich des Rückens befolgen Sie ein Yoga-Grundprogramm, das Entspannungshaltungen (Kapitel 5), statische Grundübungen (Kapitel 6) und dynamische Bewegungsübungen (Kapitel 7) umfaßt. Lernen Sie die Anwendung des Yoga im Alltag (Kapitel 12).*

Wirbelkanalstenose und alte Wirbelsäulenfrakturen

Die Wirbelkanalstenose ist ein Befund, bei dem eine knöcherne Wucherung den Wirbelkanal einengt und dabei oft das Rückenmark verletzt. Die Stenose kann angeboren sein, sie kann aber auch mit einer vorausgegangenen Operation an der Wirbelsäule, mit einer schweren Wirbelsäulenarthritis oder einer Spondylolisthese zusammenhängen. Eine Korrektur erfordert meist, daß die wuchernde Knochensubstanz chirurgisch abgetragen wird.

Alte Frakturen der Wirbelsäule haben oft eine Vernarbung zur Folge, die bestimmte Bereiche der Wirbelsäule nahezu bewegungsunfähig machen kann. Zum Ausgleich werden andere Bereiche hypermobil, was zu einer Degeneration der Bandscheiben und zu einer traumatischen Arthritis der Facettengelenke führt. Das Narbengewebe alter Frakturen kann außerdem eingeklemmte Nerven zusammendrücken und reizen.

Bei beiden Befunden ist die Rehabilitation durch Yoga im Grunde die gleiche wie bei der lumbosakralen Verschmelzung und den angeborenen Anomalien im unteren Rückenbereich. Die stützenden Muskeln (Gesäß-, Oberschenkel-, Bauchmuskeln und Rückenstrecker) müssen gekräftigt werden. Gleichzeitig muß die Beweglichkeit der Rückenmitte, der Schultern und der Hüften verbessert werden, um die Anforderungen an Beweglichkeit und Rotation im unteren Rücken zu verringern. Da sich die Knochenstruktur nicht im vorhinein abschätzen läßt, ist es schwierig vorauszusagen, welche Übungen wirksamer sein werden: die für den flachen Rücken oder die für das Hohlkreuz. Probieren Sie beides aus, und bleiben Sie bei denen, die Ihnen am besten helfen.

Anmerkung

- *Falls Sie eine Wirbelkanalstenose oder alte Wirbelfrakturen haben, befolgen Sie ein Yoga-Grundprogramm mit Entspannungshaltungen (Kapitel 5), statischen Grundübungen (Kapitel 6) und dynamischen Bewegungsübungen (Kapitel 7). Achten Sie auch darauf, Yoga in Ihren Alltag zu integrieren (Kapitel 12).*

5 Techniken der Entspannung

- Eine Mutter bekommt während der Vorbereitungen für die Hochzeit ihrer Tochter einen Hexenschuß.
- Ein Geschäftsmann verrenkt sich das Kreuz in dem Augenblick, da er aus dem Flugzeug steigt, um seinen längst fälligen Urlaub anzutreten.
- Mitten in ihren Urlaubsvorbereitungen bekommt eine Frau im mittleren Alter akute Rückenschmerzen.
- Das einzige Familienmitglied, das den alten Vater oder die alte Mutter betreuen kann, wird von Nackenschmerzen und Spannungskopfschmerzen heimgesucht.
- Eine junge Mutter, die sich auf ihr zweites Baby freut, entwickelt so heftige Rückenschmerzen, daß sie ihr Kleinkind nicht mehr heben kann.

Freude, Verantwortung und Tragödien können sich als Streß auswirken. Dieser Streß kann Rückenschmerzen auslösen. Viele Menschen, die unter wiederkehrenden Rückenbeschwerden leiden, haben beobachtet, daß ihre Rückenattacken „immer zum falschen Zeitpunkt" auftreten. Natürlich gibt es keinen richtigen Zeitpunkt für Rückenschmerzen, aber sie scheinen bevorzugt dann aufzutreten, wenn es besonders unpassend ist.

Bei der Streßbewältigung können die Dehnungen und Entspannungstechniken des Yoga eine nachhaltig wirkende Hilfe sein. Zwar kann Yoga die Streßsituation nicht beseitigen, doch kann es die Art und Weise verändern, wie Sie Streß wahrnehmen und verarbeiten.

Die Auswirkungen von Streß

Drohende Gefahr oder das Gefühl der Hilflosigkeit verursacht eine Reihe charakteristischer physiologischer Reaktionen, die uns für Kampf oder Flucht bereitmachen sollen. Die Kampf- oder Fluchtreaktion zeichnet sich aus durch eine Zunahme der Herzfrequenz, des Blutdrucks, der Wachsamkeit und der Muskelspannung. In einer lebensbedrohlichen Situation ist diese physiologische Reaktion angemessen. Falls sie jedoch unangemessen unterhalten wird, kann Ihre Lebensqualität – und sogar Ihr Leben – in Gefahr geraten. Ein chronischer Streßzustand kann die Selbstheilungskräfte Ihres Körpers lahmlegen, die Genesung nach Verletzung oder Krankheit verzögern und zu streßbedingten Krankheiten, wie Magen- und Darmgeschwüre, Alkoholismus, Bluthochdruck, Depression und natürlich Rückenschmerzen, führen.

Wenn Sie sich hilflos fühlen, verstärkt Streß das Gefühl der Niederlage und kann zu einer Depression führen. Antriebslosigkeit, vorgesunkene Schultern, der gebeugte Rücken und der nach unten geneigte Kopf – Ausdruck der Hoffnungslosigkeit – begleiten die Depression. Diese Kombination aus Inaktivität, dem Gefühl der Niederlage und der Körpersprache der Verzweiflung vermittelt starke negative Signale, den Kampf aufzugeben, und dies wiederum kann zu einer weiteren Verschlechterung der Muskelkraft, zur Schwächung der Immunfunktion und zu verminderter Widerstandskraft gegen Infektionen führen.

Streßsituationen können Ihre Abhängigkeit von den Mitmenschen vergrößern, insbesondere wenn die Streßsituation durch wiederkehrende Schmerzen oder erneute Verletzung kompliziert wird. Gerade wenn Sie anfangen, sich wieder unabhängig zu fühlen, kann die streßbedingte Wiederkehr der Schmerzen Ihr Gefühl der Unabhängigkeit zunichte machen und Sie erneut in Depression und Hoffnungslosigkeit treiben.

Körperlich betrachtet bewirkt Streß eine vermehrte Belastung der Haltung, indem er die Muskelspannung erhöht. Diese Zunahme der Muskelspannung erfolgt nicht gleichmäßig im ganzen Körper. Muskeln, die bereits gereizt, verspannt oder verletzt sind, reagieren deutlich stärker. Jede falsche Ausrichtung des Bewegungsapparates wird verstärkt, was die Wahrscheinlichkeit einer erneuten Verletzung erhöht.

Der erhöhte Tonus eines gefährdeten Muskels kann sogar in einen Spasmus ausarten, einen abnormen schmerzhaften Zustand der Muskelkontraktion, in dem sich der Muskel weder lockern noch entspannen kann. Der Muskelspasmus drückt die Blutgefäße, die den Muskel versorgen, zusammen und schneidet ihn von der Versorgung mit Nährstoffen und Sauerstoff ab. Dadurch wird der Muskelstoffwechsel gezwungen, sich auf anaerobe Funktionsweise (also ohne Sauerstoff) umzustellen. In diesem Fall wird Milchsäure gebildet. Milchsäure wird als chemischer Bote zum Gehirn transportiert und meldet dort, daß Sie unter Streß stehen. Mit anderen Worten: ein gestreßter Muskel schickt zusätzliche Streßsignale durch den Körper und bewirkt dadurch eine Gesamtzunahme des Muskeltonus.

Sanfte Yoga-Dehnungen tragen dazu bei, diesen sich selbst unterhaltenden Streßzyklus zu durchbrechen. Das Gehirn nimmt Muskeldehnungen als das Gegenteil von Muskelspannung wahr. Während ein verspannter Muskel in den ganzen Körper Gefahrensignale feuert, stellt die Rückmeldung (Biofeedback) aus den Muskeldehnungen des Yoga ein Signal der Sicherheit und des Wohlbefindens dar (Abb. **48**).

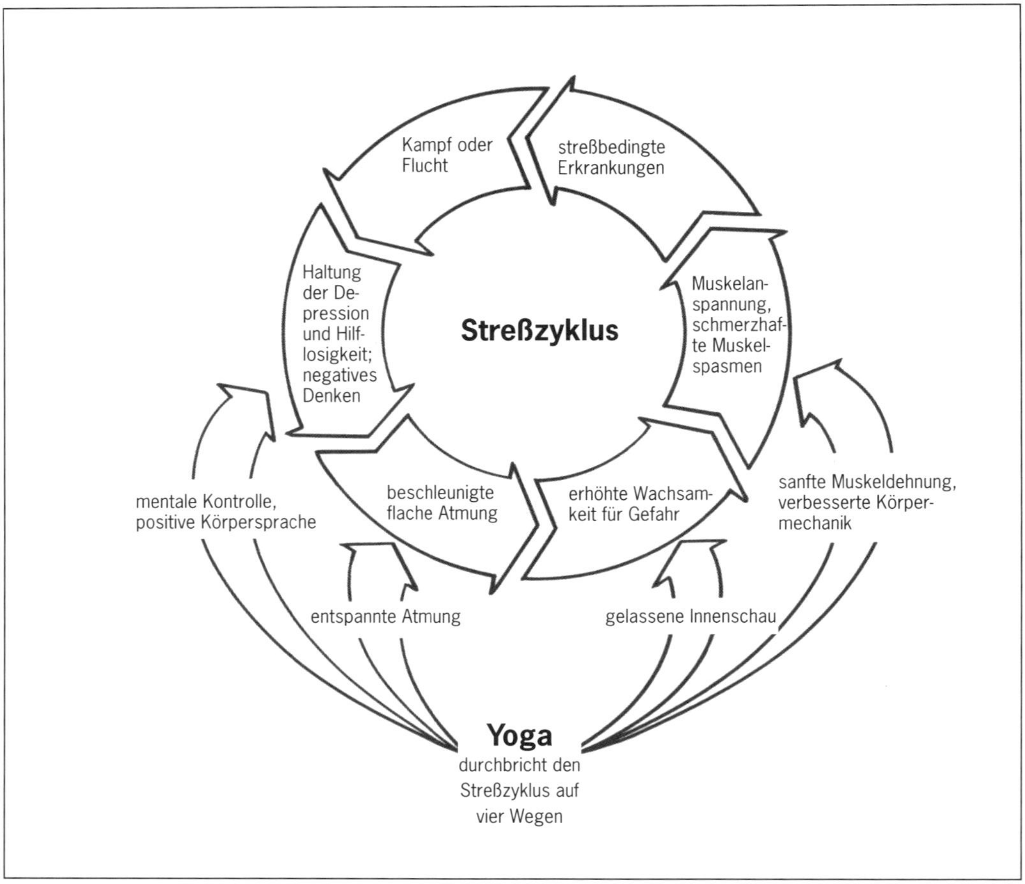

Abb. 48 Yoga durchbricht den Streß-Zyklus auf vier Schienen

Strategien der Streßbewältigung

Ob ein belastendes Ereignis als Streß wirkt, hängt von Ihren Fähigkeiten ab, es zu bewältigen. Folgende Faktoren spielen bei Ihrer Reaktion auf Streß auslösende Ereignisse eine Rolle:

- Ob Sie die Situation als bedrohlich oder unerwünscht wahrnehmen.
- Das Gefühl, die Situation einigermaßen im Griff zu haben.
- Ob Sie bei Belastungen dazu neigen, Ihre Gesundheit zu vernachlässigen.

Angesichts einer Streßsituation, die Sie nicht beherrschen können, müssen Sie sich klarmachen, daß es andere Dinge in Ihrem Leben gibt, die Sie sehr wohl meistern können. Tun Sie das, was Sie tun können – es hilft Ihnen, den Streßzyklus zu durchbrechen, indem Sie den negativen Wirkungen der Gefühle von Hilflosigkeit und Hoffnungslosigkeit entgegenarbeiten. In Zeiten von Streß ist es ganz wesentlich, daß Sie gut auf sich achtgeben. Nur dann können Sie mit einer schwierigen Situation fertigwerden oder anderen Menschen helfen.

Kontrollieren können Sie beispielsweise Ihre Haltung und Körpersprache, Muskeltonus, Atmung, körperliche Aktivität und Ernährung. Einige der Möglichkeiten, Kontrolle auszuüben und sich diese Kontrolle durch natürliches Biofeedback bewußt zu machen, sind ziemlich einfach, etwa die Informationen der positiven Körpersprache, die Sie sich selbst geben, während Sie die Übungen in diesem Buch erlernen. Weitere nützliche Techniken sind folgende:

- Lernen Sie, Dinge langsam anzugehen. Übernehmen Sie nicht zu viele Verpflichtungen für die Zeit und Energie, die Ihnen dafür zur Verfügung stehen.
- Lernen Sie, nein zu sagen.
- Lernen Sie, sich selbst zu behaupten, wenn es darum geht, etwas zu bekommen, was Sie für Ihr Wohlbefinden brauchen.
- Sorgen Sie für ausreichenden Schlaf.
- Nehmen Sie sich genügend Zeit für Entspannungsübungen.
- Planen Sie ausreichend Zeit für sanfte Muskeldehnungsübungen ein.
- Achten Sie darauf, sich richtig zu ernähren (siehe Anhang).
- Reduzieren Sie Ihren Konsum von streßauslösenden Substanzen oder – besser – lassen Sie die Finger von Kokain, Marihuana und dergleichen, und verzichten Sie möglichst auf Koffein, Tabak, Alkohol und verschreibungspflichtige Medikamente, insbesondere Schmerz- und Beruhigungsmittel, Antidepressiva, Schlafmittel, Appetitzügler und Muskelrelaxantien. (Bevor Sie ein verordnetes Medikament reduzieren oder absetzen, konsultieren Sie unbedingt Ihren Arzt. Bitten Sie ihn, mit Ihnen einen Plan zu entwerfen, wie Sie ungefährdet von Suchtmitteln loskommen können.)

Während Sie all diese Veränderungen zuwege bringen, üben Sie über wichtige Aspekte Ihres Lebens Kontrolle aus. Dies wird Ihre Gesundheit und Ihr Wohlbefinden verbessern und gleichzeitig die richtige Funktion Ihres Rückens fördern.

Yoga-Techniken zur Streßbewältigung

Die Entspannungsreaktion

Die meisten Menschen glauben zwar, daß ihre Freizeitaktivitäten entspannend sind, aber therapeutische Entspannung bedeutet, eine Reihe von Fertigkeiten zu praktizieren, die eine spezifische physiologische Reaktion erzeugen. Es ist nicht schwer, diese Reaktion zu erlernen, doch den meisten Menschen, die von der westlichen Zivilisation geprägt sind, muß man das erst beibringen, weil es nicht zu unserem kulturellen Erbe gehört.

Sämtliche Auslöser der Entspannungsreaktion besitzen einen Konzentrations- oder Brennpunkt in unserem Inneren (Fokus) als gemeinsamen Nenner. Immer wenn der Geist umherschweift (und das wird er tun), lenken Sie Ihre Aufmerksamkeit sanft auf diesen Brennpunkt zurück. Die Aufmerksamkeit nach innen zu lenken, ist das physiologische Gegenteil davon, die Aufmerksamkeit nach außen auf etwa drohende Gefahr zu richten. Wird die Aufmerksamkeit nach innen gerichtet, vermittelt dies Ihrem Körper die Botschaft, daß Sie sicher und geborgen sind und daß Entspannung angesagt ist. Folglich entspannen sich die Muskeln, der Blutdruck sinkt, die Nerven beruhigen sich, die Angst nimmt ab, die Immunfunktion wird gestärkt, und die Heilungskräfte werden gefördert.

Der entspannende Atem

Um die Entspannungsreaktion zu erzeugen, eignen sich mehrere Verfahren. Ich bevorzuge die entspannende Atmung, die mein verehrter Yoga-Lehrer, B.K.S. Iyengar, mich gelehrt hat. (Weitere Verfahren sind z.B. mechanisches Biofeedback, die progressive Muskelentspannung, katathymes Bilderleben, transzendentale Meditation und andere Meditationstechniken.)

Die nachfolgend beschriebene entspannende Atmung ist bestechend einfach, führt aber schnell und wirkungsvoll zu einer tiefen Entspannung. Sie kann im Sitzen oder in Rückenlage geübt werden.

1. Schritt. Atmen Sie ganz normal durch die Nase ein.
2. Schritt. Atmen Sie ganz normal durch die Nase aus.
3. Schritt. Atmen Sie nicht und zählen Sie dabei langsam im Kopf „ein-und-zwan-zig, zwei-und-zwan-zig“.
4. Schritt. Wiederholen Sie die Schritte 1, 2 und 3. Atmen Sie auf diese Weise mehrere Minuten.

Nach jedem Ausatmen pausieren Sie eine oder zwei Sekunden, bevor Sie wieder einatmen. Während dieser Pause beobachten Sie vielleicht, daß Sie weiterhin spontan und zwanglos ausatmen. Diese zusätzliche Abgabe von Atemluft vervollständigt eine echte normale Ausatmung.

Atmen Sie möglichst durch die Nase. Natürlich müssen Sie, wenn die Nase verstopft ist, durch den Mund atmen.

Versuchen Sie nicht, bewußt tief ein- und auszuatmen oder langsam zu atmen. Geben Sie aber einem Bedürfnis, tiefer zu atmen, ruhig nach, und kehren Sie dann zur normalen Atmung zurück.

Schließen Sie nach Möglichkeit die Augen und blicken Sie nach unten, als würden Sie Ihre Unterlider betrachten. Achten Sie darauf, wie Ihre Augen beim Einatmen jeweils nach oben schauen wollen. Widerstehen Sie dieser Neigung. Beachten Sie, wie sich die Augenstellung auf Ihre Wahrnehmungsfähigkeit, Ihre innere Ruhe und Ihre Fähgkeit, sich zu entspannen, auswirkt. (Falls Sie Kontaktlinsen tragen und der Blick nach unten unangenehm ist, schauen Sie geradeaus; aber lassen Sie die Augen auf keinen Fall nach oben schauen.)

Die meisten Menschen atmen gewohnheitsmäßig unvollständig aus; das heißt, sie beginnen mit dem Einatmen, bevor die vorausgehende Ausatmung ihren natürlichen Abschluß gefunden hat. Bei einem meiner Besuche in seinem Yoga-Institut in Pune, Indien, erklärte mir B.K.S. Iyengar, diese unvollständige Ausatmung schaffe „den Boden, die Basis dafür, daß Gedanken aufkeimen". Der Geist hüpft von einem Gedanken zum andern, wobei immer schon der zweite Gedanke aufkommt, bevor der erste zu Ende gedacht ist, genauso, wie die Einatmung einsetzt, bevor die Ausatmung beendet ist. Darf aber die Ausatmung sich spontan und natürlich vollenden, dann hat der Geist keine Gelegenheit, sich zu erregen. Wird Ihre Wachsamkeit immer wieder auf den Atemvorgang hingeführt, dann weicht die Streßphysiologie der Entspannungsreaktion.

Sie können sich das Lernen erleichtern, indem Sie die Anleitung zum entspannenden Atmen auf eine Tonbandkassette aufnehmen. Sprechen Sie langsam, beruhigend und ruhig zu sich. Ermahnen Sie sich, die Kiefermuskeln zu entspannen, und blicken Sie beim Einatmen und Ausatmen mit geschlossenen Augen nach unten. Spielen Sie das Band ab, während Sie die Entspannungsreaktion einüben, bis Sie es nicht mehr brauchen.

Falls Ihnen bereits eine andere Entspannungsmethode geläufig ist und hilft, wunderbar! Praktizieren Sie diese so oft wie möglich und immer, wenn der Übungsplan verlangt, daß Sie sich entspannen. Zusätzlich zur entspannenden Atmung verwende ich Anleitungen zur Entspannung, bei denen die Atmung gezielt beobachtet wird. Derartige Anleitungen sind als Tonbandkassetten für den häuslichen Gebrauch im Handel erhältlich (siehe Anhang).

Anwendung der Entspannungstechniken im Alltag

Alle möglichen Aktivitäten des Alltags können Ihnen als Signal dienen, den entspannenden Atem zu praktizieren. Dies ist beispielsweise möglich:

- Wenn die Verkehrsampel rot zeigt.
- Wenn Sie im Aufzug fahren.
- Wenn Sie in einer Warteschlange stehen.
- Wenn Sie verabredet sind und warten müssen.
- Wenn Sie auf die Uhr schauen.
- Wenn Sie zur Toilette gehen müssen.
- Immer wenn Sie zum Telefonhörer greifen.

Im Laufe des Tages gibt es Hunderte von Gelegenheiten, bei denen eine kurze Pause der Entspannung Ihren inneren Frieden und Ihren Gleichmut wiederherstellen kann. Jede dieser Pausen ermöglicht Ihnen, aufgestaute Verspannungen abzubauen, so daß sie sich zu einer ausgewachsenen Streßreaktion oder, schlimmer, zu einer Rückenschmerzattacke entwickeln können. Im folgenden gebe ich Ihnen ein paar Anregungen für entspannende Pausen. Seien Sie kreativ! Lassen Sie sich Gestaltungsmöglichkeiten für Erholungspausen einfallen, die zu Ihnen passen.

- Massieren Sie Ihre Kopfhaut, die Schläfen und die Kiefer. Ertasten Sie die Spannung in den Muskeln mit Ihren Fingerspitzen. Lockern Sie zuerst die Kaumuskeln. Dann lockern Sie die anderen Gesichts- und Kopfmuskeln und spüren die Wirkungen auf Ihre seelische Verfassung.
- Besinnen Sie sich auch beim Zähneputzen. Machen Sie sich das Gefühl jedes Bürstenstrichs am Zahnfleisch bewußt. Konzentrieren Sie sich auf das Hier und Jetzt, schalten Sie Gedanken an die Zukunft ab.

Planmäßiges Üben der Entspannungsreaktion

Die Entspannungsreaktion sollte täglich als beständige Komponente Ihrer Alltagsaktivitäten geübt werden. Wenn Sie dies zum Abschluß Ihres täglichen Yoga-Programms tun, können Sie bewußt jegliche Muskelverspannung lösen, die sich aufgebaut haben mag. Darüber hinaus können Ihr Nervensystem und Ihr Bewegungsapparat die gerade geübten Lektionen in Körperhaltung, Kraft und Gelenkigkeit besser speichern. Es unterstützt die Heilung, wenn Sie sich während der Entspannungsreaktion bildlich vorstellen, wie sich Ihre Haltung bessert und Ihr Rücken gesund wird.

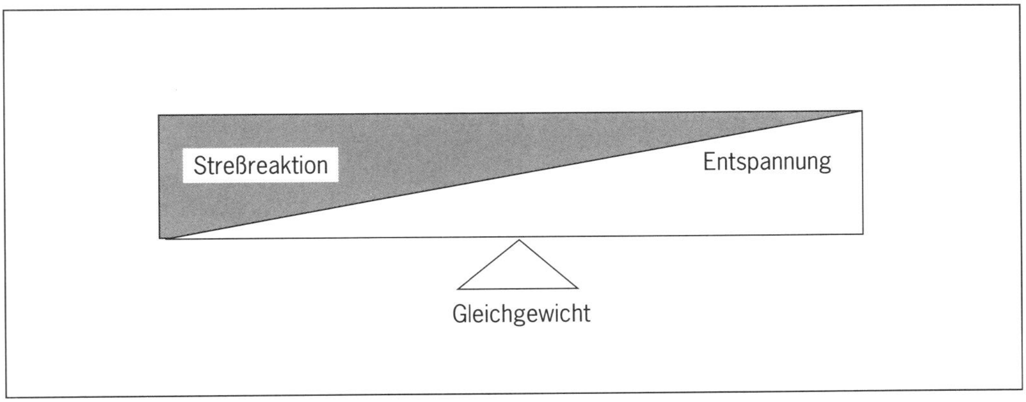

Abb. 49 Streßreaktion / Entspannung

Während der Entspannung werden die Rückenstrecker länger, und die Abstände zwischen den Wirbeln vergrößern sich. Dadurch werden die Bandscheiben von Druck entlastet und in die Lage versetzt, Nährstoffe besser zu absorbieren.

Der durch die Entspannungsreaktion erzeugte physiologische Zustand fördert die Heilung. Er ist das physiologische Gegenteil der Streßreaktion, bei der Körpergewebe abgebaut werden, um Energie für Kampf oder Flucht bereitzustellen (Abb. **49**).

Ruhe und Entspannung für den Rücken

Für die Wiederherstellung eines gesunden Rückens ist therapeutische, konstruktive Ruhe unbedingt notwendig. Als Ruhehaltung schwebt Ihnen wahrscheinlich eine liegende oder halbliegende Position vor, doch kann diese dem Rücken auf dem Weg der Besserung schaden. Weich gepolsterte Sessel und Sofas sind nämlich häufige Auslöser erneuter Beschwerden. Ein typisches Beispiel für schädliche Ruhe ist das Couch-Lümmel-Syndrom, das bei Leuten auftritt, die stundenlang mit krummem Rücken Knabbergebäck mampfend sich auf der Couch lümmeln. Anhaltende körperliche Inaktivität, schlechte Haltung und Gewichtszunahme führen dann bald zu Rückenschmerzen.

Wenn Sie eine heilungfördernde Yoga-Haltung einnehmen, geschieht hingegen folgendes:

- Der Körper wird in gut ausgerichteter Haltung gestützt; dabei können sich müde, überanstrengte Muskeln völlig entspannen.
- Steife oder überanstrengte Muskeln werden sanft passiv gedehnt.
- Asymmetrien von Muskellänge und Muskeltonus werden korrigiert.
- Aufgestauter Streß und Spannungen im geistigen und seelischen Bereich werden eliminiert.
- Sie lernen ein Repertoire „bequemer Haltungen“, die Sie jeweils bei Bedarf einnehmen können.

Die im vorliegenden Kapitel beschriebenen Entspannngshaltungen erleichtern den Einstieg in die Praxis des Yoga. Eine oder mehrere sollten Sie täglich nach einem der am Ende des Kapitels empfohlenen Schemata üben. Nachdem Sie begonnen haben, sich die Grundübungen des 6. Kapitels anzueignen, können Sie die Ruhehaltungen zum Abschluß Ihres Yoga-Programms auf eine oder zwei reduzieren. Es empfiehlt sich auch, eine oder zwei Ruhehaltungen vor dem Schlafengehen zu praktizieren.

Die Entspannungshaltungen sollten Sie immer dann anwenden, wenn Sie müde sind oder wenn Sie merken, daß Sie mit Ihrer Körperhaltung während irgendeiner Tätigkeit wieder in alte schlechte Gewohnheiten zurückgefallen sind. Diese Haltungen helfen Ihnen auch, Verspannungen nach einer langen Fahrt oder nach einem leichten Trauma zu lösen.

Entspannungshaltungen zu üben ist besonders ratsam, bevor Sie eine Tätigkeit beginnen, die wahrscheinlich Ihren Rücken belasten wird. Die Haltungen tragen dazu bei, potentiell anstrengende Tätigkeiten mit einer besseren Ausgangsposition zu beginnen, so daß Verletzungen weniger wahrscheinlich sind. Da die Entspannungspositionen Ihre Muskeln und Knochen an die Grundregeln der richtigen Haltung erinnern, werden Sie bei kritischen Bewegungsphasen eher die richtige Körpermechanik anwenden. Und danach helfen sie Ihnen, wieder die korrekte Ausgangsposition einzunehmen. Ebenso können sie vor und nach anstrengenden Aktivitäten angewandt werden.

Probieren Sie alle Ruhehaltungen aus und finden Sie heraus, welche bei Ihnen am entspannendsten wirken. Falls Sie wenig Zeit haben, verzichten Sie auf das gesamte Spektrum und praktizieren nur die zwei oder drei Haltungen, die am besten wirken.

Für die Entspannungshaltungen sollte das Zimmer nicht zu warm und nicht zu kalt sein. Am besten üben Sie auf dem Fußboden (nicht auf dem Bett), mit einer gefalteten Decke oder einer Matte als Unterlage. Achten Sie auf gute Körpermechanik, während Sie zu Boden gehen und wieder aufstehen (Abb. **181**). Aus der Grundstellung setzen Sie einen Fuß fest etwas hinter den anderen. Indem Sie sich auf einen Spazierstock oder ein solides Möbel stützen, bringen Sie ein

Knie zum Boden und geben dabei acht, daß sich Ihre Ohren in einer Linie mit Ihrer Körperachse befinden. Nun beugen Sie auch das andere Knie. Schieben Sie das Gesäß nach hinten zu den Fersen und setzen Sie sich dann neben den Füßen auf den Boden. Zum Hinlegen stützen Sie sich mit den Armen ab und lassen den Oberkörper zu Boden sinken. Dann rollen Sie sich auf den Rücken. Das Aufstehen geschieht in umgekehrter Reihenfolge. Bereitet der Druck des Bodens Ihrer Wirbelsäule, Ihrem Kreuz oder Steißbein Unbehagen, schieben Sie noch ein gefaltetes Tuch oder eine Decke unter die schmerzende Stelle.

Sorgen Sie dafür, nicht gestört zu werden. Sie können sich nicht wirklich entspannen, wenn Sie jeden Augenblick darauf gefaßt sein müssen, daß das Telefon klingelt. Falls Sie keinen Anrufbeantworter haben, hängen Sie das Telefon aus. Die Welt kann warten.

Falls das Zimmer kühl ist oder Sie leicht frieren, ziehen Sie sich warm an und legen Sie eine warme Decke bereit. Zur physiologischen Reaktion auf die Entspannung gehört es, daß sich die Blutkapillaren in der Haut weitstellen. Dies erzeugt ein vorübergehendes Wärmegefühl der Haut, dem ein Frösteln folgt, weil das Blut durch die erweiterten Kapillaren Wärme an die kühlere Umgebung abgibt.

Kopf und Nacken stützen

Denken Sie daran, daß die natürliche Krümmung der Halswirbelsäule nach vorne konvex und zum Rücken hin konkav ist. Eine tiefe Entspannung und Lockerung des Tonus der Nacken- und Schultermuskeln wird außerordentlich gefördert, indem man den Nacken und den Hinterkopf entsprechend abpolstert.

Das Polster für den Nacken soll nicht weich und nachgiebig, sondern fest sein. Gut eignen sich zusammengerollte oder gefaltete Gästehandtücher oder Frotteetücher.

Nehmen Sie sich Zeit, den Nacken und Hinterkopf richtig abzupolstern. Diesen Teil der Vorbereitung dürfen Sie nicht schlampig handhaben. Die Vorteile der richtigen Nacken- und Kopfpolsterung sind weitaus größer, als Sie sich vorstellen können. Die Zeit, die Sie darauf verwenden, wird Ihnen mit Entspannung, Wohlgefühl und Schmerzlinderung gelohnt. Wenn Sie an Beschwerden im oberen Wirbelsäulenabschnitt einschließlich des Nackens leiden, müssen Sie erst recht darauf achten, daß Nacken und Kopf richtig gestützt werden.

Vorbereitung der Nackenrollen

Sie brauchen vier Handtücher. Zum Probieren bereiten Sie Rollen unterschiedlicher Dicke vor. Falten Sie ein Handtuch längs und rollen Sie es locker (ohne Falten!) zu einer ca. zehn Zentimeter dicken Wurst zusammen, die Sie mit Gummibändern fixieren. Das nächste Handtuch falten Sie in Drittelbahnen längs und rollen es auf ca. fünfzehn Zentimeter zusammen. Die beiden letzten Handtücher legen Sie einmal längs gefaltet übereinander und machen daraus eine dickere Rolle von ca. zwanzig Zentimetern Durchmesser. Jede Rolle fixieren Sie durch Gummibänder.

Vorbereitung der festen Kopfpolster

Sie nehmen vier Badetücher. Die Polster für den Hinterkopf stellen Sie her, indem Sie die Tücher auf fünf, zehn, fünfzehn und zwanzig Zentimeter dicke Lagen zusamenfalten. Die einzelnen Polster fixieren Sie durch Streifen von Heftpflaster oder Isolierband. Achten Sie darauf, daß die Polster einwandfrei glatt sind.

Ausprobieren der Rollen und Polster

Hat die Prüfung Ihrer Körperhaltung (siehe Seite 68, Abb. **23**) ergeben, daß Ihr Kopf in bezug auf die Schultern korrekt ausgerichtet ist, wobei die Mitte der Ohren über der Mitte der Schultergelenke liegt, probieren Sie zuerst das dünnste Kopfpolster und die dünnste Nackenrolle. Falls sich herausstellt, daß Sie den Kopf deutlich vorgestreckt halten, beginnen Sie mit den nächstdickeren Stützen.

Legen Sie eine Rolle ins Genick und ein zusammengefaltetes Handtuch unter den Kopf. Die Rolle soll am unteren Ende des Nackens quer zur Wirbelsäule liegen, so daß ihre Enden die Schultern oben berühren. Winkeln Sie in Rückenlage die Knie an und testen Sie, wie sich diese gestützte Haltung anfühlt (Abb. **50**).

Anschließend probieren Sie die nächstgrößere Rolle und Kopfunterlage. Testen Sie, wie sie sich im Vergleich zu denen davor anfühlen. Experimentieren Sie mit der Dicke der Rollen und Unterlagen, bis Sie die für Sie richtige Kombination herausgefunden haben.

Sie sollten das Gefühl haben, daß der Nacken bequem gelagert ist, ohne daß die Kehle zusammengedrückt wird (Abb. **51**). Die Kehle darf aber auch nicht überstreckt werden (Abb. **52**). Falls Ihnen die dickste Rolle und das dickste Pol-

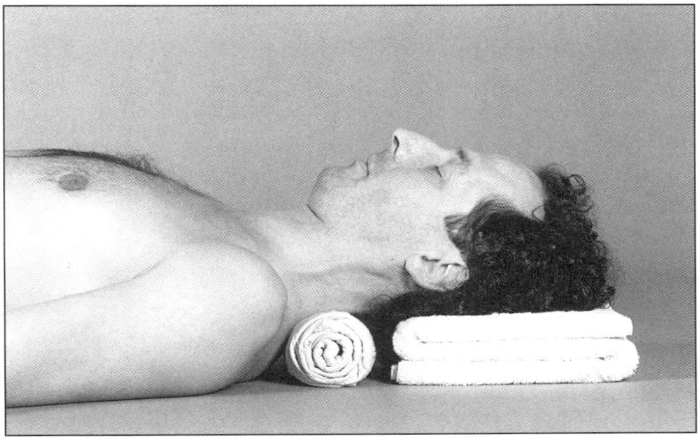

Abb. 50
Kopfpolster und Nackenstütze,
korrekte Lage

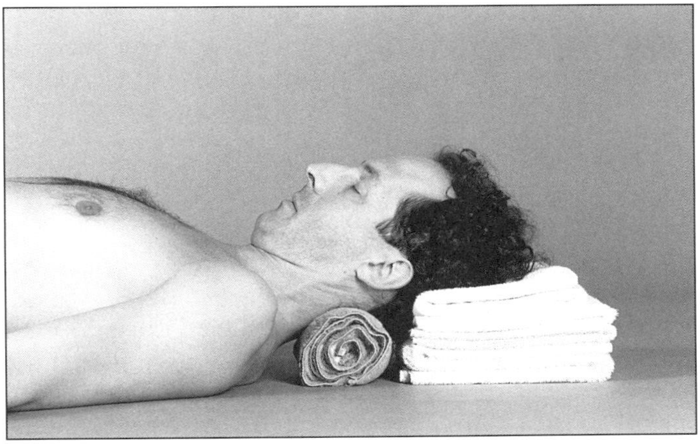

Abb. 51
Kopfpolster und Nackenstütze,
zu dick

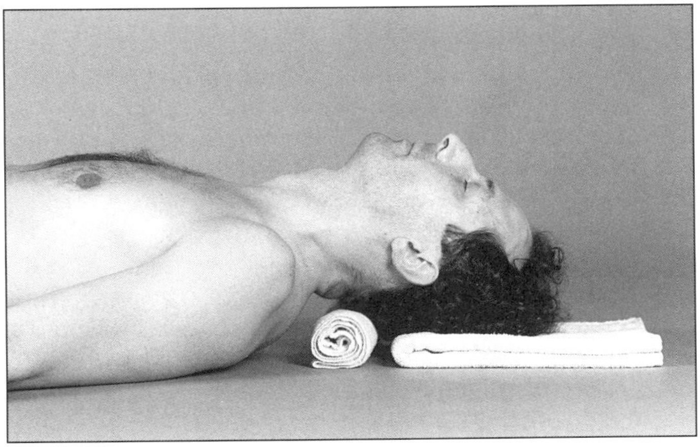

Abb. 52
Kopfpolster und Nackenstütze,
zu flach

ster am angenehmsten erscheinen, probieren Sie mit noch etwas umfänglicheren Stützen, ob Sie Kopf und Nacken noch stärker unterpolstern müssen.

Sobald Sie die richtige Kombination von Rolle und Polster gefunden haben, fixieren Sie diese mit Gummibändern und stecken sie in einen Kissenbezug. Halten Sie sie immer griffbereit, wenn Sie Yoga üben. Auch zum Schlafen können Sie sich's damit bequem machen.

Lendenpolster

Haben Sie ein flaches Kreuz, dann falten Sie ein Badetuch fächerförmig zusammen, so daß es 1,5 bis 2,5 cm dick ist und die Falten 7 bis 10 cm breit sind. Benutzen Sie es stets, wenn eine Lendenunterlage benötigt wird. Schieben Sie es an die Stelle, an der es sich am angenehmsten anfühlt – versuchen Sie es erst in Taillenhöhe, dann abwärts in Richtung Becken, bis Sie spüren, daß es stimmt (Abb. **53**). Vielleicht müssen Sie mit verschiedenen Dicken experimentieren, bis Sie die richtige Unterlage für Ihr Kreuz gefunden haben. Sollte Ihnen das Lendenpolster überflüssig erscheinen, lassen Sie es zunächst weg und versuchen Sie's in ein paar Monaten erneut.

Über die Yoga-Haltungen

Die Yoga-Haltungen in diesem Buch sind so dargestellt, daß Sie genau sehen, wie Sie vorgehen müssen. In der Rubrik „Hilfsmittel" erfahren Sie, was Sie zur Hand haben müssen. Die in Klammern stehenden Hilfsmittel sind nicht für jeden Übenden erforderlich. Die Rubrik „Einnehmen der Haltung und Korrektur" erklärt Ihnen, wie Sie die Yoga-Haltung einnehmen und sie nach persönlichen Bedürfnissen abwandeln können. Hier erfahren Sie auch, wie lange Sie in der Haltung bleiben und wie oft Sie sie wiederholen sollen.

Die Anleitungen zu „Atmen und Visualisieren" erinnern Sie daran, wie Sie in der endgültigen Haltung atmen sollen. Die vorgeschlagene Visualisierung hilft Ihnen, automatisch die richtige Körperhaltung einzunehmen, ohne daß Sie jeden einzelnen Knochen und Muskel bewußt in die erforderliche Stellung bringen müßten.

Der Abschnitt „Übungsziel" erklärt den speziellen Zweck jeder Haltung und die positiven Wirkungen für Sie. In den „Anmerkungen" am Ende jeder Übung finden Sie guten Rat für besondere Bedingungen, etwa Schwangerschaft oder Spondylolisthese.

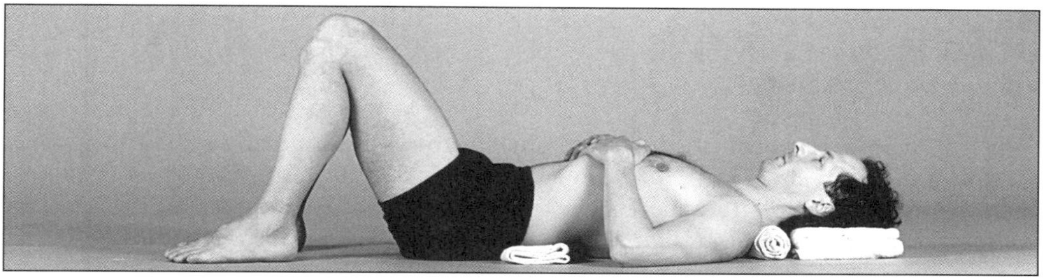

Abb. 53 Plazierung des Lendenpolsters

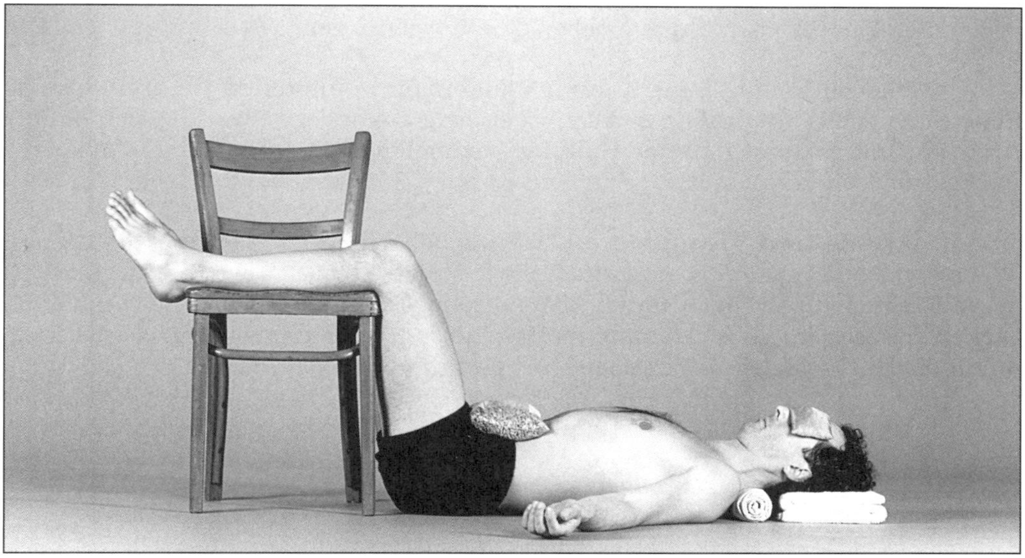

Abb. 54 Rückenlage mit hochgelagerten Unterschenkeln

Rückenlage mit hochgelagerten Unterschenkeln

Hilfsmittel: Stuhl, Nackenrolle, Kopfpolster, Gewichte von zwei bis vier Pfund (Säckchen mit Reis oder Hülsenfrüchten). (Bei Bedarf Lendenunterlage, Augenbinde oder Augensäckchen).

Einnehmen der Haltung und Korrektur. Sie legen sich auf den Rücken, die Unterschenkel ruhen auf einem Stuhlsitz, einem Sofa oder anderen

Möbeln entsprechender Höhe, so daß Knie- und Hüftgelenke etwa im rechten Winkel gebeugt sind. Legen Sie das Gewichtsäckchen zwischen Taille und Schambein auf den Bauch (Abb. **54**).

Achten Sie darauf, daß Nackenrolle und Kopfunterlage richtig plaziert sind und die Unterlage im Kreuz die richtige Dicke hat, damit Sie bequem liegen. (Das Lendenpolster benutzen Sie, wenn Sie ein flaches Kreuz haben.) Vielleicht wollen Sie Ihre Augen mit einem Tuch oder einem Augensäckchen bedecken.

Schieben Sie die Hände unter die Taille und dann abwärts unter das Gesäß zu den Beinen hin. Dies löst Spannungen im Lendenbereich, indem die Muskulatur und die Haut des Gesäßes wieder zurechtgerückt werden. Dann rollen Sie die Schultern nach außen rückenwärts, so daß die Arme mit nach oben gewandten Handflächen bequem neben dem Körper liegen.

Bleiben Sie in dieser Haltung eine bis fünf Minuten liegen. Dann rollen Sie sich zur Seite und ruhen dreißig bis sechzig Sekunden, bevor Sie sich auf die Arme stützen, um eine sitzende Haltung einzunehmen. Der Übergang in die nächste Haltung soll langsam erfolgen.

Atmen und Visualisieren. Sie wenden nun die entspannende Atmung an und machen nach dem Ausatmen jeweils eine kleine Pause. Sie blicken mit geschlossenen Augen nach unten, als würden Sie auf Ihre Unterlider schauen. Stellen Sie sich im Geist vor, wie die normalen Krümmungen Ihrer Wirbelsäule durch die Hilfsmittel und vom Boden aus gestützt werden.

Übungsziel. Diese gestützte Entspannungshaltung ist besonders wirksam, um die Schultern und den unteren Teil des Rückens zu entmüden. Das Gewicht auf dem Bauch erzeugt ein angenehmes Gefühl der Lockerung und Entspannung in den Rückenmuskeln und -nerven.

Anmerkungen

- *Diese Haltung ist sehr wohltuend bei Spondylolyse und Spondylolisthese.*
- *Falls Sie schwanger sind, verzichten Sie darauf, den Bauch durch ein Gewicht zu beschweren.*
- *Üben Sie diese Haltung nicht während der zweiten Hälfte der Schwangerschaft.*

Ellbogen auf Tisch gestützt

Hilfsmittel: Stuhl, Tisch.

Einnehmen der Haltung und Korrektur. Sie setzen sich auf einen rutschfesten Stuhl mit gerader Lehne und festem Sitz so vor einen Tisch, daß Sie sich bequem auf die Tischplatte vorbeugen können. Legen Sie den Kopf und die gefalteten Unterarme auf den Tisch (Abb. **55**). Achten Sie darauf, kein Hohlkreuz zu machen. Ziehen Sie die unteren vorderen Rippen sanft in den Rumpf hinein, so daß sich die Lendenlordose abflacht und die Rückenstrecker (die langen Muskeln beidseits der Wirbelsäule) dehnen. Bleiben Sie normal atmend zwanzig bis dreißig Sekunden in dieser Haltung sitzen. Mehrmals locker lassen und Übung wiederholen, dabei die Haltung der Arme wechseln. (Falls beim ersten Mal der linke Unterarm über dem rechten liegt, legen Sie beim nächsten Mal den rechten über den linken, usw.) Gehen Sie stets langsam in die aufrechte Sitzhaltung zurück und atmen Sie tief, damit Ihnen nicht schwindlig wird.

Atmen und Visualisieren. Mit jedem Atemzug lassen Sie die Lendenregion sich in die Länge dehnen und lockern. Sie wenden die entspannende Atmung an, indem Sie normal ein- und ausatmen und am Ende der Ausatmung jeweils mehrere Sekunden nicht atmen.

Übungsziel. Diese gestützte Haltung entspannt die Rückenstrecker und dehnt sie in die Länge, so daß die Wirbel sich auseinanderschieben und die Bandscheiben sich ausdehnen können. Durch die auf den Unterarmen ruhende Stirn wird die Nacken- und Schultermuskulatur entlastet und die Entspannungsreaktion gefördert.

Anmerkungen

- *Falls Sie ein flaches Kreuz haben, beugen Sie den unteren Teil der Wirbelsäule, damit sich die Lendenlordose normalisiert.*
- *Bei Spondylolyse und Spondylolisthese sowie bei beginnendem dorsalem und lateralem Bandscheibenvorfall ist diese Haltung nicht ratsam.*
- *Gegen Ende einer Schwangerschaft wirkt die Haltung ausgesprochen entlastend.*

Vorgebeugte Sitzhaltung mit gestütztem Rumpf

Hilfsmittel: zwei Stühle, vier bis sechs Decken (eventuell noch ein dickes Handtuch).

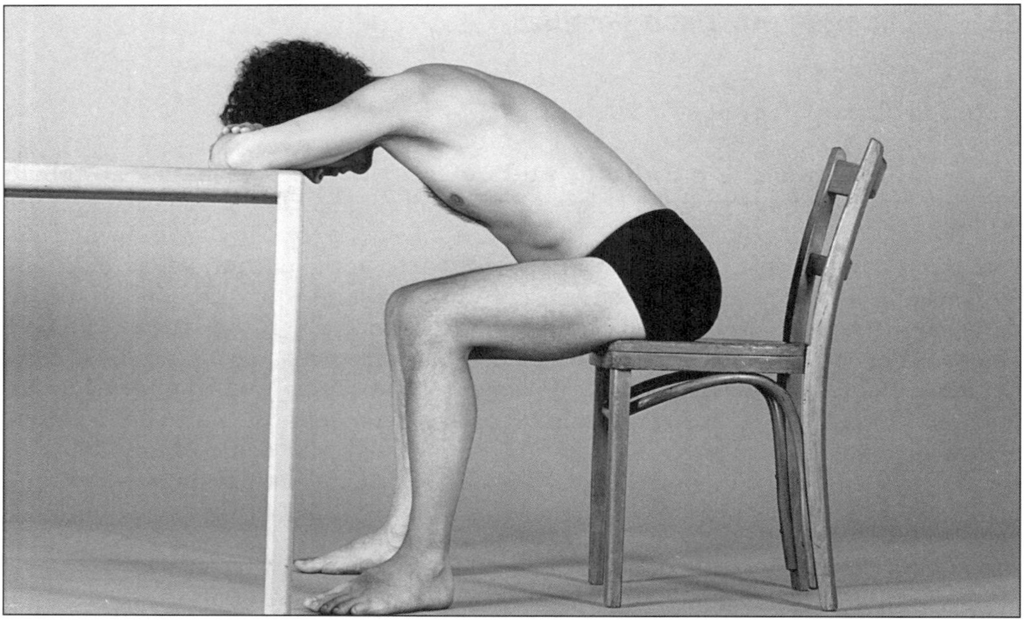

Abb. 55 Ellbogen auf den Tisch gestützt

Abb. 56 Vorbeugen im Sitzen mit Unterstützung des Rumpfes

Einnehmen der Haltung und Korrektur. Falten Sie jedes Handtuch einmal längs und dann ziehharmonikaartig übereinander, daß ein dreißig Zentimeter breites Polster entsteht. Legen Sie die Decken exakt übereinandergestapelt auf den einen Stuhlsitz, und zwar die Längsseite parallel zur Stuhllehne. (Sie können statt dessen auch spezielle Yoga-Polster benutzen, siehe Anhang.)

Setzen Sie sich so auf den anderen Stuhl, daß der erste seitlich vor Ihnen steht. Öffnen Sie die Knie und ziehen Sie den Stuhl mit dem Deckenstapel, der längs vor Ihnen liegt, zwischen Ihre Beine zu sich heran. Strecken Sie Ihren Rumpf so weit hoch, wie es bequem möglich ist. Indem Sie sich auf die Arme stützen, beugen Sie den Rumpf über den Deckenstapel (Abb. **56**) vor. Nach Möglichkeit sollte die Stirn oder der seitlich gedrehte Kopf einige Minuten auf den Decken ruhen. Sollte Ihr Rücken und Nacken nicht so biegsam sein, legen Sie noch ein gefaltetes Handtuch unter den Kopf. Die Dicke des Rumpfpolsters können Sie variieren, bis sie Ihnen bequem ist, indem Sie mehr oder weniger Decken übereinanderstapeln. Die Bauchmuskeln sollen lockergelassen werden und passiv sein. Mit jeder Ausatmung machen Sie Ihren Rücken lockerer.

Um sich aufzurichten, stützen Sie sich auf die Arme und stemmen den Oberkörper nach hinten in aufrechte Haltung, wobei die Bauchmuskeln und die langen Rückenstrecker locker bleiben müssen. (Es ist sehr wichtig, daß Sie, um sich wieder aufzurichten, nicht die Rückenmuskeln, sondern die Arme benutzen: andernfalls können sich nämlich die Rückenstrecker verkrampfen.) Bewegen Sie sich fließend und gelassen in die nächste Haltung hinein.

Atmen und Visualisieren. Atmen Sie normal ein und aus. Pausieren Sie kurz am Ende jeder Ausatmung, damit möglichst viel Luft spontan aus der Lunge gepreßt wird. Lassen Sie den Bauch bei jeder Einatmung sich sanft dehnen. Stellen Sie sich bildlich vor, wie Ihre Rückenmuskeln sich entspannen, lockern und entkrampfen. Sehen Sie im Geiste vor sich, wie die Wirbelsäule länger wird. Denken Sie sich, wie mit jeder Ausatmung Schmerzen und Müdigkeit aus dem Körper vertrieben werden.

Übungsziel. Ist der Bauch entspannt und der Rumpf gestützt, können sich die Rückenmuskeln entspannen und in die Länge dehnen. Dadurch werden die Zwischenräume zwischen den Wirbeln größer, die Bandscheiben besser ernährt, und die Heilung setzt ein.

Anmerkungen

- *Diese Haltung ist nicht ratsam bei Spondylolyse und Spondylolisthese.*
- *In der zweiten Hälfte der Schwangerschaft soll diese Haltung nicht praktiziert werden.*

Embryohaltung in Rückenlage

Hilfsmittel: Nackenrolle, Kopfpolster (eventuell Lendenpolster).

Einnehmen der Haltung und Korrektur. Sie legen sich mit angewinkelten Knien auf den Rücken. Nackenrolle und Kopfpolster in der passenden Dicke sind an den richtigen Stellen plaziert. Benutzen Sie eine Lendenunterlage, sofern es bei flachem Kreuz notwendig ist.

Nun ziehen Sie die Knie an die Brust und halten sie in einer bequemen Stellung. Die Hände fassen nicht die Schienbeine, sondern die Rückseite der Oberschenkel, damit die Kniegelenke nicht gedrückt werden (Abb. **57**).

Atmen Sie ein, und ziehen Sie bei der anschließenden Ausatmung die Oberschenkel an die Brust, bis das Gesäß ein wenig vom Boden erhoben ist.

Atmen Sie ein und lassen Sie das Gesäß auf die Unterlage zurückgleiten, und zwar etwas weiter vom Kopf weg als bei Beginn der Übung.

Bleiben Sie eine bis drei Minuten in dieser Haltung und beobachten Sie dabei Ihre Atmung. Dann gehen Sie ruhig zur nächsten Haltung über.

Atmen und Visualisieren. Stellen Sie sich, während Sie die entspannende Atmung praktizieren, vor, daß Ihr Rücken immer länger wird und die Muskeln beidseits der Wirbelsäule sich entspannen. Sehen Sie vor Ihrem geistigen Auge durch das Entspannen und Atmen in dieser Haltung eine neue, natürlichere Lendenlordose entstehen.

Übungsziel. Diese Haltung dehnt und entspannt die langen Rückenstrecker, während das Gewicht des Körpers auf dem Boden ruht.

Anmerkungen

- *Diese ausgezeichnete Entspannungshaltung ist bei Spondylolyse und Spondylolisthese zu empfehlen, da sie Haltung und Schwerkraft einsetzt, um die Neigung der Wirbel, nach vorne zu gleiten, zu verringern.*
- *Während der zweiten Hälfte der Schwangerschaft sollte diese Haltung nicht geübt werden.*

Embryohaltung

Hilfsmittel: Matte (eventuell zwei zusammengedrehte Socken, zusammengerolltes Handtuch, gefaltete Decke).

Einnehmen der Haltung und Korrektur. Knien Sie sich hin und beugen Sie den Oberkörper so vor, daß die Brust die Oberschenkel berührt. Legen Sie die Stirn oder eine Kopfseite auf die Matte. Zur größeren Bequemlichkeit können Sie die Knie und/oder den Kopf durch ein Polster abstützen (Abb. **58**). Falls Sie den Kopf nicht bis zum Boden neigen können, benutzen Sie eine auf die benötigte Dicke gefaltete Decke. Sollten die Knie wehtun, können Sie eine zusammengedrehte Socke in die Kniekehle schieben, um mehr Raum zu schaffen. Eine zu starke Dehnung der Fußgelenke vermeiden Sie, indem Sie ein zusammengerolltes Handtuch darunter schieben. Falls Gesäß und Fersen nicht zusammenbleiben, klemmen Sie eine gefaltete Decke zwischen Unterschenkel und Gesäß (Abb. **59**).

Atmen und Visualisieren. Atmen Sie tief in Bauch und Rücken ein. Bei jedem Ausatmen lockern Sie Ihre Wirbelsäule und stellen sich bildlich vor, wie sie länger wird. Im Laufe mehrerer Ein- und Ausatmungen wird der Rumpf tatsächlich passiv in die Länge gedehnt. Um diese Dehnung zu verstärken, heben Sie Brust und Bauch leicht von den Oberschenkeln ab, konzentrieren sich auf die neue Länge und ruhen wieder auf den Oberschenkeln. Bleiben Sie in dieser Haltung, so lange Sie können, bis zu mehreren Minuten. Entspannen und dehnen Sie sich in die Haltung hinein. Richten Sie sich langsam auf, stützen Sie dabei den Rumpf mit den Armen ab. Begeben Sie sich ohne Hast in die neue Haltung.

Übungsziel. Diese Übung bewirkt eine passive entspannende Dehnung der Muskeln zu beiden Seiten der Wirbelsäule. Sie lernen dabei, diese oft unmerklich verspannten Muskeln bewußt zu entspannen, und trainieren sie wieder auf eine größere Länge im Ruhezustand. Dadurch nimmt der Zwischenraum zwischen den Wirbeln zugunsten der Bandscheiben zu, und die durch Dauerkompression verursachte Degeneration der Bandscheiben wird gemindert.

Anmerkungen

- *Wichtig ist, daß Sie die Kraft Ihrer Arme einsetzen, um sich in Sitzhaltung hochzustemmen. Andernfalls könnten sich Ihre gerade entspannten Rückenstrecker schmerzhaft verkrampfen.*
- *Falls diese Haltung Ihren Knien Beschwerden macht, üben Sie statt dessen das Vorbeugen im Sitzen mit Unterstützung des Rumpfes (Abb. **56**).*
- *Diese Haltung ist nicht zu empfehlen bei Spondylolyse, Spondylolisthese und beginnendem dorsalem und lateralem Bandscheibenvorfall. Falls Sie eine Spondylolyse oder eine Spondylolisthese haben, können diese und*

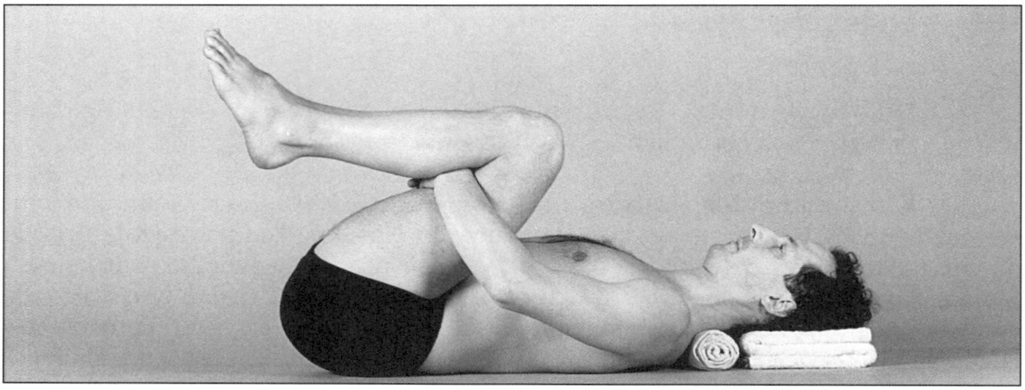

Abb. 57 Embryohaltung in Rückenlage

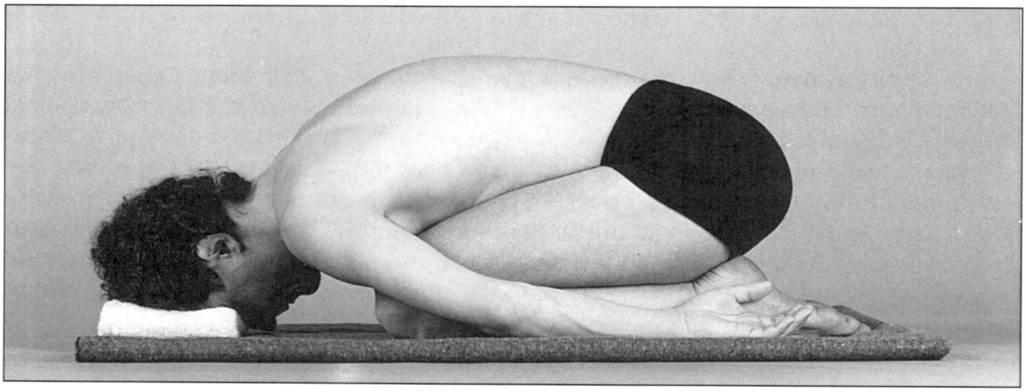

Abb. 58 Embryohaltung

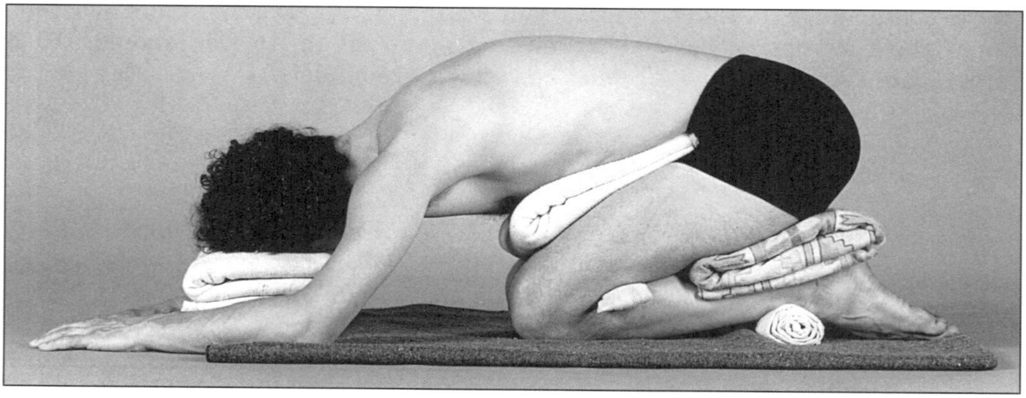

Abb. 59 Embryohaltung, durch Hilfsmittel gestützt

andere vorgebeugte Haltungen tatsächlich die Neigung eines beschädigten Wirbels verstärken, nach vorne zu rutschen. Üben Sie deshalb ersatzweise die Embryohaltung in Rückenlage (Abb. ***57****).*

- *In der ersten Hälfte der Schwangerschaft dürfen Sie diese Haltung anwenden, sofern Sie die Knie weit auseinandernehmen, damit das heranwachsende Baby und der Bauch nicht gegen den Boden gedrückt werden. Während der zweiten Hälfte der Schwangerschaft ist diese Haltung nur erlaubt, solange Sie dabei nicht den Bauch zusammendrücken.*

Drehsitz auf dem Stuhl mit Unterstützung des Rumpfes

Hilfsmittel: Zwei Stühle, drei bis sechs Decken, Handtuch.

Einnehmen der Haltung und Korrektur. Stellen Sie die Stühle auf rutschfestem Boden nebeneinander. Setzen Sie sich auf den einen Stuhl und legen Sie einen Stapel ordentlich längsgefalteter Decken auf den anderen, wie Sie es beim Vorbeugen im Sitzen mit Unterstützung des Rumpfes taten. (Sie können übrigens auch Yoga-Polster benutzen; Bezugsquelle siehe Anhang.) Ihre Füße sollen nebeneinander auf dem Boden stehen oder auf einem Bücherstapel, damit sie nicht baumeln. Atmen Sie ein. Bei der anschließenden Ausatmung strecken Sie die Arme über den Kopf und strecken den Rumpf in die Länge. Drehen Sie den Rumpf zum Deckenstapel hin. Legen Sie die Hände auf die Decken und benutzen Sie die Kraft Ihrer Arme, um den Rumpf über die Decken zu beugen (Abb. **60**).

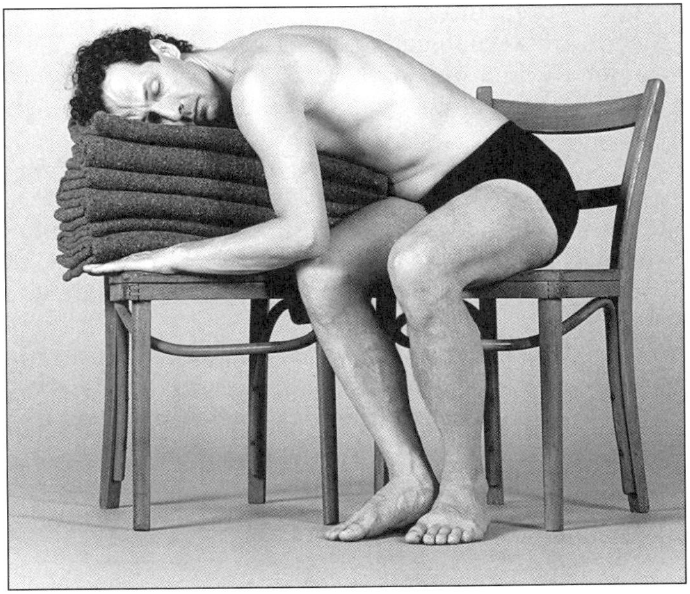

Abb. 60
Drehsitz auf dem Stuhl mit Unterstützung des Rumpfes

Falls Sie bei dieser Bewegung auf der dem Deckenstapel abgewandten Seite ein unangenehmes Ziehen spüren, muß das Polster für den Rumpf wohl erhöht werden. Probieren Sie, ob eine zusätzliche ordentlich gefaltete Decke genügt. Wenn Sie jetzt in der den Decken zugewandten Hüfte oder Rückenseite Beschwerden haben, lösen Sie diese Haltung auf und fangen von vorne an. Passen Sie dieses Mal auf, daß diese Seite nicht zusammensackt, sondern dehnen Sie sie weiter, während Sie den Rumpf beugen.

Bleiben Sie einige Atemzüge lang in der vorgeneigten Haltung. Die äußere (dem Polster abgewandte) Hüfte soll sich schwer anfühlen und passiv zum Stuhlsitz hin bewegt werden, während Sie die Muskeln ausgiebig dehnen. Bevor Sie sich aus dieser Haltung aufrichten, stellen Sie sich bildlich vor, wie Sie sich erheben. Dann legen Sie die Hände langsam unter die Schultern, und setzen Sie die Kraft Ihrer Arme ein, um sich in sitzende Haltung hochzustemmen. So vermeiden Sie, daß die geschmeidig gewordenen, gedehnten und entspannten Rückenmuskeln sich kontrahieren und Sie hochziehen.

Um die andere Seite zu dehnen, tauschen Sie den Platz mit den Decken und setzen sich auf den anderen Stuhl. Bleiben Sie ruhig und entspannt. Lassen Sie Ihre Wahrnehmung nicht ablenken, während Sie sich umsetzen. Die Augen sollten nach unten blicken, als würden Sie Ihre Unterlider betrachten. Bleiben Sie während des Platzwechsels ganz locker, so daß Sie, wenn Sie sich wieder über den Deckenstapel beugen, genauso entspannt sind wie vorher.

Machen Sie diese Dehnungsübung jeweils mehrere Atemzüge lang nach beiden Seiten. In der Regel ist eine Seite leichter zu dehnen. Bei verkrampften Rückenstreckern üben Sie abwechselnd mit jeder Seite sechsmal. Registrieren Sie, wie der Rücken auf diese sanft und beharrlich wiederholten Übungen reagiert, indem Spannung und Schmerz abnehmen.

Atmen und Visualisieren. Auch hier praktizieren Sie die entspannende Atmung. Denken Sie sich, daß Sie in den Bereich hineinatmen, in dem Sie die stärkste Dehnung spüren. Stellen Sie sich vor, daß jeder Atemzug den Bereich zwischen Wirbelsäule und Hüfte in die Länge zieht. Stellen Sie sich diese Zone als langen Ballon vor, der mit jedem Atemzug allmählich aufgeblasen wird.

Übungsziel. Diese Haltung lockert Verkrampfungen und korrigiert Längenunterschiede der Muskeln beidseits der Wirbelsäule. Sie ist hervorragend wirksam bei Verkrampfung der Rückenstrecker, weil diese mit jeder Wiederholung gelockert werden und sich entspannen.

Anmerkung

– *Üben Sie diese Haltung nicht während der zweiten Hälfte der Schwangerschaft.*

Ruhelage auf dem Rücken mit Unterstützung der Kniekehlen

Hilfsmittel: Nackenrolle, Kopfunterlage, zusammengerollte Decke, zwei bis vier Pfund schweres Gewicht (z.B. Säckchen mit Reis oder getrockneten Hülsenfrüchten) (eventuell Lendenunterlage, gefaltetes Handtuch).

Einnehmen der Haltung und Korrektur. Legen Sie sich mit dem Rücken auf den Boden, die Beine sind gestreckt. Plazieren Sie Nackenrolle und Kopfpolster an den richtigen Stellen. Legen Sie die Deckenrolle unter die Kniekehlen. Schieben Sie die Hände unter den Gesäßbacken in Richtung Knie, um die Lendenwirbelsäule zu lockern (Abb. **61**). Bei flachem Kreuz benutzen Sie Ihr Lendenpolster.

Tut das Steißbein oder Kreuzbein Ihnen weh, legen Sie ein zusätzliches gefaltetes Handtuch unter die schmerzende Stelle. Das Gewicht legen Sie auf Ihren Bauch zwischen Taille und Schambein. Rollen Sie die Schultern nach außen hinten, so daß die Handflächen zur Decke weisen und die Arme etwas vom Körper abgewinkelt liegen. Schließen Sie die Augen.

Atmen und Visualisieren. Sie wenden die entspannende Atmung an. Spüren Sie, wie Ihr Körper ganz locker und schwer am Boden ruht. Nacken, Brust- und Lendenwirbelsäule, das Kreuz und der Kopf werden vom Boden und von den diversen Unterlagen gut gestützt. Ihr Gewicht lastet mit jeder Ausatmung schwerer auf dem Boden. Vor Ihrem geistigen Auge sehen Sie, wie sich die Muskeln beidseits der Wirbelsäule lockern und entspannen. Koppeln Sie die Muskelentspannung mental an Ihre Atmung und Vorstellungskraft. Stellen Sie sich beim Einatmen vor, daß Ihre Wirbelsäule wie eine Ziehharmonika auseinandergezogen wird. Diese Verlängerung lassen Sie beim Ausatmen bestehen. Beim nächsten Einatmen lassen Sie die Wirbelsäule durch den Atem noch stärker in die Länge ziehen.

Achten Sie darauf, mit geschlossenen Augen zu üben, die Augen sind auf die Unterlieder gerichtet. (Falls das Ihre Augen anstrengen sollte, ist vielleicht die Kopfunterlage zu dünn.) Für den Fall, daß Ihnen kühl wird, legen Sie eine Wolldecke bereit.

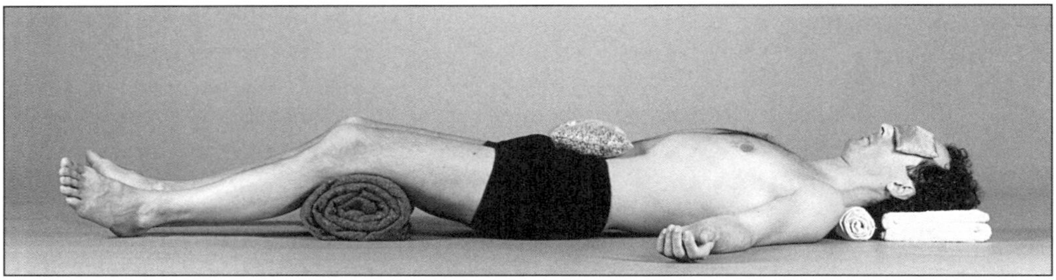

Abb. 61 Ruhelage auf dem Rücken mit Unterstützung der Kniekehlen

Bleiben Sie zwei bis zehn Minuten in dieser Haltung. Um die Übung zu beenden, rollen Sie sich auf die Seite, warten Sie einen Moment, und nehmen Sie die Kraft Ihrer Arme zu Hilfe, um sich in sitzende Haltung aufzurichten.

Übungsziel. Der Boden und die Hilfsmittel stützen Ihren Körper ab und ermöglichen, daß die Muskeln sich entspannen. Die Decke unter den Kniekehlen bewirkt, daß der Zug der Hüftbeugemuskeln am Becken und an den Lendenwirbeln aufgehoben wird, und verhindert eine Überstreckung der Kniegelenke. Das Gewicht auf dem Bauch fördert die rasche Entspannung der Bauchmuskeln und der Hüftbeuger und erleichtert die Lockerung der Rückenmuskeln.

Anmerkungen

- *Lassen Sie das Gewicht weg, wenn Sie schwanger sind.*
- *Üben Sie diese Haltung nicht während der zweiten Hälfte der Schwangerschaft.*

Entspannte Seitenlage

Hilfsmittel: Kopfunterlage, Nackenrolle, zwei Decken.

Einnehmen der Haltung und Korrektur. Sie liegen auf der Seite und halten das untere Bein gestreckt, das obere gebeugt. Bringen Sie Kopf- und Nackenpolster in die richtige Stellung. Die Kopf- und Nackenpolster sollen dick genug sein, daß der Zwischenraum zwischen Boden, seitlichem Kopf und Nacken und oberem Rand der Schulter ausgefüllt wird. (Achtung: Die Stütze für Kopf und Nacken muß dicker sein als bei der Rückenlage.) Das obere Knie und den oberen Arm betten Sie auf die gefalteten Decken (Abb. **62**). Dehnen Sie die Seiten Ihres Körpers in die Länge, indem Sie die Hüften abwechselnd von den unteren Rippen wegstrecken.

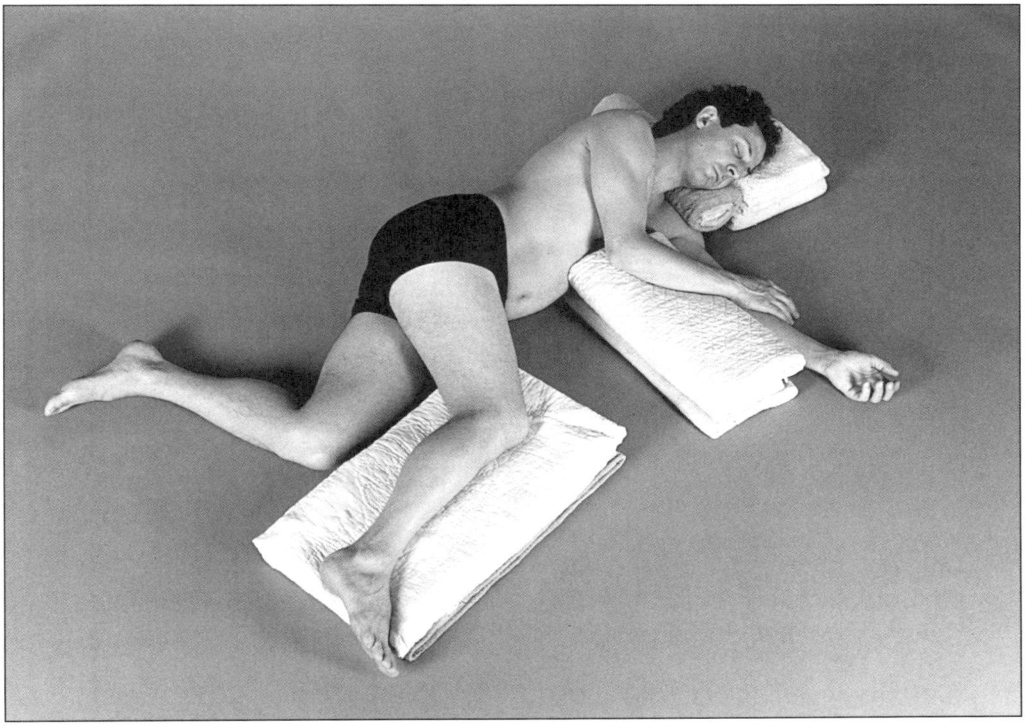

Abb. 62 Entspannte Seitenlage

Atmen und Visualisieren. Sie wenden die entspannende Atmung an. Atmen Sie weiter an Ihrer Wirbelsäule entlang ein und aus. Die Augen bleiben geschlossen, Sie schauen nach unten auf Ihre Unterlider.

Bleiben Sie zwei bis zehn Minuten, oder solange Sie es angenehm finden, in dieser Haltung liegen. Für den Fall, daß Sie frieren, legen Sie eine warme Decke bereit. Um Schwindelgefühl zu vermeiden, setzen Sie sich langsam auf.

Übungsziel. Diese Ruhelage empfiehlt sich für Personen, die schlecht auf dem Rücken liegen können. Auch als Schlafhaltung wunderbar geeignet.

Anmerkung

- *Für die zweite Hälfte der Schwangerschaft ist dies die ideale Ruhelage (siehe Abb.* ***169****). Als zusätzliche Stütze und für größere Bequemlichkeit kann noch ein Kissen unter den Bauch gelegt werden.*

Übungsvorschläge

Fünf-Minuten-Programm

Bei flachem oder normalem Rücken
1. Embryohaltung in Rückenlage (Abb. **57**)
2. Rückenlage mit hochgelagerten Unterschenkeln (Abb. **54**)

Bei Hohlkreuz oder normalem Rücken
1 Embryohaltung (Abb. **58**)
2. Rückenlage mit hochgelagerten Unterschenkeln (Abb. **54**)

Während einer Schwangerschaft
1. Ellbogen auf Tisch gestützt (Abb. **55**)
2. Embryohaltung mit gespreizten Knien (Abb. **58**)
3. Entspannte Seitenlage (Abb. **169**)

Fünfzehn-Minuten-Programm

Übungsplan A
1. Vorbeugen im Sitzen mit Unterstützung des Rumpfes, zwei Minuten (Abb. **56**)
2. Drehsitzen auf dem Stuhl mit Unterstützung des Rumpfes, vier Minuten (Abb. **60**)
3. Embryohaltung, vier Minuten (Abb. **58**)
4. Rückenlage mit hochgelagerten Unterschenkeln, fünf Minuten (Abb. **54**)

Übungsplan B
1. Rückenlage mit hochgelagerten Unterschenkeln, vier Minuten (Abb. **54**)
2. Embryohaltung in Rückenlage, drei Minuten (Abb. **57**)
3. Embryohaltung, drei Minuten (Abb. **58**)
4. Ruhelage auf dem Rücken mit Unterstützung der Kniekehlen, fünf Minuten (Abb. **61**)

6 Statische Grundübungen

Für einen gesunden Rücken ist es notwendig, daß Sie ihrem Körper mit Liebe und Respekt und mit wachsendem Vertrauen auf seine Selbstheilungskräfte begegnen. Die Yoga-Übungen, die ich in den folgenden Kapiteln vorstelle, können Ihren Rücken geradezu dramatisch bessern. Grundsätzlich sollte das Programm in einer friedlichen geistig-seelischen Verfassung geübt werden. Sie müssen einsehen, daß eine langsame, beständige Veränderung notwendig ist, damit Sie eine bessere Körperhaltung, gesündere Gewebe und ein besseres Bild von sich selbst bekommen. Bedenken Sie, daß Rückenleiden in der Regel die Quittung für jahrelange, oft sogar jahrzehntelange Fehlhaltungen und falsche Bewegungsabläufe sind. Eine langsame, stetige Besserung wird Sie jedoch für Ihre Geduld und Beharrlichkeit belohnen.

Die Kleidung, die Sie beim Üben tragen, sollte so beschaffen sein, daß Sie Ihre Körperhaltung gut beobachten können. Nehmen Sie sich den Rat des amerikanischen Schriftstellers Henry Thoreau (1817-1862) zu Herzen: „Hüte dich vor allen Unternehmungen, für die du neue Kleider brauchst." Sie brauchen sich keine hochmodischen, hautengen Glitzerklamotten anzuschaffen – ein paar bequeme Shorts und ein T-Shirt sind völlig ausreichend. Üben Sie stets barfuß, damit Sie einerseits die Ausrichtung der Füße kontrollieren können und andererseits nicht ausrutschen. Lange Hosen mit weiten Beinen sind ungeeignet, denn darin können Sie die Ausrichtung der Fuß- und Kniegelenke und die Funktion der Beinmuskeln nicht überprüfen.

Nützliche Hilfsmittel, die Sie neben Nackenrolle, Kopf- und Lendenpolster zur Hand haben sollten, sind Decken und eine rutschfeste Yoga-Matte (falls Sie auf glattem Boden üben), die Ihre Füße am Ausrutschen hindert (Bezugsquellen siehe Anhang). Sie werden sich beim Üben wohler fühlen, wenn Ihre letzte Mahlzeit zwei bis vier Stunden zurückliegt. (Nach einer leichten Mahlzeit sollten Sie zwei, nach einem schweren Essen vier Stunden warten, bevor Sie zu üben beginnen.) Diese Regel darf aber nicht zur Ausrede dienen, um nicht zu üben. Es ist gescheiter, die Übungen mit einem etwas unbehaglichen Gefühl im Bauch zu machen, als sie zu schwänzen und zuzulassen, daß Ihre Rückenbeschwerden sich verschlimmern. Sobald Ihr Körper begreift, wieviel wohler er sich fühlt, wenn Sie nach dem Essen mit dem Üben entsprechend warten, können Sie Ihr Programm leichter zeitlich einplanen.

Oft werde ich gefragt, welche Tageszeit am besten geeignet ist, um Yoga zu üben. Diese Frage können nur Sie beantworten. Wann fügt es sich am besten in Ihren Tagesablauf? Sind Sie Frühaufsteherin oder eine Nachteule? Wenn Sie zunächst probehalber zu verschiedenen Tageszeiten üben, werden Sie womöglich feststellen, daß Sie die tonisierenden Haltungen lieber morgens und die entspannenderen abends üben – oder umgekehrt. Sie müssen das also selbst entscheiden. Lassen Sie sich durch Ihre Unsicherheit über den rechten Übungszeitpunkt nicht davon abhalten, überhaupt zu üben.

Seien Sie Ihr eigener Yoga-Lehrer

Wenn Sie ein Tonband benutzen, brauchen Sie die Yoga-Haltungen zum Üben nicht dauernd im Buch nachzulesen. Ich erinnere mich, wie ungelenk und unfähig ich mich fühlte, als ich die Haltungen zu erlernen versuchte, während ich mit den Füßen mein erstes Yoga-Buch aufgeschlagen hielt, um die Anleitungen lesen zu können. Benutzen Sie einen Kassettenrecorder, werden Sie sich nicht nach einem dritten Arm oder Bein sehnen. (Es gibt eine von mir besprochene Übungskassette in englischer Sprache, Bezugsquelle im Anhang.)

Bevor Sie das Tonband benutzen, um Ihr eigener Yoga-Lehrer zu sein, lesen Sie die Anleitung zur jeweiligen Übung genau durch und führen dann die Übung aus. Lesen Sie den Text noch einmal und üben Sie erneut. Auf diese Weise finden Sie heraus, welche Übungsvariante für Sie die richtige ist, und brauchen nur die Anweisungen auf Band zu sprechen, die Sie benötigen. Sprechen Sie langsam, damit Sie beim Abspielen genügend Zeit haben, die Bewegungen und die erforderlichen Korrekturen auszuführen. Ihre Stimme soll ruhig und entspannt klingen, weil diese Gefühle sich auf das Üben der Yoga-Haltung günstig auswirken.

Falls die Bandaufnahme nicht perfekt ist, ärgern Sie sich nicht. Sie können ja immer noch die Löschtaste drücken! Tatsächlich wäre es ungewöhnlich, wenn Ihre ersten Aufnahmen Ihnen bei zunehmender Übungserfahrung noch das böten, was Sie brauchen.

Sprechen Sie nach und nach jeweils eine weitere Übung auf das Band. So erarbeiten Sie sich allmählich Ihr persönliches Yoga-Übungsprogramm.

Die Praxis

Allein für das Erlernen der statischen Grundübungen in diesem Kapitel müssen Sie sich *mehrere Monate* Zeit nehmen. Danach erweitern Sie Ihr bisheriges Programm ungefähr alle zwei Wochen um eine der dynamischen Bewegungsübungen aus dem 7. Kapitel. Wichtig ist, daß Sie Ihre persönliche Yoga-Stunde stets mit einer oder zwei Entspannungshaltungen aus dem 5. Kapitel abschließen. Liegt einer der speziellen Befunde vor, denen in diesem Buch ein gesondertes Kapitel gewidmet ist (beispielsweise Skoliose oder Ischias), dann machen Sie ein paar Monate lang abwechselnd die statischen Grundübungen und die befundspezifischen Übungen. Erst dann nehmen Sie allmählich dynamische Bewegungsübungen in Ihr Programm auf.

Das langsame Vorgehen kann verhindern, daß Sie den Mut verlieren und Rückschläge erleiden, falls Sie sich überanstrengt oder die Übungen nicht korrekt ausgeführt haben. (Sollten Sie einen Rückfall haben oder Ihr Übungsprogramm nicht konsequent befolgt haben, lesen Sie die entsprechenden Ausführungen im 3. Kapitel.) Planen Sie an fünf oder sechs Tagen in der Woche fünfzehn bis dreißig Minuten für Ihre Übungen ein. An einem Tag der Woche sollten Sie nur die Entspannungshaltungen des 5. Kapitels üben.

Am Ende jedes Kapitels befinden sich mehrere Übungspläne mit Zeitangaben. Wählen Sie das Programm, das Ihrer verfügbaren Zeit entspricht, oder erfinden Sie Ihr eigenes, wobei Sie darauf achten müssen, zum Abschluß stets eine Entspannungshaltung zu üben. Denken Sie daran, daß sich Ihr Rücken um so mehr bessert, je mehr Sie üben – es ist also sinnvoller, wenigstens ein bißchen zu tun, als Ihr Yoga ganz auszulassen, weil Sie zu wenig Zeit dafür erübrigen können. Wenn die Zeit knapp ist, üben Sie eben nur eine Haltung eine bis zwei Minuten richtig – und fühlen sich dadurch wohl.

Das Atmen während der Yoga-Haltungen

Um maximal von den Yoga-Haltungen zu profitieren, müssen Sie die richtige Atmung beherrschen. Wenn Sie sich in Gefahr befinden, wird Ihre Atmung schnell und flach und signalisiert damit den streßkontrollierenden Teilen Ihres Gehirns, daß Gefahr im Verzug ist. Unwillkürlich spannen sich die Muskeln. Bei ruhiger und entspannter Atmung hingegen werden dem Gehirn Stabilität und Wohlbefinden gemeldet, und die Physiologie des Körpers stellt sich von der Notfallreaktion auf die Entspannungsreaktion um.

Deswegen muß in den Yoga-Haltungen richtig geatmet werden. Atmen Sie durch die Nase ein und aus. (Atmen Sie nicht durch die Nase ein und durch den Mund aus, wie das in manchen Kursen für Entspannung gelehrt wird!) Bei verstopfter Nase müssen Sie natürlich durch den Mund atmen.

Für jemanden, der neben Ihnen steht, soll das Geräusch des Atmens nicht hörbar sein. Das Gehirn deutet die vernehmliche Atmung als Zeichen von Streß. Außerdem darf die Atmung während der Yoga-Übungen in keiner Weise manipuliert werden. (Bei manchen komplizierteren Atemtechniken des Yoga wird beispielsweise die Kehle beim Atmen teilweise verschlossen. Derartige Techniken sind aber nur unbedenklich, wenn sie mit einem erfahrenen Lehrer eingeübt wurden.)

Grundregel für die Atmung während der Yoga-Übungen ist, daß Sie sich ausschließlich auf Ihre Haltung konzentrieren, während Sie die Muskeln des Gesichts, der Kiefer und der Schultern entspannen. Während des Ausatmens arbeiten Sie in der Yoga-Haltung. (Ausnahmen von dieser Grundregel werden bei den Anleitungen zu den Yoga-Haltungen jeweils angegeben.)

Für den Anfänger kann es unnötig verwirrend sein zu versuchen, besondere Formen des Atmens zu befolgen. Am wichtigsten ist es, kontinuierlich ruhig und natürlich zu atmen. Halten Sie niemals den Atem an!

Wenn Sie sich beim Yoga auf Ihre Atmung konzentrieren, bereichern Sie Ihre Übungen um einen meditativen Aspekt. Meditation beinhaltet, daß Sie Ihre Wahrnehmung auf einen einzigen Gedanken, einen Klang oder eine Körperfunktion, beispielsweise die Atmung, gerichtet halten. Wenn Sie Ihren schweifenden Geist stetig auf die Atmung hinführen, weicht die äußere Welt zurück. Dann wird statt der streßfördernden Hinwendung nach außen der innere Kern erreicht, und dies fördert die Entspannung und das Selbstbewußtsein.

Um Yoga-Schüler davor zu bewahren, ihre Bauchmuskeln beim Atmen verspannt zu halten, werden sie oft angewiesen, „in den Bauch zu atmen". Manche haben das leider so mißverstanden, daß nur mit dem Bauch und nicht mit dem Brustkorb geatmet werden soll. Dies ist nicht nur praktisch unmöglich, sondern es ist genauso ungut, mit steifem Brustkorb wie mit steifem Bauch zu atmen zu versuchen. Beides behindert die Ausdehnung der Lungen und meldet Streßsignale an das Gehirn.

Das richtige Atmen in den Yoga-Haltungen erfordert die „totale Rumpf(be)atmung", wie ich es nenne. Um sie zu erspüren, versuchen Sie folgende Übung. Sie begeben sich auf dem Boden in eine bequeme Embryohaltung (Abb. **58**) oder nehmen auf einem Stuhl mit hartem Sitz Platz und lassen Ihren vorgebeugten Rumpf auf den Oberschenkeln ruhen. Atmen Sie normal, und konzentrieren Sie sich auf die Empfindung der sanften Brustwanddehnung bei jeder Ein- und Ausatmung. Während Sie einatmen, spüren Sie, wie die Vorderseite der Rippen gegen die Oberschenkel drückt. Beim Ausatmen merken Sie, daß sich die Haut der Brust anders anfühlt.

Bei der nächsten Einatmung stellen Sie sich vor, daß Sie in den Bauch hineinatmen. Wie zuvor spüren Sie beim Einatmen die Rippen, aber jetzt sollen Sie außerdem fühlen, wie sich Ihr Bauch zu den Oberschenkeln hin dehnt. Zu diesem Zweck müssen Ihre Bauchmuskeln locker und entspannt sein. Fühlen Sie, wie sich Brust und Bauch mit jeder Einatmung weiten.

Richten Sie nun Ihre Aufmerksamkeit auf das Beckendiaphragma, das stärkste Bauelement des Beckenbodens. Es handelt sich um eine Muskelplatte, die zwischen Steißbein, Sitzhöckern und Schambein ausgespannt ist. (Die zugehörigen Muskeln kontrahieren sich, um Harnabgang und Stuhlentleerung zu kontrollieren.) Atmen Sie in Brust und Bauch, und beobachten Sie mit Ihrem geistigen Auge, wie Ihr Atem den Weg bis zum Beckendiaphragma zurücklegt. Sie sollten spüren, wie sich das Beckendiaphragma bei jedem Einatmen vorwölbt, genauso wie Brustkorb und Bauch. Atmen Sie weiter so und konzentrieren Sie sich mit dem gesamten Rumpf auf das Atmen: Vorder- und Rückenseite des Brustkorbs, Vorder- und Seitenbereich des Bauches sowie Becken. Das verstehe ich unter totaler Rumpf(be)atmung.

Statische Grundübungen

Die in diesem Kapitel vorgestellten Yoga-Haltungen wollen Anfänger wie auch Fortgeschrittene zu ersten Schritten anleiten, verspannte Muskeln zu dehnen, schwache Muskeln zu kräftigen und die Haltung zu verbessern. Fortgeschrittene werden diese Grundübungen nützlich finden, um sich vor den jeweiligen dynamischen Übungen aufzuwärmen und sich anschließend abzukühlen. Außerdem sind die Übungen wohltuend bei einem Rückfall, wenn Ihr Rücken schmerzempfindlich oder ungeschützt ist.

Anfangs sollten Sie die Grundübungen schön langsam ausführen, ohne sich zu quälen und nicht schneller, als Ihnen absolut angenehm ist. Während Sie in den Yoga-Haltungen arbeiten, sollten Sie wie gewohnt die Entspannungstechniken anwenden, die Sie im 5. Kapitel gelernt haben.

Vor allem sollten Sie die Übungen mit einer positiven, entspannten, aufgeschlossenen geistigen Verfassung angehen, mit der Erwartung, daß es Ihnen Freude macht, etwas Gutes für sich zu tun.

Beckenkippung in Rückenlage

Hilfsmittel: Nackenrolle, Kopfpolster (eventuell Lendenpolster).

Einnehmen der Haltung und Korrektur. Sie legen sich auf den Rücken, die Knie sind gebeugt und die Füße parallel gestellt. Die Arme sind bequem seitlich vom Körper ausgestreckt, die Handflächen nach oben gewandt. Kopfunterlage und Nackenrolle sind korrekt plaziert.

Atmen Sie in Brust und Bauch ein. Dabei weiten sich der Brustkorb und der Bauchraum. Bewegen Sie beim Ausatmen Ihren Nabel in Richtung Boden. Dabei wird nämlich auch das Kreuz gegen den Boden gedrückt (Abb. **63**). Atmen Sie nochmals in den Bauch ein, und drücken Sie beim Ausatmen wieder den Nabel

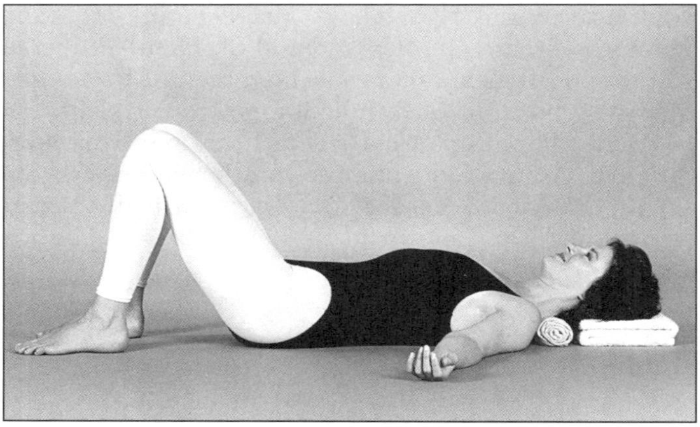

Abb. 63
Beckenkippung in Rückenlage

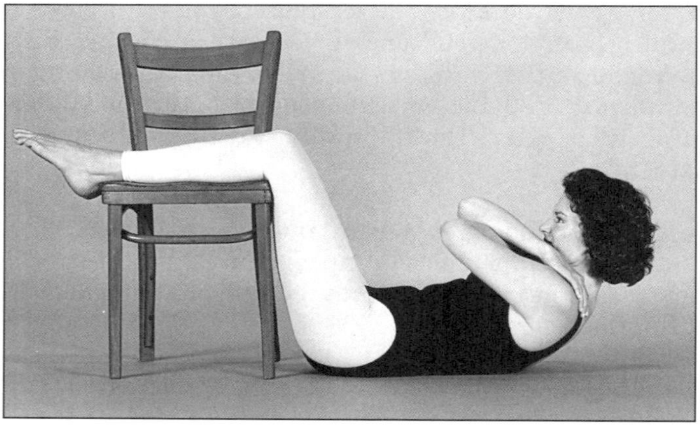

Abb. 64
Oberkörper aufrichten mit vor der Brust gekreuzten Armen

und das Kreuz gegen den Boden. Drücken Sie gleichzeitig Schultern, Ellbogen und Hinterkopf gegen den Boden. Lassen Sie dabei die Beine vollkommen passiv. Wiederholen Sie diese Übung langsam mindestens zehnmal. Arbeiten Sie darauf hin, zehn bis zwanzig Sekunden in dieser Haltung zu verharren. Danach rollen Sie sich zur Seite und setzen sich auf.

Atmen und Visualisieren. Sehen Sie vor Ihrem geistigen Auge, wie sich die Form Ihrer Wirbelsäule zunehmend normalisiert. Beobachten Sie die Empfindungen in den Muskeln, die Sie einsetzen, um diese Veränderung zu bewirken. Machen Sie sich bewußt, daß Sie durch das Herunterdrücken der Schultern und Ellbogen eine Fehlstellung Ihrer Schultern verhindern. Indem Sie den Nabel in Richtung Boden drücken, vermeiden Sie außerdem, daß der Brustkorb zusammensinkt.

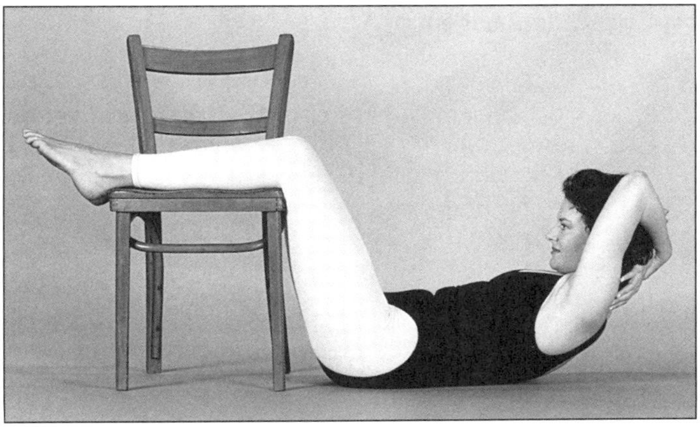

Abb. 65
Oberkörper aufrichten mit hinter dem Kopf gekreuzten Armen

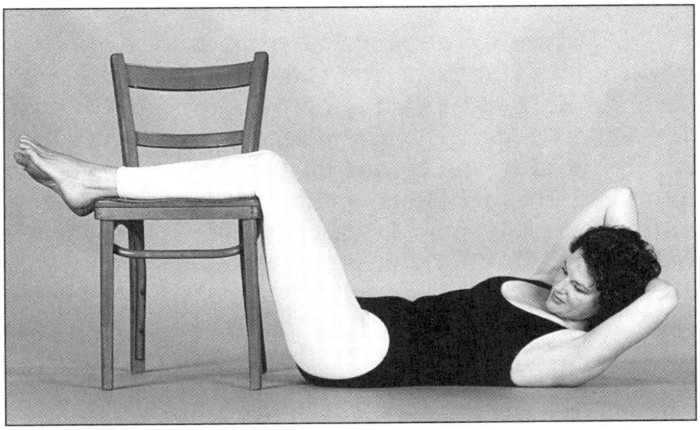

Abb. 66
Oberkörper aufrichten, Senken einer Schulter

Übungsziel. Diese Übung ist ein erster Schritt zur Wiedererlangung einer guten Haltung, denn Sie lernen dabei, die korrekte Haltung des Brustkorbs und seine Beziehung zur Stellung des Beckens und der Lendenwirbelsäule wahrzunehmen. Wer eine normale Lendenlordose oder ein Hohlkreuz hat, lernt zu erkennen, wie der Körper auf eine Abflachung der Lendenlordose reagiert. Überdies kräftigt diese Übung allmählich die Bauchmuskeln, was ein wichtiger Schritt zur Erlangung eines gesunden Rückens ist, unabhängig davon, wie Ihre Wirbelsäule gekrümmt ist. Bei Übenden, die ihre Schultern vorhängen lassen oder den Kopf vorgestreckt halten, wird eine sanfte Korrektur in Richtung zu einer gesünderen Haltung bewirkt.

Anmerkungen

- *Falls Sie ein flaches Kreuz haben, benutzen Sie bei dieser Übung eine feste Lendenunterlage (eine oder mehrere feste Decken).*
- *Falls Sie eine Spondylolyse oder eine Spondylolisthese haben, profitieren Sie besonders von dieser Übung.*
- *Während der zweiten Hälfte einer Schwangerschaft ist diese Übung zu unterlassen.*

Oberkörper aufrichten

Hilfsmittel: Stuhl (eventuell festes Lendenpolster).

Einnehmen der Haltung und Korrektur. Sie legen sich auf den Rücken, Ihre Unterschenkel ruhen auf dem Stuhlsitz. Sowohl die Hüftgelenke als auch die Kniegelenke sollten etwa im rechten Winkel gebeugt sein. Kreuzen Sie die Arme vor der Brust, und legen Sie die Hände auf die Schultern (Abb. **64**). Legen Sie nicht die Hände an den Nacken, sonst überlasten Sie ihn! Falls Sie intensiver üben möchten, fassen Sie Ihre Ohrläppchen, oder kreuzen Sie die Arme hinter dem Kopf und berühren dabei Ihre Schulterblätter mit der Hand der Gegenseite (Abb. **65**). Auch hier gilt, daß Sie die Hände nicht in den Nacken legen dürfen.

Arbeiten in der Haltung, Atmen und Visualisieren. Atmen Sie ein. Während Sie anschließend langsam ausatmen,

- kippen Sie das Becken, wie bei der vorbeschriebenen Übung, so daß das Kreuz flach den Boden berührt, während der Bauch einfällt;
- heben Sie die Schultern 15 bis 25 Zentimeter vom Boden, nicht höher;
- senken Sie die rechte Schulter bis auf den Boden und heben Sie sie wieder an (Abb.**66**);
- lassen Sie, ohne die Ausatmung zu unterbrechen, den Oberkörper auf den Boden zurücksinken.

Atmen Sie ein und wiederholen Sie, während Sie langsam und lange ausatmen, die vorausgegangene Bewegungsfolge, wobei Sie jetzt die linke Schulter senken und heben. Stellen Sie sich dabei vor, wie Ihre Bauchmuskeln kräftiger werden, indem Sie durch ihre Aktivität den Rumpf heben. Wiederholen Sie unter richtiger Atmung die Bewegungsfolge, bis Ihre Bauchmuskeln sich warm anfühlen. Danach machen Sie die Übung noch ein- oder zweimal und hören dann auf. Rollen Sie sich auf die Seite, und nutzen Sie die Kraft Ihrer Arme, um sich in sitzende Haltung hochzustemmen.

Vorsicht: Halten Sie in keiner Phase dieser Übung den Atem an.

Übungsziel. Die Beugung der Hüftgelenke im rechten Winkel verhütet Schäden an der Lendenwirbelsäule. Durch das Heben des Rumpfes beim Ausatmen werden die Bauchmuskeln verkürzt und gekräftigt. Dies verhindert, daß Ihre Bauchmuskeln schließlich „ausleiern" (und der Bauch vorsteht) und den Lendenbereich nicht mehr ausreichend stützen können. Das gerade Aufrichten nach vorn kräftigt die mittleren Bauchmuskeln (Rektusgruppe). Das abwechselnde Anheben und Absenken der Schultern kräftigt die übrigen Bauchmuskeln. Während der Übung soll der Bauch sich nicht vorwölben, sondern sich flacher und breiter anfühlen.

Eine nachhaltige Kräftigung der Bauchmuskeln ist wesentlich für die richtige Stellung des Beckens und den Erhalt einer gesunden Lendenwirbelsäule.

Anmerkungen

- *Falls Sie ein flaches Kreuz haben, benutzen Sie Ihr Lendenpolster, um während der Übung eine natürlichere Krümmung der Wirbelsäule zu erzielen und zu erhalten.*
- *Dies ist eine weitere wichtige Übung für Menschen mit einer Spondylolyse oder einer Spondylolisthese.*
- *Unterlassen Sie diese Übung während der zweiten Hälfte der Schwangerschaft.*

Hüftdrehung in Rückenlage

Hilfsmittel: Nackenrolle, Kopfunterlage.

Einnehmen der Haltung und Korrektur. Variation 1. Sie legen sich auf den Rücken und schieben Nackenrolle und Kopfunterlage an die richtigen Stellen. Breiten Sie die Arme seitlich aus, die Handflächen nach oben. Beugen Sie die Knie und ziehen Sie sie geschlossen an die Brust. Atmen Sie ein, und lassen Sie beim Ausatmen beide Knie langsam und sacht nach der Seite sinken (Abb. **67**). Belassen Sie die Beine dreißig bis sechzig Sekunden in dieser Haltung. Atmen Sie ein, und heben Sie die Knie beim Ausatmen langsam in die Ausgangshaltung zurück. Wiederholen Sie die Übung nach der anderen Seite. Üben Sie nach jeder Seite drei- bis fünfmal.

Anmerkung

- *Bei bestehender Spondylolyse oder Spondylolisthese sollten Sie diese und nicht die zweite Variation üben.*

Variation 2. Um die kräftigende Wirkung dieser Haltung zu intensivieren, senken Sie die Knie langsam nach einer Seite, bis sie wenige Zentimeter vom Boden entfernt sind (oder bis die entgegengesetzte Schulter sich vom Boden zu heben beginnt). Um die Beine besser kontrollieren zu können, drücken Sie Ellbogen und Schultern gegen die Unterlage. Lassen Sie die Beine drei bis zehn Sekunden in der beschriebenen Haltung, während Sie ruhig atmen (Abb. **68**). Halten Sie nicht die Luft an! Beim Ausatmen heben Sie die Knie und drücken dabei Ellbogen und Schultern weiter gegen den Boden. Wiederholen Sie die Übung nach der anderen Seite. Insgesamt machen Sie drei bis fünf Übungsrunden.

Atmen und Visualisieren. Praktizieren Sie die entspannende Atmung und die totale Rumpfatmung. Stellen Sie sich vor, wie Ihre Wirbelsäule dabei in die Länge gedehnt wird.

Übungsziel. Mit dieser Übung lassen sich die Rückenstrecker dehnen, desgleichen die Bauchmuskeln kräftigen. Aufgabe der Bauchmuskeln ist es, den Rumpf zu stabilisieren, während die Beine seitlich zum Boden gesenkt werden, und außerdem bei der Rückkehr in die Ausgangsposition das Heben der Beine und die Drehung des Beckens zu unterstützen. Die Rückenstrecker werden sanft gedehnt, während die Beine am Boden ruhen. Als Folge der Längsdehnung dieser Muskeln werden die Bandscheiben besser mit Nährstoffen versorgt und ihre Heilung gefördert.

Anmerkungen

- *Unterlassen Sie diese Übung während der zweiten Hälfte der Schwangerschaft.*
- *Sollten bei der Variation 1 oder 2 Schmerzen oder ein Taubheitsgefühl auftreten, brechen Sie die Übung ab und lesen Sie aufmerksam den Abschnitt „Ein guter Rat zum Beginn" am Anfang dieses Buches.*

Krokodildrehung

Hilfsmittel: Kopfunterlage, Nackenrolle.

Einnehmen der Haltung und Korrektur. Sie legen sich auf den Rücken und plazieren Kopfunterlage und Nackenrolle. Beugen Sie das rechte

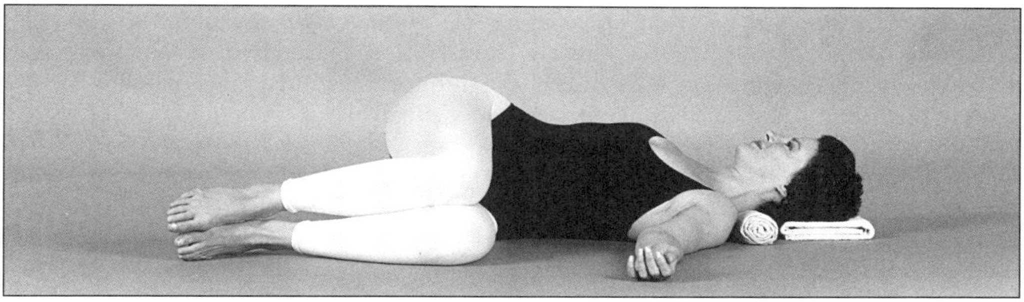

Abb. 67 Hüftdrehung in Rückenlage mit angewinkelten Knien, Variante 1

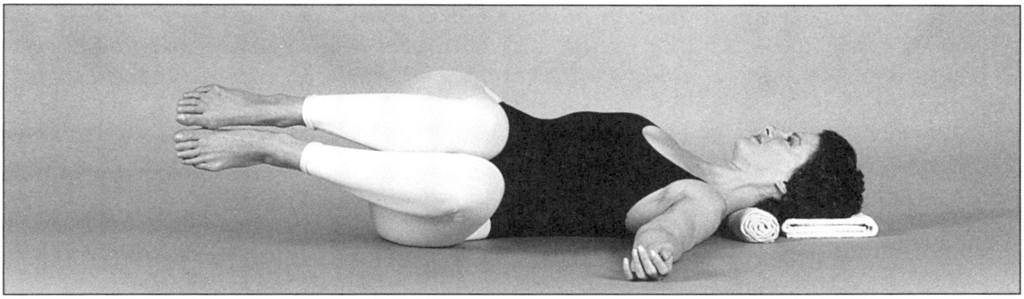

Abb. 68 Hüftdrehung in Rückenlage mit angewinkelten Knien, Variante 2

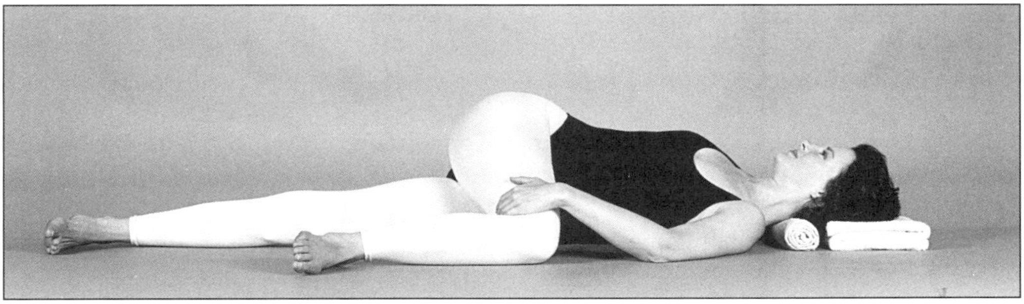

Abb. 69 Krokodildrehung

Knie, und setzen Sie den rechten Fuß auf das gestreckte linke Knie. Rollen Sie sich aus den Hüften nach links, so daß das rechte Knie den Boden berührt. Mit der linken Hand halten Sie das rechte Knie am Boden fest (Abb. **69**). Drücken Sie die rechte Schulter abwärts vom rechten Ohr weg. Dann strecken Sie den rechten Arm zur Decke und führen ihn im weiten Bogen hinter den Körper. Das linke Bein arbeitet mit, indem Sie es bis in die Ferse strecken und die Zehen in Richtung Körper ziehen. Die rechte Hand muß den Boden nicht berühren. Bleiben Sie mehrere Atemzüge lang (dreißig bis sechzig Sekunden) in dieser Position.

Sie lösen die Position auf, indem Sie beim Ausatmen den rechten Arm erheben, bis er gegen die Decke zeigt. Dann rollen Sie sich in Rückenlage und registrieren, wie Ihr Körper sich durch die Dehnung anfühlt. Wiederholen Sie die Übung nach der anderen Seite. Üben Sie zwei- bis dreimal nach jeder Seite.

Atmen und Visualisieren. Während der Drehung stellen Sie sich bildlich vor, wie sich Ihre Wirbelsäule in die Länge zieht und die Muskeln beidseits gelockert werden. Atmen Sie ruhig. Wenden Sie die entspannende Atmung und die totale Rumpfatmung an.

Übungsziel. Diese entspannende passive Drehung der Wirbelsäule dehnt die Rückenstrecker sanft in die Länge und vergrößert dadurch den Abstand zwischen den Wirbeln, so daß die Bandscheiben ausreichend ernährt werden und wieder gesunden. Die Übung dehnt außerdem die Pektoralisgruppe, die Brustmuskeln beidseits zwischen Brustbein und Schultergelenk, und trägt so dazu bei, vorhängende Schultern zu korrigieren.

Anmerkung

– *Unterlassen Sie diese Übung während der zweiten Hälfte der Schwangerschaft.*

Passive Brücke

Hilfsmittel: zwei feste Decken.

Einnehmen der Haltung und Korrektur. Falten Sie jede Decke einmal längs und dann exakt ziehharmonikaförmig, so daß aus jeder ein 10 bis 20 Zentimeter dickes und 25 bis 30 Zentimeter breites festes Polster entsteht. (Sie können statt dessen auch passende Yoga-Polster benutzen.) Legen Sie die Decken oder Polster kreuzweise übereinander.

Setzen Sie sich mit gebeugten Knien und fest nebeneinandergestellten Füßen vor das Ende der oberen Decke. Es ist wichtig, daß Sie sich mit den Armen abstützen, während Sie den Rumpf vorsichtig rückwärts auf die Decken gleiten lassen (Abb. **70**). Schultern und Hinterkopf sollen auf dem Boden liegen. Halten Sie die Knie gebeugt, während Sie sich in diese Position hinein zu entspannen beginnen (Abb. **71**). Beim Ausatmen lassen Sie dann die linke Ferse über den Boden vorgleiten, bis das Bein gestreckt ist (Abb. **72**). Registrieren Sie, wie sich diese Bewegung in Ihrem Kreuz anfühlt. Atmen Sie ein, und schieben Sie beim anschließenden Ausatmen das linke Bein in die Ausgangsposition zurück – Knie in Beugestellung, Fuß flach auf dem Boden.

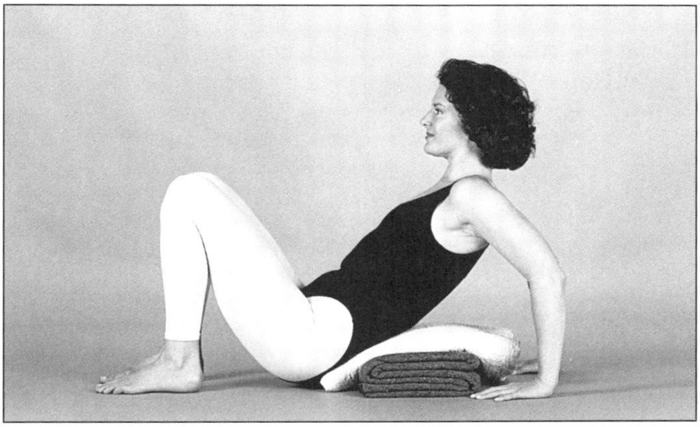

Abb. 70
Passive Brücke, Einnehmen der Haltung

Abb. 71
Passive Brücke, beide Knie gebeugt

Atmen Sie ein, und lassen Sie beim Ausatmen dann die rechte Ferse über den Boden vorgleiten, bis das Bein gestreckt ist. Beobachten Sie wieder, wie sich Ihr Kreuz dabei anfühlt. Achten Sie auf etwaige Seitenunterschiede. Führen Sie das Bein in die Ausgangsposition zurück; beide Knie sind nun gebeugt, die Füße ruhen nebeneinander auf dem Boden.

Atmen Sie ein und schieben Sie langsam die rechte Ferse vor. Liegt Ihr Kreuz bequem, schieben Sie langsam die linke Ferse vor, bis beide Beine gestreckt sind (Abb. **73**). Wenn Sie weiter ein angenehmes Gefühl im Kreuz haben, bleiben Sie eine bis drei Minuten so liegen. Andernfalls nehmen Sie wieder die Haltung mit gebeugten Knien ein. Heben Sie das Gesäß an, und dehnen Sie das Kreuz durch eine Beckenkippung in die Länge. Lassen Sie das Gesäß wieder auf die Unterlage sinken. Dann versuchen Sie erneut, beide Beine zu strecken. Fühlt sich der Kreuzbereich noch immer nicht behaglich an, nehmen Sie erneut die Haltung mit gebeugten Knien ein (Abb. **71**) und bleiben eine bis drei Minuten so liegen.

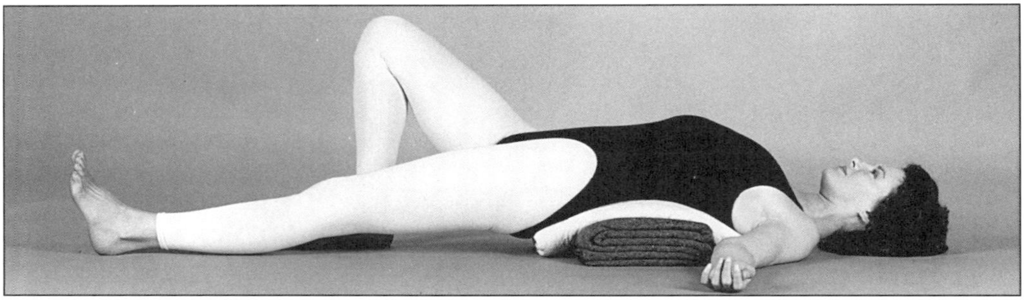

Abb. 72 Passive Brücke, ein Bein gestreckt

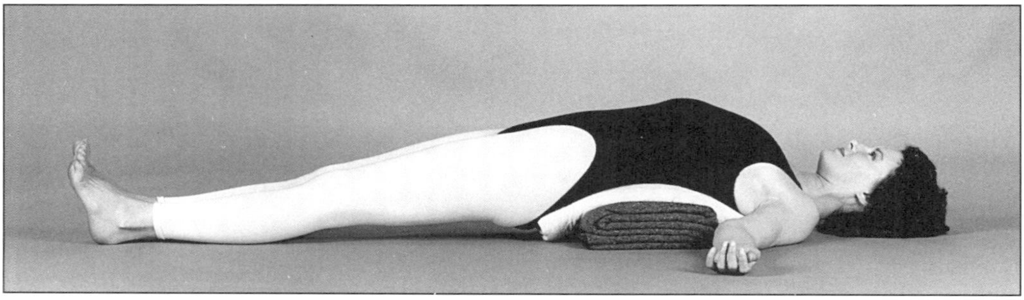

Abb. 73 Passive Brücke mit gestreckten Beinen

Falls Sie auch mit angewinkelten Knien nicht bequem liegen können, machen Sie einen Versuch mit weniger dicken Deckenpolstern.

Atmen und Visualisieren. Sie wenden die entspannende Atmung an. Denken Sie sich Ihre Wirbelsäule als einen sanft gewölbten Bogen über den Decken. Malen Sie sich im Geiste Ihre Wirbelsäule als schön geschwungene Brücke, deren Pfeiler an beiden Ufern eines Flusses mühelos Ihr Gewicht tragen.

Übungsziel. Diese Position bewirkt eine sanfte Dehnung der Pektoralismuskeln und bessert dadurch vorfallende Schultern. Die Nackenmuskeln werden gedehnt, desgleichen der Iliopsoas und Quadrizeps, die den Oberschenkel anziehen und für eine normale Lendenlordose sorgen.

Bei flachem Kreuz fördert diese Haltung eine Normalisierung der Lendenlordose. Besteht eine normale Lordose oder ein Hohlkreuz, dann verringert die Dehnung der Brust- und Hüftmuskeln die extreme Bewegungsbelastung der Lendenwirbelsäule durch steife Schulter- und Hüftgelenke. Die Längsdehnung der Muskeln an der Vorderseite der Oberschenkel und der Hüftbeuger (die am knöchernen Becken und an den Lendenwirbeln ansetzen) verhindert außerdem, daß das Becken und die Lendenwirbelsäule durch die genannten Muskeln übertrieben lordosiert werden.

Anmerkung

- *Unterlassen Sie diese Übung während der zweiten Hälfte der Schwangerschaft.*

Ungestützte Brücke

Hilfsmittel: exakt gefaltete Decke.

Einnehmen der Haltung und Korrektur. Variation 1. Sie liegen auf dem Rücken, die Knie sind angewinkelt, die Decke befindet sich unter Ihren Schultern. Stellen Sie die Füße parallel, die Fersen hüftbreit auseinander dicht am Gesäß. Die Oberschenkel sollen parallel gehalten, die Arme mit den Handflächen nach oben ausgebreitet werden.

Beim Ausatmen drücken Sie das Kreuz gegen den Boden, indem Sie die Bauchmuskeln zu Hilfe nehmen, um das Schambein in Richtung Brustbein zu ziehen, wobei das Becken kräftig gekippt wird. Diese Position behalten Sie während der folgenden Einatmung bei. Beim Ausatmen heben Sie dann langsam das Gesäß 15 bis 20 Zentimeter vom Boden, dabei bleibt die Atmung entspannt, die Augen sind halbgeschlossen (Abb. **74**). Drücken Sie weiter die Schultern und Ellbogen fest gegen den Boden. Üben Sie mit den Fußsohlen festen Druck auf den Boden aus, damit die Oberschenkel geschlossen bleiben. Der Neigung des Gewichts, sich zum äußeren Rand der Füße zu verschieben, begegnen Sie, indem Sie die Innenseite der Fersen gegen den Boden drücken. Weiten Sie Ihren Brustkorb, indem Sie das Brustbein so weit wie möglich zum Kopf hin heben. Die Knie sollen hüftbreit auseinanderstehen. Halten Sie Schultern, Kiefer und Gesicht entspannt.

Kehren Sie beim Ausatmen in die Ausgangsposition zurück. Während Sie die Hüften senken, soll das Schambein weiter zum Brustbein hin bewegt und das Gesäß in Richtung Kniekehlen geschoben werden. Wiederholen Sie die Übung drei- bis sechsmal.

Variation 2. Verzweifeln Sie nicht, wenn Sie Ihr Gesäß keine 15 oder 20 Zentimeter heben können. Konzentrieren Sie sich darauf, das Schambein zum Brustbein zu ziehen und die Füße fest auf den Boden zu pressen. Und dann heben Sie das Gesäß, so weit es geht, und sei es nur ein Zentimeter, Sie werden auch dann von der Haltung profitieren (Abb. **75**).

Abb. 74 Ungestützte Brücke, Variante 1

Abb. 75 Ungestützte Brücke, Variante 2

Anmerkung

- *Falls Sie eine Spondylolyse oder eine Spondylolisthese haben, üben Sie bitte nur die Variation 2, bei der Sie das Gesäß nicht mehr als 2,5 bis 7,5 Zentimeter vom Boden heben.*

Atmen und Visualisieren. Atmen Sie locker, ruhig und entspannt, und koordinieren Sie die Atmung mit der Haltung. Bewegen Sie sich nur beim Ausatmen. Halten Sie nicht den Atem an.

Denken Sie sich Ihre Wirbelsäule als eine dicke Perlenschnur, die eine gerade Linie bildet, wenn Sie das Kreuz gegen den Boden pressen. Stellen Sie sich vor, daß mit dem Heben des Gesäßes und des Kreuzbereichs eine Perle nach der anderen vom Boden abgerollt wird. Bei der Rückkehr in die Ausgangsposition lassen Sie im Geist die Perlen in umgekehrter Folge wieder auf den Boden rollen, also die zuletzt gelupfte zuerst und so weiter.

Übungsziel. Diese Haltung kräftigt die Gesäßmuskeln, die Muskeln an der Oberschenkelrückseite und die Bauchmuskeln. Sie dehnt die Hüftbeuger, korrigiert flache und verstärkte Lendenlordosen und bessert vorhängende Schultern.

Anmerkung

– *Unterlassen Sie diese Übung während der zweiten Hälfte der Schwangerschaft.*

Beinschere

Hilfsmittel: Nackenrolle, Kopfunterlage (bei Bedarf: Lendenunterlage, Deckenrolle).

Einnehmen der Haltung und Korrektur. Sie brauchen einen Platz, etwa einen Türrahmen, wo Sie ein Bein an der Wand hochlegen und das andere auf dem Boden ausstrecken können.

Setzen Sie sich mit der rechten Körperseite dicht vor die Wand. Dann begeben Sie sich, indem Sie den Rumpf mit den Armen abstützen, in Rückenlage und strecken das rechte Bein an der Wand hoch. Stützen Sie den Nacken und den Hinterkopf durch Nackenrolle und Kopfunterlage. Das linke Bein halten Sie gebeugt, die Fußsohle ruht auf dem Boden. Die Arme haben Sie locker ausgebreitet (Abb. **76**).

Jetzt legen Sie sich so mit dem Gesäß zurecht, daß das rechte Bein vollständig gestreckt wird und das Kreuz fest auf dem Boden ruht. Sollten Sie das rechte Knie nicht ganz durchdrücken können, schieben Sie Ihr Gesäß so weit von der Wand weg, bis Sie das rechte Bein strecken können und dabei eine angenehme Dehnung der ischiokruralen Muskeln spüren. Das Gefühl in den Muskeln an der Oberschenkelrückseite soll das einer Dehnung sein, nicht aber eine Schmerzempfindung durch Überanstrengung.

Sobald das Gesäß richtig plaziert ist, strecken Sie das linke Bein aus. Falls Ihnen das Kreuz wehtut, wenn das Bein auf dem Boden ausgestreckt ist, schieben Sie eine zusammengerollte Decke unter die Kniekehle, damit der verlängerte Rücken gut liegt (Abb. **77**). Üben Sie anschließend mit der anderen Seite. Jede Seite soll zwei bis fünf Minuten in der Position bleiben.

Für eine stärkere Belastung beugen Sie das Knie des erhobenen Beins und strecken dann das Bein, wobei Sie die Zehen zu sich heranziehen und die Ferse nach oben drücken. Dadurch wird die Dehnung verstärkt, übertreiben Sie aber nicht!

Atmen und Visualisieren. Sie wenden die entspannende Atmung an. Stellen Sie sich vor, daß alle Muskeln, in denen Sie eine Dehnung spüren, länger werden.

Übungsziel. Durch diese Übung dehnen Sie die ischiokruralen Muskeln des einen und die Hüftbeuger des anderen Beins.

Anmerkungen

- *Falls Sie ein flaches Kreuz haben, benutzen Sie Ihr Lendenpolster.*
- *Falls diese Position Ihre Ischias verschlimmert, versuchen Sie, Ihr Gesäß weiter von der Wand wegzuschieben. Wenn der Schmerz dadurch nicht beseitigt wird, brechen Sie die Übung ab und machen vier Wochen lang die Übungen im Stehen, die Sie im folgenden Kapitel („Dynamische Bewegungsübungen") finden. Erst danach versuchen Sie wieder die Beinschere.*
- *Diese Übung ist sehr wichtig, wenn Sie eine Skoliose, eine Spondylolyse oder eine Spondylolisthese haben.*
- *Unterlassen Sie diese Übung während der zweiten Hälfte der Schwangerschaft.*
- *Wenn Sie feststellen, daß die ischiokruralen Muskeln beidseits unterschiedlich geschmeidig sind, haben Sie möglicherweise eine Beckentorsion, weil die Muskeln an der Rückseite der Oberschenkel einen ungleichen Zug am Becken ausüben. Siehe hierzu Kapitel 8 „Schmerzen im Iliosakralgelenk und Ischias".*

Ausfall im Knien

Hilfsmittel: Stuhl; Matte oder Decke, um bequemer zu knien.

Einnehmen der Haltung und Korrektur. Sie knien sich hinter einen Stuhl. Stellen Sie den linken Fuß so vor sich, daß sich das Knie im rechten Winkel exakt über den Knöcheln befindet. Falls erforderlich, halten Sie sich an der Stuhllehne fest. Halten Sie den Rumpf gerade, die Ohren sollen eine Linie mit den Schultern bilden (Abb. **78**).

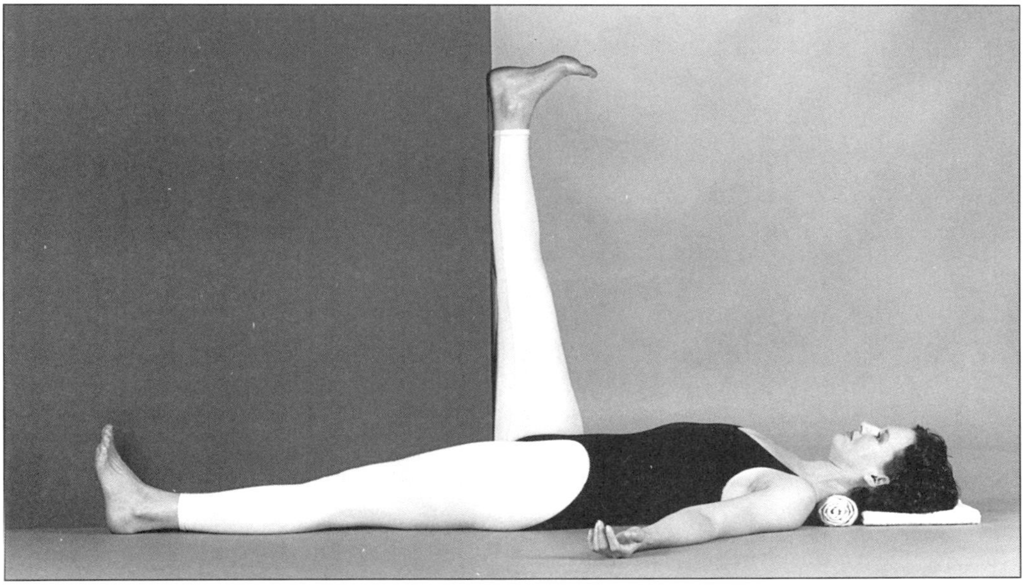

Abb. 76 Beinschere, ein Bein erhoben

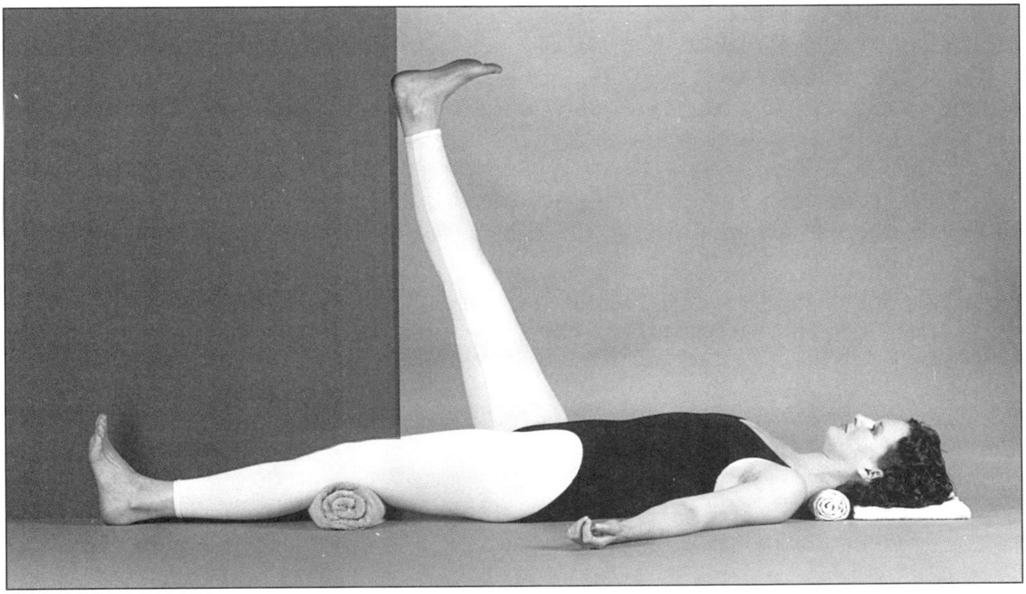

Abb. 77 Beinschere bei reduzierter Gelenkigkeit, ein Bein erhoben

Abb. 78
Ausfall im Knien, Ausgangsstellung

Jetzt atmen Sie tief in Bauch und Brustkorb ein. Beim Ausatmen heben Sie das Schambein in Richtung Brustbein und strecken das Steißbein, so daß Sie ein Ziehen in der rechten Leiste und in der Vorderseite des rechten Oberschenkels spüren (Abb. **79**). (Es ist die gleiche Beckenbewegung wie bei der Beckenkippung in Rückenlage, Abb. **63.**) Das Schambein soll angehoben bleiben, damit der Brustkorb nicht zusammensinkt. Lehnen Sie sich beim Einnehmen der Position nicht vor (Abb. **80**, unkorrekt); das Knie muß direkt über dem Knöchel stehen. Bleiben Sie mehrere Atemzüge lang in dieser Dehnungshaltung, damit die Muskulatur an der Vorderseite des Oberschenkels geschmeidig und länger wird.

Wiederholen Sie die Übung mit vorgestelltem rechtem Fuß, so daß Sie die Dehnung im Oberschenkel und in der Leiste links spüren. Üben Sie je Seite drei- bis fünfmal.

Übungsziel. Diese Haltung dehnt die Hüftflexoren (die vorne an den Lendenwirbeln und hinten am Beckenkamm ansetzen) und verringert dadurch den Zug dieser Muskeln an den Lendenwirbeln. Außerdem kräftigt sie die Bauchmuskulatur. Kräftigung der Bauchwand und Dehnung der Hüftbeuger sind sinnvoll bei normaler Lendenwirbelsäule sowie bei Hohlkreuz.

Anmerkungen

- *Falls Sie ein flaches Kreuz haben, üben Sie mit über den Kopf erhobenen Armen, um eine ausgeprägtere Lendenlordose zu begünstigen.*
- *Falls Sie eine Spondylolyse oder Spondylolisthese haben, sollten Sie diese*

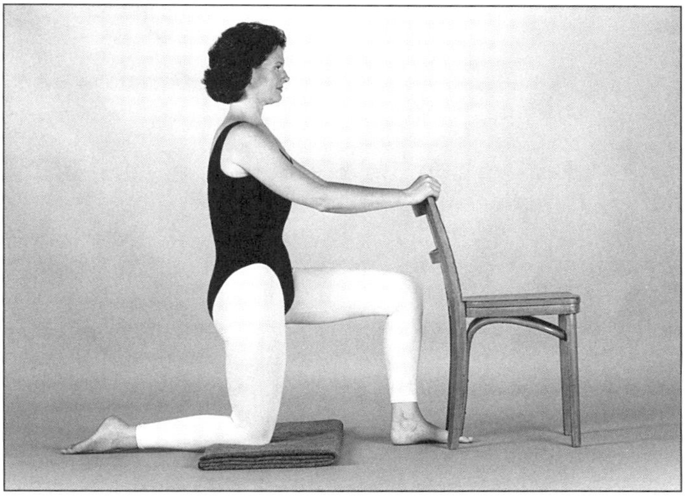

Abb. 79
Ausfall im Knien, das Schambein ist angehoben

Abb. 80
Ausfall im Knien, Haltung nicht korrekt

Haltung unbedingt beherrschen, denn sie reduziert die Neigung steifer Hüftflexoren, die Lendenwirbelsäule über das Kreuzbein nach vorne zu ziehen.

- *Während der gesamten Schwangerschaft ist diese Übung geeignet, Verspannungen im Kreuz zu lockern. Heben Sie dann aber nicht die Arme über den Kopf.*

Vierfüßerstand

Hilfsmittel: Kniepolster.

Einnehmen der Haltung und Korrektur. Sie knien und stützen sich auf die Handflächen. Die Knie sollen sich dabei exakt unter den Hüftgelenken, die Handgelenke unter den Schultern befinden (Abb. **81**). Legen Sie eine feste Decke unter die Knie, das ist bequemer. Heben Sie nicht den Kopf, sondern halten Sie Kopf und Kinn in bezug auf Nacken und Schultern so, als würden Sie stehen. Auch der untere Bereich des Rückens soll neutral ausgerichtet sein, also weder abgeflacht noch übertrieben lordosiert. (Sie finden die richtige Haltung heraus, indem Sie erst einen Buckel und dann ein deutliches Hohlkreuz machen: die korrekte Haltung liegt genau dazwischen.)

Variation 1. Beim Ausatmen heben Sie einen Arm, strecken ihn vor, halten ihn so während mehrerer Atemzüge (Abb. **82**) und senken ihn wieder. Achten Sie darauf, daß die Schultern von den Ohren weg bewegt werden. Damit die Lendenregion nicht zu stark lordosiert wird, bemühen Sie sich, die unteren vorderen Rippen in Richtung auf den Rücken und das Schambein zum Nabel hin zu bewegen und die Gesäßbacken in Richtung Kniekehlen zu schieben. Gelingt es Ihnen nicht, das Hohlkreuz zu vermeiden, halten Sie den Arm etwas tiefer. Falls das Schultergelenk durch das Vorstrecken des erhobenen Arms gereizt wird, versuchen Sie, den Arm seitlich zu heben. Sollten die Schultern wehtun, üben Sie weniger oft und kürzer, und bauen Sie die Übung langsamer auf. Machen Sie die Übung auch mit der anderen Seite.

Variation 2. Beim Ausatmen strecken Sie ein Bein und heben es dann, ohne ein Hohlkreuz zu machen (Abb. **83**). Halten Sie das erhobene Bein aktiv hoch, indem Sie es in der Ferse strecken. Lassen Sie das Bein einige Atemzüge lang erhoben und dann sinken. Falls das Heben des gestreckten Beines Rückenschmerzen auslöst, lassen Sie das Knie gebeugt und heben das Bein nur ein paar Zentimeter vom Boden hoch. Üben Sie auch mit dem anderen Bein.

Machen Sie mehrere Übungsdurchgänge mit den Variationen 1 und 2. In dem Maß, wie im Lauf einiger Monate Ihre Muskelkraft zunimmt, steigern Sie allmählich die Dauer der einzelnen Positionen und die Anzahl der Wiederholungen.

Atmen und Visualisieren. Lassen Sie Ihren Atem ruhig und unverkrampft strömen. Halten Sie nicht die Luft an. Spüren Sie, wie Ihre Rückenmuskeln aktiviert werden, während Sie die Gliedmaßen heben. Sehen Sie im Geist, wie Ihre Rückenstrecker kräftiger werden.

Abb. 81 Vierfüßerstand, Ausgangsstellung

Abb. 82 Vierfüßerstand, Variante 1

Übungsziel. Das Heben der Arme und der Beine kräftigt die Muskeln beidseits der Wirbelsäule. Die Gesäßmuskeln werden stärker, was dem Becken besseren Halt gibt und den Beinen mehr Kraft beim richtigen Heben. Ebenso werden die Muskeln gekräftigt, die die Schulterblätter stabilisieren und vorhängenden Schultern entgegenwirken. Außerdem macht Ihnen die Position Ihre Lendenlordose bewußt und trägt dazu bei, sie zu korrigieren.

Abb. 83 Vierfüßerstand, Variante 2

Anmerkungen

- *Bei Spondylolyse und Spondylolisthese vermeiden Sie unbedingt, die Lendenwirbelsäule zu stark zu lordosieren. (Üben Sie vor einem Spiegel oder lassen Sie einen Helfer kontrollieren, ob Sie ein Hohlkreuz machen.)*
- *Falls Sie Ihre Lendenlordose nicht kontrollieren können, unterlassen Sie diese Übung zunächst und erarbeiten sich die vorhergehenden, die Ihre Bauchmuskeln kräftigen und die korrekte Ausrichtung der Lendenwirbel und des Beckens bewirken. Den Vierfüßerstand üben Sie erst in ein paar Monaten wieder.*

Bergstellung

Hilfsmittel: Rutschsichere Unterlage oder Matte.

Einnehmen der Haltung und Korrektur. Stellen Sie sich barfuß hin, die Füße sollen parallel in einem Abstand von etwa 12 Zentimetern direkt unter den Hüftgelenken stehen (Abb. **84**). Spreizen Sie die Zehen, so daß Sie die Zehenzwischenräume sehen können. Zeigen die Großzehen nach außen anstatt geradeaus, gehen Sie in die Knie, beugen sich nieder und schieben Sie in die Mittellinie, so daß sie korrekt ausgerichtet sind. Tun Sie dies jedes Mal, wenn Sie die Berghaltung üben, auch wenn die Großzehen dann nicht in der gewünschten Stellung bleiben.

Während Sie aufrecht dastehen, machen Sie sich die Verteilung Ihres Körpergewichts auf den Fußsohlen bewußt. Ist ein Fuß stärker belastet als der andere? Liegt das Gewicht mehr auf den Fersen oder auf den Ballen? Das Gewicht sollte gleich stark auf beiden Füßen ruhen und sich gleichmäßig zwischen Fersen und Fußballen verteilen.

Lockern Sie die Zehen, falls sie sich in den Boden krallen wollen. Wenn sie klauen- oder hammerartig verformt sind, üben Sie, die Zehen vom Boden zu heben.

Falls Sie Plattfüße haben, verlagern Sie Ihr Gewicht etwas zur Außenseite der kleinen Zehen hin, damit das Fußgewölbe plastischer erscheint. Dabei müssen Sie jedoch darauf achten, daß die Basis der Großzehen sich nicht vom Boden hebt.

Falls Sie einen hohen Spann haben, drücken Sie die Unterseite der Großzehen und die Innenseite der Ferse so fest gegen den Boden wie die Außenkante der Füße.

Aktivieren der Beine. Sie müssen die Muskeln oberhalb und unterhalb des Knies aktivieren lernen, ist dies doch ein entscheidender Schritt zur Erlangung der nötigen Kraft und Stabilität in Beinen und Gesäß, damit der Rücken im Alltag und bei besonderen Belastungen gestützt ist. Eben diese Wirkung wird auch bei den anderen Yoga-Haltungen im Stehen genutzt, um Kraft und Stabilität auszubilden. Das Anspannen der Beinmuskeln trägt auch dazu bei, verschiedene Kniefehlstellungen, wie z.B. Hyperextension, X-Beine und funktionelle O-Beine, zu korrigieren.

Um die Beine zu aktivieren, stellen Sie sich so, daß die Mittelachsen Ihrer Füße (imaginäre Linie vom zweiten Zwischenzehenraum bis zur Ferse) parallel sind. Während Sie den Oberkörper aufrecht halten (strecken Sie sich vom Scheitelpunkt des Kopfes aus in die Länge), beugen Sie die Knie, so daß sie über die Mittelachse der Füße hinaus gelangen (Abb.**85**). Die Knie dürfen weder zusammengepreßt werden noch auseinanderklaffen. Die Lendenlordose darf nicht deutlicher werden.

Atmen Sie ein und beginnen Sie beim Ausatmen langsam, die Beine zu strecken, indem Sie die Füße in den Boden stemmen, während Sie die Knie durchdrücken. Auch jetzt schieben Sie die Knie weder zusammen noch auseinander, sondern bewegen sie parallel zueinander. Stellen Sie sich vor, jemand drückte Ihnen gegen die Kniekehlen, um Sie daran zu hindern, die Knie geradezustrecken. Achten Sie darauf, die Knie nicht zu überstrecken; die Extension des Kniegelenks muß dann aufhören, wenn eine normale Streckhaltung erreicht ist. (Ein Freund oder ein Spiegel in Reichweite kann nützlich sein, um Ihnen die exakte Stellung

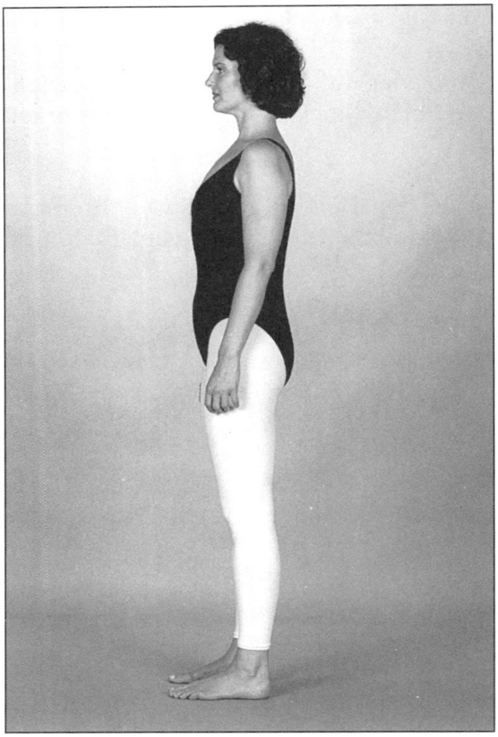

Abb. 84 Bergstellung

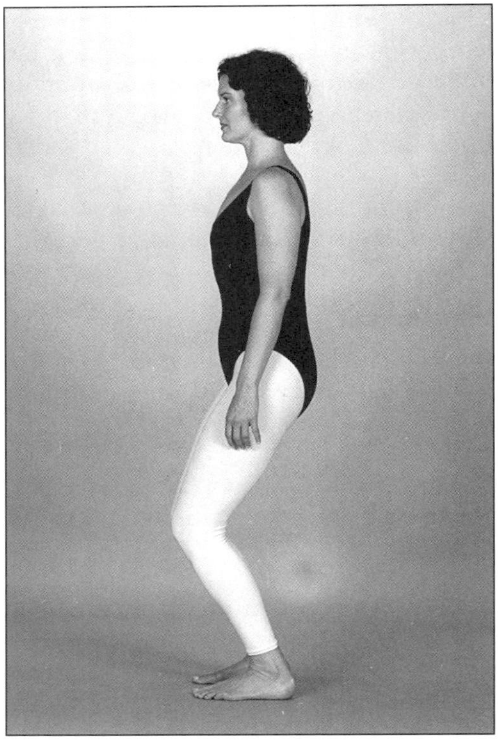

Abb. 85 Bergstellung, Aktivierung der Beine

der Knie zu zeigen. Die meisten Menschen, die gewohnheitsmäßig eine überstreckte Kniehaltung haben, empfinden die normale gestreckte Haltung der Beine als gebeugte Knie.)

Entwickeln Sie ein Gespür für die Muskeln, die in Ihren Unterschenkeln und Oberschenkeln aktiv sind, wenn Sie die Beine strecken. Sobald die gestreckte Beinhaltung erreicht ist, halten Sie diese Muskelaktivität, indem Sie die Beinmuskeln dreißig bis sechzig Sekunden anspannen. Derweil überprüfen Sie Ihre Balance und Haltung, indem Sie sich darauf konzentrieren, Ihr Gewicht gleichmäßig auf die Fußsohlen zu verteilen und Ihren Rücken vom Scheitelpunkt des Kopfes aus in die Länge zu ziehen, ohne das Kinn zu erheben. Beachten Sie, daß beide Beine aktiv und gestreckt, aber die Knie nicht geschlossen sind. Machen Sie diese Übung im Stehen tagsüber immer mal zwischendurch sowie auch während Ihres gewohnten Trainings.

Atmen und Visualisieren. Spüren Sie den Einfluß der Schwerkraft auf Ihre Füße, und denken Sie sich mit der Erde verbunden. Stellen Sie sich vor, daß Sie ein Berg sind mit einer breiten, festen Basis und einem stolzen Gipfel, der in die Wolken ragt. Und denken Sie sich als starken, hochragenden Baum mit tiefen Wurzeln und einer Krone aus Ästen und Blattwerk, die sich der Sonne entgegenstreckt. Lassen Sie zu, daß Sie sich größer fühlen, als Sie zu sein glauben.

Atmen Sie locker und entspannt. Fühlen Sie, wie Ihr Berg oder Baum mit jeder Einatmung größer wird. Und mit jeder Ausatmung freuen Sie sich über Ihre neue Größe.

Übungsziel. Diese lächerlich einfache Haltung im Stehen ist die Grundlage der Rückengesundung durch Yoga. Sie trainiert die für die Gesundheit des Rückens unerläßliche Wahrnehmung der Körperhaltung, die richtige Beckenstellung und die Kraft der Beine. Aus dieser Grundposition heraus werden Sie Balance und korrekte Haltung erlernen und zu den schwierigeren und anstrengenderen (in Kapitel 7 beschriebenen) Stellungen im Stehen übergehen, die dazu beitragen, die Kraft im Rücken, in Beinen und Bauch zu entwickeln, die dem Rücken Halt gibt.

Die Bergstellung und die anderen Haltungen im Stehen melden in der Körpersprache auch Signale der inneren Stärke: daß Sie fähig sind, auf eigenen Füßen zu stehen, und daß Sie sich etwas Gutes tun.

Rumpfdrehung im Stehen

Hilfsmittel: solider Stuhl, rutschsicherer Boden.

Einnehmen der Haltung und Korrektur. Stellen Sie einen soliden Stuhl auf eine rutschfeste Unterlage vor eine Wand. Stellen Sie sich so vor den Stuhl, daß Ihre linke Körperseite sich dicht an der Wand befindet. Jetzt gehen Sie in die Bergstellung: Die Beine sind dabei aktiviert, Ihr Gewicht ist gleichmäßig auf die Fußsohlen verteilt, und Sie stellen sich vor, wie Ihr Körper sich vom Scheitelpunkt des Kopfes aus nach oben streckt. Sie verlagern nun langsam Ihr Gewicht auf den rechten Fuß und stellen den linken Fuß auf den Stuhlsitz, so daß das Knie einen rechten Winkel bildet (Abb. **86**). Kontrollieren Sie Ihre Lendenlordose: sie darf in dieser Haltung weder verstärkt noch abgeflacht sein.

Jetzt atmen Sie ein, und beim Ausatmen beginnen Sie, Ihren Rumpf langsam zur Wand hin zu drehen. Während der Drehung strecken Sie sich vom Scheitelpunkt des Kopfes weiter in die Höhe. Das rechte Bein bleibt aktiviert. Der Brustkorb darf nicht zusammensinken. Die Kiefer- und Nackenmuskeln sind entspannt, das Kinn ist erhoben. Die Bewegung soll aus dem Ende der Wirbelsäule und aus dem Bauch heraus erfolgen. Kopf und Nacken machen die Drehbewegung des Rumpfes mit; auf keinen Fall dürfen Sie erst Kopf und Nacken und dann den Rumpf bewegen.

Die Drehung und die Aufwärtsbewegung koordinieren Sie folgendermaßen mit der Atmung: Bei einer Ein- und Ausatmung stehen Sie ruhig und konzentrieren sich darauf, daß Ihre Füße festen Kontakt mit dem Boden bzw. dem Stuhlsitz haben und daß Sie sich im Scheitelpunkt des Kopfes emporstrecken. Während der nächsten Einatmung lockern Sie die Kiefer- und Nackenmuskeln und drehen den Rumpf bei der Ausatmung etwas weiter. Fahren Sie auf diese Weise fort, und drehen Sie den Rumpf nur bei jeder Ausatmung ein bißchen weiter. Machen Sie niemals eine heftige Drehung.

Ist die maximale Drehung erreicht, legen Sie zur Stabilisierung der Haltung die Handflächen gegen die Wand (Abb. **87**). Bleiben Sie einige Atemzüge lang so stehen, und drehen Sie sich dann langsam und unverkrampft zurück. Vergleichen Sie die Empfindungen, die Sie auf der rechten und linken Seite der Wirbelsäule wahrnehmen. Wiederholen Sie die Übung mit der anderen Seite. Üben Sie mit jeder Seite drei- bis sechsmal.

Atmen und Visualisieren. Die Atmung soll entspannt und gut mit der Drehbewegung koordiniert sein. Denken Sie sich Ihre Wirbelsäule als Spiralfeder, die mit jeder Ausatmung weiter auseinandergezogen, dadurch länger wird und sich um die eigene Achse dreht.

Übungsziel. Diese Übung kräftigt und dehnt die Wirbeldreher (Mm. rotatores) und die Bauchmuskeln. Sie kräftigt außerdem die Beine, das Gesäß und die obere Rückenpartie.

Anmerkungen

- *Wenn Sie keine oder kaum eine Dehnung im Standbein oder in der Pobacke des erhobenen Beins spüren, versuchen Sie, einen etwas höheren Stuhl oder Hocker zu benutzen.*
- *Unterlassen Sie diese Übung während der zweiten Hälfte der Schwangerschaft.*
- *Die Übung ist sehr nützlich bei Spondylolyse oder Spondylolisthese. Achten Sie vor der Drehung darauf, daß Ihr Rücken kein Hohlkreuz bildet.*

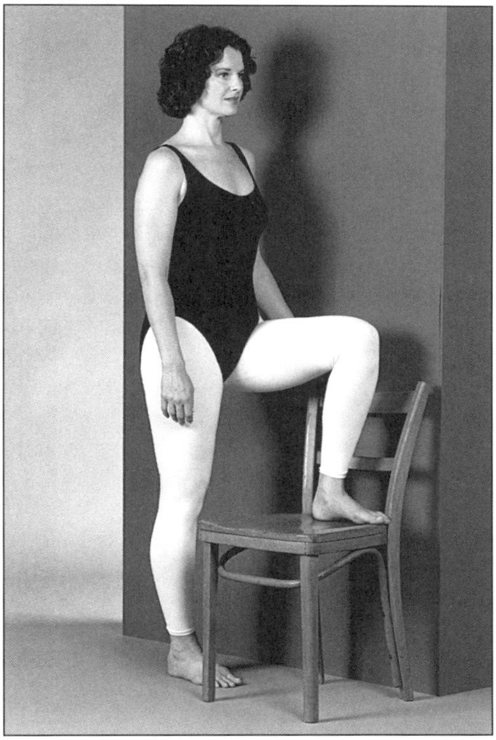

Abb. 86
Rumpfdrehung im Stehen, Ausgangsposition

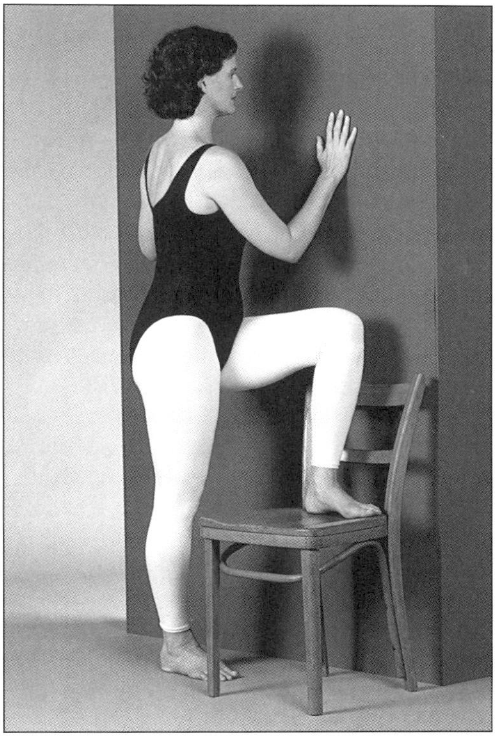

Abb. 87
Rumpfdrehung im Stehen, Endposition

Übungsvorschläge

Zehn-Minuten-Programm

1. Beckenkippung in Rückenlage, viermal (Abb. **63**)
2. Oberkörper aufrichten, viermal (Abb. **64** bis **66**)
3. Bergstellung, mit Aktivierung der Beinmuskeln, 1 Minute (Abb. **84, 85**)
4. Ausfall im Knien, zweimal (Abb. **78, 79**)
5. Krokodildrehung, zweimal (Abb. **69**)
6. Embryohaltung in Rückenlage, 1 Minute (Abb. **57**)
7. Embryohaltung zum Abschluß (Abb. **58**)

Zwanzig-Minuten-Programm

1. Oberkörper aufrichten, viermal (Abb. **64** bis **66**)
2. Beinschere, ein Bein erhoben; jede Seite 2 Minuten (Abb. **76**)
3. Bergstellung, mit Aktivierung der Beinmuskeln, 1 Minute (Abb. **84, 85**)
4. Ausfall im Knien, zweimal, 2 Minuten (Abb. **78,79**)
5. Hüftdrehung in Rückenlage, Variation 1, jede Seite 30 Sekunden (Abb. **67**)
6. Hüftdrehung in Rückenlage, Variation 2, je Seite dreimal (Abb. **68**)
7. Rumpfdrehung im Stehen, zweimal (Abb. **86, 87**)
8. Passive Brücke, 1 Minute (Abb. **70** bis **73**)
9. Ungestützte Brücke, zweimal (Abb. **74, 75**)
10. Vierfüßerstand, Variation 1, zweimal (Abb. **82**)
11. Vierfüßerstand, Variation 2, zweimal (Abb. **83**)
12. Embryohaltung in Rückenlage, 2 Minuten (Abb. **57**)
13. Rückenlage mit hochgelagerten Unterschenkeln, 2 Minuten (Abb. **54**)

Dreißig-Minuten-Programm

1. Beckenkippung in Rückenlage, viermal (Abb. **63**)
2. Oberkörper aufrichten, viermal (Abb. **64** bis **66**)
3. Beinschere, ein Bein erhoben, jede Seite 2 Minuten (Abb.**76**)
4. Bergstellung, mit Aktivierung der Beine, 1 Minute (Abb. **84, 85**)
5. Ausfall im Knien, zweimal (Abb. **78, 79**)
6. Hüftdrehung in Rückenlage, Variation 1, zweimal (Abb. **67**)
7. Hüftdrehung in Rückenlage, Variation 2, zweimal (Abb. **68**)
8. Krokodildrehung, zweimal (Abb. **69**)
9. Rumpfdrehung im Stehen, dreimal (Abb. **86, 87**)
10. Passive Brücke, 1 Minute (Abb. **70** bis **73**)
11. Ungestützte Brücke, dreimal (Abb. **74, 75**)
12. Vierfüßerstand, Variation 1, zweimal (Abb. **82**)
13. Vierfüßerstand, Variation 2, zweimal (Abb. **83**)
14. Embryohaltung in Rückenlage, 1 Minute (Abb. **57**)
15. Embryohaltung, 1 Minute (Abb. **58**)
16. Rückenlage mit hochgelagerten Unterschenkeln, zum Abschluß (Abb. **54**)

7 Dynamische Bewegungsübungen

Sobald Ihnen die statischen Grundübungen vertraut sind und Sie diese ohne Schmerzen ausführen können, dürfen Sie nach und nach die dynamischen Bewegungsübungen erlernen. Auch diese etwas anstrengenderen Übungen fördern den Genesungsprozeß, indem sie auf Fähigkeiten, die Sie in den vorausgegangenen Kapiteln erworben haben – nämlich Kraft und Gelenkigkeit sowie Haltungskorrektur –, aufbauen.

Nur alle zwei oder drei Wochen sollten Sie eine neue Yoga-Übung dazulernen, damit Sie Zeit haben, die Wirkungen und Anforderungen jeder weiteren Position zu beurteilen. Würden Sie mehrere neue Positionen auf einmal lernen und Ihre Beschwerden kehrten wieder, dann könnten Sie kaum ausmachen, welche Position Ihr Problem verursacht. Haben Sie aber nur eine neue Position geübt, dann ist klar, wo Sie achtgeben und verstärkt kontrollieren müssen.

Jede Position trägt dazu bei, die Muskelkraft und -geschmeidigkeit zu fördern, so daß auch die Haltung im Alltag verbessert wird. Sämtliche an der Haltung beteiligten großen Muskelgruppen werden gekräftigt und alle Asymmetrien ausgeglichen. Die neuromuskuläre Koordination wird verbessert und verstärkt.

Alle diese Faktoren wirken zusammen und verringern die Gefahren beim Heben, Aufstehen, Hinsetzen und -legen und mindern das Risiko, daß man hinfällt und/oder sich verletzt. Mit zunehmender Erfahrung werden Sie ein gesteigertes Gefühl der Kraft und Selbstbestimmung erwerben, denn die Positionen vermitteln Ihrem innersten Selbst Stärke, Ausgeglichenheit und Selbstwertgefühl.

Anmerkung

- *Alle in diesem Kapitel demonstrierten Positionen im Stehen dürfen, solange sie als angenehm empfunden werden, von Beginn bis Ende einer Schwangerschaft geübt werden. Kraft, Ausdauer und Geschmeidigkeit, die Sie dabei erwerben, erleichtern nicht nur die Geburt, sondern auch die Betreuung des Babys. Gegen Ende der Schwangerschaft können Sie, wenn Sie es für richtig halten, die Anzahl und Dauer der Übungen verringern.*

Tips für die Füße bei den Positionen im Stehen. Die richtige Fußstellung und Aktivierung der Beinmuskeln bei den Positionen im Stehen bietet eine ausgezeichnete Gelegenheit, eine falsche Ausrichtung der Fuß- und Kniegelenke zu korrigieren. Bevor Sie zu üben beginnen, machen Sie sich die korrekte Grundstellung bewußt. Während Ihre Füße parallel nebeneinander stehen, konzentrieren Sie sich auf den Schwerpunkt Ihres Körpers: Ihr Gewicht darf weder stärker auf dem rechten oder linken Fuß noch auf den Zehen oder Fersen lasten, sondern der Schwerpunkt soll gleichmäßig knapp vor den beiden Fußgelenken liegen.

Wenn Ihre Zehengelenke während der Übungen im Stehen weiß sind oder bei Krallen- oder Hammerzehen, müssen Sie sich konsequent bemühen, sie zu lockern. Verteilen Sie Ihr Gewicht gleichmäßig auf die Fußsohlen, dann ist es leichter, die Zehen nicht in den Boden zu krallen. Falls es Ihnen nicht gelingt, die Zehen zu entspannen, versuchen Sie, sie vom Boden wegzuspreizen, ohne die Fußballen zu heben.

Achten Sie während der Übungen im Stehen darauf, daß die Beinmuskeln richtig aktiviert werden, so daß die Knie gestreckt, aber nicht geschlossen sind. Um sich ins Gedächtnis zu rufen, wie die Beine zu aktivieren sind, üben Sie erneut die Bergstellung (Kapitel 6).

Bei Plattfüßen. Falls Sie zu Plattfüßen neigen, arbeiten Sie dieser Tendenz entgegen, indem Sie gezielt die Innenknöchel anheben, damit sich Ihr Gewicht stärker zu den Außenkanten der Füße verlagert. Dabei darf jedoch der Großzeh nicht die Bodenhaftung verlieren. Beachten Sie, daß Ihre Knie in X-Bein-Stellung geraten, wenn Sie Ihre Füße in der gewohnten Plattfußstellung lassen. Bedenken Sie außerdem, daß Ihre Knie bei korrekter Ausrichtung der Füße ebenfalls eine anatomisch günstigere Gelenkstellung aufweisen.

Bei Spreizfüßen. Wenn Ihr Fuß stark gewölbt ist und Ihr Gewicht gewohnheitsmäßig auf den Außenseiten der Fußsohlen ruht, widerstehen Sie dieser Tendenz. Stemmen Sie sich mit den Fersen und den Großzehenballen fest gegen den Boden. Beachten Sie, wie sich dadurch die Ausrichtung der Knie ändert: Anstatt nach außen zu stehen, werden die Knie stabiler ausgerichtet und befinden sich dann unmittelbar über dem Schwerpunkt der Füße.

Dreieckstellung

Hilfsmittel: solider Tisch, Geländer, Küchentresen; rutschfester Boden.

Einnehmen der Haltung und Korrektur. Zunächst üben Sie die Dreieckstellung, indem Sie sich eines soliden Tisches, Geländers oder Küchentresens als Halt bedienen. Um Stürze zu vermeiden und um Ihre Standsicherheit zu verbessern, üben Sie auf rutschfestem Boden oder auf einer rutschfesten Yoga-Matte.

Stellen Sie sich in Berghaltung (Abb.**84**) mit dem Rücken vor den Tisch. Aktivieren Sie die Beine. Grätschen Sie die Beine, so daß die Füße parallel im

Abb. 88
Dreieckstellung, Füße in Ausgangsposition

Abb. 89
Dreieckstellung, Füße in Endposition

Abstand von etwa 100 bis 120 cm stehen (Abb. **88**). Während Sie normal atmen, drehen Sie den linken Fuß nach innen und den rechten nach außen, bis der rechte Fuß einen Winkel von 90 Grad und der linke einen Winkel von 15 Grad zur ursprünglichen Grundposition bildet. Die Zehen beider Füße sollen nach rechts zeigen, die rechte Ferse soll in einer gedachten Gerade die Mitte des linken Fußgewölbes schneiden. Falls Sie nicht frei stehen können, legen Sie Ihre Handflächen auf den Tisch; ansonsten breiten Sie die Arme aus und strecken sie bis in die Fingerspitzen (Abb. **89**).

Nun aktivieren Sie einatmend wieder die Beinmuskeln, indem Sie die Fersen gegen den Boden drücken. Beim Ausatmen strecken Sie Ihre Wirbelsäule und machen sich dabei möglichst lang, ohne das Kinn oder die Schultern zu heben. Atmen Sie ein, und neigen Sie sich dann beim Ausatmen aus dem Hüftgelenk nach rechts, so daß sich der Rumpf insgesamt zum rechten Bein hinbeugt. Beugen Sie sich nicht aus der Taille heraus (Abb. **90**, unkorrekt). Atmen Sie normal weiter. Um Rücken und Rumpf zu unterstützen, darf die rechte Hand oder der rechte Unterarm auf dem Tisch ruhen. Die linke Hand legen Sie an die linke Hüfte. Bleiben Sie einen bis drei Atemzüge in dieser Position, und halten Sie die Beinmuskeln angespannt, Nacken und Schultern hingegen entspannt (Abb. **91**).

Einatmend lösen Sie die Position auf, indem Sie beide Füße in den Boden stemmen und Hand oder Unterarm rechts gegen die Tischplatte drücken. Strecken Sie die linke Hand empor, und richten Sie dabei den Rumpf auf (Abb. **92**). Dann drehen Sie die Füße geradeaus. Jetzt pausieren Sie kurz, um die Wirkungen dieser Stellung wahrzunehmen.

Jetzt wiederholen Sie die Bewegungsfolge nach der anderen Seite.

Üben Sie die Dreieckstellung in den ersten paar Monaten je ein bis dreimal nach jeder Seite und steigern Sie sich allmählich bis zu sechsmal im Verlauf von sechs bis acht Monaten. Je besser Sie die Position beherrschen, desto weniger sind Sie auf den Tisch als Hilfsmittel angewiesen (Abb. **93**). Atmen und Visualisieren. Atmen Sie mit dem gesamten Rumpf. Machen Sie sich die Kraft und Standfestigkeit Ihrer Beine bewußt. Stellen Sie sich vor, daß aus Ihren Füßen Wurzeln zur Mitte der Erdkugel sprießen und Sie in Ihrer Position fest verankern. Stellen Sie sich bildlich vor, daß Ihre Wirbelsäule mit jedem Atemzug länger wird, wie ein Zweig, der aus der Erde emporwächst.

Übungsziel. Die Dreieckstellung kräftigt alle stabilisierenden Muskeln der Füße, der Beine, der Hüften und des Rückens, speziell der paravertebralen Muskeln und der Bauchmuskeln. Sind die paravertebralen Muskeln oder die ischiokrurale Muskelgruppe einseitig verspannt, kann die Dreieckstellung diese Unterschiede ausgleichen helfen, indem sie die kürzere Seite ganz allmählich in die Länge dehnt.

Abb. 90
Dreieckstellung, unkorrekt

Abb. 91
Dreieckstellung, Endposition mit Tisch als Hilfsmittel (erleichtert die seitliche Beugung)

Abb. 92
Dreieckstellung, Auflösen der Position

Anmerkung

– *Sollte die Dreieckstellung Ihnen Schmerzen oder sonstige Probleme bereiten, versuchen Sie die gedrehte Dreieckstellung (Abb.* ***97****) und die weite Heldenstellung (Abb.* ***110****). Eine von beiden dürfte Ihnen deutlich leichter fallen, und diese üben Sie dann ein paar Monate lang, bevor Sie erneut die Dreieckstellung üben.*

Gedrehte Dreieckstellung

Hilfsmittel: stabiler Tisch, Geländer oder Küchentresen; gleitsichere Matte.

Abb. 93
Dreieckstellung, Endposition ohne Hilfsmittel

Einnehmen der Haltung und Korrektur. Die Ausgangsposition der Beine entspricht der, die ich bereits bei der Dreieckstellung beschrieben habe. Sie nehmen also die Bergstellung ein, mit dem Rücken zum Tisch, die Beinmuskeln sind angespannt. Sie atmen ein und stellen dabei die Füße in 100 bis 120 cm Distanz parallel zueinander (Abb. **94**). Atmen Sie aus und aktivieren Sie die Beinmuskeln. Atmen Sie ein und breiten Sie dabei die Arme seitlich aus. Beim Ausatmen drehen Sie den linken Fuß einwärts und den rechten nach außen, die rechte Ferse steht dabei in einer Linie quer zum Gewölbe des linken Fußes (Abb. **95**). Halten Sie die Beinmuskeln angespannt, indem Sie die Fersen beharrlich gegen den Boden drücken.

Atmen Sie ein, und drehen Sie beim Ausatmen die Hüften so, daß der Rumpf in die gleiche Richtung zeigt wie das rechte Bein (Abb. **96**). Atmen Sie ein

Abb. 94
Gedrehte Dreieckstellung, Füße in Ausgangsposition

Abb. 95
Gedrehte Dreieckstellung, Füße in Endposition

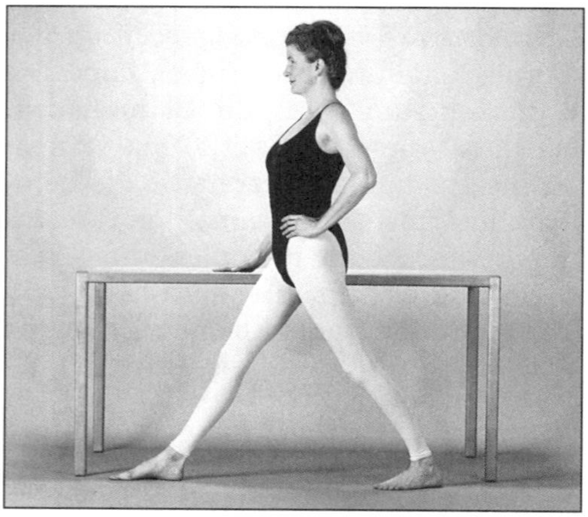

Abb. 96
Gedrehte Dreieckstellung, Rumpf dreht

Abb. 97
Gedrehte Dreieckstellung,
Endposition

Abb. 98
Dreieckstellung mit
Rumpfdrehung, unkorrekt

und dehnen Sie dabei die Wirbelsäule. Beim Ausatmen beugen Sie sich aus den Hüften (nicht aus der Taille!) vor und unterstützen diese Bewegung, indem Sie beide Hände auf dem Tisch ruhen lassen. Drehen Sie den Rumpf weiter, bis er dem Tisch gegenübersteht; der Rumpf wird dabei im ganzen um die Achse der Wirbelsäule gedreht (Abb. **97**). Während der Rumpf sich in die Länge zieht, spüren Sie, wie der Bauch sich von links nach rechts schiebt. Wahrscheinlich hebt sich die linke Ferse etwas vom Boden – das ist in Ordnung. Verzerren Sie nicht die korrekte Ausrichtung der Wirbelsäule, indem Sie sich aus der Taille vorneigen oder einen Buckel machen (Abb. **98**, unkorrekt).

Bleiben Sie einen bis drei Atemzüge lang in dieser Haltung, stemmen Sie dabei die Fersen in den Boden und strecken Sie die Wirbelsäule. Lassen Sie den Unterkiefer locker und atmen Sie ruhig und entspannt.

Lösen Sie die Position einatmend auf, indem Sie beide Arme und Beine nach unten drücken. Halten Sie kurz ein, um die Wirkungen der Position zu spüren. Dann wiederholen Sie die Übung nach der anderen Seite.

Üben Sie diese Haltung zunächst nach jeder Seite ein- bis dreimal während jeweils einem bis drei Atemzügen. Steigern Sie bis zu sechs Übungsfolgen im Laufe von sechs bis acht Monaten. Je besser Sie die Position beherrschen, desto weniger benötigen Sie den Tisch als Hilfsmittel.

Atmen und Visualisieren. Stellen Sie sich vor, daß Wurzeln ihre Fußsohlen sicher im Boden verankern. Sehen Sie vor sich, wie die Standfestigkeit Ihrer Füße und Beine ermöglicht, daß Ihre Wirbelsäule sich dehnt, während Sie die totale Rumpfatmung anwenden. Lassen Sie Ihren Rumpf mit jedem Atemzug von einem Gefühl der Schwerelosigkeit durchdringen. Lassen Sie beim Ausatmen alle Schwere und Steifheit aus Ihrem Körper weichen.

Übungsziel. Die Dehnung, Kräftigung, Stabilisierung und Balance, die durch diese Übung erzielt werden, entsprechen den für die Dreieckstellung beschriebenen Wirkungen. Das Arbeiten in der gedrehten Dreieckstellung bewirkt eine zusätzliche Dehnung und Kräftigung der kleinen Wirbeldreher und der Muskeln an der Außenseite der Hüften und der Oberschenkel.

Halbmondstellung

Hilfsmittel: solider Tisch, stabiles Geländer oder Küchentresen; rutschfester Boden.

Einnehmen der Haltung und Korrektur. Diese Balance-Übung beginnt mit der Dreieckstellung. Stellen Sie sich in Berghaltung mit dem Rücken vor einen soliden Tisch, ein stabiles Geländer oder einen Küchentresen. Aktivieren Sie die Beine, indem Sie die Fersen fest gegen den Boden drücken. Während Sie einatmen, stellen Sie die Füße 100 bis 120 cm parallel auseinander. Beim Ausatmen drehen Sie die Füße nach rechts, um die Dreieck-Grundposition einzunehmen, wobei die rechte Hand oder der Unterarm das Hilfsmittel als Stütze benutzt. Atmen Sie ein und spannen Sie die Beinmuskeln wieder an. Beim Ausatmen beugen Sie sich aus der Hüfte in die Dreieckstellung (Abb. **99**). Genießen Sie das Gefühl dieser Position.

Atmen Sie ein. Beugen Sie beim Ausatmen das rechte Knie und verlagern Sie Ihr Gewicht auf den rechten Fuß (Abb. **100**). Heben Sie das linke Bein, bis Sie es parallel zum Boden halten, und strecken Sie gleichzeitig das rechte Bein. Halten Sie die Kniegelenke gerade und spannen Sie die Beinmuskeln an. Nutzen Sie den Tisch, um das Gleichgewicht nicht zu verlieren. Legen Sie die linke Hand an die linke Hüfte. Falls Sie ausreichend gelenkig sind, legen Sie den Fuß des gestreckten linken Beins auf den Tisch (Abb. **101**). Andernfalls heben Sie das linke Bein einfach so hoch wie es geht.

Damit die Wirbelsäule während des gesamten Bewegungsablaufs korrekt ausgerichtet und der Rumpf gerade bleibt, halten Sie die untere (rechte) Seite des Rumpfes zwischen rechter Hüfte und Achsel gestreckt. Vergessen Sie nicht zu atmen. Bleiben Sie einen bis drei Atemzüge in der Position, atmen Sie dabei ganz ruhig, und spüren Sie den festen Stand des rechten Fußes auf dem Boden und eine kräftige Streckung, die durch die linke Ferse geht.

Bleiben Sie nur solange in der Balance-Haltung, wie Sie sicher stehen und die Position kontrolliert wieder verlassen können. Achten Sie darauf, daß beide Knie und beide Beine während der Balance gerade und fest bleiben.

Es gibt zwei Möglichkeiten, die Position aufzulösen: Sie stellen das linke Bein auf den Boden und kehren in die Bergstellung zurück, oder Sie gehen in die Dreieckstellung zurück und richten sich dann auf. Nachdem Sie die Position verlassen haben, pausieren Sie, um ihre Wirkungen zu spüren. Dann wiederholen Sie die Übung nach der anderen Seite.

In den ersten paar Monaten üben Sie bis zu dreimal mit jeder Seite. Steigern Sie im Laufe von sechs bis acht Monaten allmählich auf sechsmal je Seite. Sobald Sie die Übung mit Leichtigkeit fünf- bis sechsmal schaffen, benutzen Sie eine niedrigere Stütze, zum Beispiel einen Stuhlsitz (Abb. **102**). Mit zunehmender Beherrschung benutzen Sie den Tisch nicht mehr als Stütze, sondern nur noch zur Balance.

Atmen und Visualisieren. Sie wenden die totale Rumpfatmung an. Bei jeder Einatmung stellen Sie sich vor, daß starke Wurzeln aus Ihren Fußsohlen nach unten wachsen und Sie fest im Boden verankern. Mit jedem Ausatmen spüren Sie, wie Ihre Wirbelsäule und das erhobene Bein leichter und länger werden. Strecken Sie sich von den Zehenspitzen bis zum Scheitel in die Länge.

Abb. 99
Halbmondstellung,
Ausgangsposition

Abb. 100
Halbmondstellung,
Entwicklung aus der Dreieckstellung

Abb. 101
Halbmondstellung,
Endposition mit Tisch

Abb. 102
Halbmondstellung,
Endposition mit Stuhl

Übungsziel. Zusätzlich zu den günstigen Wirkungen der Dreieckstellung trainiert die Halbmondstellung die Haltemuskeln für das Fußgewölbe, die Knie- und Hüftgelenke und die Wirbelsäule. Sie dehnt die ischiokrurale Muskelgruppe und die Muskeln an der Innenseite des Oberschenkels und kräftigt die Hauptbewegungs- und Stützelemente der Beine, der Hüften, der Wirbelsäule und des Schultergürtels. Außerdem gleicht diese Position etwaige Asymmetrien zwischen beiden Körperhälften aus, indem sie verkürzte Muskeln dehnt und schwache Muskeln kräftigt.

Heldenstellung

Hilfsmittel: solider Tisch oder Küchentresen; rutschfester Boden.

Einnehmen der Haltung und Korrektur. Sie beginnen mit der Bergstellung, Ihren Rücken einem soliden Tisch oder Küchentresen zugewandt, und drücken die Fersen fest zum Boden. Aktivieren Sie die Beinmuskeln, indem Sie die Fersen fest gegen den Boden stemmen. Während Sie einatmen, springen Sie weit auseinander (120 bis 150 cm), je nachdem wie groß und gelenkig Sie sind (Abb. **103**). Falls Sie klein oder wenig gelenkig sind, können Sie die Beine nicht so weit grätschen wie ein großer oder sehr gelenkiger Mensch. Stellen Sie sich am besten so, wie es Ihnen Ihr Gefühl für Stabilität und Balance in der Position eingibt. In den Beinen sollten Sie ein gewisses Dehnungsgefühl, aber keinen Schmerz empfinden.

Atmen Sie aus und halten Sie dabei die Beine gerade und die Muskeln angespannt. Beim Einatmen drehen Sie dann, wie bei der Dreieckstellung, den linken Fuß einwärts und den rechten Fuß nach außen (Abb. **104**). Beim Ausatmen beugen Sie das rechte Knie, bis es sich genau über den Fußknöcheln befindet (Abb. **105**). Falls das Knie vor den Knöcheln und über den Zehen steht (Abb. **106**, unkorrekte Beinstellung), müssen die Beine weiter gegrätscht werden. Gelangt das Knie nicht in die lotrechte Stellung über den Knöcheln, ist die Beinstellung zu weit (Abb. **107**, unkorrekt). Neigt sich das Knie seitlich etwas zum großen Zeh hin, dann schieben Sie es sanft in die korrekte Stellung über dem Fußgelenk zurück.

Falls nötig, drücken Sie Arme und Hände auf die Tischplatte hinter Ihnen, um sich abzustützen. Bleiben Sie einen bis drei Atemzüge mit gestrecktem und aktiviertem Bein in dieser Position.

Achten Sie genau auf die Ausrichtung beider Füße. Das Gewicht Ihres Körpers soll sich gleichmäßig auf beide Fußsohlen verteilen. Sollten Sie zu Plattfüßen neigen, dann achten Sie darauf, daß sich das Fußgewölbe nicht nach innen senkt. Bei Neigung zu Hohlfuß widerstehen Sie dem Drang, Ihr Gewicht an die Außenkante der Fußsohlen zu verlagern.

Abb. 103 Heldenstellung, Füße in Ausgangsposition

Abb. 104 Heldenstellung, Füße in Endposition

Abb. 105 Heldenstellung, Endposition mit Hilfsmittel (Tisch)

Abb. 106 Heldenstellung, unkorrekt, Beinstellung zu eng

Abb. 107 Heldenstellung, unkorrekt, Beinstellung zu weit

Abb. 108 Heldenstellung, Endposition ohne Hilfsmittel

Denken Sie stets daran, Ihre Wirbelsäule mit ihren natürlichen Krümmungen gerade ausgerichtet zu halten. Das Rückgrat muß sich nach oben in die Länge dehnen können. Lassen Sie Schultern und Kiefer locker und atmen Sie gleichmäßig.

Beim Einatmen lösen Sie die Position gezielt auf, indem Sie den rechten Fuß fest in den Boden drücken und gleichzeitig das Bein strecken. Halten Sie ein, um die Wirkungen der Position zu spüren, und atmen Sie ruhig. Drehen Sie die Füße in die Gegenrichtung und wiederholen Sie die Übung nach der linken Seite.

Während der ersten paar Monate sollten Sie die Übung jeweils ein- bis dreimal nach jeder Seite machen. In den sechs bis acht Monaten darauf trainieren Sie so, daß Sie die Übung bis zu sechsmal je Seite schaffen. Sobald Sie so weit sind, versuchen Sie, die Übung jeweils zweimal ohne den (notfalls als Stütze dienenden) Tisch zu machen. Versuchen Sie, allmählich unabhängig von dem Tisch zu üben (Abb. **108**).

Atmen und Visualisieren. Atmen Sie in der Heldenstellung entspannt und gleichmäßig. Meist besteht eine Neigung, schnell zu atmen oder den Atem anzuhalten, was aber beides die Position deutlich erschwert. Bei jeder totalen Rumpf-Einatmung denken Sie sich lange, kräftige Wurzeln, die aus Ihren Fußsohlen dem Mittelpunkt der Erde entgegenwachsen. Bei jeder Ausatmung befreien Sie sich von Schweregefühl und Müdigkeit. Fühlen Sie, während Ihre Füße Wurzeln schlagen, wie Ihre Wirbelsäule emporwächst.

Übungsziel. Diese dynamische Haltung im Stehen ist eine Fortsetzung der vorhergehenden Übungsarbeit, um die Kraft der wirbelsäulenstützenden Muskeln von Beinen, Gesäß, Rücken und Bauch zu steigern. Die Helden- oder Kriegerstellung lehrt koordinierte, korrekt ausgerichtete Bewegungen und dehnt die Muskulatur der Beine, des Beckengürtels und des Gesäßes.

Auch in der Körpersprache drückt sich der Name dieser Stellung aus: Sie zeigt sichere Selbstbeschränkung, Selbstsicherheit und innere Stärke.

Weite Heldenstellung

Hilfsmittel: solider Tisch, rutschfester Boden.

Einnehmen der Haltung und Korrektur. Sie beginnen in der Heldenstellung mit rechts gebeugtem Knie. Entspannt atmend, heben Sie den rechten Arm mit gestreckten Fingern empor (Abb. **109**). Während Sie die rechte Seite Ihres Körpers gedehnt halten, neigen Sie den Rumpf, so daß der rechte Unterarm auf dem Tisch (Abb. **110**) oder auf dem Oberschenkel (Abb. **111**) ruht. Achten Sie darauf, sich aus der rechten Hüfte, nicht aber aus der Taille zur Seite zu neigen. (Wenn Sie sich, um den Ellbogen auf den Oberschenkel legen zu können, aus der Taille vorbeugen müßten, lassen Sie ihn lieber auf dem Tisch ruhen.) Halten Sie die Beinmuskeln angespannt, indem Sie die Fersen fest gegen den Boden drücken. Sobald Sie festen Stand haben, strecken Sie den linken Arm am linken Ohr empor, so daß er eine durchgehende Linie mit dem linken Bein bildet.

Falls Ihr Rücken besonders empfindlich ist, versuchen Sie, den Fußballen (vom Fuß des angewinkelten Beins) auf ein ca. 5 bis 8 cm dickes Buch oder Holzklötzchen zu stellen.

Bleiben Sie bis zu drei Atemzüge lang in dieser Position, atmen Sie dabei entspannt, halten Sie die Augen offen und nach unten gerichtet. Dann wiederholen Sie die Übung mit der anderen Seite.

Atmen und Visualisieren. Sehen Sie vor Ihrem geistigen Auge eine gerade Linie, die sich vom hinteren Teil Ihrer linken (rechten) Fußsohle bis zu den Fingerspitzen Ihrer erhobenen linken (rechten) Hand zieht. Stellen Sie sich vor, wie diese Linie mit jeder Ausatmung länger wird.

Übungsziel. Diese Übung baut auf den anderen Übungen im Stehen auf und fördert ebenso die Kraft, Koordination und Geschmeidigkeit der Stützelemente des Rückens. Wenn Ihnen die Dreieckstellung Probleme bereitet, mag Ihnen die weite Heldenstellung leichter fallen. Üben Sie diese dann einige Monate lang, bis Sie es wieder mit der Dreieckstellung versuchen.

Gegen die Wand drücken

Hilfsmittel: rutschfester Boden, Wand.

Einnehmen der Haltung und Korrektur. Sie stellen sich in ca. 30 cm Distanz mit dem Gesicht zur Wand, der Abstand zwischen den parallel stehenden Füßen beträgt 15 bis 20 cm. Legen Sie die Hände in Schulterhöhe und schulter-

Abb. 109
Weite Heldenstellung,
in die Position gehen

Abb. 110
Weite Heldenstellung,
Endposition mit Hilfsmittel
(Tisch)

Abb. 111
Weite Heldenstellung, ohne Hilfsmittel

Abb. 112
Gegen die Wand drücken

breit auseinander an die Wand, die Mittelfinger zeigen parallel zur Decke. Sie stehen in Bergstellung und mit angespannten Beinmuskeln.

Während Sie einatmen und die Hände gegen die Wand drücken, treten Sie einen Schritt zurück und beugen sich dabei aus den Hüften (nicht aus der Taille!) vor. Halten Sie den Rumpf mit den natürlichen Krümmungen der Wirbelsäule gerade ausgerichtet (Abb. **112**). Sollten Sie in dieser Haltung ein zu starkes Ziehen an der Rückseite der Oberschenkel oder Schmerzen im Kreuz verspüren, treten Sie näher an die Wand und legen Ihre Hände etwas höher daran, in Höhe des Gesichts. Dann treten Sie zurück und beugen sich erneut aus den Hüften vor, kontrollieren dabei das Ziehen an der Oberschenkelrückseite. Ist das Ziehen erträglich, dann dürfte dies die richtige Haltung für Sie sein. Andernfalls versuchen Sie, die Hände noch höher an die Wand zu legen, bis Sie eine Position erreichen, in der Sie beim Vorbeugen aus den Hüften ein angenehmes Ziehen hinten in den Oberschenkeln verspüren und die Wirbelsäule normal ausgerichtet ist.

Wirbelsäule und Rumpf sollten die gleiche Silhouette zeigen wie bei normaler stehender Haltung. Der Rücken darf weder ein übertriebenes Hohlkreuz (Abb. **113**, unkorrekt) noch einen Buckel (Abb. **114**, unkorrekt) bilden, auch sollte der obere Teil des Rückens nicht stärker gekrümmt sein als sonst. Der Schlüssel zur korrekten Ausrichtung der Wirbelsäule in dieser Position ist das Vorbeugen aus den Hüften anstatt aus der Taille. Sollten Sie keinen großen Spiegel besitzen, in dem Sie die Ausrichtung Ihrer Wirbelsäule kontrollieren können, bitten Sie einen Helfer, Sie zu beobachten.

Falls Sie ein Unbehagen in den Schultern spüren, halten Sie die Hände weiter auseinander. Überstrecken Sie die Ellbogen nicht. Falls doch, beugen Sie sie ein wenig, bis sie gerade sind, und halten Sie sie in dieser Stellung, indem Sie die Hände aktiv gegen die Wand drücken.

Bleiben Sie einen bis drei Atemzüge lang entspannt atmend in dieser Haltung. Halten Sie die Beinmuskeln angespannt, indem Sie die Fersen fest in den Boden drücken. Um die Position zu verlassen, gehen Sie leicht in die Knie und treten näher zur Wand, so daß die Beine sich direkt unter dem Rumpf befinden, bevor Sie geradestehen (Abb. **115**). Stehen Sie ruhig und innerlich gesammelt, um die Wirkungen der Position in Ihr Bewußtsein sinken zu lassen.

Wiederholen Sie die Übung zwei- bis dreimal.

Atmen und Visualisieren. Bei jedem Einatmen stellen Sie sich Wurzeln vor, die aus Ihren Füßen in den Boden und aus Ihren Händen in die Wand eindringen. Denken Sie sich Ihre Wirbelsäule zunehmend länger, bis Ihr Scheitel die Wand berührt. Sehen Sie die vorhängenden Schultern verschwinden, während sich Ihr Brustkorb weitet. Atmen Sie Entspannung in Ihre Rippen und Dehnung

Abb. 113 Gegen die Wand drücken, inkorrekt: extremes Hohlkreuz

Abb. 114 Gegen die Wand drücken, inkorrekt: Hände zu weit unten wegen eingeschränkter Beweglichkeit

Abb. 115 Gegen die Wand drücken, Schritt nach vorne zum Beenden der Position

in die Muskeln an der Rückseite der Oberschenkel. Atmen Sie ruhig und mühelos. Lassen Sie den Unterkiefer locker.

Übungsziel. Die Übung eignet sich hervorragend, um Müdigkeit zu vertreiben und verspannte, müde Rückenmuskeln zu lockern. Das Gegen-die-Wand-Drücken ist eine Allzweckübung und für jeden Körperbautyp geeignet, für wendige wie für ungelenke Personen. Bei den sehr Gelenkigen werden die Muskeln der Arme, der Beine, der Schultern und des Rückens gekräftigt, so daß sie die korrekte Ausrichtung der Fuß-, Knie- und Hüftgelenke und der Wirbelsäule fördern. Bei den weniger Gelenkigen bewirkt die Übung eine ausgezeichnete Dehnung der ischiokruralen und der Gesäßmuskeln. Bei Personen mit vorhängenden Schultern werden die Pektoralismuskeln (die Muskeln an der Vorderseite des Brustkorbs) gedehnt sowie die obere Rückenpartie und die Schultern gekräftigt.

Anmerkungen

- *Diese Stellung darf während der Schwangerschaft geübt werden, um Kreuzschmerzen zu lindern. Gegen Ende der Schwangerschaft kann sie zur großen Erleichterung der Mutter die Harnblase vom drückenden Gewicht des Kindes entlasten.*
- *Bei Spondylolyse oder Spondylolisthese sollte diese Übung nicht gemacht werden.*

Gegen die Wand drücken, auf einem Bein

Hilfsmittel: rutschfester Boden, Wand.

Einnehmen der Haltung und Korrektur. Aus der Position „Gegen die Wand drücken“ stellen Sie die Füße so nebeneinander, daß sie fast Kontakt haben. Prüfen Sie, ob die Ausrichtung der Füße korrekt ist. Jetzt atmen Sie ein und verlagern Ihr Gewicht allmählich auf den linken Fuß. Beim Ausatmen heben Sie langsam das in der Ferse gestreckte rechte Bein mit geradem Kniegelenk nach hinten (Abb. **116**). Die Zehen sollen nicht nach hinten gestreckt werden. Beide Hände drücken gleichmäßig gegen die Wand. Die Muskeln des linken Beins halten Sie angespannt, indem Sie die linke Ferse fest gegen den Boden drücken.

Wenn das Bein erhoben ist, sollten die Hüften in der gleichen Position stehen, wie wenn Sie mit beiden Füßen den Boden berühren. Anders ausgedrückt: Wenn Sie das rechte Bein anheben, dürfen Sie die rechte Beckenseite nicht mitheben (Abb. **117**, unkorrekt). Achten Sie auch darauf, die Ellbogen nicht zu überstrecken. Heben Sie nicht den Kopf an, er soll vielmehr in einer Linie mit der Wirbelsäule ausgerichtet sein, wie beim Aufstehen. Stellen Sie sich vor, daß Ihr Schei-

Abb. 116
Gegen die Wand drücken, auf einem Bein

Abb. 117
Gegen die Wand drücken, auf einem Bein, unkorrekt

tel sich zur Wand hin bewegt. Bleiben Sie bis zu drei Atemzüge lang in dieser Haltung oder solange, wie Sie es locker und ohne Anstrengung schaffen.

Dann führen Sie das weiterhin aktivierte rechte Bein langsam in die Ausgangsposition zurück. Verlagern Sie Ihr Gewicht langsam wieder auf beide Füße. Spannen Sie die Beinmuskeln an und kontrollieren Sie, ob Ihre Fußstellung korrekt ist. Dann verlagern Sie Ihr Gewicht langsam auf den rechten Fuß und heben das linke Bein nach hinten. Üben Sie in den ersten Monaten bis zu dreimal mit jeder Seite. Im Laufe von sechs bis acht Monaten steigern Sie nach und nach bis auf sechsmal je Seite.

Atmen und Visualisieren. Mit jeder totalen Rumpfatmung dehnen Sie Ihre Wirbelsäule weiter in die Länge. Stellen Sie sich vor, daß das erhobene Bein von der Hüfte bis zur Ferse zunehmend länger wird. Lassen Sie sich durch den festen Druck der Hände gegen die Wand und den festen Stand der Füße auf dem Boden das Gefühl vermitteln, daß Ihr erhobenes Bein ganz leicht ist. Stellen Sie sich vor, daß aus der Fußsohle Ihres Standbeins Wurzeln in den Boden und aus Ihren Handflächen in die Wand wachsen.

Übungsziel. Diese Variation des Gegen-die-Wand-Drückens bewirkt eine weitere Kräftigung der Bein- und Gesäßmuskeln, der Rückenstrecker, der Muskeln der Arme und des Oberkörpers. Die vermittelte Botschaft der Körpersprache ist die von Anmut, Selbstvertrauen und innerer Stärke.

Anmerkung

– *Unterlassen Sie diese Übung, wenn Sie eine Spondylolyse oder eine Spondylolisthese haben.*

Hundstellung

Hilfsmittel: rutschfeste Unterlage, Wand (eventuell: solider Stuhl, zwei bis vier Decken).

Einnehmen der Haltung und Korrektur. Diese Stellung ähnelt der eines Hundes, der beim Aufwachen die Vorderbeine streckt, die Schultern senkt und das Becken hochschiebt. Falls bei der Beurteilung der Geschmeidigkeit Ihrer ischiokruralen Muskeln (Abb. **43** u. **44**) Ihr Gesäß, bei gegen die Wand gestellten Beinen, mehr als 12 cm von der Wand entfernt ist oder wenn Sie beim Drücken gegen die Wand die Hände über Schulterhöhe anlegen müssen, damit die Wirbelsäule gerade ausgerichtet ist, dann warten Sie mit der Hundstellung und üben Sie erst ein paar Monate das Drücken gegen die Wand, bis die Muskeln an der Oberschenkelrückseite geschmeidiger geworden sind.

Knien Sie sich mit dem Gesicht zur Wand auf eine rutschsichere Matte (Abb. **118**). Legen Sie die Hände schulterbreit auseinander an den Sockel. Spreizen Sie Daumen und Zeigefinger, so daß der Daumen ebenso wie der Zeigefinger und der Mittelfinger gegen den Sockel drückt. Stellen Sie die Knie direkt unter die Hüftgelenke, die Zehen sind eingezogen.

Atmen Sie aus, strecken Sie dabei die Beine und heben Sie das Gesäß hoch (Abb. **119**). Spannen Sie die Beinmuskeln an, aber lassen Sie die Fersen erhoben. Drücken Sie die Hände gegen die Wand. Sollten Sie feststellen, daß Ihre Knie nicht durchgedrückt sind und Sie einen runden Rücken machen (Abb. **120**, unkorrekt), sind Sie für diese Stellung nicht gelenkig genug. Üben Sie statt dessen das Drücken gegen die Wand. Wenn Sie für die Hundstellung nicht genügend gelenkig sind, aber trotzdem eine stärkere Dehnung erreichen wollen als beim Drücken gegen die Wand, versuchen Sie folgende Variation: Stellen Sie auf die Matte einen soliden Stuhl an die Wand. Auf den Sitz legen Sie zwei gefaltete Decken. Jetzt üben Sie die Hundstellung, mit den Händen hinten am Stuhlsitz und der Stirn auf den Decken (Abb.**121**).

Dehnen Sie Ihre Wirbelsäule vom Ende des Kreuzbeins bis zum Scheitel. Achten Sie darauf, daß die Wirbelsäule ihre natürlichen Krümmungen behält, wobei die Lendenlordose weder zu stark noch zu flach sein darf. (Lassen Sie die korrekte Ausrichtung von einer anderen Person kontrollieren.) Dehnen Sie Ihre Beine vom Ende des Kreuzbeins bis zu den Fersen in die Länge.

Überstrecken Sie nicht die Knie und die Ellbogen. Halten Sie die Füße parallel, Ihr Gewicht soll sich gleichmäßig zwischen den Großzehenballen und der Basis der kleinen Zehen verteilen.

Atmen Sie einen bis drei Atemzüge lang entspannt in dieser Haltung. Um die Position aufzulösen, sinken Sie in die Knie und nehmen wieder die Ausgangshaltung ein. Dann ruhen Sie sich in der Embryohaltung aus (Abb. **58**).

Üben Sie diese Position in den ersten ein bis zwei Monaten zwei- bis dreimal hintereinander jeweils bis zu drei Atemzüge lang. In den folgenden sechs bis acht Monaten erhöhen Sie die Dauer auf vier bis sechs Atemzüge je Übung. Wenn Sie vier bis sechs Atemzüge lang in der Position bleiben können, wiederholen Sie diese bis zu viermal.

Atmen und Visualisieren. Atmen Sie leicht und entspannt. Halten Sie nicht die Luft an. Stellen Sie sich bildlich vor, wie aus Ihren Händen und Füßen Wurzeln zur Mitte der Erde wachsen, während Ihr Kreuzbein sich dem Himmel entgegenstreckt. Ihr Kopf soll die Verlängerung Ihrer Wirbelsäule bilden, der Kiefer entspannt sein.

Übungsziel. Wie das Drücken gegen die Wand ist auch die Hundstellung hervorragend geeignet, Müdigkeit zu beseitigen und verspannte, müde Rückenmuskeln zu lockern. Die Hundstellung bewirkt sogar eine noch stärkere Dehnung und Kräftigung. Bei sehr gelenkigen Personen kräftigt sie die Muskeln der Beine, der Arme, der Schultern und des Rückens, so daß diese zur korrekten Ausrichtung der Fuß-, Knie- und Hüftgelenke sowie der Wirbelsäule beitragen. Bei weniger

Abb. 118
Hundstellung,
Ausgangsposition

Abb. 119
Hundstellung

gelenkigen führt die Hundstellung zu einer sehr deutlichen Dehnung der ischiokruralen Muskelgruppe und der Gesäßmuskeln. Bei Personen mit vorhängenden Schultern werden die Pektoralismuskeln an der Vorderseite des Brustkorbs gedehnt.

Abb. 120
Hundstellung, unkorrekt

Abb. 121
Hundstellung, Variation mit Stuhl

Anmerkungen

- *Bei Spondylolyse und bei Spondylolisthese unterlassen Sie diese Übung.*
- *Diese Übung eignet sich hervorragend, um während der Schwangerschaft Rückenbeschwerden zu lindern und Druck auf die Harnblase zu verringern. Besonders nützlich ist sie nach einer Geburt (sobald der Arzt Ihnen erlaubt, wieder Yoga zu üben), um den vorhängenden Schultern entgegenzuwirken, die durch schwere Brüste, Stillen und Tragen des Babys entstehen können.*

Übungsvorschläge

Fünfzehn-Minuten-Programm

1. Beinschere, ein Bein erhoben; mit jeder Seite eine Minute (Abb. **76**)
2. Bergstellung, Anspannen der Beinmuskeln; eine Minute (Abb. **84**, **85**)
3. Rumpfdrehung im Stehen, je zweimal, dreißig Sekunden je Seite (Abb. **86**, **87**)
4. Gegen die Wand drücken, zwanzig Sekunden (Abb. **112**)
5. Dreieckstellung, zweimal je Seite (Abb. **88** bis **92**)
6. Gedrehte Dreieckstellung, zweimal je Seite (Abb. **94** bis **97**)
7. Gegen die Wand drücken, zwanzig Sekunden (Abb. **112**)
8. Heldenstellung, zweimal je Seite (Abb. **103** bis **105**)
9. Weite Heldenstellung, zweimal je Seite (Abb. **109** bis **111**)
10. Halbmondstellung, zweimal je Seite (Abb. **99** bis **101**)
11. Hundstellung (oder Drücken gegen die Wand), zweimal (Abb. **119**, **121**, **112**)
12. Embryohaltung, zwei Minuten (Abb. **58**)
13. Rückenlage mit hochgelagerten Unterschenkeln, zwei Minuten oder länger (Abb. **54**)

Zwanzig-Minuten-Programm

1. Beinschere, ein Bein erhoben; jede Seite eine Minute (Abb. **76**)
2. Bergstellung, Beinmuskeln angespannt; eine Minute (Abb. **84**, **85**)
3. Rumpfdrehung im Stehen, je zweimal, jede Seite dreißig Sekunden (Abb. **86**, **87**)
4. Gegen die Wand drücken (oder Hundstellung), dreißig Sekunden (Abb. **112**, **119**, **121**)
5. Dreieckstellung, je dreimal, drei Atemzüge lang je Seite (Abb. **88** bis **92**)
6. Gegen die Wand drücken (oder Hundstellung), dreißig Sekunden (Abb. **112**, **119**, **121**)
7. Gedrehte Dreieckstellung, dreimal je Seite, nach jeder Seite drei Atemzüge lang (Abb. **94** bis **97**)
8. Gegen die Wand drücken (oder Hundstellung), dreißig Sekunden (Abb. **112**, **119**, **121**)
9. Heldenstellung, dreimal, drei Atemzüge lang je Seite (Abb. **103** bis **105**)
10. Weite Heldenstellung, dreimal, drei Atemzüge lang je Seite (Abb. **109**, **110**)
11. Gegen die Wand drücken (oder Hundstellung), dreißig Sekunden (Abb. **112**, **119**, **121**)
12. Halbmondstellung, dreimal, drei Atemzüge lang je Seite (Abb. **99** bis **101**)
13. Gegen die Wand drücken, auf einem Bein stehend, je zweimal, ein bis zwei Atemzüge lang je Seite (Abb. **116**)
14. Embryohaltung in Rückenlage, zwei Minuten (Abb. **57**)
15. Rückenlage mit hochgelagerten Unterschenkeln, zwei Minuten oder länger (Abb. **54**)

Anmerkungen

- *Sie können die Reihenfolge der Übungen im Stehen nach Ihren Bedürfnissen abändern.*
- *Wenn Ihnen die Dreieckstellung zu schwierig ist, üben Sie zunächst oder an ihrer Stelle die weite Heldenstellung oder die gedrehte Dreieckstellung. Versuchen Sie die Halbmondstellung vor der Dreieckstellung und registrieren Sie, wie sich das anfühlt.*
- *Probieren Sie folgende Reihenfolge: Halbmondstellung, Drücken gegen die Wand auf einem Bein, Heldenstellung, Berghaltung.*

8 Schmerzen im Iliosakralgelenk und Ischias

Viele Menschen verwechseln Schmerzen in den Iliosakralgelenken mit Ischias, weil die Symptomatik beider Leiden gleich ist – ein einseitiger Schmerz zwischen Kreuzbein und Hüftgelenk. Die Ursachen des Schmerzes sind aber jeweils verschieden. Der iliosakrale Schmerz beruht auf Fehlstellungen und Dauerbelastung der Iliosakralgelenke zu beiden Seiten der Kreuzbeinbasis, wo das flache, dreieckige Kreuzbein mit den anderen Beckenknochen gelenkig verbunden ist. Ischias hingegen entsteht durch Reizung des Ischiasnervs oder Druck auf denselben dort, wo er aus dem Kreuzbein heraustritt und zwischen den tiefen Gesäßmuskeln und den tiefen Muskelschichten an der Rückseite des Oberschenkels verläuft. Bei iliosakralen Beschwerden sitzt der Schmerz im Iliosakralgelenk (ISG). Bei Ischias wird der Schmerz tief im Gesäß in den Weichgeweben um das ISG empfunden und strahlt beinabwärts in das Versorgungsgebiet des Ischiasnervs aus. Nicht selten treten beide Leiden gleichzeitig auf, wenn ein verkürzter Piriformismuskel Kreuzbein und Becken näher zusammenrückt und dabei gleichzeitig das ISG und den Ischiasnerv komprimiert.

Mit Hilfe der Yoga-Übungen, die Sie in diesem Kapitel lernen, können Sie Ihre Schmerzen im Iliosakralgelenk und Ihre Ischias verstehen und bessern.

Schmerzen im Iliosakralgelenk

Anders als die Gelenke der Arme und Beine und der Wirbelsäule werden die gelenkigen Verbindungen der Beckenknochen durch Bänder gefestigt, die große Stabilität bewirken und nur geringe Beweglichkeit zulassen. Die beiden Iliosakralgelenke befinden sich beidseits am unteren Ende der Wirbelsäule, wo das dreieckige Kreuzbein mit den flügelförmigen Darmbeinen des Beckens zusammentrifft. Um die Iliosakralgelenke zu tasten, drücken Sie die Hände so auf die Hüftknochen, daß die Daumen in Richtung Nabel und die Fingerspitzen auf dem Rücken unterhalb der Taille zueinander zeigen. Ihre Fingerspitzen liegen dann auf den leichten Vorwölbungen, welche die Iliosakralgelenke markieren (Abb. **122**).

ISG-Schmerzen entstehen, wenn eine leichte Verdrehung oder Torsion des Beckens die Bänder, welche die beiden Knochen gelenkig miteinander verbinden, abnorm belastet. Eine abnorme Dauerbelastung der ISG-Bänder kann schließlich zum Verschleiß der Gelenkflächen (Abnutzungsarthritis) führen und zusätzliche Schmerzen verursachen. Mitunter werden Schmerzen, die auf Problemen der ISGe beruhen, fälschlich als Bandscheibenerkrankung im Lumbalbereich diagnostiziert.

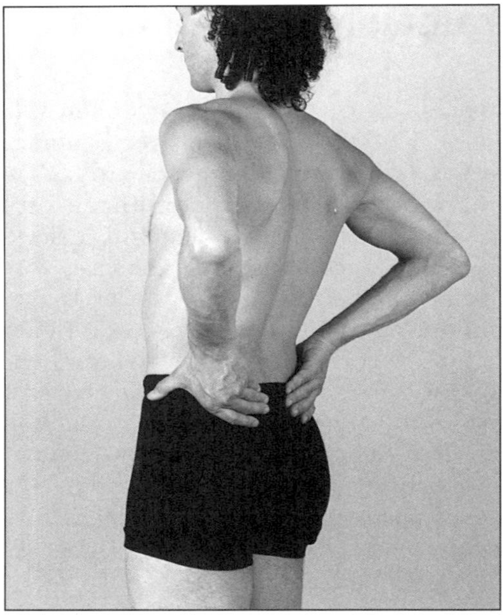

Abb. 122 Lokalisieren der Iliosakralgelenke

Der ISG-Schmerz wird meist als einseitiger dumpfer Schmerz in den Knochen oberhalb des Gesäßes wahrgenommen. Da jedoch die Nerven in dieser Region nicht sehr spezifisch (sondern stark verzweigt) sind, kann der ISG-bedingte Schmerz auch in die Leiste, in die Rückseite des Oberschenkels und in den Unterbauch ausstrahlen. Der ISG-Schmerz kann durch eigentliche Erkrankungen dieses Gelenks verursacht sein oder aber durch Nervenimpulse ausgelöst werden, die von einer anderweitigen Verletzung – z.B. im Bereich der unteren Lendenwirbelsäule oder des Hüftgelenks – ausgehen. Meistens besteht kein Taubheitsgefühl oder Kribbeln, aber das betreffende Bein wird oft als dumpf und schwer empfunden.

Golf, Tennis und ähnliche sportliche Aktivitäten, auch Ballett, können eine Beckentorsion verursachen, indem sie eine Rotationsbelastung auf das ISG ausüben. Auch Asymmetrien der Beckenknochen, Beinlängendifferenzen oder einseitig verkürzte Muskeln an der Rückseite der Oberschenkel können ISG-Schmerzen verursachen: wenn z.B. das Becken nach der Seite verdreht ist, werden ungleiche Kräfte auf die Iliosakralgelenke einwirken. Überbewegliche Iliosakralgelenke können bei Schwangeren leicht zu ISG-Schmerzen führen, da sie einen erhöhten Relaxinspiegel haben. Relaxin ist ein Hormon, das zur Vorbereitung der Geburt die Bänder lockert.

Therapeutisch wirksame Übungen gegen Schmerzen im Iliosakralbereich zielen auf die Dehnung der Ischiokrural- und Gesäßmuskeln, der unteren Rückenmuskeln (die sich bei ISG-Problemen oft verkrampfen), auf die Kräftigung sämtlicher Muskeln des Beckengürtels, um dem Becken Halt zu geben, sowie auf die Kräftigung der Bauchmuskeln, um die Wirbelsäule von vorn zu stützen. Um diese Ziele zu erreichen, müssen Sie geduldig die in den Kapiteln 6 und 7 beschriebenen statischen Grundübungen und dynamischen Bewegungsübungen absolvieren.

Beckentorsion als Ursache von Schmerzen im Iliosakralgelenk

Ursache von Schmerzen im Iliosakralgelenk ist meist eine Fehlstellung des Beckens. Bevor Sie ISG-Schmerzen bessern können, müssen Sie sich zunächst klarwerden, daß eine Asymmetrie besteht und daß jede asymmetrische Haltung (z.B. Sitzen mit übergeschlagenen Beinen oder Gewichtsverlagerung auf ein Bein beim Stehen) das Problem verschlimmert. Falls Sie beim Schlafen auf der Seite liegen, sollten Sie das obere Knie auf ein festes Kissen betten.

Ist das Becken nach rechts oder links verdreht, kann das betroffene Iliosakralgelenk mit Beschwerden und Schmerzen reagieren. Das Gelenk schmerzt dann, wenn Sie auf dieser Körperseite eine schwere Last halten. Die Besserung von ISG-Schmerzen durch therapeutische Übungen setzt voraus, daß Sie wissen, nach welcher Seite das Becken verdreht ist. Bei einer Torsion nach rechts steht das rechte Iliosakralgelenk stärker vor als das linke. Umgekehrt wird bei einer Torsion nach links das linke ISG stärker vorstehen. Zusätzlich zu einer Massage der Iliosakralgelenke können Sie durch das nachstehend beschriebene Schaukeln auf dem Kreuzbein (Abb. **123, 124**) leicht feststellen, welches der beiden Gelenke stärker vorsteht.

Schaukeln auf dem Kreuzbein I und II

Hilfsmittel: Kopfunterlage, Nackenrolle (evtl. gebundenes Buch oder Holzbrett von höchstens 1,2 cm Dicke).

Einnehmen der Haltung und Korrektur, Variation I. Sie legen sich mit dem Rücken auf den nackten Boden, winkeln die Knie an und stellen die Füße parallel dicht vor das Gesäß. Falls kein harter Boden vorhanden ist, schieben Sie sich ein festes Buch oder ein dünnes Holzbrett (höchstens 1,2 cm dick) unter das Kreuzbein. Plazieren Sie die Nackenrolle und die Kopfunterlage entsprechend.

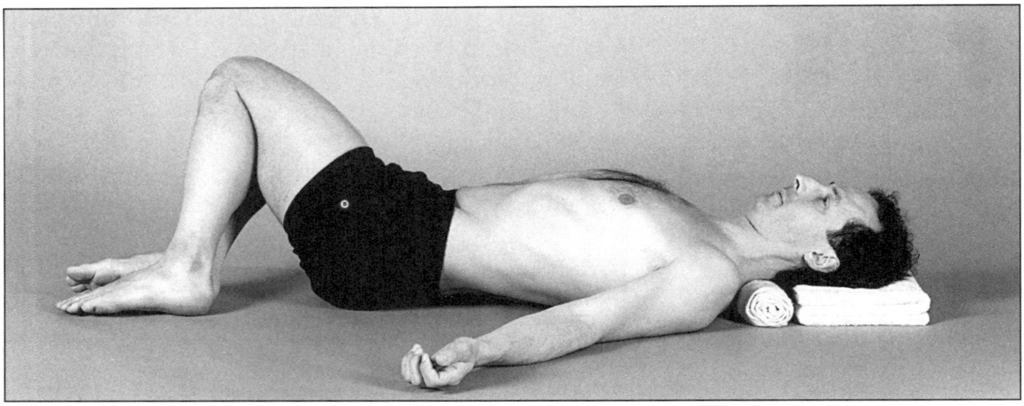

Abb. 123 Schaukeln auf dem Kreuzbein I

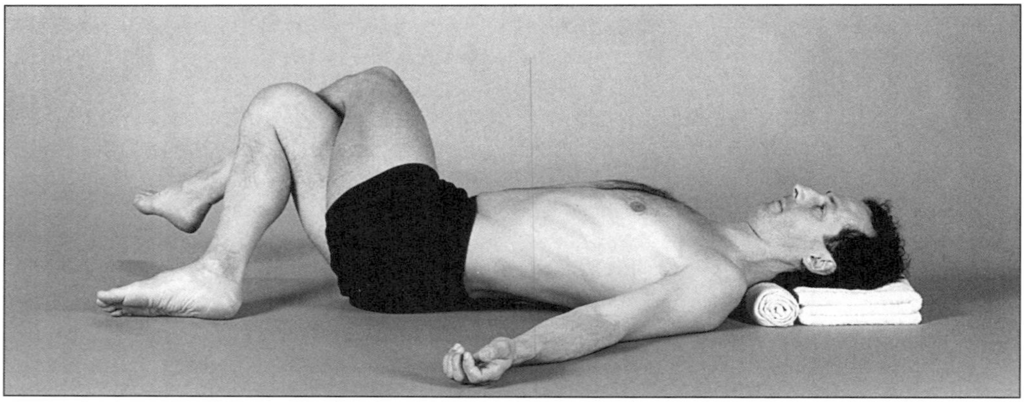

Abb. 124 Schaukeln auf dem Kreuzbein II

Mit geschlossenen Knien, die Fußsohlen auf dem Boden, bewegen Sie die Knie langsam 15 bis 20 cm nach rechts (Abb.**123**) und dann in die Ausgangsposition zurück. Sodann bewegen Sie die geschlossenen Knie langsam nach links und zurück. Wiederholen Sie diese Bewegungen mindestens zehnmal. Anschließend ist Variation II fällig.

Schaukeln auf dem Kreuzbein, Variation II. Sie schlagen das linke Bein über das rechte und schaukeln 30 Sekunden auf dem Kreuzbein hin und her (Abb. **124**). Dann schlagen Sie das rechte über das linke Bein und wiederholen die Übung.

Atmen und Visualisieren. Atmen Sie ruhig, gleichmäßig und entspannt. Halten Sie sich vor Augen, daß Sie sich eine Selbstmassage geben, und entspannen Sie sich immer mehr.

Übungsziel. Sie massieren Ihr Kreuz und die Iliosakralgelenke gegen den Boden. In dieser Region befinden sich zahlreiche Akupunkturpunkte. Ihre Stimulierung sendet Signalwellen der Entspannung zu den Rückenmuskeln rechts und links der Wirbelsäule und veranlaßt sie, sich zu entkrampfen. Deswegen sollte der Boden, auf dem Sie üben, so hart sein, wie Sie es ertragen können. Registrieren Sie, während Sie auf Ihrem Kreuzbein schaukeln, jegliche Asymmetrie zwischen der rechten und linken Seite dieses Knochens. Falls es scheint, daß ein ISG stärker gegen den Boden stößt als das andere, dann ist das Becken nach der betreffenden Seite verdreht.

Anmerkung

- *Unterlassen Sie diese Übung während der zweiten Hälfte der Schwangerschaft.*

Schmetterlingshaltung in Rückenlage

Hilfsmittel: Kopfunterlage, Nackenrolle.

Einnehmen der Haltung und Korrektur, Atmen und Visualisieren. Sie liegen auf dem Rücken, Kopfunterlage und Nackenrolle sind richtig plaziert. Legen Sie bei angewinkelten Knien die Fußsohlen aneinander. Die Fersen sollten sich so dicht bei den Sitzknochen befinden, wie es Ihnen erträglich ist (Abb. **125**).

Während Sie ruhig atmen, schaukeln Sie mit dem Becken kreisförmig um das Sakrum, indem Sie entlang den äußeren Rändern Druck ausüben.

Atmen Sie ruhig und entspannt. Denken Sie sich einen Kreis um das Kreuzbein und bewegen Sie das Gewicht des Beckens fließend auf diesem Kreis. Kreisen Sie zweimal mit und zweimal gegen den Uhrzeigersinn. Wiederholen Sie die Übung insgesamt zwei- bis viermal.

Übungsziel. Durch das kreisförmige Bewegen des Beckens massieren Sie das Kreuzbein und erhalten zusätzliche Informationen über die Symmetrie Ihrer Iliosakralgelenke. Durch beharrliches, monatelanges Üben können Sie sogar erreichen, daß das vorstehende ISG allmählich wieder in Normalstellung gelangt. Die Übung kräftigt außerdem die Bauchmuskeln.

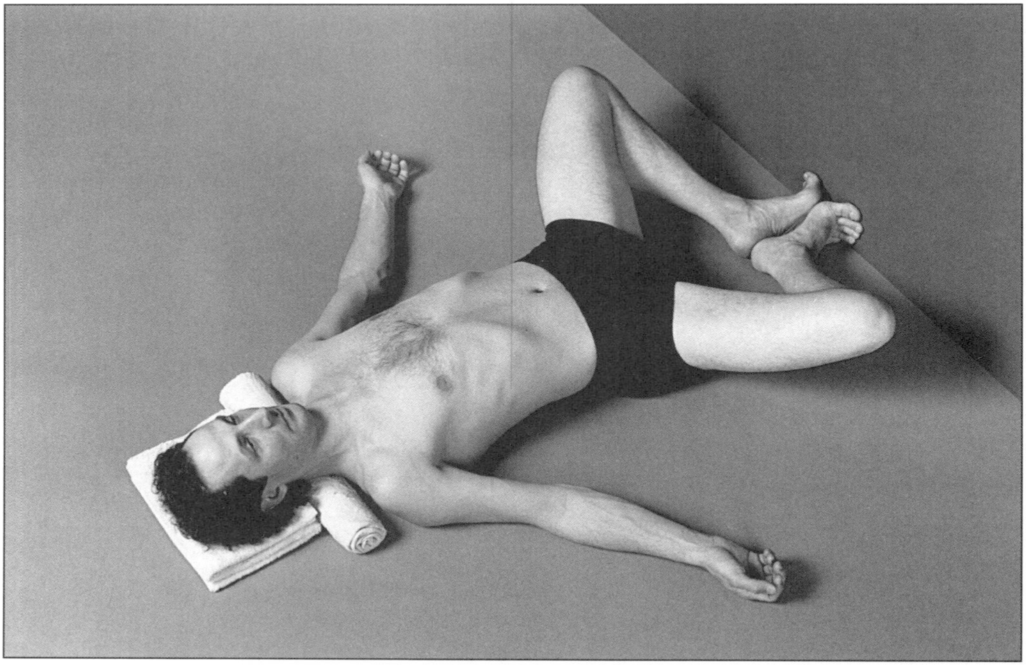

Abb. 125 Schmetterlingshaltung in Rückenlage

Anmerkung

- *Unterlassen Sie diese Übung während der zweiten Hälfte der Schwangerschaft.*

Knie-zu-Brust-Haltung, ein Bein gestreckt

Hilfsmittel: Kopfunterlage, Nackenrolle.

Einnehmen der Haltung und Korrektur. Mit dieser Übung läßt sich eine Beckentorsion korrigieren. Legen Sie sich auf den Rücken, die Knie angewinkelt und die Füße auf dem Boden. Unterpolstern Sie Kopf und Nacken. Schaukeln Sie auf dem Kreuzbein, Variation I, und prüfen Sie dabei nochmals, welches Iliosakralgelenk stärker vorsteht. Bei einer Beckentorsion haben Sie das Gefühl, als würde das betreffende ISG stärker in den Boden drücken, das andere empfinden Sie mehr als konkav oder hohl.

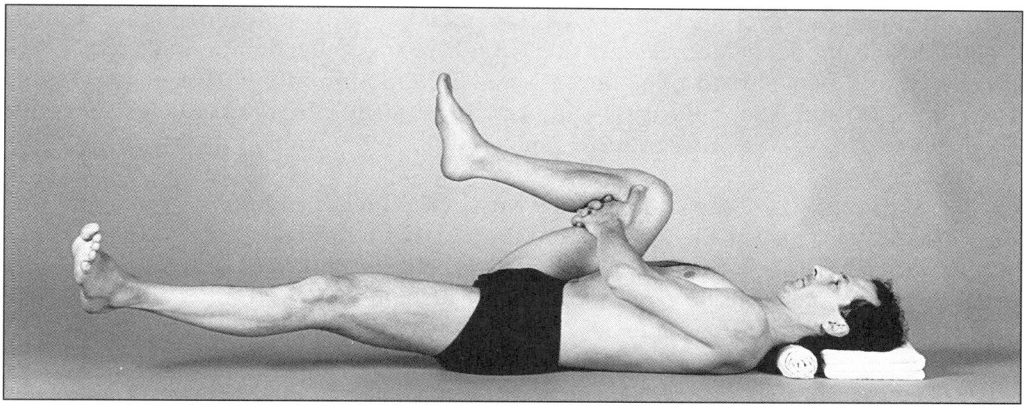

Abb. 126 Knie-zu-Brust-Haltung, ein Bein gestreckt

Ziehen Sie das gebeugte Knie auf der Seite des vorstehenden ISG an die Brust, und halten Sie es mit beiden Händen auf der Rückseite des Oberschenkels fest (nicht das Knie fassen). Strecken Sie das andere Bein und heben Sie es ca. 8 cm vom Boden ab. Strecken Sie das Bein mit der Ferse und lassen Sie es dann langsam auf den Boden sinken.

Ziehen Sie das gebeugte Bein dichter an die Brust. Heben Sie das gestreckte Bein 8 cm vom Boden, spreizen Sie es so weit wie möglich nach außen (Abb.**126**) – bei den meisten Menschen sind dies 2,5 bis 5 cm –, und lassen Sie es langsam auf den Boden sinken. Während Sie das Bein langsam auf den Boden legen, lassen Sie Ihr Becken nach dieser Seite schaukeln. (Das Gewicht des Beins dreht das Becken in Gegenrichtung zur Torsion.) Danach bringen Sie das Bein wieder in die Ausgangsposition. Ziehen Sie das Bein jetzt noch dichter an die Brust, heben Sie das gestreckte Bein 8 cm vom Boden, spreizen Sie es nach außen und lassen Sie es auf den Boden sinken.

Dann setzen Sie beide Füße auf den Boden, winkeln die Knie an und schaukeln erneut auf dem Kreuzbein (Variation I), um festzustellen, ob sich die Position der Iliosakralgelenke geändert hat. Wenn das ISG jetzt weniger vorsteht oder weniger schmerzhaft ist und wenn sich das ISG der Gegenseite normaler (weniger hohl) anfühlt, dann wiederholen Sie die Übung. Ziehen Sie erneut das Knie auf der Seite des vorstehenden ISG an die Brust usw.

Sollte dies keine Korrektur herbeiführen, dann versuchen Sie es mit einem kleinen Gewicht (z.B. 1-Kilogramm-Säckchen mit Bohnen), das Sie mit einer elastischen Binde am ausgestreckten Oberschenkel befestigen. Dadurch wird die Hebelwirkung verstärkt.

Steht das ISG nach dieser Übung stärker vor, versuchen Sie, ob es hilft, wenn Sie mit vertauschten Seiten üben. Läßt sich die Beckentorsion nicht korrigieren, dann üben Sie ein paar Monate das Schaukeln auf dem Kreuzbein (I und II) (Abb. **123** und **124**) und die Schmetterlingshaltung in Rückenlage, bevor Sie die Knie-zu-Brust-Haltung erneut versuchen.

Überprüfen Sie die Symmetrie Ihrer Iliosakralgelenke morgens und abends und korrigieren Sie sie nötigenfalls mit Hilfe dieser Übung. In dem Maße, wie die Yoga-Übungen Ihre Bein-, Gesäß- und Rückenmuskeln kräftigen und ihre Symmetrie wiederherstellen, wird die Beckentorsion seltener und geringer werden und endlich eher die Ausnahme denn die Regel sein.

Anmerkungen

- *Diese Übung ist insofern ungewöhnlich, als sie nicht mit beiden Seiten gemacht wird; es wird nur mit der Seite geübt, die eine Korrektur bewirkt.*
- *Unterlassen Sie diese Übung während der zweiten Hälfte der Schwangerschaft.*

Ischias

Mehrere Nervenwurzeln verlassen das Rückenmark, treten durch Löcher im Kreuzbein nach außen und vereinigen sich zum Ichiasnerv, der zwischen den tiefen Schichten der Gesäßmuskeln verläuft und dann durch die tiefen Muskeln an der Rückseite des Oberschenkels zieht. Unter Ischias versteht man Schmerzen, die durch Reizung oder Druck auf den Ischiasnerv irgendwo im Verlauf des Nervs verursacht werden. Charakteristischerweise beginnt dieser Schmerz im Gesäß und kann in die Innervationsgebiete an der Außenseite des Ober- und Unterschenkels und am Fuß bis in die Zehen ausstrahlen. Eine Ischias kann auch Kreuzschmerzen auslösen.

Hauptursache von Ischias ist eine vorgewölbte Bandscheibe oder gar ein Bandscheibenvorfall (Diskusprolaps) im unteren Bereich der Lendenwirbelsäule. Die Bandscheibe drückt dann auf eine der Nervenwurzeln, bevor diese in den Ischiasnerv mündet. Mitunter wird ein Ast des Ischiasnervs im Bein so stark gereizt, daß es zu einer reflektorischen Schmerzreaktion kommt, die den Nerv in seiner gesamten Länge einbezieht – wenn z.B. der Nerv im Bereich des Knies eingeklemmt oder gereizt ist, spüren Sie unter Umständen den Schmerz auch in der Hüfte und im Gesäß.

Eine weitere Ursache von Ischias ist das *Piriformis-Syndrom*. Der Musculus piriformis zieht von der Seite des Kreuzbeins vor dem Ischiasnerv schräg nach außen zum Rollhügel des Oberschenkelknochens (Abb. **127**). Wird ein verkürzter oder verspannter Piriformis gedehnt, kann er den Ischiasnerv zusammendrücken und reizen. Da der Piriformis die Funktion hat, das Bein nach außen zu drehen, bekommen Menschen, deren Zehen gewohnheitsmäßig nach außen gewandt sind, oft ein Piriformis-Syndrom, etwa Läufer und Radsportler, bei denen der Piriformis überstrapaziert und zu wenig gedehnt wird.

Bevor eine Ischias therapeutisch beeinflußt werden kann, ist die eigentliche Ursache zu klären. Liegt eine vorgewölbte Bandscheibe dem Schmerz zugrunde, dann besteht die wirksamste Behandlung darin, konsequent die statischen Grundübungen und die dynamischen Bewegungsübungen (Kapitel 6 und 7) zu praktizieren. Bei sehr starker Vorwölbung oder beim Vorfall einer Bandscheibe ist meist ein chirurgischer Eingriff erforderlich.

Ist die Ischias durch Druck eines verkürzten, verspannten Piriformis ausgelöst, muß dieser Muskel sanft gedehnt werden. Der Piriformis wirkt im Hüftgelenk auf das Bein: er dreht das Bein nach außen (Außenrotation, die Zehen zeigen von der Körperachse weg). Verspannungen des Piriformis können tiefsitzende Gesäßschmerzen erzeugen, die nicht unbedingt von einer Ischias begleitet sind. Sowohl die Piriformisverspannungen als auch die piriformisbedingten Ischialgien sprechen günstig auf die folgende Dehnungsübung an.

Dehnung des Musculus piriformis

Hilfsmittel: Decken.

Einnehmen der Haltung und Korrektur. Die Übung soll den Piriformis in eine gedehnte Position bringen, damit er allmählich eine Längenzunahme erfährt. In Fällen, in denen die Ischias auf einem verkürzten Piriformis beruht, wird diese Position folglich den Schmerz lindern. Es ist unabdingbar, die Haltung so zu korrigieren, daß Sie dabei allenfalls einen *minimalen* Schmerz empfinden; der Muskel soll durch sanfte Dehnung angeregt werden, sich zu verlängern. Bei zu ausgiebiger Dehnung wird der Schmerz unerträglich, der Muskel verkrampft sich, und der Zustand wird schlimmer als zuvor.

Sie setzen sich auf die vordere Ecke eines ordentlich gefalteten, 10 bis 15 cm dicken Deckenpolsters, die Knie gebeugt und die Füße vor sich auf dem Boden. Den rechten Fuß schieben Sie unter dem linken Knie durch und legen ihn neben der linken Pobacke auf den Boden. Dann setzen Sie den linken Fuß vor dem rechten Oberschenkel auf den Boden (Abb. **128**). Ihr Gewicht soll sich gleichmäßig auf beide Sitzhöcker verteilen. Aus dieser Grundposition strecken Sie Ihre Wirbelsäule empor, indem Sie leicht das Brustbein anheben. Ihren Rumpf halten Sie im Gleichgewicht, indem Sie mit beiden Händen das linke Knie umfassen. Reicht Ihr

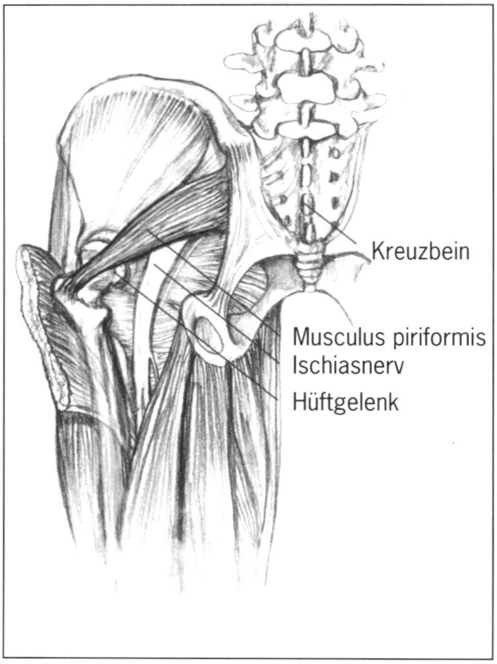

Abb. 127
Der Ischiasnerv und seine Beziehungen zum Musculus piriformis (= birnenförmiger Muskel)

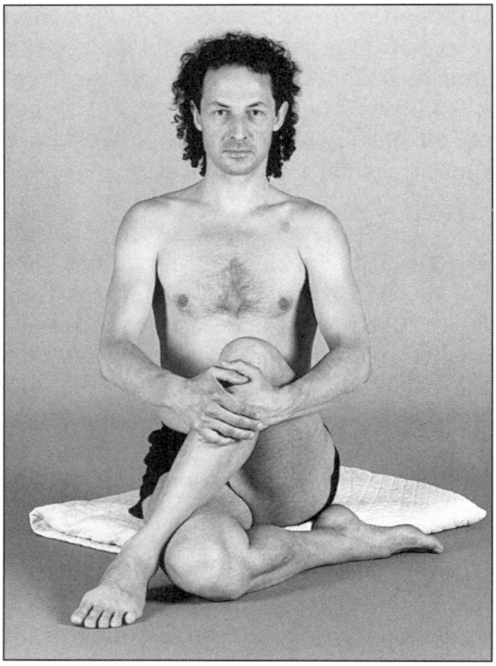

Abb. 128
Dehnung des Musculus piriformis

linker Fuß nicht bis zum Boden vor dem rechten Oberschenkel oder ist die Dehnung in der linken Pobacke zu stark, dann stellen Sie den linken Fuß statt dessen neben oder vor das rechte Knie.

Falls die Dehnung immer noch zu intensiv ist oder der Schmerz nach unten in das Bein ausstrahlt (was auf eine Reizung des Ischiasnervs hindeutet), erhöhen Sie das feste Polster unter Ihrem Gesäß, um die Intensität der Dehnung auf ein erträgliches Maß herabzusetzen. Wenn Sie gar kein Dehnungsgefühl in der linken Pobacke registrieren, ziehen Sie das linke Knie sanft vor Ihrem Rumpf zur rechten Brustseite.

Bleiben Sie zwanzig Sekunden bis mehrere Minuten in dieser Haltung. Dann üben Sie mit der anderen Seite. Das ganze wiederholen Sie zwei- bis viermal. Falls Ihnen die Position unangenehm bleibt, üben Sie einige Monate die Krokodildrehung (Abb. **69**) und die gedrehte Dreieckstellung (Abb. **97**) und probieren dann erneut die Piriformisdehnung. In dem Maße, wie der Piriformis beidseits im

Laufe einiger Monate länger wird, verringern Sie allmählich die Dicke Ihres Sitzpolsters, bis Sie schließlich auf dem Boden sitzen können. Um die Dehnung weiter zu intensivieren, legen Sie die Hände vor sich auf den Boden und neigen sich aus den Hüften vor.

Atmen und Visualisieren. Wenden Sie die entspannende Atmung an. Stellen Sie sich dabei vor, wie Ihre Wirbelsäule nach und nach länger wird. Atmen Sie Geschmeidigkeit und Entspannung in die gedehnten Gesäßmuskeln.

Übungsziel. Diese Position bewirkt eine gezielte, sanfte Dehnung des Piriformis auf der Seite des erhobenen Knies. Indem Sie beide Seiten abwechselnd dehnen, lernen Sie die jeweiligen Unterschiede im Grad der Verspannung und Schmerzhaftigkeit einzuschätzen.

Übungsvorschläge

Bei einer Beckentorsion ist jede der Entspannungsübungen, der statischen Grundübungen und der dynamischen Bewegungsübungen therapeutisch sinnvoll. Zuvor sollten Sie freilich einige Minuten lang die beschriebenen Übungen zur Korrektur der Beckentorsion machen, weil Sie dann Ihr Yoga-Programm mit einem korrekt ausgerichteten Becken praktizieren. In der Mitte Ihres Programms überprüfen Sie die Beckenstellung erneut und wiederholen gegebenenfalls die korrigierenden Übungen, bevor Sie Ihr Programm zu Ende bringen. Auch nach Ihrem Yoga-Programm kontrollieren Sie die Beckenstellung und korrigieren Sie, falls nötig.

Wenn Sie an einer Ischias infolge Piriformisverkürzung oder Gesäßschmerzen infolge Piriformisverspannung leiden, machen Sie die Übung zur Dehnung des M. piriformis (Abb. **128**) mindestens einmal täglich. Sie können diese Übung vor der Bergstellung bei den statischen Grundübungen oder nach einer der dynamischen Bewegungsübungen praktizieren.

9 Rundrücken, vorgeschobener Kopf und Nackenschmerzen

Falls Sie mit vorgeschobenem Kopf und krummem Rücken durchs Dasein gehen, sind Sie sich wahrscheinlich bewußt, daß Ihre Haltung keineswegs erstrebenswert ist. Vielleicht sind Sie, wie ich, Ihr Leben lang aufgefordert worden, sich gerade zu halten oder die Schultern hochzunehmen. Leider nützt es manchmal gar nichts, diese Aufforderungen zu befolgen. Ich bin überzeugt, die wohlmeinenden Verwandten und Lehrer mit ihrem „nimm die Schultern hoch" hatten keine Ahnung, daß ihr guter Rat (den ich wörtlich nahm, so daß ich meine immer noch vorhängenden Schultern in Richtung Ohren hob) mir um die vierzig Jahre lang Nackenschmerzen bescheren würde. Im Erwachsenenalter sind die Gewebe und das Bild, das man von sich hat, durch jahrelange Fehlhaltung geprägt, und eine Besserung ist nicht über Nacht zu erwarten.

Sollten Sie einmal ein Beschleunigungstrauma der Halswirbelsäule erlitten haben, wurden die Muskeln und die Haltebänder womöglich gezerrt oder sind gar gerissen. Wenn der Arzt sicher festgestellt hat, daß kein Bandscheibenvorfall der Halswirbelsäule und keine Wirbelfraktur vorliegt, dann dürfen Sie die Übungen dieses Kapitels praktizieren, um Muskelspasmen zu lindern und einer weiteren Verschlimmerung Ihres Nackenbefundes durch schlechte Haltung zuvorzukommen. Bedenken Sie, daß der Nacken nach einem Trauma besonders empfindlich ist, und üben Sie deshalb langsam und vorsichtig.

Ursachen und Folgen von Rundrücken und vorgerecktem Kopf

Ein ausgeprägter Rundrücken mit zusammengesunkenem Brustkorb und den Schultern vorauseilendem Kopf ist oft Begleiterscheinung einer Depression oder eines geringen Selbstwertgefühls. Diese Fehlhaltung findet sich auch bei alten Menschen, bei denen es – etwa infolge einer Osteoporose – zu Trümmerfrakturen von Wirbeln gekommen ist. Ganz selten nur handelt es sich um eine angeborene Knochenmißbildung.

Zu den Störungen der Muskelbalance, die mit einem vorgereckten Kopf und einer übermäßigen Krümmung der Brustwirbelsäule (Kyphose) verbunden sind, zählen schwache, erschlaffte und überstrapazierte Muskeln in der oberen Rückenpartie, überlastete Nackenmuskeln und verkürzte Muskeln im oberen, vorderen Bereich des Brustkorbs. Diese Haltung kann im gesamten Organismus zu Störungen der physiologischen Funktionen führen. Bei einer ausgeprägten Kyphose können sich die Lungen nur begrenzt ausdehnen. Deswegen drücken sie das

Zwerchfell nach unten und verkleinern dadurch den Bauchraum. Dann übt der Bauchinhalt Druck auf die Bauchwand aus und schwächt auf die Dauer die Bauchmuskeln, die normalerweise der Lendenwirbelsäule Halt geben. Infolge des verkleinerten Brust- und Bauchraums werden die inneren Organe nicht ausreichend durchblutet, daher verringern sich die Zufuhr von Nährstoffen und der Abtransport von Stoffwechselprodukten, und es kann zur Verstopfung kommen.

Die mechanischen Folgen der Fehlhaltung wirken sich auf den ganzen Körper aus. Die Fähigkeit der oberen Rückenpartie, Drehbewegungen (Rotationsbewegungen) auszuführen, setzt eine normale Ausrichtung der Wirbel voraus. (Ältere Menschen müssen oft den ganzen Rumpf drehen, wenn sie etwas beobachten wollen, was sich hinter oder neben ihnen befindet.) Eine Kyphose mindert die Drehbeweglichkeit der Brustwirbelsäule, so daß nötige Drehungen von der Lendenwirbelsäule ausgeführt werden müssen. Dies belastet die Lendenwirbelsäule ungeheuer und schädigt schließlich die Lendenwirbel und die zugehörigen Bandscheiben.

Bei vorgerecktem Kopf wird die natürliche Halslordose abgeflacht. Dadurch werden die Bänder zunächst rigide, drücken die Wirbel zusammen und schränken ihre Bewegung ein. Mit zunehmender Überdehnung der Bänder kommt es zu einer Instabilität, die eine weitere Zerstörung der Bandscheiben und reaktive Knochenveränderungen (z.B. Knochensporne) bedingt.

Bei vorgerecktem Kopf müssen die oberen Rückenmuskeln über Gebühr arbeiten, um sein Gewicht gegen die Schwerkraft zu halten, was zu Spannungskopfschmerzen und zu Arthritis der Halswirbelsäule führt. Manchmal bewirkt diese Haltung sogar eine Degeneration und einen Vorfall der Halsbandscheiben mit Schmerzen, Schwäche, Taubheitsgefühl im Nacken, im Arm, in der Schulter, im oberen Rücken, in der Hand und den Fingern. Sollten derartige Symptome bei Ihnen auftreten, müssen Sie unbedingt einen Arzt konsultieren.

Infolge der Schwerpunktverlagerung und der Reaktionen der Lendenlordose auf die veränderte Halslordose belastet die vorgestreckte Kopfhaltung die Lendenwirbelsäule. Auch das Schultergelenk wird dadurch mechanisch benachteiligt, weil das Schlüsselbein und das Schulterblatt vorgeschoben werden; dies kann eine Bursitits (eine Entzündung der das Gelenk umgebenden Schleimbeutel) oder Probleme mit der Rotatorenmanschette auslösen. (Die Rotatorenmanschette ist ein haubenartiges Sehnengebilde über dem Kopf des Oberarmknochens, dem Schulterblatt und dem Schlüsselbein. Bei vorhängenden Schultern und vorgestrecktem Kopf wird die Rotatorenmanschette gezerrt und beschädigt; sie entzündet sich und schwillt an.)

Zum Glück brauchen Sie Ihre schlechte Haltung (und die damit einhergehenden körperlichen Beschwerden und seelischen Probleme) nicht hinzunehmen.

Wenn Sie geduldig, beharrlich, sanft und gründlich eine richtige Körperhaltung anstreben, werden Sie mit den korrigierenden Yoga-Übungen hervorragende Ergebnisse erzielen. Bei mir haben die Übungen in diesem Buch die schlechte Haltung von Kopf und Schultern derart verbessert, daß ich jetzt fast drei Zentimeter größer bin und regelmäßig wegen meiner guten Haltung bewundert werde.

Mit den Positionen dieses Kapitels sollen Nacken und Schultern trainiert werden. Dennoch müssen Nackenschmerzen stets im Zusammenhang mit dem ganzen Körper und mit der gesamten Wirbelsäule gesehen werden und nicht als isoliertes Problem. Um Schmerzen und Muskelverspannungen zu mindern, beginnen Sie mit den Übungen in diesem Kapitel und dringen dann zu den Ursachen Ihres Haltungsproblems vor, indem Sie die statischen Grundübungen und die dynamischen Bewegungsübungen (Kapitel 6 und 7) absolvieren.

Dehnungsübungen für den Nacken

Warnung: Die herkömmlichen Übungen des Kopfrollens können riskant sein. Ja, ich weiß, Sie haben in Kursen und in Büchern gesehen, wie die Leute den Kopf um den Nacken kreisen lassen. Sie haben es sogar selbst versucht und fanden es angenehm. Da aber dieses Kopfkreisen die Funktionseinbußen der Halswirbelsäule nicht berücksichtigt, kann es kontraproduktiv sein.

Anders als das Hüftgelenk, das ein Kugelgelenk darstellt, besitzen die Facettengelenke der Halswirbel flache Gelenkflächen, die nur aufeinandergleiten, wenn die Bewegung in der Ebene der Gelenkflächen erfolgt. Handelte es sich bei den Gelenken der Halswirbelsäule um Kugelgelenke, wäre das Kopfkreisen eine angemessene Übung. Da sie es aber nicht sind, reiben sich die Außenränder der Facettengelenke aneinander, wenn man sie zu dieser Rotationsbewegung zwingt. Diese schädliche Gymnastik kann arthritische Veränderungen und Muskelverspannungen verursachen.

Die folgenden Übungen sind der Anatomie des Halses angepaßt; sie dehnen und entspannen die Nackenmuskeln innerhalb der von der Anatomie der Halswirbel gesetzten Grenzen. Die Nackendehnungen arbeiten mit den Ansatzstellen der kleinen Nackenmuskeln und der Muskeln des Schultergürtels an der Halswirbelsäule. Diese Muskeln werden bei vorgestreckter Kopfhaltung über Gebühr beansprucht und sind sehr dankbar für eine Dehnung, die eine stärkere Durchblutung und eine bessere Haltung ermöglicht. (Die Übungen sind am leichtesten im Sitzen zu erlernen, sie können aber auch im Stehen gemacht werden.)

Die Nackendehnung darf keine Schmerzen auslösen. Falls Ihre Krankengeschichte eine Nackenverletzung ausweist, einen Knochensporn an einem Halswirbel, einen Bandscheibenvorfall oder eine Arthritis im Bereich der Halswirbelsäule oder Schmerzen oder Taubheitsgefühl, die in den Nacken oder den Arm ausstrahlen, dann sollten Sie beim Dehnen äußerst vorsichtig vorgehen. Richtig angewandt, können sie bei den genannten Zuständen wohltuend sein, doch sollten Sie besonders darauf achten, Schmerz- oder Taubheitsgefühl zu vermeiden. Bewegen Sie sich stets langsam und sanft, während Sie Kopf und Nacken fließend in Position gehen lassen. Falls Sie erst in der Endposition Beschwerden bekommen, hören Sie früher damit auf.

Richtiges Sitzen

Hilfsmittel: solider Stuhl mit hartem, flachem Sitz (evtl. noch Bücher, Decken, Bohnensäckchen).

Einnehmen der Haltung und Korrektur. Sie benötigen einen soliden Stuhl mit hartem, flachem Sitz. Die Sitzhöhe soll so bemessen sein, daß Ihre Oberschenkel, wenn Sie auf dem vorderen Drittel des Stuhls sitzen, parallel zum Boden sind und die Kniegelenke sich genau über den Knöcheln befinden (Abb. **129**). Ist der Sitz zu hoch, so daß Ihre Fußsohlen den Boden nicht erreichen, dann legen Sie Bücher unter die Füße. Wenn der Sitz so niedrig ist, daß Ihre Knie höher liegen als die Hüften (Abb. **130**, unkorrekt), setzen Sie sich auf eine zusammengefaltete Decke (Abb. **131**). Andernfalls belastet Ihre Sitzhaltung das Kreuz und erschwert eine gute Haltung.

Nehmen Sie sich einen Augenblick Zeit, um den Scheitelpunkt Ihres Kopfes zu orten, den Schnittpunkt des Mittelscheitels mit einer gedachten Linie zwischen beiden Ohreingängen. (Sie können den Punkt mit Hilfe von zwei Fäden vermessen.) Drücken Sie fest auf diesen Scheitelpunkt, um ihn sich für die weitere Übung zu merken. Wenn Sie beim Üben ein Bohnensäckchen auf den Kopf legen, lernen Sie leichter, Ihre Wirbelsäule gerade aufzurichten.

Sitzen Sie auf den Sitzhöckern und nicht auf dem Steiß und dem Kreuzbein. Achten Sie darauf, daß Ihr Gewicht gleichmäßig auf den rechten und linken Sitzknochen verteilt ist. Damit Sie sich nicht krumm halten, heben Sie das Brustbein leicht in die Höhe, ohne aber ein Hohlkreuz zu machen. Setzen Sie sich mindestens einmal täglich und im Laufe des Tages so oft wie möglich eine bis drei Minuten lang so hin, und konzentrieren Sie sich dabei auf Ihre Atmung, Ihre inneren Bilder und Ihre korrekte Haltung.

Atmen und Visualisieren. Stellen Sie sich vor, daß Ihre Sitzknochen Wurzeln zum Mittelpunkt der Erde senken, die Ihren Rumpf unverrückbar auf seinem Platz halten. Denken Sie sich Ihren Scheitel wie die Krone eines Baums, die der Sonne entgegenstrebt. Fühlen Sie bei jeder Ein- und Ausatmung, wie Ihre Wirbelsäule leicht wird, während sie sich von ihrer Basis her emporstreckt. Hal-

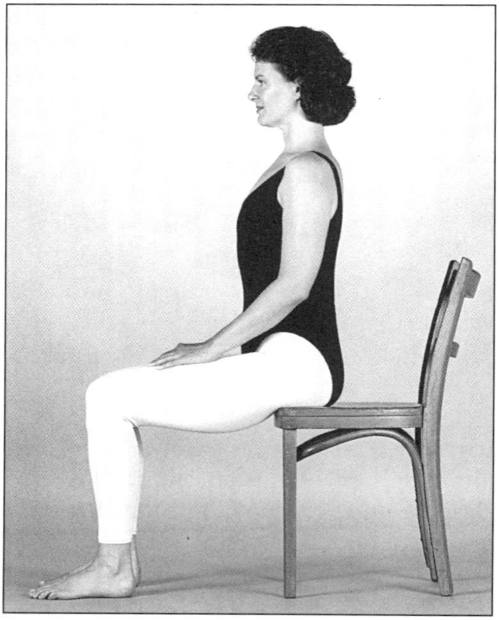

Abb. 129
Richtige Sitzhaltung

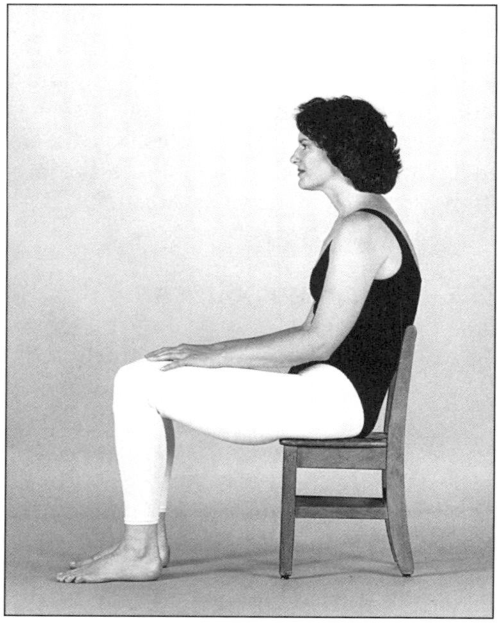

Abb. 130
Schlechte Sitzhaltung, Stuhl zu niedrig

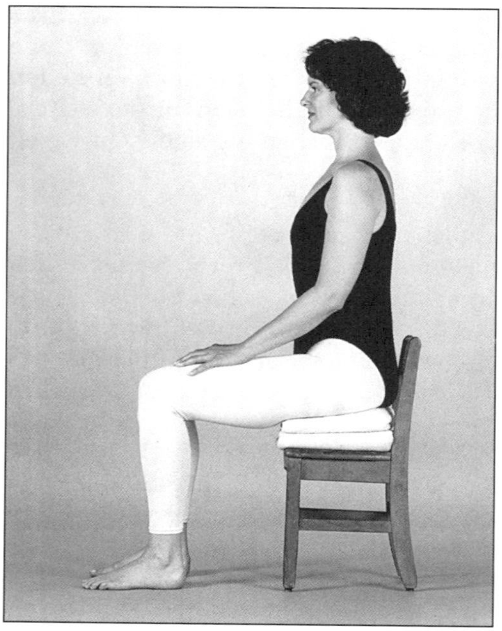

Abb. 131
Richtige Sitzhaltung, Sitzhöhe korrigiert

ten Sie Ihr Kinn locker, weder emporgereckt noch gesenkt. Lockern Sie die Muskeln an der Basis des Schädels. Halten Sie Nacken und Schultern locker und entspannt, die Schultern sollen in der Längsachse der Ohren leicht herabsinken.

Eine weitere hilfreiche bildliche Vorstellung ist die einer Wolke am Übergang zwischen Schädel und Wirbelsäule. Lassen Sie die Wolke bei jeder Einatmung langsam und gleichmäßig ein bißchen größer werden. Bei jeder Ausatmung lassen Sie Ihren Kopf von der Wirbelsäule emporsteigen.

Übungsziel. Das aufrechte Sitzen kräftigt die oberen Rückenmuskeln, die dem Nacken Halt geben. Durch diese Haltung werden Kopf, Nacken und Schultern korrekt für die nun folgenden Dehnungsübungen ausgerichtet.

Ohr zur Schulter neigen I

Hilfsmittel: solider Stuhl mit hartem, flachem Sitz (evtl. Bücher, gefaltete Decke).

Einnehmen der Haltung und Korrektur. Sie setzen sich in der oben beschriebenen Haltung auf einen soliden Stuhl mit hartem, geradem Sitz. Sie sitzen vorgerückt auf dem Stuhl, Ihr Gewicht ist gleichmäßig auf die beiden Sitzknochen verteilt. Sie spüren, daß die Sitzknochen fest auf dem Stuhlsitz ruhen. Sie spüren ferner, wie Ihre Wirbelsäule sich von den Sitzknochen aus zu einem Punkt oberhalb Ihres Scheitels emporstreckt. Vergessen Sie nicht, das Brustbein leicht anzuheben, ohne ein Hohlkreuz zu machen. Denken Sie sich Ihre Wirbelsäule während einiger Atemzüge länger, als Sie sie einschätzen.

Stellen Sie sich eine weiche wattige Wolke zwischen dem oberen Ende Ihrer Wirbelsäule und der Basis des Schädels vor. Lassen Sie Ihren Kopf auf dieser Wolke emporsteigen. Dies sollen Sie nicht aktiv bewirken, sondern eher passiv geschehen lassen. Das Kinn ist in Neutralstellung (weder erhoben noch gesenkt), während der ganze Kopf nach oben schwebt. Lassen Sie alle Spannung aus den Schultern weichen.

Atmen Sie ein, und lassen Sie beim Ausatmen Ihren Kopf emporschweben, dann nach rechts und nach unten sinken, so daß sich das rechte Ohr der rechten Schulter nähert (Abb. **132**). Heben Sie nicht die Schulter zum Ohr, und recken Sie nicht das Kinn. Halten Sie die Augen offen, den Blick nach unten gesenkt. Lassen Sie den Kiefer entspannt. Bleiben Sie zwanzig bis vierzig Sekunden in dieser Haltung (etwa drei bis fünf Atemzüge lang).

Dann lassen Sie Ihren Kopf in die Ausgangsposition zurückgleiten. Spüren Sie erneut den Kontakt der Sitzhöcker mit dem Stuhlsitz, und lassen Sie Ihre Wirbelsäule sich strecken.

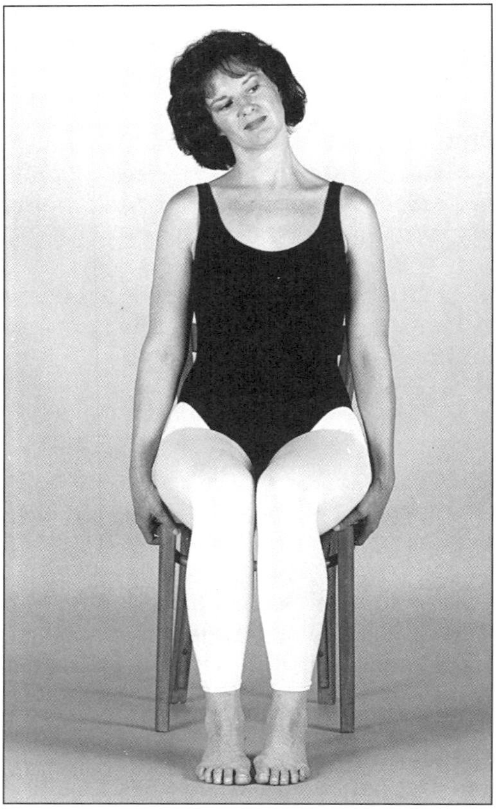

Abb. 132
Ohr zur Schulter neigen I

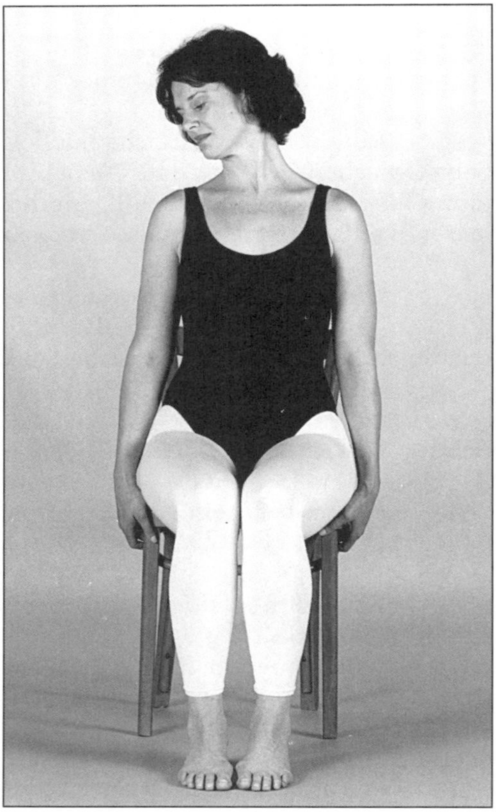

Abb. 133
Ohr zur Schulter neigen II

Dann heben Sie den Kopf, lassen ihn nach links sinken und nähern das linke Ohr der linken Schulter, ohne diese oder das Kinn zu heben. Üben Sie insgesamt zwei- bis viermal mit jeder Seite.

Atmen und Visualisieren. Stellen Sie sich vor, während Ihr Ohr aufwärts, zur Seite und zur Schulter herab bewegt wird, es sei eine Feder, die von einem leichten Wind hoch- und weggepustet wird und dann sanft zu Boden sinkt. Atmen Sie ruhig und entspannt, damit sich die Atemweise auf die Dehnungsarbeit überträgt.

Ohr zur Schulter neigen II

Hilfsmittel: solider Stuhl (evtl. Bücher, Decke).

Einnehmen der Haltung und Korrektur. Der erste Teil dieser Dehnungsübung ist identisch mit der vorhergehenden Position. Nachdem Sie die Ohr-zu-Schulter-Position mindestens zwanzig Sekunden lang gehalten haben, drehen Sie allmählich schrittweise den Kopf, bis die Augen auf die Achselhöhle blicken (Abb. **133**). Halten Sie während des Bewegungsablaufs zweimal inne, und atmen Sie in den Bereich ein, in dem Sie die Dehnung am stärksten empfinden, und atmen Sie aus, wenn der gedehnte Bereich locker werden soll. Halten Sie bei jeder Pause diese Position für mindestens zwanzig Sekunden, bevor Sie mit der Dehnung fortfahren. Achten Sie darauf, daß die Schultern gesenkt und auf Distanz von den Ohren bleiben. Denken Sie daran, daß der Kiefer entspannt, die Augen offen sein und nach unten blicken sollen. Lassen Sie Ihren Kopf wieder in die Ausgangsposition zurückgehen. Dann wiederholen Sie die Übung nach der anderen Seite. Üben Sie je drei- bis sechsmal, und vergessen Sie nicht, nach jeder Dehnung den Kopf wieder in die Ausgangsposition zu führen.

Atmen und Visualisieren. Wenden Sie die entspannende Atmung an. Stellen Sie sich vor, wie die seitlichen Nackenmuskeln länger, weicher und freier werden. Sehen Sie, wie sich der Abstand zwischen Ihrem Ohr und Ihrer Schulter allmählich vergrößert.

Übungsziel. Die Ohr-zu-Schulter-Übung dehnt die Muskeln, die den Kopf mit dem Nacken und den Schultern verbinden. Indem sie länger werden, nimmt der Raum zwischen den Wirbeln zu und fällt es Ihnen leichter, Kopf und Schultern wieder korrekt auszurichten. Wenn zwischen den Wirbeln mehr Raum ist, werden die Bandscheiben und die Facettengelenke der Halswirbelsäule weniger stark belastet.

Positionen für die obere Rückenpartie und die Schultern

Arme heben

Hilfsmittel: Wand (evtl. noch zwei Dosen Erbsen).

Einnehmen der Haltung und Korrektur. Sie stehen aufrecht mit dem Rücken zur Wand, die Fersen sind 15 bis 20 cm vom Sockel entfernt, und der Abstand zwischen den Füßen ist hüftbreit. Lehnen Sie sich mit Schultern und Gesäß gegen die Wand. Achten Sie darauf, daß Ihr Brustbein angehoben ist, und machen Sie kein Hohlkreuz.

Heben Sie nun die gebeugten Arme so, daß die Oberarme die Gerade zwischen den Schultern verlängern und mit den Unterarmen einen rechten Winkel bilden (Abb. **134**). Berühren Sie die Wand möglichst lange mit den Ellbogen und den Handgelenken, heben Sie dabei die Arme langsam zur Decke, bis beide Ellbogen gestreckt sind, als würden Sie fliegen (Abb. **135**). Halten Sie die Schultern von den Ohren weg. Machen Sie kein Hohlkreuz.

Nun senken Sie die Arme wieder in die angewinkelte Haltung. Wiederholen Sie fünfmal. Wenn es Ihnen leichtfällt und keine Schmerzen bereitet, nehmen Sie zum Üben in jede Hand ein 500-Gramm-Gewicht (oder eine entsprechend schwere Konservendose). Steigern Sie nach und nach die Anzahl der Übungen, bis Sie auf 25 kommen.

Atmen und Visualisieren. Atmen Sie locker und entspannt. Halten Sie nicht die Luft an. Spüren Sie, wie die Muskeln unter den Schulterblättern arbeiten und kräftiger werden und Ihren vorhängenden Schultern entgegenwirken. Fühlen Sie sich, als würden Sie fliegen, während Sie die Arme über den Kopf erhoben haben.

Übungsziel. Die oberen Rückenmuskeln und die Schultermuskeln tragen zur aufrechten Haltung des Körpers bei. Bei vorhängenden Schultern und vorgerecktem Kopf müssen sie in abnorm verlängerter Position zuviel Arbeit leisten, was sie biomechanisch benachteiligt. Sie profitieren, wenn sie bei guter Körperhaltung gekräftigt werden.

Anmerkungen

- *Falls eine dieser Positionen Schmerzen in den Schultergelenken verursacht, reduzieren Sie entweder die Dauer der einzelnen Übung oder die Zahl der Wiederholungen. Hilft dies nicht, dann unterlassen Sie das*

Abb. 134
Arme heben, Ausgangsposition

Abb. 135
Arme heben, korrekte Endposition

Strecken der Arme und arbeiten ein paar Monate nur mit leicht angewinkelten Armen, während Sie sich bemühen, Ihre Körperhaltung insgesamt zu verbessern. Nach Schulterverletzungen kann es eine ganze Weile dauern, bis die Arme ohne Schmerzen über den Kopf emporgehoben werden können.

- *Sollten Sie nicht imstande sein, mit den Handgelenken oder Ellbogen die Wand zu berühren, halten Sie sie so dicht hin, wie Sie es bequem schaffen. Mit der Zeit und bei beharrlichem Üben geht es immer besser.*

Unterarme umeinander schlingen

Hilfsmittel: solider Stuhl (evtl. Bücher, Decke, Bohnensäckchen; Gürtel, Kniestrumpf oder kleines Gästehandtuch).

Einnehmen der Haltung und Korrektur. Sie sitzen in der bereits beschriebenen korrekten Haltung auf dem Stuhl. (Ihre Haltung wird verbessert, wenn Sie sich ein Bohnensäckchen auf den Kopf legen.) Machen Sie sich Ihr Gewicht bewußt, das auf den Sitzhöckern verteilt ist, und strecken Sie Ihren Rumpf vom Scheitel aus; dabei bleiben der Kiefer entspannt, die Schultern unten, das Kinn in Neutralstellung, die Augen geöffnet und nach unten gerichtet. Halten Sie den im rechten Winkel gebeugten Ellbogen in halber Höhe des Brustkorbs vor das Brustbein (Abb. **136**). Den rechten Arm strecken Sie gerade vor, legen ihn unter den erhobenen linken Arm und schlingen ihn dann von hinten um den linken Unterarm, so daß die Finger der rechten Hand auf die linke Handfläche zu liegen kommen (Abb. **137**). Falls Sie die Hände nicht zusammenführen können, nehmen Sie einen Gürtel, einen Strumpf oder ein kleines Handtuch in die linke Hand und versuchen, in erreichbarer Höhe mit der rechten Hand danach zu fassen (Abb. **138**). Fühlen Sie die Dehnung in der oberen Rückenpartie. Lassen Sie Ihr Gewicht gleichmäßig auf beiden Sitzknochen ruhen. Um die Dehnung zu intensivieren, heben Sie die Ellbogen um zwei bis fünf Zentimeter und bleiben in dieser Position, während Sie ruhig weiteratmen. Bleiben Sie mindestens zwanzig Sekunden in der jeweiligen Position.

Wiederholen Sie die Übung mit vertauschten Armen. Achten Sie auf Seitenunterschiede.

Atmen und Visualisieren. Wenden Sie die entspannende Atmung an, machen Sie nach jeder Ausatmung eine kleine Pause. Bei jedem Einatmen stellen Sie sich vor, daß ihr oberer Rücken breiter wird. Mit jedem Ausatmen sehen Sie die oberen Rückenmuskeln locker und geschmeidig werden.

Übungsziel. Diese Dehnungsübung ist nützlich, wenn die oberen Rückenmuskeln (vor allem die Rautenmuskeln, die Schulterblätter und Wirbelsäule verbinden) zu Verspannungen neigen. Da sie das Vorhängen der Schultern verstärkt, sollte sie nur gelegentlich praktiziert werden, wenn die oberen Rückenmuskeln wehtun.

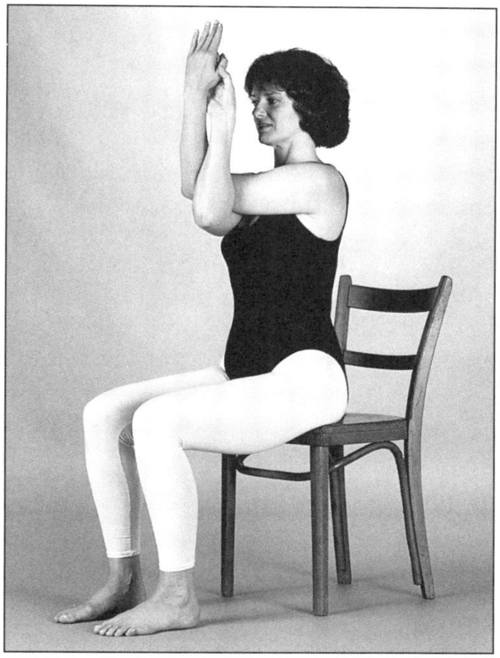

Abb. 136 Unterarme umeinander schlingen, Ausgangsposition

Abb. 137 Unterarme umeinander schlingen, korrekte Endposition

Abb. 138 Unterarme umeinander schlingen, Variation bei eingeschränkter Beweglichkeit

Kuhkopf

Hilfsmittel: Stuhl (evtl. Decken, Bücher, Kniestrumpf oder Handtuch).

Einnehmen der Haltung und Korrektur. Sie setzen sich zunächst in optimaler Haltung auf den Stuhl, Ihr Gewicht ruht gleichmäßig auf beiden Sitzknochen, und der Rücken ist vom Scheitel aus gestreckt. Lassen Sie die Schultern locker, das Kinn in Neutralstellung, den Unterkiefer entspannt und die Augen offen; sie blicken nach unten zu den Unterlidern. Heben Sie den gestreckten rechten Arm über den Kopf, und beugen Sie den Ellbogen, so daß Sie die flache Hand zwischen die Schulterblätter legen können.

Strecken Sie den linken Arm gerade nach hinten, beugen Sie das Ellbogengelenk, so daß der Handrücken oberhalb der Taille auf den Rücken zu liegen kommt. Versuchen Sie, die Finger möglichst ineinander zu verhakeln (Abb. **139**). Wenn nur die Fingerspitzen einander berühren oder Sie die Hände gar nicht zusammenführen können, fassen Sie mit der rechten Hand den Strumpf oder das Handtuch und greifen Sie mit der linken danach (Abb. **140**). Dabei darf sich weder die korrekte Kopfhaltung ändern noch ein Hohlkreuz entstehen.

Jetzt strecken Sie den rechten Ellbogen nach oben und den linken nach unten. Bleiben Sie mindestens 20 Sekunden in dieser Haltung. Dann wechseln Sie die Arme und machen die Übung umgekehrt. Achten Sie auf etwaige Seitenunterschiede. Üben Sie abwechselnd mit beiden Seiten zwei- bis viermal.

Vorsicht! Lassen Sie unbedingt den Kiefer locker. Widerstehen Sie dem Impuls, ein Hohlkreuz zu machen oder Ihr Gewicht einseitig zu verlagern.

Atmen und Visualisieren. Atmen Sie ruhig und entspannt. Mit jeder Einatmung lassen Sie den oberen Ellbogen weiter nach oben und den unteren weiter nach unten ziehen. Stellen Sie sich vor, wie sich Ihre Wirbelsäule von den Sitzknochen bis zum Oberkopf hin dehnt.

Übungsziel. Diese Dehnungsübung trainiert die Muskeln, die für das Schultergelenk zuständig sind. Sie dehnt die Muskeln und führt zu größerer Beweglichkeit, so daß vorhängende Schultern und ein vorgereckter Kopf allmählich zu einer korrekteren Haltung zurückfinden.

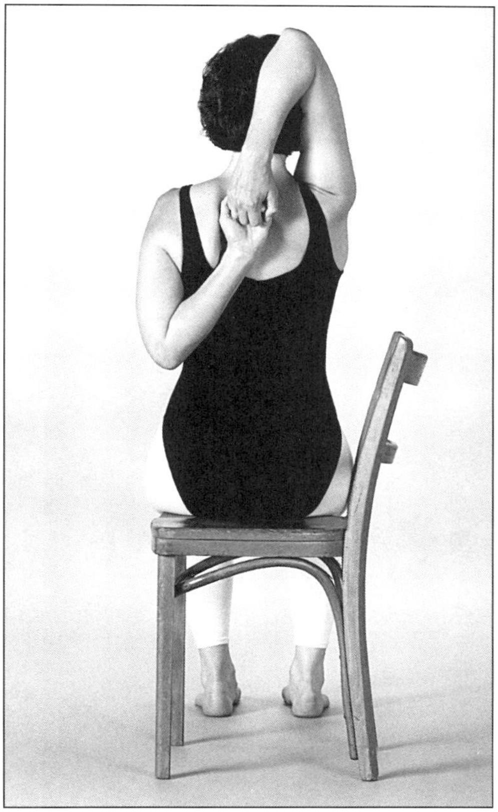

Abb. 139 Hände hinter dem Rücken zusammenführen (Kuhkopf), Endposition

Abb. 140 Kuhkopf, Variation bei eingeschränkter Beweglichkeit

Passive Rückwärtsbeuge im Knien

Hilfsmittel: Wand, solider Stuhl, vier Decken (evtl. Kniestrümpfe, Gürtel).

Einnehmen der Haltung und Korrektur. Stellen Sie den Stuhl mit der Lehne zur Wand. Legen Sie eine ordentlich gefaltete Decke so auf den Stuhl, daß sie genügend über die vordere Sitzkante herabhängt, um sie abzupolstern. Schichten Sie die anderen zusammengefalteten Decken vor der Stuhllehne übereinander.

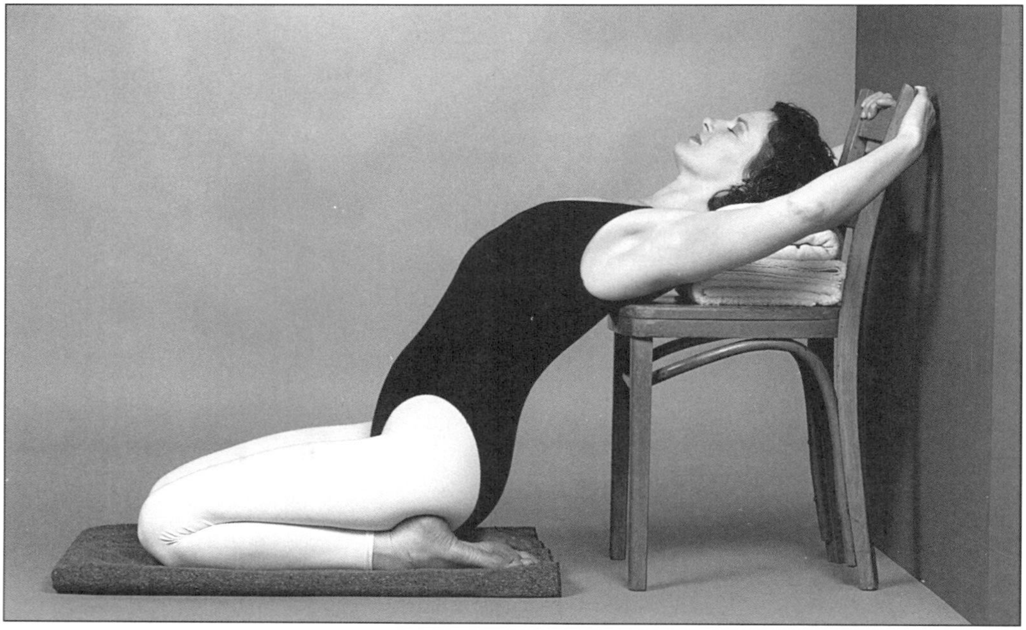

Abb.141 Passive Rückwärtsbeuge im Knien

Knien Sie sich mit dem Rücken zum Stuhl auf eine Decke, die Knie hüftbreit auseinander. Sollten Ihnen die Knie wehtun, unterpolstern Sie sie, indem Sie die Decke noch einmal falten.

Passive Rückwärtsbeuge. Lehnen Sie sich so zurück, daß die vordere Stuhlkante sich genau unterhalb Ihrer Schulterblätter befindet. Ihren Kopf lassen Sie auf dem Deckenstapel ruhen (Abb. **141**). Falls dieser nicht ausreicht, falten Sie die Decken so, daß der Stapel höher wird. Umfassen Sie die obere Kante der Stuhllehne, die Ellbogen sind nach außen gewandt. Sollten Sie Schmerzen in einem oder in beiden Knien verspüren, verlassen Sie die Position, schieben einen zusammengedrehten Strumpf in die Kniebeuge und versuchen es nochmal. Wenn die Knie auseinanderdriften wollen, binden Sie die Oberschenkel mit einem Gürtel zusammen. Bleiben Sie zwanzig Sekunden bis mehrere Minuten in der Position; die Hüften ruhen auf den Fersen. Anschließend ruhen Sie sich in der Embryohaltung aus (Abb. **144**).

Aktive Rückwärtsbeuge im Knien, Variation 1. Heben Sie die Hüften, während Sie Knie, Schienbeine und Füße fest gegen den Boden drücken (Abb.

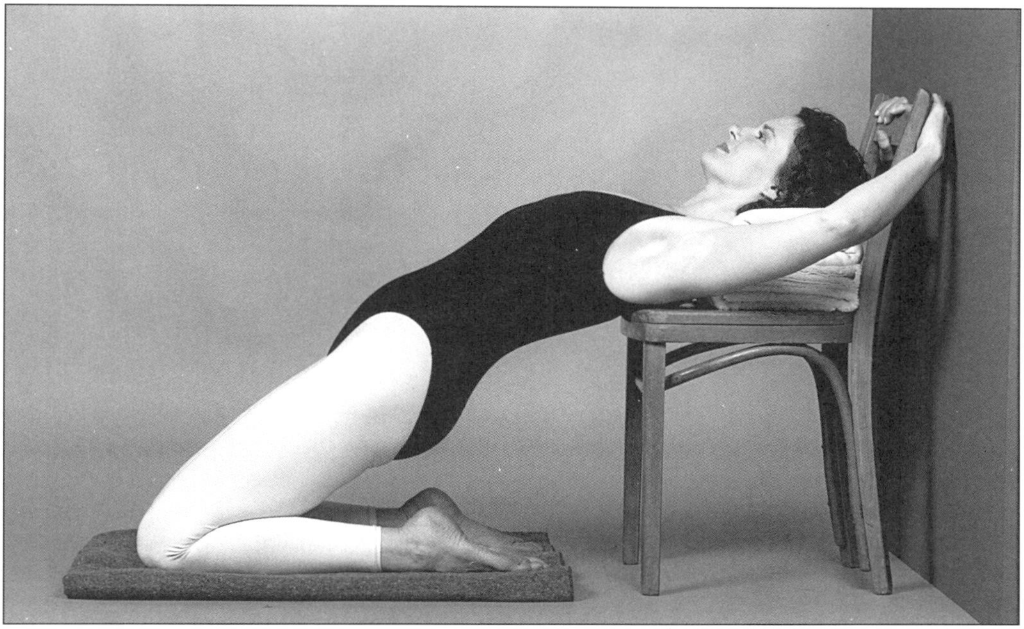

Abb. 142 Rückwärtsbeuge im Knien, Variation 1

142). Bleiben Sie mehrere Atemzüge lang in dieser Position, und ruhen Sie sich dann in der Embryohaltung aus (Abb. **144**).

Aktive Rückwärtsbeuge im Knien, Variation 2. Aus der Ausgangsposition, auf den Fersen sitzend, greifen Sie hinter sich und umfassen die Vorderkante des Stuhls mit den Händen. Drücken Sie die Hände, die Füße und die Schienbeine nach unten, um die Hüften zu heben und die Arme zu strecken. Drücken Sie weiter die Hände und Schienbeine nach unten, um den Brustkorb zu weiten, die Schultern nach hinten zu rollen und die Hüften vorzuschieben (Abb. **143**). Schauen Sie weiter nach vorne – und ziehen Sie den Kopf nicht nach hinten. Falls Ihnen das Kreuz Beschwerden macht, gehen Sie aus der Position, indem Sie sich wieder auf die Fersen setzen. Dann versuchen Sie es erneut und achten dieses Mal darauf, beim Heben der Hüften das Schambein in Richtung Nabel zu schieben. Sollten sich die oberen Rückenmuskeln verkrampfen, setzen Sie sich auf die Fersen und kuscheln sich zusammen, bis es besser ist. Bei Fußkrämpfen krallen Sie die Zehen zusammen.

Abb. 143
Rückwärtsbeuge im Knien,
Variation 2

Abb. 144
Embryohaltung

Bleiben Sie mehrere Atemzüge lang in dieser Position. Ruhen Sie sich anschließend in der Embryohaltung aus (Abb. **144**).

Atmen und Visualisieren. Bei der passiven Variation praktizieren Sie die entspannende Atmung. Bei den aktiven Variationen atmen Sie normal mit offenen, nach unten blickenden Augen. Halten Sie nicht den Atem an. Stellen Sie sich vor, wie sich Ihr Brustkorb weitet, um mehr Sauerstoff aufzunehmen. Sie sehen, wie Ihre vorhängenden Schultern geschmeidiger werden. Sie beobachten innerlich, wie Ihr Herz sich öffnet und aufnahmebereit wird.

Übungsziel. Diese Übung dehnt die Pektoralismuskeln (an der Vorderseite des Brustkorbs) und die Zwischenrippenmuskeln, was eine bessere Haltung des Kopfes und des Schultergürtels bewirkt. Die aktive Variation 2 kräftigt außerdem die oberen Rückenmuskeln.

Anmerkungen

- *In der ersten Hälfte der Schwangerschaft darf nur die passive Variation dieser Position geübt werden.*
- *In der zweiten Hälfte der Schwangerschaft sollten Sie diese Übung überhaupt nicht machen.*

Gestützte Ruhelage

Hilfsmittel: drei Decken, jede Menge Handtücher oder Gästetücher.

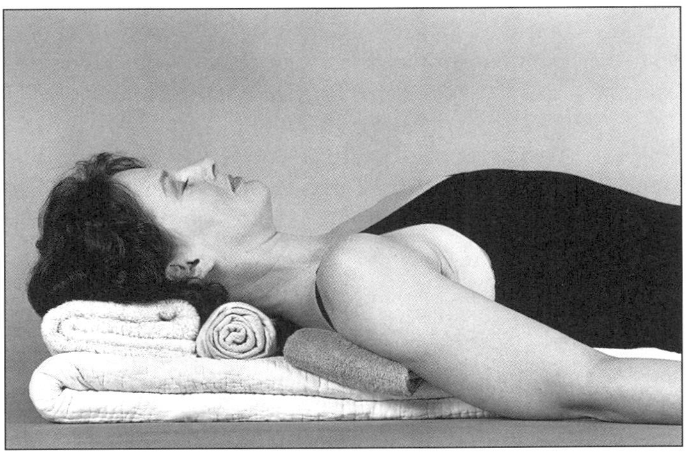

Abb. 145 Gestützte Ruhelage

Einnehmen der Haltung und Korrektur. Falls Sie einen ausgeprägten Rundrücken haben, benötigen Sie, um bequem auf dem Rücken liegen zu können, eine feste Decke sowie reichlich Handtücher und Geduld. Besteht der Rundrücken schon länger, wird die obere Rückenpartie nicht flach auf dem Boden liegen können. Deshalb sind Hilfsmittel notwendig, um die Wirbelsäule und die Schultern in ihrer jetzigen Stellung bequem zu unterpolstern. Während sich Ihre Haltung in den kommenden Monaten verbessert, kann die Dicke der Unterpolsterung verringert werden.

Falten Sie eine feste Decke 5 cm dick und 30 cm breit ordentlich zusammen. Um die Schulterblätter zu unterpolstern, legen Sie beidseits der Mittellinie ein oder mehrere zusammengefaltete Gästetücher auf die Decke. Setzen Sie sich an dem einen Ende der Decke auf den Boden. Stützen Sie sich mit den Händen ab, und lassen Sie sich mit dem Rücken auf die Decke sinken, so daß die Schulterblätter auf die Gästetücher zu liegen kommen. Schieben Sie sich ein fest zusammengerolles Handtuch ins Genick und ein gefaltetes Handtuch unter den Kopf (Abb. **145**). (Wie Sie die Nackenrolle und die Kopfunterlage herstellen, ist im 5. Kapitel „Entspannungstechniken" ausführlich beschrieben. Siehe auch die Abbildungen **50** bis **52**.)

Um Kopf und Schultern richtig zu unterpolstern, brauchen Sie vielleicht mehrere zusätzliche gefaltete Handtücher. Sollte der Druck Ihrer Wirbelsäule auf die Decke unangenehm sein, legen Sie zwei gefaltete Decken längs nebeneinander und betten die Wirbelsäule in die entstehende Furche.

Korrigieren Sie die Hilfsmittel solange, bis Sie wirklich total bequem liegen. Passen Sie die Hilfsmittel jeweils der Position an, wenn im Verlauf der Muskelentspannung Nacken, Kopf, Schultern und Schulterblätter stärker unterpolstert werden müssen.

Bleiben Sie nur so lange in der Position liegen, wie diese Ihnen angenehm ist. Beginnen Sie mit ein bis zwei Minuten, und steigern Sie die Liegedauer nach und nach auf fünf bis zehn Minuten oder länger.

Atmen und Visualisieren. Praktizieren Sie die entspannende Atmung. Beobachten Sie, wie Ihre Lungen sich dehnen, um den Atem aufzunehmen. Sehen Sie, wie der heilende Atem in jede Zelle strömt, ihr Energie und Kraft spendet und ihre Heilung fördert.

Übungsziel. Bei dieser rehabilitierenden unterstützten Position fördert die passive Dehnung der Pektoralismuskeln eine bessere Haltung. Die feste Unterpolsterung durch die Hilfsmittel bewirkt, daß die Muskeln sich entspannen und in die Länge dehnen. Mit dem entspannenden Atem beginnt die Heilung von Körper und Geist. Der Brustkorb ist nicht länger zusammengesunken, das Atmen fällt leichter, und die Durchblutung der Bauchorgane wird verbessert.

Anmerkung

– *Unterlassen Sie diese Übung in der zweiten Hälfte der Schwangerschaft.*

Schlafhaltungen und Nackenschmerzen

Die Lektionen, die Sie über die Erhaltung und Verbesserung Ihrer natürlichen Wirbelsäulenkrümmungen gelernt haben, können sogar im Schlaf dazu beitragen, daß Ihr Nacken gesund wird. Wenn Sie beim Erwachen Nackenschmerzen haben, können Sie Gift darauf nehmen, daß diese gut auf eine bessere Ausrichtung und Unterpolsterung während des Schlafs ansprechen werden. Hier einige Tips:

- Eine feste Matratze ist für alle Schläfer gut.
- Bei Nackenschmerzen kann das Schlafen in Bauchlage, speziell auf einer weichen Matratze, sehr problematisch sein. Falls Sie anders nicht schlafen können, betten Sie Brust, Nacken und Kopf auf ein großes Kissen. Vielleicht fühlen Sie sich erst besser, wenn Sie mit dem ganzen Rumpf, mit Nacken und Kopf auf zwei Kissen liegen.
- Wenn Sie auf dem Rücken schlafen, benutzen Sie die gleichen Nackenrollen und Kopfunterlagen, die Sie bei den Yoga-Übungen brauchen (Abb. **50** bis **52**). Zum Schlafen können Sie sie in Kopfkissenbezüge stecken (oder sich einen weiteren Satz Polster fürs Bett herrichten). Falls Sie ein Nakkenkissen besitzen, das Ihre Aufwachbeschwerden zu verhindern vermag, benutzen Sie es weiter. Allerdings sind die meisten Nackenkissen zu weich, um den Nacken angemessen abzupolstern. Außerdem sind sie für einen (imaginären) Durchschnittsnacken hergestellt und können niemals so paßgerecht sein wie eine Rolle oder feste Unterlage, die Sie nach Ihren individuellen Bedürfnissen anfertigen.
- Falls Sie in Seitenlage schlafen, müssen Sie Kopf und Nacken unterpolstern, indem Sie den Hohlraum zwischen Matratze und Schulter, Kopfseite und Nacken ausfüllen. Sonst schlafen Sie nämlich mit verdrehter Halswirbelsäule. Nackenrolle und Kopfunterlage müssen, wenn Sie in Seitenlage schlafen, dicker sein als für das Schlafen in Rückenlage (Abb. **169**).
  Halten Sie mehrere gefaltete Handtücher bereit, mit denen Sie den Raum zwischen Matratze und Kopf und Nacken auspolstern können. Probieren Sie verschiedene Dicken aus, bis Sie die bequemste Lage gefunden haben. Achten Sie darauf, den Nacken wirklich ausreichend zu stützen; er darf nicht zwischen Kopf und Schulter durchhängen.
  Lernen Sie, im Schlaf direkt auf der Schulterkante zu liegen: Wenn Sie die Schulter vorrollen, schlafen Sie nämlich auf dem Schulterblatt. Bevor Sie die Schulter mit Ihrem Gewicht belasten, schieben Sie sie vom Ohr weg (dann haben Sie das Gefühl, Ihr Nacken sei länger).

Nachdem Sie sich derart eingerichtet haben, kümmern Sie sich um den oben liegenden Arm. Wenn Sie ihn nicht unterpolstern, wird er die ganze Nacht einen Zug am Hals ausüben und Sie das am nächsten Morgen schmerzhaft spüren lassen. Legen Sie deshalb diesen Arm im Schlaf auf ein dickes Kissen.

- Wenn Sie in mehreren Haltungen schlafen können, legen Sie sich die richtigen Kissen und Unterlagen für Ihre Lieblingspositionen in Reichweite. Die Linderung, die sie Ihnen verschaffen, wird Sie veranlassen, bei einer Lageänderung nach diesen Hilfsmitteln zu greifen. Einige meiner Nackenschmerzpatienten, die unruhig schlafen, empfinden es als sehr wohltuend, beim Schlafen eine Halskrawatte aus Schaumstoff umzulegen. Sie stützt den Nacken, auch wenn im Schlaf dauernd die Position geändert wird. (Halskrawatten gibt es in Sanitätsfachgeschäften und im Fachhandel für Orthopädiebedarf. Bevor Sie ein solches Hilfsmittel benutzen, sollten Sie Ihren Arzt fragen, ob dies bei Ihren Beschwerden angezeigt ist.)

Übungsvorschläge

Fünfzehn-Minuten-Programm (für Nacken und obere Rückenpartie)

1. Richtiges Sitzen, eine Minute (Abb. **129**)
2. Ohr zur Schulter neigen I, jede Seite dreimal (Abb. **132**)
3. Ohr zur Schulter neigen II, jede Seite dreimal (Abb. **133**)
4. Arme heben, viermal (Abb. **134, 135**)
5. Unterarme umeinander schlingen, zweimal je Seite (Abb.**136** bis **138**)
6. Hände hinter dem Rücken zusammenführen, zweimal je Seite (Abb. **139, 140**)
7. Rückwärtsbeuge im Knien, aktive Variation 1 oder 2, eine Minute (Abb. **142** bis **144**)
8. Passive Rückwärtsbeuge im Knien, eine Minute (Abb. **141, 144**)
9. Gestützte Ruhelage, eine Minute oder länger (Abb. **145**)
10. Ellbogen auf Tisch gestützt, eine Minute oder länger (Abb. **55**)

Zwanzig-Minuten-Programm (für Nacken und oberen Rücken, mit statischen Grundübungen kombiniert)

1. Beckenkippung in Rückenlage; darauf achten, daß Kopf, Schultern und Arme gegen den Boden gedrückt werden; dreimal (Abb. **63**)
2. Beinschere, ein Bein erhoben; einmal, jede Seite eine Minute (Abb. **76**, **77**)
3. Richtige Sitzhaltung, Ohr zur Schulter neigen I und II, drei Minuten (Abb.**129**, **132**, **133**)
4. Bergstellung, Anspannen der Beinmuskeln, eine Minute (Abb. **84**, **85**)
5. Hüftdrehung in Rückenlage, Variation 1, zweimal je Seite (Abb. **67**)

6. Hüftdrehung in Rückenlage, Variation 2, zweimal je Seite (Abb. **68**)
7. Krokodildrehung, zweimal je Seite (Abb. **69**)
8. Rumpfdrehung im Stehen, zweimal je Seite (Abb. **86**, **87**)
9. Passive Brücke, eine Minute (Abb. **70** bis **73**)
10. Ungestützte Brücke, dreimal (Abb. **74**, **75**)
11. Rückwärtsbeuge im Knien, Variation 1 oder 2, eine Minute (Abb. **142** bis **144**)
12. Passive Rückwärtsbeuge im Knien, eine Minute (Abb. **141**, **144**)
13. Vierfüßerstand, Variation 1, zweimal je Seite (Abb. **81**, **82**)
14. Vierfüßerstand, Variation 2, zweimal je Seite (Abb. **81**, **83**)
15. Gestützte Ruhelage, zwei Minuten oder länger (Abb. **145**)

Zwanzig-Minuten-Programm (für Nacken und oberen Rücken, kombiniert mit statischen Grundübungen und dynamischen Bewegungsübungen)

1. Beckenkippung in Rückenlage; darauf achten, daß Schultern, Kopf und Arme gegen den Boden gepreßt werden; dreimal (Abb. **63**)
2. Bergstellung, eine Minute (Abb. **84**, **85**)
3. Rumpfdrehung im Stehen, zweimal je Seite (Abb. **86**, **87**)
4. Gegen die Wand drücken oder Hundstellung, dreißig Sekunden (Abb. **112**, **119**, **121**)
5. Dreieckstellung, dreimal insgesamt (Abb. **88** bis **92**)
6. Gegen die Wand drücken oder Hundstellung, dreißig Sekunden (Abb. **112**, **119**, **121**)
7. Gedrehte Dreieckstellung, dreimal je Seite (Abb. **94** bis **97**)
8. Gegen die Wand drücken oder Hundstellung, dreißig Sekunden (Abb. **112**, **119**, **121**)
9. Heldenstellung, dreimal je Seite (Abb. **103** bis **105**)
10. Gegen die Wand drücken oder Hundstellung, dreißig Sekunden (Abb. **112**, **119**, **121**)
11. Halbmondstellung, insgesamt dreimal (Abb. **99** bis **101**)
12. Gegen die Wand drücken, auf einem Bein stehend, je Seite zweimal (Abb. **116**)
13. Rückwärtsbeuge im Knien, Variation 1 oder 2, eine Minute (Abb. **142** bis **144**)
14. Passive Rückwärtsbeuge im Knien, eine Minute (Abb. **141**, **144**)
15. Embryohaltung in Rückenlage, eine Minute (Abb. **57**)
16. Gestützte Ruhelage, eine Minute oder länger (Abb. **145**)
17. Embryohaltung (Abb. **58**) oder Ellbogen auf Tisch gestützt (Abb. **55**), eine Minute oder länger

10 Skoliose

Mitunter sind Rückenschmerzen mit abnormen seitlichen Verkrümmungen der Wirbelsäule, einer sogenannten *Skoliose* verbunden. Bei der *echten Skoliose* sind diese Verkrümmungen durch eine abnorme Entwicklung der Muskeln und Knochen der Wirbelsäule verursacht und können nicht ohne weiteres korrigiert werden (obgleich Yoga-Positionen die Schmerzen lindern, eine Verschlimmerung des Zustandes verhindern und ihn manchmal teilweise wieder rückgängig machen können). Bei der *funktionellen Skoliose* sind die Verkrümmungen durch variable Faktoren außerhalb der Wirbelsäule bedingt, etwa asymmetrische Arbeitshaltung oder ein kürzeres Bein, wodurch das Becken nach der betreffenden Seite kippt: Wird das Ungleichgewicht, das mit diesem Zustand verbunden ist, korrigiert, verschwindet die Skoliose.

Funktionelle Skoliose

Eine Reihe von Faktoren kann eine Skoliose verursachen, unter ihnen Verspannungen von Rückenmuskeln und echte oder scheinbare Beinlängendifferenzen.

Echte Beinlängendifferenz. Ist ein Bein länger als das andere, dann neigt sich das Becken zur (kürzeren) Seite. Damit die Kopfstellung normal bleibt, kompensiert der Körper den Beckenschiefstand, indem er die Wirbelsäule in die Gegenrichtung krümmt. Die Diagnose dieser anatomischen Unregelmäßigkeit erfordert sorgfältige Messungen und/oder Röntgenaufnahmen der Beine.

Auf der konkaven Seite der verkrümmten Wirbelsäule sind die Muskeln verkürzt, auf der konvexen Seite sind sie überdehnt. Bei echter Beinlängendifferenz sind Übungen notwendig, um die Muskeln zu beiden Seiten der Wirbelsäule ins Gleichgewicht zu bringen, wie etwa die dynamischen Übungen im Stehen, die Sie aus dem 7. Kapitel kennen. Im Alltag kann eine Einlage oder Absatzerhöhung am Schuh des kürzeren Beins das Ungleichgewicht kompensieren helfen. Dennoch sollten die Übungen in diesem Buch, außer bei Beinlängenunterschieden ab 5 cm, möglichst barfuß durchgeführt werden. Falls nötig (beispielsweise bei der Bergstellung, Abb. **84**), läßt sich ein gerader Beckenstand herstellen, indem man ein Brett unter den Fuß des kürzeren Beins legt.

Scheinbare Beinlängendifferenz (funktionell kürzeres Bein). Selbst bei gleich langen Beinknochen kann es zu einer seitlichen Verkrümmung der Wirbelsäule kommen, falls die Gelenke der Beine und der Füße nicht symmetrisch gebraucht werden. Wenn ein Fußgwölbe einseitig einsinkt, ein Knöchel nach innen kippt, ein Knie übermäßig oder unvollständig gestreckt ist oder wenn ein Hüftgelenk leicht gebeugt ist, wird es scheinen, als habe das betroffene Bein eine andere Länge als sein Gegenstück. Sowohl bei funktioneller als auch bei echter Beinlängendifferenz können bei den Knochen und Muskeln im Bereich der Wirbelsäule die gleichen Störungen der Balance auftreten.

Voraussetzung für die therapeutische Arbeit bei funktioneller Beinlängendifferenz ist, daß die Fehlstellung der Füße oder Beine erkannt wird. Die statischen Grundübungen und die dynamischen Bewegungsübungen in den Kapiteln 6 und 7 kräftigen die Muskeln, die das Fußgewölbe stützen, so daß Plattfüße gemildert werden. Sie dehnen die Muskeln an der Rückseite der Oberschenkel, so daß die Knie wirklich gestreckt werden können. Die Balance der Muskeln, welche die Kniegelenke kontrollieren, wird durch die Übungen wiederhergestellt und damit eine Überstreckung verhindert. Und da auch die Hüftbeuger gedehnt werden, können die Hüftgelenke korrekt gestreckt werden.

Den Zugang zum Üben bei funktioneller Beinlängendifferenz finden Sie, wenn Sie sich klarmachen, daß Sie diese Anomalie nicht weiter dulden dürfen. Zunächst einmal erfordert die Korrektur, daß Sie sich der Fehlstellung ständig bewußt sind und sie wahrnehmen können. Später, wenn sich neue Bewegungsgewohnheiten entwickeln und die Muskeln wieder ihre normale Ruhelänge gewinnen, wird es Ihnen leichter fallen, ständig eine korrekt ausgerichtete Haltung einzunehmen.

Skoliose durch verkrampfte Rückenmuskeln. Zur sogenannten spastischen Skoliose kommt es, wenn sich infolge einer akuten Rückenverletzung oder eines Bandscheibenvorfalls die Muskeln auf einer Seite der Wirbelsäule verkrampfen (als anhaltende schmerzhafte Kontraktion). Durch die Muskelkontraktion auf einer Seite der Wirbelsäule entsteht eine scheinbare Verkrümmung, die sich normalisiert, wenn die Muskeln entspannt werden. Die Positionen in Kapitel 5, „Entspannungstechniken", sind hilfreich bei verkrampften Rückenmuskeln. Die statischen Grundübungen und die dynamischen Bewegungsübungen helfen, den Verletzungen vorzubeugen, die zu einer spastischen Skoliose führen.

Echte Skoliose

Die häufigste Form der echten Skoliose ist die idiopathische *Skoliose bei Heranwachsenden,* die ohne erkennbare Ursache (d.h. idiopathisch) während eines Wachstumsschubs entsteht. Zu einer echten Skoliose kann es auch kommen, wenn durch eine Polio-Infektion (Kinderlähmung) die Muskeln, die auf die Wirbelsäule einwirken, einseitig gelähmt werden. Sie kann gleichfalls durch *Halbwirbel* verursacht sein, das sind Wirbelfehlbildungen mit einem keilförmigen Wirbel, der auf der einen Seite normal oder annähernd normal dick ist, auf der anderen Seite hingegen alles andere als normal.

Ungeachtet der Ursache einer Skoliose gehen die abnormen Wirbelsäulenverkrümmungen mit einem Ungleichgewicht der paravertebralen Muskeln einher, also jener Muskeln, die rechts und links neben der Wirbelsäule verlaufen und auf sie einwirken. Die Muskeln auf der längeren Seite der Verkrümmung (an der Konvexität) werden überdehnt und geschwächt. Die Muskeln auf der kürzeren Seite (an der Konkavität) werden überbeansprucht und verkürzen sich (Abb. **146**). Dieses gestörte Muskelgleichgewicht verursacht eine weitere Verkrümmung der Wirbelsäule und eine ungleiche Gewichtsverteilung auf sämtlichen Facettengelenken. Die Facettengelenke an der Innenkurve (Konkavität) werden geschädigt, weil sie chronisch unter erhöhtem Druck arbeiten müssen. Sowohl bei der echten als auch bei der funktionellen Skoliose kann die ungleiche Belastung der Facettengelenke eine Abnutzungsarthritis verursachen und zur Degeneration der Zwischenwirbelscheiben führen.

Yoga üben mit Helfer

Spezielle Yoga-Übungen gegen eine Skoliose sollten Sie am besten mit einem Helfer machen, obwohl es natürlich auch nützt, wenn Sie allein üben. Ihr Helfer kann ein Yoga-Lehrer, ein Freund oder ein Familienmitglied sein. Wenn Sie mit jemandem befreundet sind, der oder die eine Skoliose hat, arbeiten Sie miteinander. Sie werden beide Ihren Rücken viel besser verstehen, wenn Sie abwechselnd selbst üben und Hilfestellung geben.

Menschen mit Skoliose haben in der Regel eine falsche Vorstellung davon, was eine gerade Wirbelsäule ausmacht. (Der Gleichgewichtssinn in uns meldet uns, daß wir „gerade“ sind, wenn die Augen auf gleichem Niveau mit dem Horizont sind. Wer eine Skoliose hat, wird in dem Bemühen, die Augen auf gleiche Ebene zu bringen, unbewußt den ganzen Körper verdrehen.) Der Helfer kann Ihnen sagen, ob Sie Ihre Wirbelsäule wirklich gerade halten, indem er Sie beobachtet und an Ihnen demonstriert, wie Sie Ihre Wirbelsäule bewegen müssen. Falls Sie keine Erfahrung mit therapeutischem Yoga haben und jemandem mit Skoliose beim Üben helfen möchten, lesen Sie bitte sorgfältig dieses Kapitel und das 4. Kapitel „Lernen Sie, Ihre Gelenkigkeit und Haltung zu beurteilen“, speziell die Erläuterungen zur Skoliose.

Zwar wird die Skoliose als abnorme seitliche Verkrümmung der Wirbelsäule definiert, doch ist dies ein Thema mit vielen Variationen. Manche Betroffenen haben lediglich eine seitliche Verkrümmung. Andere haben eine doppelte, manche sogar eine dreifache Verkrümmung. Die Verkrümmung nach der Seite wird kompliziert, wenn gleichzeitig ein Teil der Wirbelsäule verdreht ist. Deswegen sollte der Helfer die Wirbelsäule gründlich inspizieren und ihre Krümmungen beurteilen. (Dazu braucht man nicht unbedingt Röntgenaufnahmen, sondern es hilft schon, wenn man bei der Prüfung nur mit einer Badehose oder einem Trikot mit tiefem Rückenausschnitt bekleidet ist.) Es kann nützlich sein, wenn der Helfer die Dornfortsätze mit einem Markierstift zu einer gestrichelten Linie verbindet. Die Dornfortsätze sind mit dem Auge oder durch Tasten lokalisierbar, wenn der Übende sich, auf einem soliden Hocker sitzend, vorbeugt. (Bei dieser Untersuchung soll die gesamte Wirbelsäule möglichst stark gebeugt werden, damit sich die Dornfortsätze deutlicher abzeichnen.

Hinweise für Helfer

Wollen Sie jemandem mit Skoliose beim Üben helfen, werden Sie wahrscheinlich feststellen, daß die obere Rückenpartie des Betreffenden gebückt erscheint. Untersuchen Sie den oberen Rücken sorgfältig, um festzustellen, ob dieser Eindruck durch eine Verkrümmung des oberen Wirbelsäulenabschnitts oder durch einseitiges Vorstehen einer Rippe hervorgerufen wird. Bei der idiopathischen Skoliose Heranwachsender (diese Form der Skoliose beginnt in der Adoleszenz und betrifft überwiegend Frauen) ist die Brustwirbelsäule meist *nicht* abnorm gebogen, sondern flach und verdreht. (Tatsächlich ist in manchen Fällen die Brustwirbelsäule wie die Lendenwirbelsäule konkav und nicht konvex.) Der obere Rücken wirkt gebeugt, weil die Rippen auf einer Seite vorstehen. Sind die Brustwirbel verdreht, schieben sich die Dornfortsätze nach der einen Seite, und die an den Wirbeln befestigten Rippen auf der anderen Seite stehen nach hinten vor (Abb. **147**). Nicht nur die Krümmung der Brustwirbelsäule, sondern auch die Lendenlordose wird abgeflacht. Sobald Sie begriffen haben, was mit der Wirbelsäule geschieht, werden Sie auch besser imstande sein, Ihre Freundin/Ihren Freund zu einer normaleren Haltung anzuleiten.

Viele Menschen mit Skoliose haben Probleme, die mit den chronischen Wirkungen der Schwerkraft auf eine Wirbelsäule zusammenhängen, welche das Körpergewicht nicht optimal verteilt. Viele Schmerzen im Bewegungsapparat sind nicht zuletzt durch einen Raummangel und Raumverlust im Bereich der Gelenke und der Bewegungselemente verursacht. Deshalb bewirken die hier beschriebenen Umkehrhaltungen eine ausgezeichnete Schmerzlinderung. Alle meine Kursteilnehmerinnen mit Skoliose versichern, daß ihnen die Umkehrhaltungen am angenehmsten sind.

Ebenfalls schmerzanfällig ist ein Schulterblatt, das durch heraussstehende Rippen nach oben verschoben ist. Hier muß dem Übenden geholfen werden, das Schulterblatt daran zu hindern, daß es sich nach oben schiebt und die normale Funktion des gleichseitigen Schultergelenks beeinträchtigt.

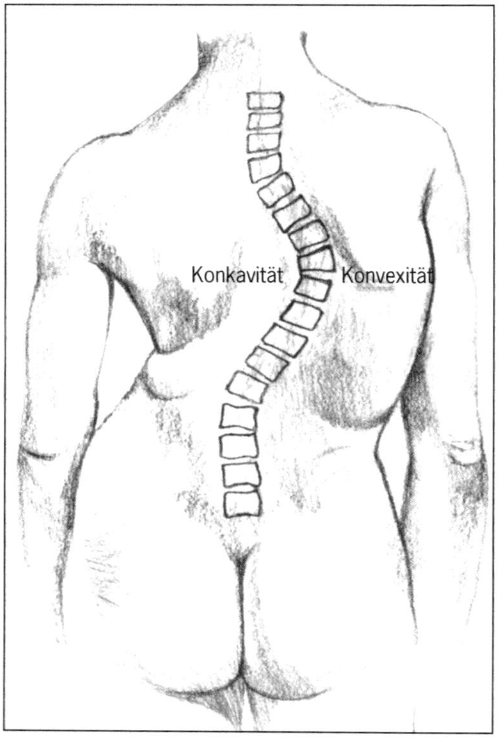

Abb. 146
Konkavität und Konvexität bei Skoliose. Nach Zeichnungen von Dr. Frank Netter, mit freundlicher Erlaubnis der Fa. CIBA-Geigy

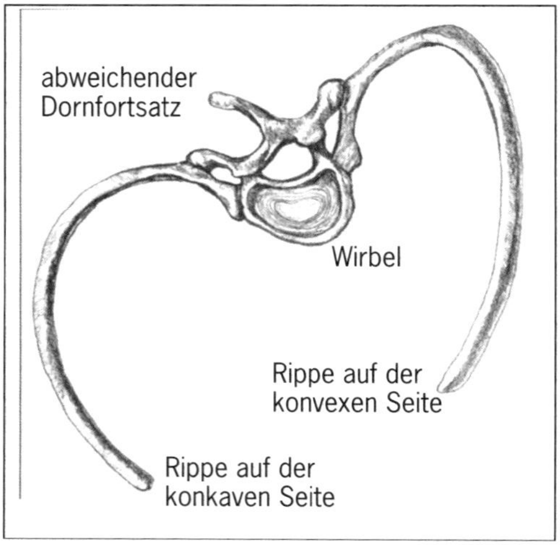

Abb. 147
Asymmetrie der Rippen. Nach Zeichnungen von Dr. Frank Netter, mit freundlicher Erlaubnis der Fa. CIBA-Geigy

Eine weitere anfällige Stelle ist die Innenkurve oder Konkavität der seitlichen Wirbelsäulenverkrümmung. Hier kommt es zu einer Kompression der Gelenke, Muskeln und Nerven. Für den Übenden kann es hilfreich sein, wenn er lernt, den Raum in der Konkavität zu vergrößern. Wie die konkave (innere) Kurve der Skoliose Schmerzen durch Kompression erzeugen kann, so kann die konvexe (äußere) Kurve schmerzhaft sein infolge Überdehnung. Sie können dem Übenden helfen, seine Bewegungen so zu korrigieren, daß in dem betreffenden Gebiet weder eine Überdehnung noch eine Kompression erfolgt. Meist ist das eine anstrengende Angelegenheit, aber es lohnt sich, da die von der Skoliose betroffene Person dabei lernt, daß sich Bewegungsmuster wirklich ändern und Schmerzen vermeiden lassen.

Aushängen des Rumpfes

Hilfsmittel: Iyengar-Turnpferd, Tisch oder Tresen; solider Stuhl, rutschfester Boden, Helfer (evtl. Decken).

Einnehmen der Haltung und Korrektur. Diese Haltung können Sie über einem Tisch oder Tresen entsprechender Höhe üben. Das Gewicht Ihres Rumpfes hängt dabei von den Oberschenkeln herab, wobei die Hüftgelenke im rechten Winkel gebeugt sind. Die übereinander gelegten Unterarme sollten den Boden nicht berühren. Falls der Tisch nicht hoch genug ist, legen Sie gefaltete Decken darauf.

Um die Position einzunehmen, stellen Sie den Stuhlsitz in einem Abstand von ca. 30 cm vor die Kopfseite des Tischs. Setzen Sie sich auf den Tisch. Dann lassen Sie sich, auf die Arme gestützt, mit einer Seite auf den Tisch sinken. Rollen Sie sich auf den Bauch, und rutschen Sie langsam an die Tischkante vor. Während der Helfer Ihre Oberschenkel oder Waden festhält, fassen Sie den Stuhlsitz und schieben Ihren Rumpf nach und nach vom Tisch herunter. Lassen Sie den Stuhl los, und legen Sie die Hände auf den Boden. Vergewissern Sie sich, daß der Helfer Ihre Beine fest gegen den Tisch gepreßt hält, damit Sie die Unterarme (hinter dem Kopf) verschränken und sich aushängen können (Abb. **148**).

Sie dürfen keinen Druck am Schambein spüren; vielmehr sollte sich Ihr Gewicht auf die Oberschenkelknochen verteilen. Falls Ihnen die Vorderseite der Oberschenkel wehtut, polstern Sie sie mit einer festen Decke ab. Sind die Muskeln an der Rückseite der Oberschenkel verspannt, winkeln Sie die Knie an und lassen den Helfer Ihre Oberschenkel gut festhalten. Wenn Sie ein Glückspilz sind, dem zwei Helfer beistehen, kann der eine Sie halten und der andere Ihnen sagen, welche Seite Ihres Rückens überdehnt und welche zusammengezogen ist, damit Sie lernen, Feinkorrekturen vorzunehmen.

Um die Position zu verlassen, setzen Sie die Hände unter sich auf den Boden und stützen Ihr Gewicht ab, ohne den Körper zu bewegen, während Ihr Helfer sich hinstellt, um den Stuhl festzuhalten (Abb. **149**). Halten Sie sich am Stuhlsitz fest, schieben Sie die Beine an den Tischrand, und setzen Sie die Beine eins nach dem anderen auf den Boden.

Atmen und Visualisieren. Lassen Sie Ihren Rumpf einfach locker herabhängen. Entspannen Sie Gesicht und Kiefer. Atmen Sie in den Bauch hinein. Entspannen Sie beim Ausatmen Ihren Rücken. Fahren Sie fort zu atmen und sich zu entspannen. Lassen Sie die Wirbelsäule durch das Gewicht Ihres Kopfes in die Länge ziehen. Stellen Sie sich bildlich vor, wie Ihre Wirbelsäule länger wird, wie die paravertebralen Muskeln gedehnt werden, wie sich Raum zwischen den Wir-

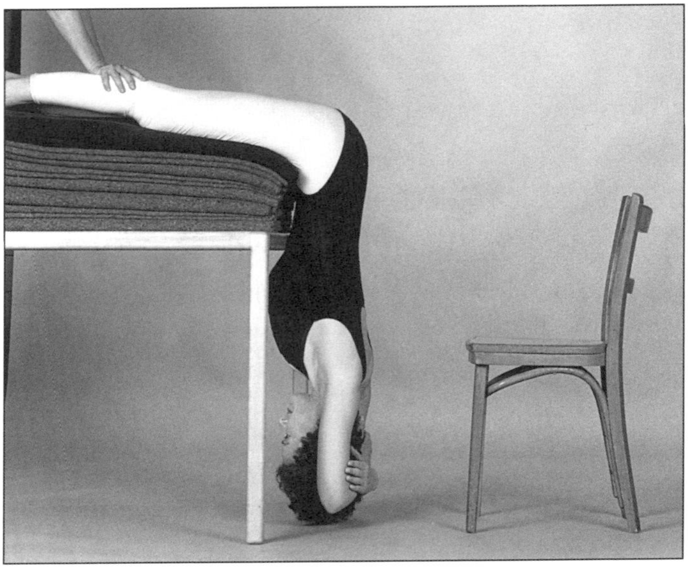

Abb. 148
Umkehrhaltung, Aushängen des Rumpfes

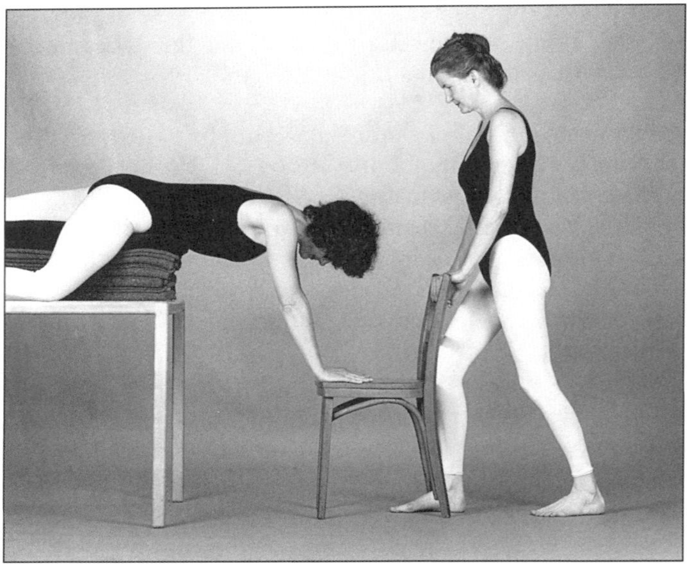

Abb. 149
Verlassen der Umkehrhaltung

beln öffnet und die Bandscheiben sich ausdehnen können. Sehen und spüren Sie innerlich, wie Ihr Rücken mit jedem Ausatmen symmetrischer wird.

Auch die sanfte Kraft des Atems kann genutzt werden, um die Symmetrie des Brustkorbs wiederherzustellen. Stellen Sie sich vor, Sie atmeten „über Kreuz" ein, also in die Vorderseite der Rippen auf der Seite, an der die Rippen auf dem Rücken vorstehen, und in die Rippen auf der Rückseite des Rückens, wo die Rippen auf der Vorderseite des Brustkorbs vorstehen. Wenn zum Beispiel die Rippen auf der rechten Rückenhälfte vorstehen, werden die Rippen der rechten Vorderseite und der linken Rückenhälfte „eingesunken" sein. Indem Sie in diese eingesunkenen Bereiche hineinatmen, tragen Sie dazu bei, den Kompressionsschmerz zu lindern, und stimulieren Ihre Rippen, in eine gesündere Ausrichtung hineinzufinden.

Vorsichtsmaßnahmen

- Seien Sie vorsichtig, wenn Sie diese Position einnehmen und wenn Sie sie verlassen. Solange Sie die Position nicht ganz sicher beherrschen, üben Sie nie allein, denn Sie könnten Ihren Rücken überfordern und, wenn Sie sich unkorrekt bewegen, Ihren Zustand verschlimmern. Stehen Sie immer langsam auf und pausieren Sie, falls Ihnen schwindlig wird.
- Vielen Rückenschmerzpatienten bringt diese Position rasche Hilfe bei akuten Beschwerden, wie auch der steigende Umsatz der vielen Antischwerkraftgeräte auf dem Markt zeigt. Und hier liegt eine Gefahr: die durch das Aushängen rasch einsetzende Linderung kann Sie verführen, es bei der zeitweisen Schmerzlinderung bewenden zu lassen und die eigentliche Haltungsschulung zu vernachlässigen. Tatsächlich kann aber das ausschließliche Aushängen auf die Dauer zu einem unstabilen Rücken führen. Dehnen allein genügt nicht. Es muß von einem kräftigenden Aufbautraining der Muskeln, die den Rücken stützen und das Becken ausrichten, begleitet sein.
- Es handelt sich hier um eine Umkehrhaltung. Sie sollte deswegen nicht von Personen geübt werden, die an erhöhtem Blutdruck leiden oder bei denen irgendwann ein Schlaganfall, ein Glaukom oder eine diabetische Retinopathie festgestellt wurde. Die Übung sollte auch während der Menstruationsblutung unterlassen werden.

Übungsziel. Diese Haltung kehrt die Wirkungen des Lastentragens und der Schwerkraft auf die Bandscheiben und die Facettengelenke um. Sie dehnt die paravertebralen Muskeln und verringert dadurch die Kompression der Wirbelsäule. Sie gibt Ihnen die Chance, sich von den katastrophalen Auswirkungen der Konkavität (Kompression) und der Konvexität (Überdehnung) zu erholen, die durch Schwerkraft und Müdigkeit verschlimmert werden. Hängen Sie sich aus, bevor Sie Ihre Yoga-Übungen machen, denn dann ist Ihre Wirbelsäule beim Üben am wenigsten zusammengestaucht.

Anmerkung

– *In der zweiten Hälfte der Schwangerschaft verzichten Sie auf diese Übung.*

Hundstellung, mit Seil

Hilfsmittel: Schlinge aus weichem dickem Baumwollseil oder -gurt, dickes Badetuch, Tür mit solidem Türknauf.

Einnehmen der Haltung und Korrektur. Knoten Sie eine Schlinge aus weichem Baumwollseil oder einem Baumwollgurt, und befestigen Sie diese sicher an beiden Seiten eines soliden Türknaufs. Vergewissern Sie sich, daß der Türgriff massiv und stabil genug ist, um Ihr Gewicht auszuhalten. Stellen Sie sich nun in die Schlinge und schieben Sie sie auf die Höhe der Leistenbeugen. Beugen Sie sich in der Schlinge vor, bis sie Ihr Gewicht auffängt, und plazieren Sie Ihre Hände so auf den Boden, daß sie Ihnen Stabilität und Stütze geben, während Sie mit den Füßen nach hinten gehen. Dann nehmen Sie die Hände so weit nach vorn, bis Ihr Körper das umgekehrte V wie in Abb. **150** bildet. (Sollte das Seil in die Leisten schneiden, polstern Sie es mit einem dicken Handtuch weich ab.) Falls die verspannten Muskeln an der Rückseite Ihrer Oberschenkel nicht zulassen, daß Sie mit den Händen auf dem Boden üben, legen Sie die Hände statt dessen auf den Sitz eines soliden Stuhls (Abb. **121**).

Um eine bessere Symmetrie der Wirbelsäule herzustellen, nehmen Sie eine Hand weiter nach außen als die andere. Der Helfer kann Ihnen sagen, mit welcher Hand Sie die deutlichere Korrektur erreichen. Achten Sie darauf, daß sich das Schulterblatt der Seite, an der die Rippen vorstehen, nicht in Richtung Kopf schiebt. Halten Sie beide Schultern von den Ohren entfernt. Verweilen Sie so mehrere Minuten und spannen Sie die Beinmuskeln an, indem Sie die Fersen gegen den Boden drücken.

Atmen und Visualisieren. Lassen Sie Ihre Wirbelsäule zwischen Steiß und Scheitel mit jedem Atemzug länger werden. Stellen Sie sich vor, daß aus Ihren Handflächen und Fingern, aus Fußsohlen und Zehen Wurzeln sprießen, die Ihre Hände und Füße im Boden verankern.

Übungsziel. Diese Position ermöglicht Ihnen, sich von den Schmerzen zu befreien, die durch eine gestauchte Wirbelsäule entstanden sind, was wiederum vom Druck der Schwerkraft verursacht werden kann. Durch die Halt gebende

Abb. 150
Hundstellung, Übung mit Seil

Schlinge bekommen Sie außerdem ein Gefühl für den Sitz Ihrer seitlichen Wirbelsäulenverkrümmungen und lernen, sie zu korrigieren. Der Helfer kann hier nützlich sein, indem er seinen Finger auf eine konkave Einziehung legt und Sie auffordert: „Hier mußt Du stärker dehnen, mehr Raum gewinnen" oder indem er den Bezirk einer Überdehnung an der Konvexität berührt und rät: „Hier mußt Du weniger stark dehnen. Diesen Teil der Wirbelsäule mußt Du auf die andere Seite schieben und dehnen."

Vorwärtsbeugung mit Hilfsmittel für den Rumpf

Hilfsmittel: vier bis sechs gefaltete Decken, feste Unterlage (evtl. Stuhl, Krawatte oder Baumwollgurt, zusammengerolltes Handtuch).

Einnehmen der Haltung und Korrektur. Diese Haltung müssen Sie, um sie ungefährdet ausführen zu können, Ihrer Beweglichkeit anpassen. Wenn die Untersuchung ergab, daß Ihre Muskeln an der Rückseite der Oberschenkel sehr geschmeidig sind, dürfen Sie sich zu dieser Übung auf den Boden setzen. Sind die ischiokruralen Muskeln weniger geschmeidig, sollten Sie sich beim Üben auf einen 10 bis 25 cm dicken Stapel gefalteter Decken setzen. Legen Sie mehrere gefaltete Decken längs vor sich auf die Beine und neigen Sie sich aus den Hüften vor, so daß der Oberkörper auf den Decken ruht (Abb. **151**). Womöglich müssen Sie zusätzlich gefaltete Frotteetücher unter Kopf und Hals legen, damit der Kopf bequem liegt, ohne daß die Halswirbelsäule abgeknickt wird. Falls Ihnen diese

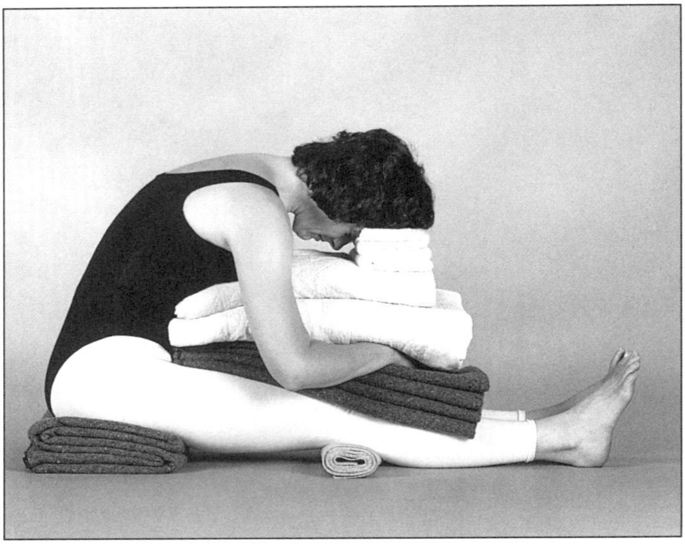

Abb. 151
Vorwärtsbeugung mit Hilfsmittel für den Rumpf

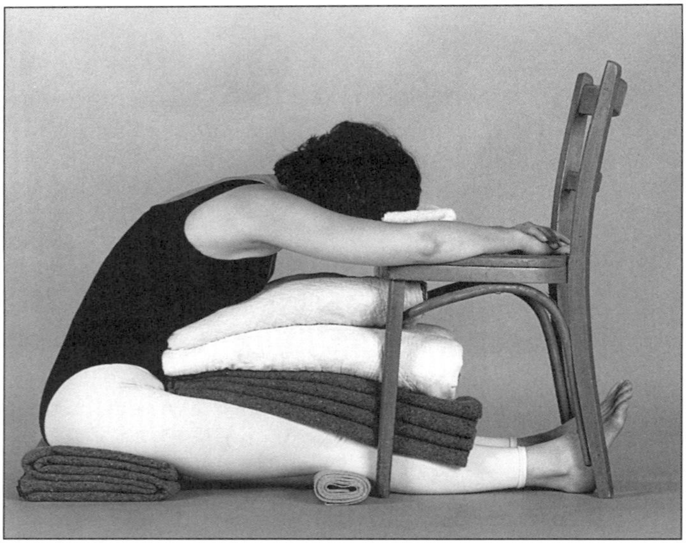

Abb. 152
Vorwärtsbeugung mit Hilfsmittel für Rumpf und Kopf, bei eingeschränkter Beweglichkeit

Haltung unangenehm ist, stellen Sie einen Stuhl über die Beine, betten Ihre Rippen auf die Decken in Ihrem Schoß und legen Ihren Kopf auf den Stuhlsitz (Abb. **152**).

Umfassen Sie Ihre Füße mit den Händen, wenn es keine Mühe bereitet. Andernfalls legen Sie einen Gürtel o.ä. um die Fußsohlen und halten Sie diesen mit beiden Händen fest. Vermeiden Sie, daß sich das Schulterblatt auf der Seite, an der die Rippen vorstehen, in Richtung Ohren schiebt, sondern halten Sie es in seiner natürlichen Lage am Rücken. Üben Sie auf Decken sitzend, so wird die Haltung durch ein zusammengerolltes Handtuch unter den Knien bequemer.

Atmen und Visualisieren. Atmen Sie in dieser Position entspannt ein und aus (pausieren Sie nach jeder Ausatmung mehrere Sekunden, bevor Sie wieder einatmen). Stellen Sie sich vor, wie sich dabei Ihr Rücken verlängert. Überlassen Sie Ihre Nackenmuskeln und das Gewicht von Kopf und Brustkorb der Unterpolsterung durch die verwendeten Hilfsmittel. Ihre Wirbelsäule wird entspannt, indem vorne Ihr Brustkorb auf den Decken ruht. Entspannen Sie kontinuierlich die Muskeln an der Schädelbasis. Bleiben Sie während der ersten Monate jeweils dreißig Sekunden bis drei Minuten in dieser Haltung. Steigern Sie dann die Übungsdauer jeden Monat um eine Minute, bis Sie fünf bis zehn Minuten erreichen.

Übungsziel. Bei abnorm abgeflachter Krümmung der Brustwirbelsäule fördert diese Position eine physiologischere Biegung. Ist der obere Rücken bereits krumm, dann löst die Position Spannungen in den oberen Rückenmuskeln, so daß die Wirbelsäule sich allmählich in die Länge zieht. Die paravertebralen Muskeln werden in einer entspannten und abgestützten Haltung gedehnt und verlängert.

Anmerkungen

- *Probieren Sie diese Position nicht, wenn Sie eine Spondylolyse oder Spondylolisthese haben sowie beim beginnenden dorsalen und lateralen Bandscheibenvorfall.*
- *Unterlassen Sie diese Übung während der zweiten Hälfte der Schwangerschaft.*

Aktive Brücke

Hilfsmittel: rutschfeste Unterlage.

Einnehmen der Haltung und Korrektur. Sie legen sich mit dem Rücken auf eine rutschfeste Unterlage, etwa Holzfußboden oder feste Matte. Winkeln Sie die Knie an, und bringen Sie die Füße parallel nebeneinander ungefähr 15 bis 30 cm vor das Gesäß.

Atmen Sie ein. Drücken Sie dann beim Ausatmen Füße, Schultern und Kreuz fest gegen den Boden. Atmen Sie wieder ein, und rollen Sie beim anschließenden Ausatmen, am Steißbein beginnend bis zum Kopf, langsam einen Wirbel nach dem anderen vom Boden ab (Abb. **153**). Schultern, Gesicht, Augen und Unterkiefer bleiben dabei entspannt und passiv. Halten Sie die Oberschenkel parallel. Die Knie dürfen nicht auseinanderfallen.

Abb. 153 Aktive Brücke

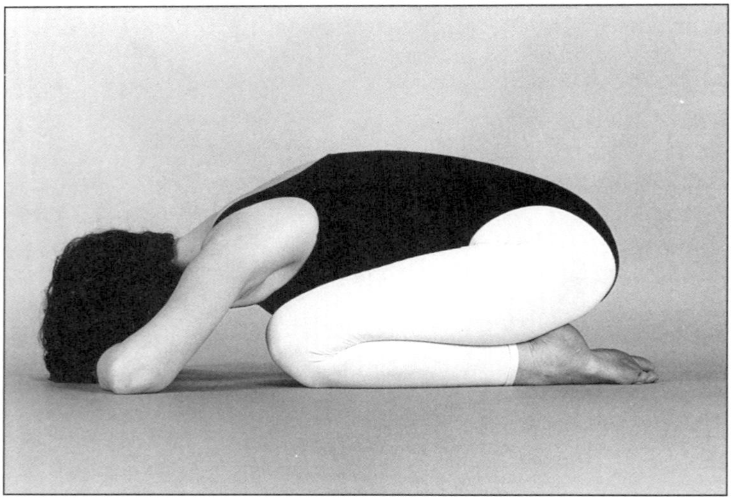

Abb. 154 Embryohaltung

Anmerkung

– *Unterlassen Sie diese Übung während der zweiten Hälfte der Schwangerschaft.*

Während der gesamten Übung bewegt sich Ihr Schambein aktiv zum Brustbein hin.

Heben Sie die Wirbelsäule, so weit es geht, vom Boden hoch, möglichst bis zur Mitte des oberen Brustwirbelsäulenabschnittes. Jetzt atmen Sie ein, und beim Ausatmen rollen Sie einen Wirbel nach dem anderen langsam vom obersten bis zum Steiß wieder auf den Boden ab. Achten Sie darauf, daß sich das Schambein wiederum zum Brustbein hin bewegt und die Pobacken sich in Richtung Kniekehlen schieben. Üben Sie die Brücke drei- bis fünfmal. Dann ruhen Sie sich in der Embryohaltung aus (Abb. **154**).

Achten Sie besonders auf Stellen der Wirbelsäule, die wie ein Block aus mehreren Wirbeln statt einzeln auf den Boden abrollen. Mit diesen Wirbelsäulenabschnitten arbeiten Sie betont langsam, damit die Wirbel sowohl beim Abheben als auch beim Niedersinken einzeln bewegt werden. Manchmal ist es hilfreich, eine Hand in den Rücken zu legen und jeden Wirbel wieder zu tasten, während Sie die Wirbelsäule abrollen.

Lassen Sie sich nicht entmutigen, falls Sie die Wirbelsäule nicht mehr als drei oder sechs Zentimeter vom Boden abheben können. Jeder Zentimeter vom Boden weg ist wertvoll.

Atmen und Visualisieren. Halten Sie nicht die Luft an. Atmen Sie gleichmäßig mit entspanntem Gesicht aus. Stellen Sie sich Ihre Wirbelsäule als Schnur mit dicken Perlen vor, die einzeln beweglich sind. Denken Sie sich, während Sie mit der Wirbelsäule in die aktive Brückenstellung gehen, daß jede einzelne Perle der Schnur von einem Ende her der Reihe nach abgehoben wird. Wenn Sie den Rücken wieder senken, lassen Sie umgekehrt die Perlen der Schnur vom Kopf bis zum Kreuzbein einzeln über den Boden abrollen.

Übungsziel. Diese Position macht Ihnen die Bewegung der Wirbelsäule bewußt und kräftigt gleichzeitig die Bauch- und Rückenmuskeln, die für Halt und Bewegung der Wirbelsäule zuständig sind. Sie trägt außerdem dazu bei, daß Sie die funktionellen Zusammenhänge zwischen Schultern, Nacken und Wirbelsäule erspüren lernen. Sehr rasch werden Sie sich der Spannungen in Schultern und Nacken bewußt, die durch Wirbelsäulenbewegungen entstehen. Dann lernen Sie, Schultern und Nacken entspannt zu halten, während sich die Wirbelsäule davon unabhängig bewegt. Bei der Skoliose, vor allem bei der Form mit abgeflachter und verdrehter Brustwirbelsäule, fühlen sich die Wirbel oft an, als wären sie zusammengeschweißt. Diese Position löst die Blockierung der Wirbel und lehrt sie, sich normaler zu bewegen – nämlich einzeln und nicht als Block.

Drehsitz

Hilfsmittel: gerader Stuhl mit flachem Sitz (evtl. Bücher, Decke).

Einnehmen der Haltung und Korrektur. Setzen Sie sich seitlich auf einen Stuhl mit gerader Lehne und flachem Sitz. Ihre Fußsohlen sind flach am Boden, und die Knöchel befinden sich unter den Kniegelenken. Wenn die Füße nicht bis zum Boden reichen, legen Sie Bücher unter. Sind die Knie höher als die Hüftgelenke, legen Sie eine gefaltete Decke auf den Sitz, die so dick ist, daß Hüft- und Kniegelenke auf gleicher Ebene sind. Achten Sie darauf, daß Sie nicht auf dem Steiß oder Kreuzbein sitzen, sondern auf den Sitzknochen. Umfassen Sie die Stuhllehne mit den Händen.

Die Drehbewegung dieser Position wird mit der Atmung koordiniert. Mit je einem Ein- und Ausatmen strecken Sie Ihre Wirbelsäule nach oben. Atmen Sie ein, und drehen Sie bei der folgenden Ausatmung den Rumpf sanft zur Stuhllehne hin (Abb. **155**). Fahren Sie mit der koordinierten Atmung und Drehbewegung fort, bis Sie entlang der Wirbelsäule oder Rippen einen Schmerz verspüren.

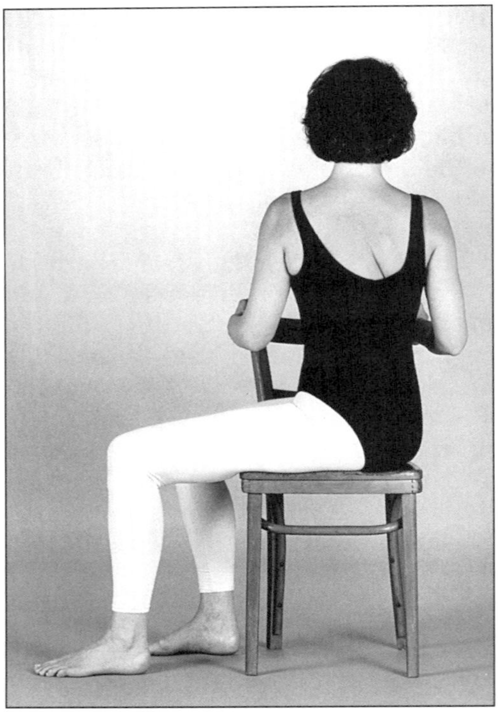

Abb. 155 Drehsitz

An diesem Punkt kann der Helfer nützen, indem er die schmerzhafte Region berührt und Ihnen sagt, ob Sie an der Konkavität (der Innenkurve der seitlichen Verkrümmung) eine Einziehung haben oder ob ein vorstehender Bezirk an der Konvexität (der Außenkurve der seitlichen Verkrümmung) überdehnt wird. Sobald Sie das wissen, drehen Sie den Rumpf bis knapp vor die Stelle zurück, an der der Schmerz einsetzte. Dann nehmen Sie die koordinierte Atem-Drehbewegung wieder auf, halten sich aber jetzt an die Weisungen des Helfers, um zu vermeiden, daß sich die vorher schmerzhafte Stelle wieder überdehnt bzw. einzieht (kollabiert). Sie werden verblüfft sein, daß Sie jetzt ohne Schmerzen eine größere Drehung ausführen können.

Gehen Sie beim Üben *niemals* über die Schmerzgrenze hinaus. Drehen Sie sich statt dessen zurück, und versuchen Sie es noch einmal mit einer wachen Aufmerksamkeit für die Stelle, an der der Schmerz auftrat. Sobald Sie die maximale schmerzfreie Drehung erreichen, halten Sie sie einige Atemzüge lang, und gehen Sie genauso in die Ausgangsposition zurück: langsam, indem Sie den Rumpf nur beim Ausatmen drehen und darauf achten, daß die Konvexität nicht überdehnt und die Konkavität nicht komprimiert wird. Dann wiederholen Sie die Übung nach der anderen Seite. Achten Sie darauf, daß die Schultern unten und entspannt bleiben. Wiederholen Sie die gesamte Übung mehrere Male.

Atmen und Visualisieren. Atmen Sie ruhig und entspannt, praktizieren Sie die entspannende Atmung. Visualisieren Sie die „über Kreuz"-Atmung, bei der die Atemluft auf der Seite, an der die Rippen am Rücken vorstehen, in die vorderen Rippen und auf der Seite, an der die vorderen Rippen vorstehen, in die hinteren Rippen zieht. Während Ihr Atem die Balance des Brustkorbs wiederherstellt, stellen Sie sich vor, wie Ihre Wirbelsäule mit jeder Einatmung länger und gerader wird. Mit jeder Ausatmung wird die neue Symmetrie und Länge stabilisiert.

Übungsziel. Durch diese Übung lernen Sie die nötige Kontrolle, um Schmerzen durch Einziehung (Kollabieren) und Überdehnung zu vermeiden. Die geduldige Zusammenarbeit mit Ihrem Helfer hilft Ihnen, neu zu definieren, was der Begriff „gerade" bedeutet.

Dreieckstellung nach vorne

Hilfsmittel: Tisch, rutschfeste Unterlage.

Einnehmen der Haltung und Korrektur. Stellen Sie sich, die Füße hüftbreit auseinander, vor einen Tisch. Treten Sie mit dem einen Fuß drei oder dreieinhalb Fußlängen hinter den anderen. Kontrollieren Sie, ob Ihre Füße parallel stehen und die Zehen zum Tisch hin zeigen. (Die Ferse des hinteren Fußes muß

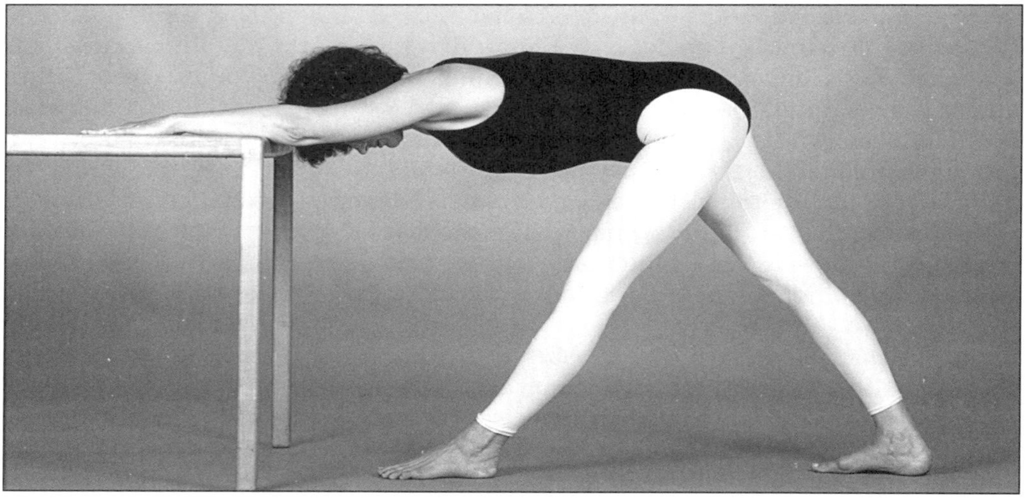

Abb. 156 Dreieckstellung nach vorne

nicht unbedingt den Boden berühren.) Spannen Sie nun die Beinmuskeln an, indem Sie die Fersen fest nach unten drücken. Atmen Sie ein, und strecken Sie beim nächsten Ausatmen Ihre Wirbelsäule empor. Atmen Sie ein, und beugen Sie Ihren Rumpf beim anschließenden Ausatmen aus den Hüftgelenken (nicht aus der Taille) vor, während Sie die ausgestreckten Hände für besseren Halt auf den Tisch legen (Abb. **156**).

Bleiben Sie ruhig atmend in dieser Position, und ziehen Sie mit jedem weiteren Atemzug Ihre Wirbelsäule in die Länge. Um Ihnen Problemzonen bewußt zu machen, kann die Helferin die konkave Seite der Wirbelsäule sacht berühren, damit Sie wissen, daß diese nicht einsinken darf, und die konvexe, damit Sie diese nicht überdehnen. Achten Sie darauf, daß sich Hüften und Becken in der Horizontalen befinden, damit beide Hüften gleich weit vom Tisch entfernt sind.

Sie verlassen die Position, indem Sie die Füße fest in den Boden stemmen und die Arme kräftig vor- und hochstrecken, um den Rumpf wieder in aufrechte Haltung zu bringen. Wenn das Ihnen zu anstrengend ist, drücken Sie die Hände fest auf den Tisch, und nehmen Sie die Kraft Ihrer Arme zu Hilfe, um den Rumpf in die Senkrechte zu bewegen. Wiederholen Sie die Übung mit vertauschtem Beinstand. Machen Sie die Übung je Seite zwei- bis viermal.

Positionen im Stehen

Außer den hier beschriebenen Positionen sollten Sie regelmäßig die im 7. Kapitel, „Dynamische Bewegungsübungen", beschriebenen Positionen im Stehen praktizieren. Diese Positionen sind nämlich gerade bei Skoliose besonders ratsam. Jede Übung im Stehen trägt dazu bei, Muskelkraft und Muskellänge ins Gleichgewicht zu bringen, und verbessert somit die Symmetrie der Wirbelsäule. Die Kräftigung und Koordination der haltungsbestimmenden großen Muskelgruppen stabilisiert die erreichte Haltungsverbesserung.

Besonders wichtig sind die Dreieckstellung (Abb. **92**) und die gedrehte Dreieckstellung (Abb. **97**), weil sie Veränderungen auf beiden Seiten des Körpers auszugleichen vermögen, was bei Skoliose besonders wichtig ist. Außerdem bewirken sie eine nachhaltige Kräftigung der paravertebralen und der Bauchmuskeln. Wenn die Arme aktiv beteiligt werden, stärken diese Positionen die oberen Rückenmuskeln, die für die Stabilisierung der Schulterblätter und die aufrechte Haltung zuständig sind. Auch das Heben der Arme (Abb. **134**, **135**) kräftigt diese Muskeln. Die verbesserte Stabilisierung der Schulterblätter trägt mit bei zu einer Schmerzlinderung in den Muskeln und Nerven im Bereich des Schulterblattes auf der Seite der vorstehenden Rippen.

Steuern Sie, während Sie die Positionen im Stehen üben, der Tendenz der Wirbelsäule entgegen, an der Konkavität einzusinken und gleichzeitig die Konvexität zu überdehnen. Es ist Aufgabe der Helferin, dies zu verhindern.

Manche Leute glauben, bestimmte Positionen sollten nur auf der Seite geübt werden, auf der eine stärkere Korrektur der Skoliose erreicht werden kann. Das ist falsch. Wenn die Übungen im Stehen zur Skoliosekorrektur eingesetzt werden, muß mit beiden Seiten ausgiebig gearbeitet werden. Gleichgültig, welche Seite die umfassendere Korrektur zu versprechen scheint, für die Normalisierung der Wirbelsäulenhaltung gelten die gleichen Regeln: Lassen Sie niemals die Konkavität weiter einsinken, und vermeiden Sie jede weitere Überdehnung der Konkavität.

Gönnen Sie Ihrem Rücken Ruhe

Beenden Sie Ihr Übungsprogramm stets mit ein oder zwei Positionen aus dem 5. Kapitel, „Techniken der Entspannung". Falls erforderlich, verwenden Sie zusätzliche feste Polster, um den Rücken auf der Gegenseite der vorstehenden Rippen zu unterstützen.

Übungsvorschläge

Fünfzehn-Minuten-Programm

1. Umkehrhaltung Rumpf aushängen, zwei Minuten (Abb. **148**)
2. Hundestellung, Übung mit Seil, 1 Minute (Abb. **150**)
3. Vorwärtsbeugung mit Hilfsmittel für den Rumpf, zwei Minuten (Abb. **151**, **152**)
4. Aktive Brücke, dreimal (Abb. **153**, **154**)
5. Dreieckstellung, je zweimal (Abb. **88** bis **92**)
6. Gedrehte Dreieckstellung, je zweimal (Abb. **94** bis **97**)
7. Dreieckstellung nach vorne, je zweimal (Abb.**156**)
8. Embryohaltung (oder andere Entspannungsposition), während der restlichen Zeit (Abb. **58**)

Zwanzig-Minuten-Programm

1. Umkehrhaltung Rumpf aushängen (Abb. **148**)
2. Vorwärtsbeugung mit Hilfsmittel für den Rumpf, 2 Minuten (Abb. **151**, **152**)
3. Drehsitz, je zweimal (Abb. **155**)
4. Hundestellung, Übung mit Seil, 1 Minute (Abb. **150**)
5. Aktive Brücke, dreimal (Abb. **153**, **154**)
6. Arme heben, zehn- bis fünfzehnmal (Abb. **134**, **135**)
7. Dreieckstellung, je zweimal (Abb. **88** bis **92**)
8. Gedrehte Dreieckstellung, je zweimal (Abb. **94** bis **97**)
9. Heldenstellung, je zweimal (Abb. **103** bis **105**)
10. Embryohaltung (oder andere Entspannungsposition), während der restlichen Zeit (Abb. **58**)

11 Der weibliche Rücken

Frauen bekommen nicht nur die gleichen Rückenschmerzen wie Männer, sondern sie können darüber hinaus von spezifischen Schmerzen heimgesucht werden, die z.B. durch hochhackige Schuhe verursacht sind oder mit dem Menstruationszyklus, mit Schwangerschaft, Stillen, Endometriose, prämenstruellem Syndrom (PMS) und Osteoporose nach der Menopause in einem Zusammenhang stehen.

Schwere Brüste, Milchbildung, Stillen und die Betreuung von Kindern fördern vorhängende Schultern, eine vorgestreckte Kopfhaltung und einen krummen Rücken. Die Muskeln der oberen Rückenpartie (insbesondere die Rautenmuskeln, welche die Schulterblätter mit der Wirbelsäule verbinden) können schmerzhaft überlastet werden. Zusätzlich werden die Bandscheiben im Lendenbereich durch das Heben und Tragen von Kindern enorm belastet. Hier sind die im 9. Kapitel erklärten Übungen gegen das Vorstrecken des Kopfes, gegen Kyphose und Nackenschmerzen hilfreich. Auch den Abschnitt über das Heben (12. Kapitel, „Yoga im Alltag") sollten Sie beherzigen.

PMS, Endometriose und Rückenschmerzen

Das prämenstruelle Syndrom (PMS) wie auch die Endometriose (im Unterleib verstreute Gebärmutterschleimhaut) dürfen wohl als allgemein bekannte Störungen der weiblichen Gesundheit gelten. Den meisten Frauen sind auch die Symptome des PMS (unter anderen Depressionen, Stimmungsschwankungen und -labilität, Flüssigkeitsretention, abnorme Eßgelüste, Beckenschmerzen) und die als Folge der Endometriose auftretenden Schmerzen samt Unfruchtbarkeit geläufig. Weniger bekannt ist freilich, daß beide Störungen mit Rückenschmerzen einhergehen können. Aus zwei klinischen Studien über Frauen mit PMS geht hervor, daß 25 bis 75 Prozent der von einem PMS Betroffenen Rückenschmerzen angaben, die mit dem Eisprung begannen und mit dem Einsetzen der Menstruationsblutung aufhörten. Wie die Rückenschmerzen beim PMS zustande kommen, ist nicht genau geklärt, jedoch könnte ein Zusammenhang mit der Freisetzung von Hormonen, sogenannten Prostaglandinen, kurz nach dem Eisprung bestehen. (Prostaglandine sind auch für die Kontraktionen des Gebärmuttermuskels verantwortlich, die Frauen als Unterleibskrämpfe erleben.)

In der prämenstruellen Phase des Zyklus kann auch eine Stauung im Becken Rückenschmerzen verursachen. Als Folge der hormonellen Wirkungen des Eisprungs werden die Gefäße im Becken mit Blut überfüllt und schwellen an. Die Schwellung der Weichgewebe des Beckens, die damit einhergeht, führt bei vielen Frauen zu Rückenschmerzen.

Die *Endometriose* ist eine Störung, bei der kleine Stücke von Gebärmutterschleimhaut (Endometrium) falsch plaziert sind, nämlich an der Außenseite der Gebärmutter, an Eierstöcken, Eileitern, Harnblase und Darm. Sie unterliegen denselben hormonellen Einflüssen wie das normale Endometrium. Im Verlauf des monatlichen Zyklus werden die Endometrioseherde wie die Gebärmutterschleimhaut allmählich dicker. Zum fälligen Zeitpunkt der Menstruation werden die Herde abgebaut und bluten ab, genau wie die Gebärmutterschleimhaut. Doch im Gegensatz zu dieser hat das Blut aus den Endometrioseherden keine Abflußmöglichkeit. Diese wiederholten Blutungen haben zur Folge, daß die Beckenorgane durch Adhäsionen und Narbengewebe miteinander verkleben.

Endometrioseherde an den Nervengeflechten an der Rückseite des Beckens können Rückenschmerzen verursachen. Inzwischen wurde nachgewiesen, daß diese Herde sogar die klassische Symptomatik auslösen können, die man früher ausschließlich einem Bandscheibenvorfall zuordnete.

Nun können gezielte Yoga-Übungen weder ein prämenstruelles Syndrom noch eine Endometriose heilen, aber immerhin können sie die durch Reizung der Beckennerven bedingten Muskelkrämpfe und einige Beschwerden infolge der Blutstauung im Becken lindern. Und was ebenso wichtig ist: die Übungen und die Entspannung vermitteln auch eine gewisse Sicherheit und tragen dazu bei, die Streß- und Angstgefühle und die Depression abzubauen.

An den Positionen, die B.K.S. Iyengar bei Beschwerden im Zusammenhang mit dem weiblichen Zyklus empfiehlt, erweisen sich die drei Grundprinzipien des therapeutischen Yoga: *weiten* (Raum schaffen, damit frisches Blut in ein Organ gelangen kann), *durchdringen* (Zeit und Raum schaffen, damit das frische Blut das Organ durchspült und nährt) und *entleeren* (verbrauchtes Blut und Flüssigkeit durch Druck entfernen). Dieses Vorgehen hilft, Schmerzen infolge Beckenstauung zu lindern.

Richtlinien für das Ausüben von Yoga während der Menstruation

Yoga lehrt uns Gleichgewicht: Gleichgewicht des Körpers in bezug auf die Schwerkraft; Gleichgewicht des Geistes zwischen Tun und Beobachten; und Gleichgewicht des neuroendokrinen Systems zwischen Aktivität und Entspannung.

Durch regelmäßiges Yoga erfahren Sie, welche Positionen zur Wiederherstellung des Gleichgewichts in den verschiedenen Bereichen Ihres Lebens tauglich sind. Einige Positionen dieser traditionellen Kunst eignen sich besonders gut, um während der Periode die innere Balance zu finden. Sie lindern die Bauchkrämpfe, die starken Blutungen, die Beckenbeschwerden und die manchmal mit der Blutung einhergehenden Kreuzschmerzen. Sie mildern auch die Aggressivität und Gereiztheit, unter der manche Frauen in dieser Phase ihres Zyklus leiden. So hilfreich manche Positionen während der Periode sind, so streng sollten andere gemieden werden. Diese Richtlinien beruhen auf gründlicher Kenntnis der Physiologie und der bewährten Anwendung von Yoga-Prinzipien auf die speziellen weiblichen Bedürfnisse. Jede Frau ist ständig dem Wirken zyklischer Veränderungen ausgesetzt. Wenn eine Frau diese Tatsache leugnet, blockiert sie das Selbstverständnis, das sie im Yoga zu finden hofft.

Die Tage der Menstruation können willkommen sein als eine Zeit der Einkehr, in der Sie akzeptieren, über wenig Energie zu verfügen. Nutzen Sie diese Zeit, um verschiedene Aspekte Ihres Wesens zu erkennen. Anstrengende Übungen und dynamisches Yoga müssen ihr Gegengewicht finden in der Ruhe und dem Frieden, die sanftes Yoga bieten kann. Die Menstruation ist die ideale Zeit, um die gewohnte Übungsweise durch Hinwendung zum eigenen Inneren abzulösen.

Während der ersten Tage der Periode sind anstrengende und kräftezehrende Übungen nicht ratsam. Um diese Zeit verfügen manche Frauen über geringere Körperkraft, sie könnten daher weiche Knie bekommen oder das Gleichgewicht verlieren. Wenn Sie mit einem niedrigen Energiepegel anstrengende Übungen wagen, können Sie sich leicht eine Verletzung zuziehen oder Ihre Energiereserven noch weiter schwächen. Gönnen Sie sich lieber Ruhe, indem Sie die aufbauenden Yoga-Übungen praktizieren, die ich im folgenden beschreibe.

Yoga-Positionen gegen Rückenschmerzen bei PMS, während der Menstruation und bei Endometriose

Beingrätsche

Hilfsmittel: gefaltete Decken (evtl. zwei zusammengerollte Handtücher).

Einnehmen der Haltung und Korrektur. Sie sitzen mit weit gegrätschten Beinen auf einem festen Polster ordentlich zusammengefalteter Decken vor einer Wand, die Ihre Füße berühren (Abb. **157**). Achten Sie darauf, daß Sie fest auf Ihren Sitzknochen sitzen. Falls Sie krumm sitzen oder Ihre Knie nicht durchdrücken können (Abb. **158**), erhöhen Sie den Deckenstapel.

Grätschen Sie die Beine so weit, daß Sie an der Innenseite der Oberschenkel ein Ziehen spüren, aber unterhalb der Schmerzgrenze. Falls Ihnen die Knie wehtun, schieben Sie ein zusammengerolltes Handtuch unter die Kniekeh-

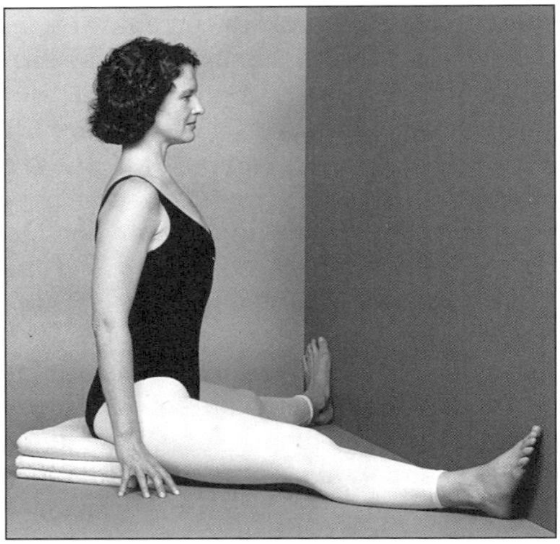

Abb. 157 Beingrätsche

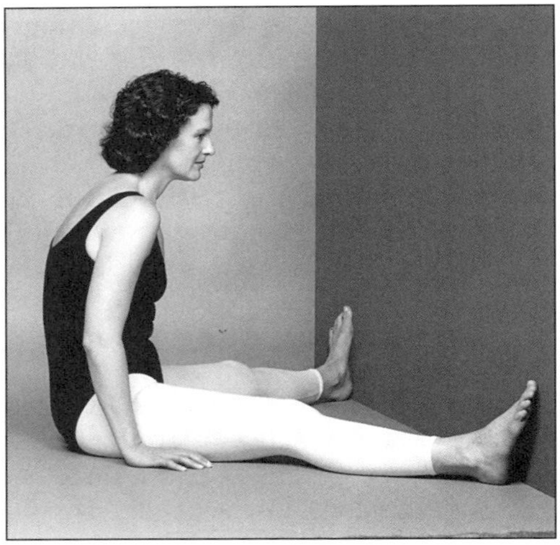

Abb. 158 Beingrätsche, unkorrekte Haltung

Abb. 159
Beingrätsche während der Schwangerschaft

len. Spannen Sie die Beinmuskeln an, indem Sie die Fersen nach außen in Richtung Wand stoßen und die Zehen heranziehen. Aus dieser Grundhaltung können Sie die Wirbelsäule emporstrecken. Halten Sie Kinn und Schultern gesenkt und das Brustbein angehoben. Drücken Sie die Fingerspitzen hinter dem Gesäß in den Boden, damit Sie besser geradesitzen und das Brustbein angehoben bleibt. Lassen Sie die Beinmuskeln gespannt, indem Sie sie kräftig bis durch die Fersen strecken. Bleiben Sie eine bis drei Minuten mit gespannten Bein- und Rumpfmuskeln sitzen. Um die Position zu verlassen, legen Sie die Hände unter die Knie und winkeln die Beine an.

Atmen und Visualisieren. Konzentrieren Sie sich auf eine ruhige Atmung. Stellen Sie sich vor, wie Ihr Beckenboden sich weitet und die Wirbelsäule sich nach oben verlängert.

Übungsziel. Diese Position mit gegrätschten Beinen öffnet das Becken und ermöglicht den Abtransport von Stoffwechselprodukten, was zu einer verbesserten Durchblutung und einem Abschwellen der Gewebe führt.

Anmerkung

- *Um die Position während der zweiten Hälfte der Schwangerschaft zu üben, setzen Sie sich mit dem Rücken an die Wand und schieben eine fächerförmig gefaltete Decke zwischen Taille und Wand (Abb.* ***159****).*

Schmetterlingshaltung mit unterstütztem Oberkörper

Hilfsmittel: gefaltete Decken, Kopfunterlage, Nackenrolle, Wand.

Einnehmen der Haltung und Korrektur. Falten Sie eine feste Decke fächerförmig 10 bis 15 cm breit und 10 bis 20 cm dick und auf eine Länge, die dem Abstand zwischen Ihrer Lendenregion und Ihrem Scheitel entspricht. Dann setzen Sie sich, das Gesicht zur Wand, auf den Boden und ziehen die hinter Ihnen liegende Decke zum Körper hin, bis sie Ihr Gesäß berührt. Ziehen Sie die Beine an den Körper, so daß die Fußsohlen einander berühren und die Zehen sich gegen die Wand drücken. Stützen Sie sich mit den Händen ab und rollen Sie die Wirbelsäule auf der Decke ab. Benutzen Sie die Nackenrolle und die Kopfunterlage, um den Kopf bequem zu betten. Breiten Sie die Arme aus, die Handflächen zeigen nach oben (Abb. **160**). Sollten Sie das Gefühl haben, die Innenseiten der Oberschenkel würden zu stark gedehnt, dann rutschen Sie mit dem Gesäß etwas von der Wand weg, um den Abstand zwischen Gesäß und Fersen zu vergrößern, oder unterpolstern Sie die Knie mit gefalteten Decken.

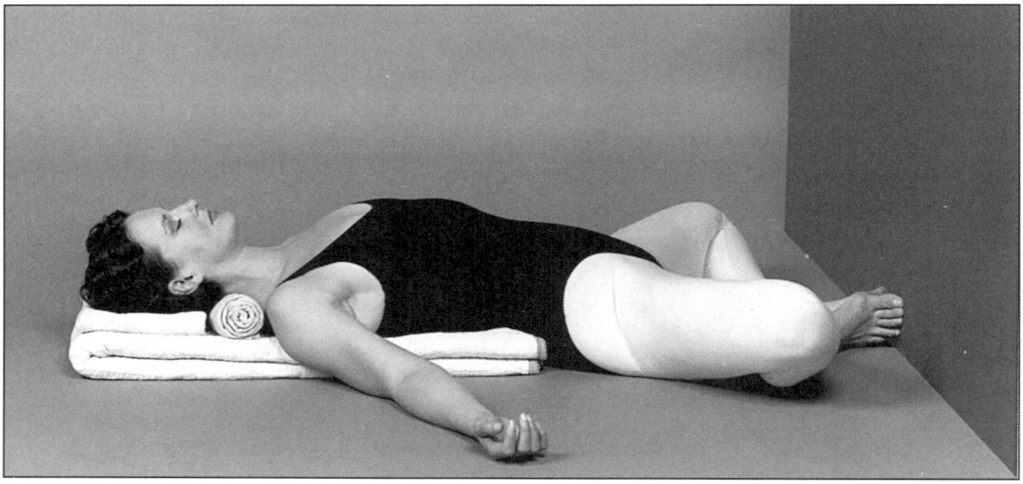

Abb. 160 Schmetterlingshaltung mit unterstütztem Oberkörper

Atmen und Visualisieren. Atmen Sie in dieser Position entspannt dreißig Sekunden bis mehrere Minuten. Stellen Sie sich vor, wie die Muskeln um Ihre Hüftgelenke und im Becken locker werden und alle Verspannungen, die durch Ihre Rückenschmerzen aufgebaut wurden, weichen. Dies ist eine offene, empfangende Haltung. Fühlen Sie die Aufnahmebereitschaft des ganzen Körpers, während Ihre Lungen sich mit Atem füllen.

Übungsziel. Diese empfangende Position dehnt die Innenseite der Oberschenkel und läßt gleichzeitig reinigendes, nährendes Blut das Becken durchströmen.

Rückwärtsbeuge im Knien

Hilfsmittel: Holzklotz (oder mehrere Bücher), Decken, Kopfunterlage, Nackenrolle (evtl. zusammengerolltes Handtuch, gefaltete Handtücher, Gürtel, Socken).

Einnehmen der Haltung und Korrektur. Diese Position erfordert ausreichende Hilfsmittel, um den Rumpf bequem zu lagern, während die Knie am Boden und die Oberschenkel parallel bleiben. Auch gelenkige Yoga-Übende, die für diese Position keine Hilfsmittel benötigen, sollten diese gleichwohl benutzen wegen der tiefen Entspannung, die sie ermöglichen.

Knien Sie sich auf eine Decke, hinter Ihnen ein 25 bis 35 cm dicker Stapel fächerartig gefalteter Decken. (Sie können auch Yogapolster benutzen.) Halten Sie die Knie zusammen und die Oberschenkel parallel. Kopfunterlage und Nackenrolle liegen am Ende des Deckenstapels. Schieben Sie die Füße auseinander und zwischen sie einen 10 bis 15 cm dicken Holzklotz, auf den Sie sich setzen (Abb. **161**). Drücken Sie Ihre Hände beidseits vom Gesäß fest in den Boden, und lassen Sie dabei Ihren Rumpf sanft auf den Deckenstapel hinter sich sinken.

Echte Entspannung setzt voraus, daß Kopf und Nacken richtig abgepolstert werden. (Frischen Sie Ihr Gedächtnis auf und lesen Sie in Kapitel 5, „Techniken der Entspannung“, die ausführliche Beschreibung der richtigen Kopf- und Nackenlage nach; sehen Sie sich auch die Abb. **50** bis **52** an.) Möglicherweise benötigen Sie eine dickere Unterpolsterung als bei flacher Rückenlage (Abb. **162**). Korrigieren Sie die Nacken- und Kopfunterlage so, daß die Kehle weder überstreckt noch zusammengedrückt wird (Abb. **163**, unkorrekt).

Die Rückwärtsbeuge im Knien üben Sie am besten auf einer harten, rutschfesten Matte, die nicht nachgibt. Die Stellen von Knie und Fußrücken, die den Boden berühren, dürfen nicht wehtun. Sollte dies doch der Fall sein, knien Sie sich auf eine dickere Decke. Schmerzt die Innenseite des Kniegelenks, gehen Sie aus der Position und schieben Sie, bevor Sie sich auf den Holzklotz setzen, einen zusammengedrehten Socken in die Kniekehlen. Falls Knöchel und Fußrücken wehtun, legen Sie unter beide Fußgelenke eine 2,5 bis 7,5 cm dicke Handtuchrolle.

Die Knie dürfen nicht weit auseinanderrücken. Notfalls legen Sie einen Gürtel oder ein Band in die Kniebeugen, bevor Sie sich setzen.

Die Unterpolsterung des Rumpfes oder des Gesäßes muß erhöht werden, falls Sie Schmerzen in den Kniegelenken oder im Kreuz spüren. Sollten Ihre Ellbogen in der Rückenlage nicht den Boden berühren, legen Sie entsprechend gefaltete Handtücher unter die Unterarme.

Um die Position zu verlassen, richten Sie den Rumpf auf, indem Sie die Hände in Taillenhöhe gegen den Boden stemmen (Abb. **164**). Noch im Knien schieben Sie die Knie auseinander und strecken den Rumpf vor. Lassen Sie Ihre Stirn auf den Boden oder auf eine gefaltete Decke sinken (Abb. **165**). Dehnen, entspannen und lockern Sie Ihren Rücken.

Atmen und Visualisieren. Bleiben Sie anfangs dreißig Sekunden in der Position, und steigern Sie die Dauer allmählich auf fünf Minuten. Wenden Sie die entspannende Atmung an. Denken Sie sich Ihren Rücken zwischen Knien und Schultern als elegant geschwungenen Bogen. Visualisieren Sie, wie sich die Region zwischen Schambein und Nabel weitet und in die Länge dehnt.

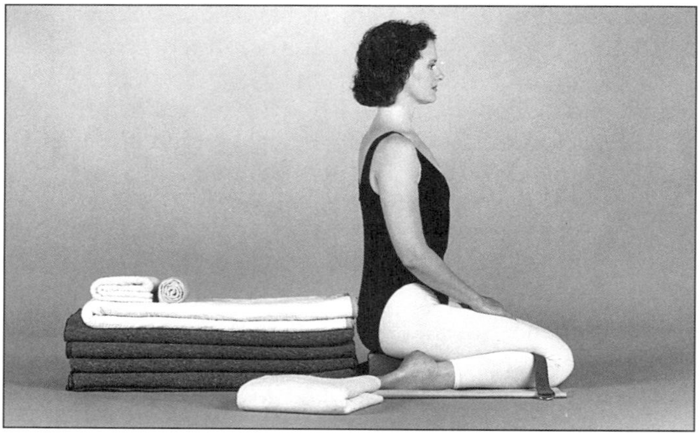

Abb. 161
Rückwärtsbeuge im Knien, Ausgangsposition

Abb. 162
Rückwärtsbeuge im Knien

Abb. 163
Rückwärtsbeuge im Knien, unkorrekte Kopfhaltung

Abb. 164
Rückwärtsbeuge im Knien, Verlassen der Position

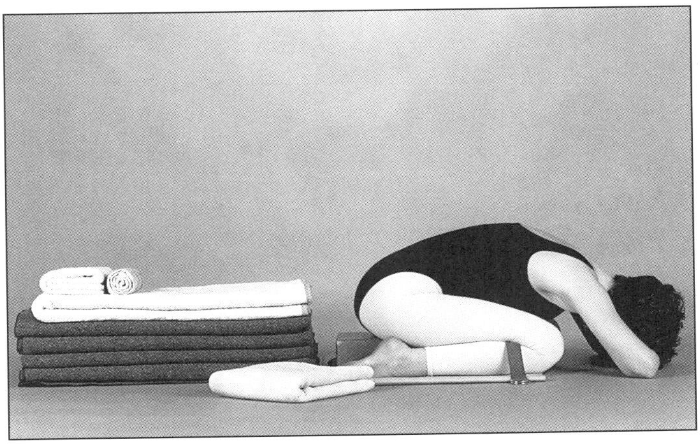

Abb. 165
Rückwärtsbeuge im Knien, anschließende Ruhehaltung

Übungsziel. Diese entleerende und weitende Position baut die Stauung im Becken ab und beruhigt die Nerven und Muskeln von Rücken und Bauch, indem sie den verfügbaren Raum für die Becken- und Bauchorgane vergrößert. Sie weitet außerdem den Brustkorb und korrigiert dadurch vorhängende Schultern und einen krummen Rücken.

Ruhelage auf dem Rücken mit unterstütztem Oberkörper

Hilfsmittel: ein Stapel fächerförmig gefalteter Decken, zusammengefaltetes Handtuch oder Decke, zusammengerollte Decke, Kopfunterlage und Nackenrolle.

Einnehmen der Haltung und Korrektur. Setzen Sie sich auf den Boden. Ihre Beine sind gerade gestreckt, dicht hinter Ihrem Kreuzbein liegt ein 5 cm bis 15 cm dicker Stapel gefalteter Decken. Stützen Sie sich auf die Arme und lassen Sie sich rückwärts auf die Decken gleiten (Abb. **166**). Kopfunterlage und Nackenrolle liegen auf den Decken, damit Sie Kopf und Nacken ordentlich unterpolstern können (Abb. **167**). Sie verhindern dadurch, daß der Hals überstreckt wird (Abb. **168**, unkorrekt). Bleiben Sie zunächst dreißig Sekunden in der Ruhelage, steigern Sie allmählich bis auf fünf Minuten.

Falls Ihr Kreuz unbequem liegt, können Sie wie folgt Abhilfe schaffen:

- Schieben Sie die Hände unter das Gesäß in Richtung Oberschenkel, um die Lage der Muskeln zu korrigieren und die Lendenwirbel zu lockern.

Abb. 166 Ruhelage auf dem Rücken mit unterstütztem Oberkörper, Ausgangsposition

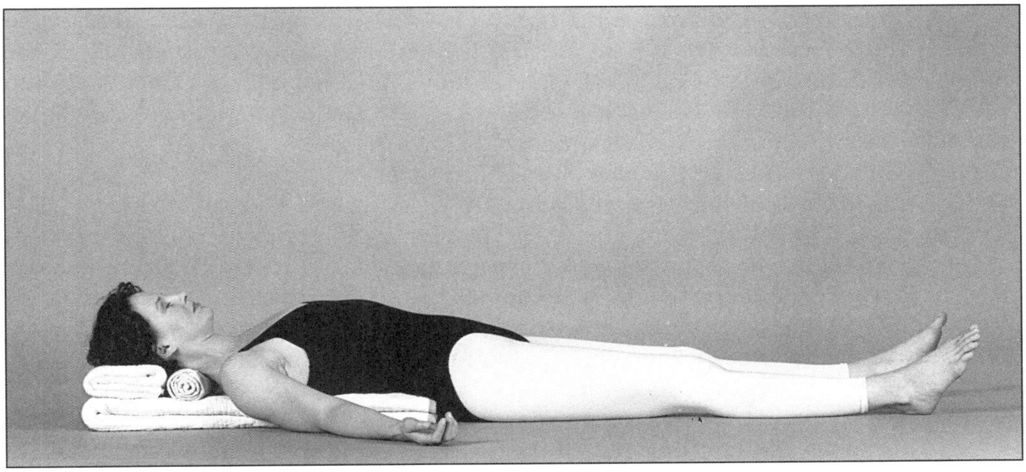

Abb. 167 Ruhelage auf dem Rücken mit unterstütztem Oberkörper

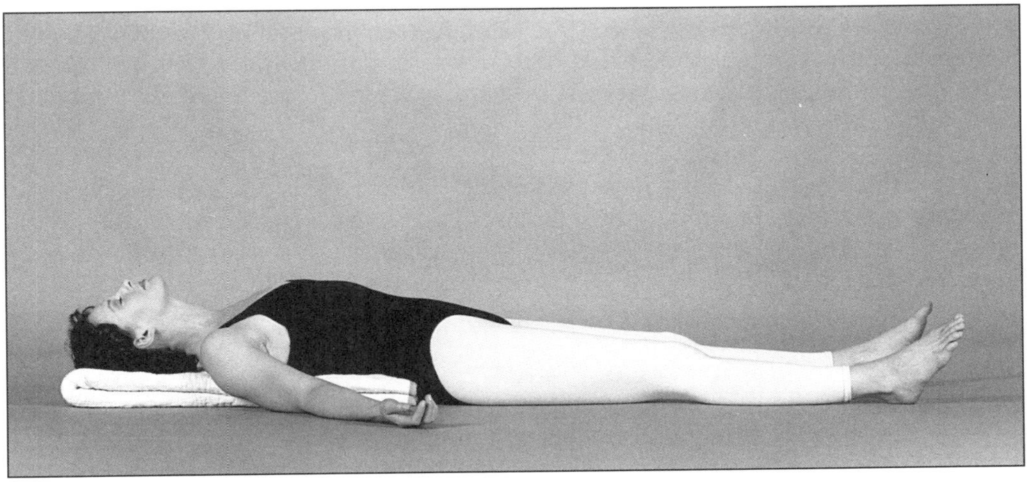

Abb. 168 Ruhelage auf dem Rücken mit unterstütztem Oberkörper, unkorrekte Kopfhaltung

- Winkeln Sie die Knie an. Drücken Sie die Fußsohlen gegen den Boden und heben Sie das Gesäß an. Dehnen Sie die Lendenlordose, indem Sie das Schambein in Richtung Nabel anheben. Danach lassen Sie die Hüften wieder auf den Boden sinken, wobei die Lendenwirbelsäule gedehnt bleibt.
- Benutzen Sie eine flachere Rumpfunterlage.
- Legen Sie eine zusammengerollte Decke unter die Kniekehlen.

Wie bei den vorhergehenden Positionen ist die korrekte Ausrichtung von Kopf und Nacken unerläßlich. Vermeiden Sie eine Kompression der Kehle und eine Überstreckung des Halses, indem Sie Nacken und Kopf ordentlich unterpolstern. Möglicherweise brauchen Sie in dieser Position eine dickere Unterpolsterung von Kopf und Nacken als bei der flachen Rückenlage.

Sie lösen die Haltung auf, indem Sie sich von den Decken auf die Seite rollen und Kopf und Nacken auf die Unterlage betten. Ruhen Sie sich einige Minuten aus, und genießen Sie das herrliche Gefühl tiefer, erholsamer Entspannung.

Atmen und Visualisieren. Atmen Sie ruhig und unverkrampft, wenden Sie die entspannende Atmung an. Bei jeder Einatmung stellen Sie sich vor, wie der Atem den gesamten Rumpf und das Becken mit reinigender Luft anfüllt. Mit jeder Ausatmung beobachten Sie, wie mit der Luft Spannungen und Abfallprodukte abgeatmet werden.

Übungsziel. Diese Position fördert die Öffnung des Brustkorbes und erleichtert die Tiefenentspannung. Sie beruhigt die Nerven, verstärkt die durchblutungsfördernden Wirkungen bei der Beckenstauung und lockert außerdem die gereizten Muskeln.

Weitere lindernde Positionen

Die im 7. Kapitel beschriebenen Übungen im Stehen (mit Tisch als Hilfsmittel) können Schmerzen während der Menstruation lindern. Beckenschmerzen und Beckenstauung können zu Muskelverspannungen im Becken und in der Folge zu Rückenschmerzen führen. Die Übungen im Stehen bewirken eine sanfte Dehnung und Lockerung dieser Muskeln. Auch die im 5. Kapitel erklärten Übungen sind nützlich, vor allem jene, die das Becken auspressen, etwa die Embryohaltung (Abb. **58**) und die Embryohaltung in Rückenlage (Abb. **57**). Ebenso ist die Vorwärtsbeugung mit Hilfsmittel für den Rumpf (Abb. **152**) besonders wohltuend. Stellen Sie sich die reinigende Wirkung dieser Positionen bildlich vor, sehen Sie, wie mit jedem Ausatmen die Schwellung des Beckeninhalts geringer wird.

Rückenschmerzen in der Schwangerschaft

Aus mehreren Gründen kann eine Schwangerschaft das Kreuz mehr oder weniger stark belasten. Durch die allmählich größer werdende Gebärmutter werden die Bauchmuskeln gedehnt und können so der Lendenwirbelsäule von vorne keinen Halt mehr geben. Im weiteren Verlauf der Schwangerschaft wird der Schwerpunkt des Körpers, der sich normalerweise knapp hinter dem Nabel befindet, nach vorne verlagert. Der Zug des Gewichtes nach vorne belastet die Lendenwirbelsäule zusätzlich.

Rückenschmerzen können auch ausgelöst werden, wenn die vergrößerte Gebärmutter auf Nerven am unteren Ende der Wirbelsäule drückt. Außerdem werden Bänder und Sehnen durch das während der Schwangerschaft gebildete Hormon Relaxin dehnbarer, was den späteren Geburtsvorgang erleichtert. Deswegen geben Muskeln und Bänder der Wirbelsäule und den anderen Gelenken nicht den gewohnten Halt, und es kann leicht zu einer Überlastung kommen.

Wenn Sie schwanger sind und ein Fitneß-Programm befolgen möchten, erkundigen Sie sich zuallererst bei Ihrem Arzt, ob die geplanten Übungen für Sie geeignet und unbedenklich sind. Manche Erkrankungen, die eine Schwangerschaft komplizieren können (z.B. Bluthochdruck, Diabetes, Schwangerschaftstoxikose, vorzeitige Wehen usw.), werden unter Umständen durch bestimmte Übungen verschlimmert.

Während der Schwangerschaft sollten Sie beim Yoga folgende Grundregeln beachten:

- Pressen Sie niemals Bauch oder Becken zusammen.
- Wärmen Sie sich vor dem Üben auf, kühlen Sie sich danach ab.
- Achten Sie darauf, daß Ihnen nicht die Puste ausgeht.
- Vermeiden Sie Sprünge und Erschütterungen.
- Vermeiden Sie Überdehnungen.
- Üben Sie nicht, bis Sie müde sind.
- Bedenken Sie, daß Ihr Schwerpunkt sich verlagert. Unterlassen Sie Übungen, bei denen Sie das Gleichgewicht verlieren und fallen könnten.
- Kontrollieren Sie Ihre Pulsfrequenz. Sie darf niemals 140 Schläge pro Minute überschreiten.
- Verzichten Sie auf Umkehrhaltungen (z.B. Kopfstand oder Schulterstand), es sei denn, Sie hätten sie schon vor der Schwangerschaft wirklich beherrscht. Und selbst dann sollten Sie sich von einer Lehrerin helfen lassen, Ihre Beine in diese Positionen zu bringen.
- Während der Schwangerschaft stellt flottes Gehen ein ausgezeichnetes Training dar. Siehe dazu Kapitel 13, „Üben ohne Risiko“.

Yoga gegen Rückenschmerzen in der Schwangerschaft

Rückenschmerzen während der Schwangerschaft können Sie vorbeugen, wenn Sie sich ständig Ihre Haltung bewußt machen, insbesondere wenn Sie trainingshalber spazierengehen. Lassen Sie nicht zu, daß das durch das Gewicht des Babys und der Gebärmutter nach vorne gekippte Becken die Lendenlordose verstärkt.

Rückenschmerzen, die nach dem vierten Monat auftreten, lassen sich gut durch die entspannte Seitenlage lindern (Abb. **169**). Sie legen sich dazu auf die Seite, ein festes Polster unter dem Kopf, eine gefaltete Decke unter dem Bauch und eine weitere Decke unter dem oberen Knie. In dieser Haltung praktizieren Sie die entspannende Atmung und stellen sich vor, wie sich die Muskeln im Kreuz dehnen. Stellen Sie sich auch vor, wie Ihr Baby durch Ihre gesunde Atmung und ruhige Entspannung genährt wird.

Anmerkung

- *Wenn Sie auf dem Rücken liegen, kann die umfangreiche Gebärmutter die Vena cava (die große untere Hohlvene an der Rückseite des Beckens, die das Blut aus den Beinen, dem Becken und dem Bauch zum Herzen zurückführt) zusammendrücken. Deshalb sollten Sie während der zweiten Hälfte der Schwangerschaft nicht auf dem Rücken liegen. Wenn Ihnen in Rückenlage schwindlig wird, weist dies auf eine Kompression der Hohlvene hin. Zur Abhilfe legen Sie sich dann einfach auf die Seite und merken sich, daß die Rückenlage künftig tabu ist.*

Hockstellung gegen die Wand

Hilfsmittel: Stuhl, Wand (evtl. niedriger Hocker oder Bücherstapel).

Einnehmen der Haltung und Korrektur. Stellen Sie sich mit dem Rücken zur Wand, die Fersen sind etwa 20 cm bis 30 cm von der Wand entfernt. Die Füße stehen eine bis anderthalb Fußlängen auseinander. Gehen Sie jetzt, ohne die Wand zu berühren, in die Hocke und öffnen Sie die Knie weit genug, daß das Baby nicht eingeengt wird. Falls nötig, halten Sie sich an einem Stuhl fest. Dann lehnen Sie sich gegen die Wand und entspannen Ihren Rücken (Abb. **170**). In dieser Haltung bleiben Sie dreißig Sekunden bis zwei Minuten oder solange wie es Ihnen angenehm ist. Vielleicht fühlen Sie sich wohler, wenn Sie sich auf einen niedrigen Hocker oder einen 10 cm bis 25 cm hohen Bücherstapel hocken (Abb. **171**). Entspannen Sie Gesicht und Kiefer. Lassen Sie die Schultern an der Wand ruhen. Falls der Hinterkopf nicht bequem gegen die Wand lehnt, erzwingen sie es nicht.

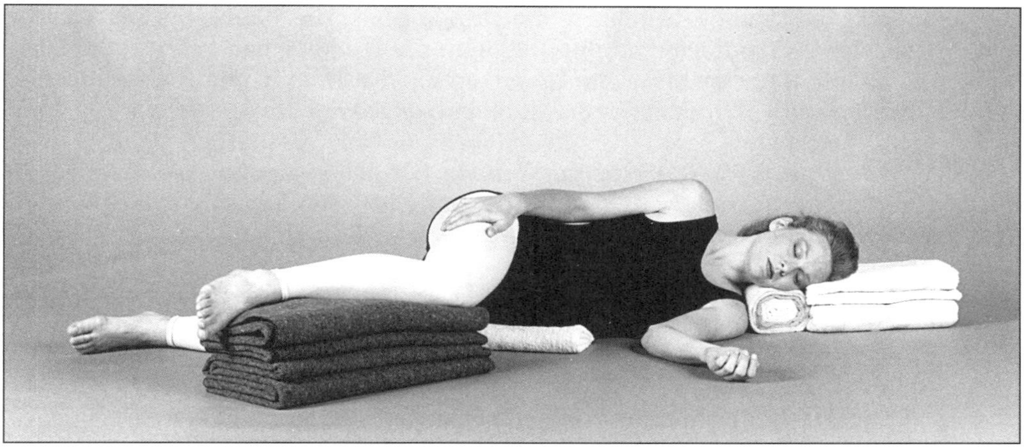

Abb. 169 Entspannte Seitenlage während der Schwangerschaft

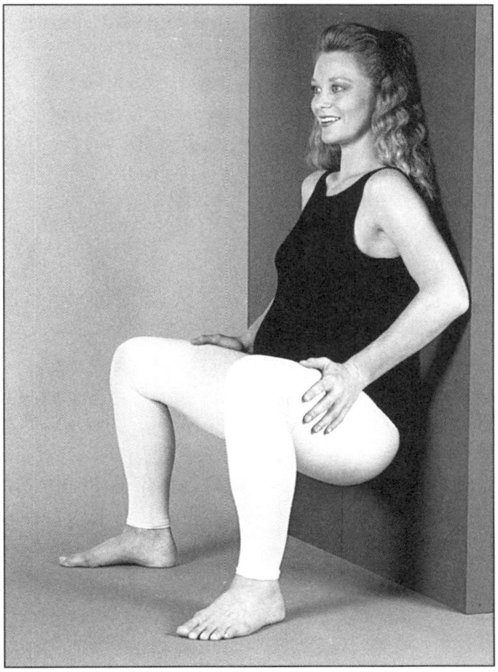

Abb. 170 Hockstellung gegen Wand

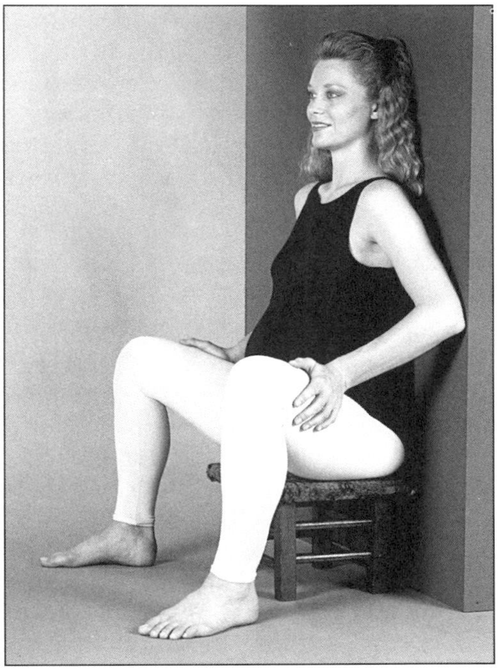

Abb. 171 Hockstellung mit Hocker

Zum Aufstehen drücken Sie die Hände gegen die Wand, bis Ihr Schwerpunkt über den Zehen liegt, und pressen dann die Handflächen fest auf die Oberschenkel, um die Beine zu strecken. Stemmen Sie die Füße in den Boden und richten Sie sich gerade auf, indem Sie den Kopf emporheben.

Atmen und Visualisieren. Wenden Sie die entspannende Atmung an. Stellen Sie sich vor, wie Ihr Kreuz mit jedem Ein- und Ausatmen länger wird. Nutzen Sie die Wand, um die Rückenmuskeln zu lockern und zu dehnen.

Übungsziel. Diese Position lindert Rückenschmerzen, indem sie in einer abgestützten Haltung die Muskeln beidseits der Wirbelsäule dehnt.

Praktizieren der statischen Grundübungen und der dynamischen Bewegungsübungen während der Schwangerschaft

Viele der statischen und dynamischen Übungen der Kapitel 6 und 7 sind Schwangeren sehr zu empfehlen. Bei jeder dieser Übungen sollten Sie die Anmerkungen durchlesen, um Tips für die Anwendung in der Schwangerschaft zu finden. Üben Sie bei den Yoga-Positionen niemals Druck auf das Baby in Ihrem Bauch aus. Verzichten Sie in der zweiten Hälfte der Schwangerschaft auf Positionen, bei denen Sie sich auf den Rücken legen müssen. Für die Zeit nach der Geburt eignen sich alle Übungen dieses Buchs hervorragend.

Osteoporose

Osteoporose ist eine Krankheit, bei der die Knochen porös und brüchig werden. Schon ein leichter Schlag oder Stoß oder eine Belastung, die einem Durchschnittsmenschen nichts anhaben kann, vermag einem, der an Osteoporose leidet, die Knochen zu brechen. Charakteristisch für die Krankheit sind Frakturen der Wirbel, der Hüft- und Handgelenke, aber Osteoporosepatienten neigen generell eher zu Knochenbrüchen als Menschen mit gesunden Knochen.

Es gibt zwei Formen der Osteoporose. Die eine entwickelt sich altersbedingt und allmählich bei Männern und Frauen. Bei der anderen handelt es sich um die im Gefolge der Menopause auftretende Osteoporose, bei der die mangelhafte Östrogenbildung durch die Ovarien den Knochenabbau beschleunigt. Diese Veränderung geschieht natürlicherweise in der Menopause oder vorzeitig nach chirurgischer Entfernung der Eierstöcke. Die normale Funktion der Eierstöcke kann allerdings durch extremes sportliches Training oder durch Eßstörungen, wie Anorexia nervosa oder Bulimie, beeinträchtigt werden.

Rückenschmerzen und Osteoporose

Zu Kompressionsfrakturen von Wirbeln kommt es meist bei älteren Männern und, innerhalb von zwanzig Jahren nach der Menopause, auch bei Frauen (sofern sie sich keiner Hormonersatztherapie unterzogen haben). Schmerzen in der Mittellinie der Wirbelsäule beruhen auf Muskelspasmen, die mit winzigen Frakturen der zusammenbrechenden Wirbel einhergehen. Dabei können plötzliche und schwere oder chronische und nagende Schmerzen auftreten. Bei wiederholten winzigen Frakturen werden die Wirbel keilförmig (vorn schmal, hinten breit), und es entsteht der sogenannte Witwenbuckel mit einer deutlichen Kyphose und einer Minderung der Körpergröße bei den Betroffenen (Abb. **172**). Bereits nach minimalem Bücken und Heben können Wirbelbrüche entstehen. Wegen der veränderten Wirbelsäulen- und Schultergelenkmechanik reagieren Nacken, Schulter und Arme mit Schmerzen. In schlimmen Fällen kommen die unteren Rippen auf den Beckenkamm zu liegen, dadurch sinkt der Brustkorb zusammen, die Atmung wird behindert. Da das Zwerchfell und die Organe des Brustkorbs nach unten gedrückt werden, schieben sich die Bauchorgane in den vorstehenden Leib. Die dadurch verursachte Kompression beeinträchtigt die Organfunktion. Außerdem reagieren der Nacken und der untere Rücken empfindlicher auf mechanische Belastungen.

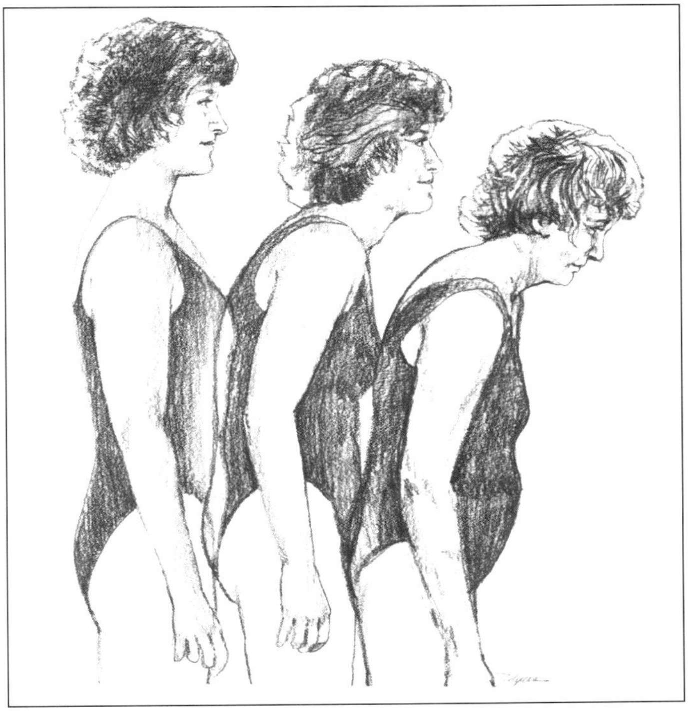

Abb. 172
Wirbelkörperkompressionsbruch bei Osteoporose bewirkt Schrumpfung der Körpergröße

Yoga-Verhaltensregeln für Patienten mit Osteoporose

Meiden Sie heftige, plötzliche Zugbewegungen und alle Übungen, welche die Wirbelsäule unmittelbar belasten (z.B. Kopf- oder Schulterstand). Unterlassen Sie ferner alle Aktivitäten, die einen Rundrücken verstärken könnten, beispielsweise Rudern, Aufricht-Übungen und Vorwärtsbeugungen mit schlechter Ausrichtung der Wirbelsäule. Beugen Sie niemals den Kopf nach hinten, denn das könnte die Halsarterien abklemmen.

Unmittelbar nach Wirbelbrüchen, wenn jede Bewegung höllische Schmerzen verursacht, kann ein Stützkorsett oder -mieder notwendig sein. Auf lange Sicht muß allerdings der Nutzen eines solchen Korsetts gegen seine Nachteile – Schwächung der Rumpfmuskeln, die der Wirbelsäule Halt geben – abgewogen werden.

Bis die Wirbelfraktur ausgeheilt ist, machen Sie leichte Bewegungsübungen in einer Badewanne, die möglichst bis an den Rand gefüllt sein sollte, damit das Wasser besser trägt. Gehen Sie, sobald Sie es vertragen, zweimal am Tag fünf Minuten umher. Gehen Sie je Woche eine Minute länger spazieren, bis Sie zweimal am Tag zwanzig Minuten schaffen. Nutzen Sie beim Gehen, beim Sitzen und in Ihrem Tagesablauf die Tips des 12. Kapitels, „Yoga im Alltag“.

Beweglichkeit und Muskelkraft werden durch Schwimmen gebessert, während das Wasser den Körper trägt. Genau dies hat freilich den Nachteil, daß Schwimmen den Kalziumeinbau im Wirbel nicht so wirksam stimuliert wie Kraftübungen, etwa Gehen oder Yoga. Gehen Sie, um die Beine und Hüftgelenke zu kräftigen, im flachen Wasser des Schwimmbeckens vorwärts und rückwärts, notfalls können Sie sich dabei am Beckenrand festhalten.

Osteoporoseprophylaxe durch Yoga

Um einer Osteoporose vorzubeugen, sind Belastungsübungen wie Gehen und Yoga nützlich. Bevor es zu den keilförmigen Wirbelbrüchen kommt, die den Witwenbuckel verursachen, fällt bei den Betroffenen meist eine vorgereckte Kopfstellung auf sowie eine leicht gebeugte obere Rückenpartie. Die Störung der Biomechanik, die zur allmählichen Zerstörung des vorderen Wirbelkörperanteils führt, läßt sich beheben, wenn man die vorgereckte Kopfhaltung möglichst im Kindesalter korrigiert. Das 9. Kapitel, „Rundrücken, vorgereckte Kopfhaltung und Nackenschmerzen“, geht auf diese Form der Haltungskorrektur ein. Auch die statischen Grundübungen und die dynamischen Bewegungsübungen des 6. und 7. Kapitels trainieren die Kraft und Geschmeidigkeit der Rücken- und Beinmuskeln und schützen so die Wirbelsäule.

Bei einer frischen oder gerade ausheilenden osteoporotischen Trümmerfraktur von Wirbeln sollten nur leichte Yoga-Stellungen geübt werden, die der Wirbelsäule Halt geben, während sie ein Zusammensinken des Brustkorbs verhindern und eine freie Atmung ermöglichen (z.B. Ellbogen auf Tisch stützen, Abb. **55**; entspannte Seitenlage, Abb. **62**; Vorwärtsbeugung im Sitzen mit Hilfsmittel für den Rumpf, Abb. **173**). Sobald die Wirbelbrüche ausgeheilt sind, dürfen Sie sich Übungen aus den Kapiteln 5, 6, 7 und 9 aussuchen.

Vorwärtsbeugung im Sitzen mit Hilfsmittel für den Brustkorb

Hilfsmittel: zwei Stühle, vier bis sechs Decken (evtl. dickes Frotteetuch).

Einnehmen der Haltung und Korrektur. Falten Sie die Decken erst längs und dann fächerförmig, so daß Sie ein 30 cm breites, rechteckiges festes Polster bekommen. Das Frotteetuch rollen Sie fest zusammen. Legen Sie die Decken exakt übereinander auf den einen Stuhl. Die Längsseite soll parallel zur Lehne liegen. (Sie können ebenso gut Yoga-Polster benutzen.)

Setzen Sie sich auf den anderen Stuhl, dessen Lehne im rechten Winkel zur Lehne des ersten steht. Schieben Sie die Knie auseinander und ziehen Sie den Stuhl mit den Decken zwischen Ihre Beine, so daß sich der Deckenstapel genau längs vor Ihnen befindet. Strecken Sie den Rumpf so empor, wie Sie es bequem können. Neigen Sie den Rumpf, indem Sie die Arme zu Hilfe nehmen, über den Deckenstapel. Die Handtuchrolle schieben Sie unter das Brustbein, um den Brustkorb oben zu unterpolstern. Lassen Sie die Stirn auf den Decken ruhen, oder drehen Sie den Kopf zur Seite und legen Sie ihn ein paar Minuten auf die Decken (Abb. **173**). Korrigieren Sie die Dicke der Polster für den Brustkorb mehr oder weniger, bis Sie diese angenehm finden. Um sich aufzurichten, stützen Sie sich auf die Arme und drücken Ihren Rumpf in die sitzende Ausgangsposition zurück (Abb. **174**.)

Atmen und Visualisieren. Wenden Sie die entspannende Atmung an. Fühlen Sie, wie sich beim Einatmen die Rippen am Rücken dehnen. Machen Sie am Ende jeder Ausatmung eine kurze Pause, in der die Lunge spontan weitere verbrauchte Atemluft abgibt. Sehen Sie vor Ihrem inneren Auge, wie sich die Rückenmuskeln lockern und von Verspannungen und Verkrampfungen befreien. Stellen Sie sich vor, wie Ihre Wirbel heilen und wieder erstarken. Wie der Schmerz aus der Wirbelsäule weicht und diese mit jeder Ausatmung länger wird.

Übungsziel. Diese Übung bietet die Möglichkeit, sich zwischendurch zu entspannen und leichter zu atmen. Korrigieren Sie die Dicke der verwendeten Hilfsmittel solange, bis die Position wirklich bequem ist. Es handelt sich hier zwar um eine Vorwärtsbeugung, aber weil die Wirbelsäule ganz unterpolstert ist, wird

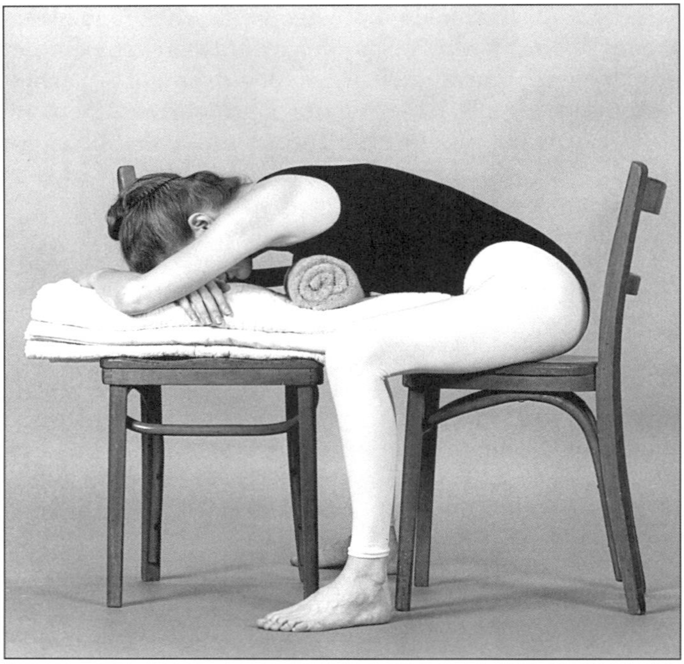

Abb. 173
Vorwärtsbeugung im Sitzen mit Hilfsmittel für den Rumpf

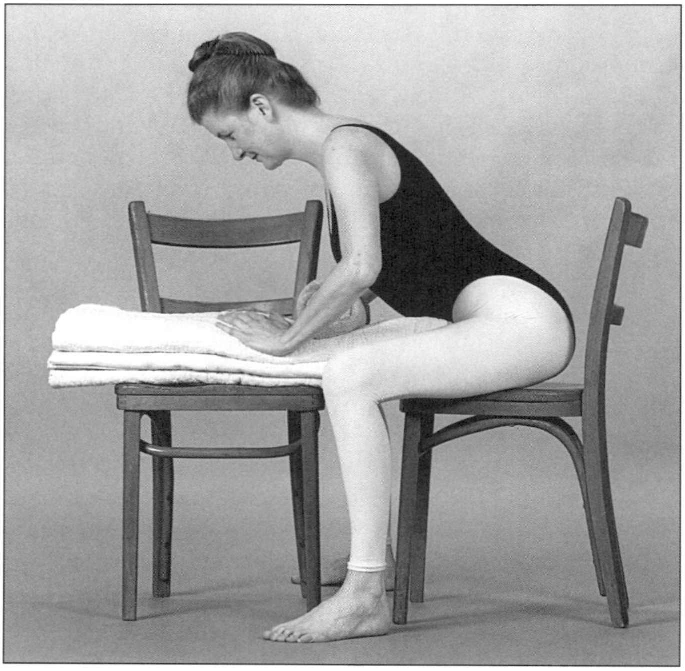

Abb. 174
Vorwärtsbeugung im Sitzen mit Hilfsmittel für den Rumpf, Auflösen der Position

sie keinem unangemessenen Druck ausgesetzt. Da der Bauch entspannt ist, lockern sich auch die Rückenmuskeln, so daß die hinteren Rippen frei werden für eine ungehinderte Atmung.

Anmerkung

- *Unterlassen Sie diese Übung bei einem beginnenden dorsalen oder lateralen Bandscheibenvorfall*

Übungsvorschläge

Bei PMS, Endometriose und Menstruationsbeschwerden
(15 Minuten)

1. Embryohaltung, 2 Minuten (Abb. **58**)
2. Vorwärtsbeugung mit Hilfsmittel für den Rumpf, 3 Minuten (Abb. **151**, **152**)
3. Schmetterlingshaltung mit unterstütztem Oberkörper, 3 Minuten (Abb. **160**)
4. Rückwärtsbeuge im Knien, 3 Minuten (Abb. **162**, **165**)
5. Ruhelage auf dem Rücken mit unterstütztem Oberkörper, 2 Minuten oder länger (Abb. **167**) (Zusätzlich können folgende Übungen Rückenbeschwerden lindern: die Dreieckstellung, Abb. **91**, und die gedrehte Dreieckstellung, Abb. **97**; Sie können diese Positionen zwischen Embryohaltung und Vorwärtsbeugung mit Hilfsmittel für den Rumpf einschieben)

Bei Osteoporose

Üben Sie die Positionen, die bei Kyphose nützlich sind (am Ende von Kapitel 9), falls Sie es aushalten. Sind diese schmerzhaft, dann üben Sie nur die Vorwärtsbeugung im Sitzen mit Hilfsmittel für den Rumpf (Abb. **173**), Ellbogen auf den Tisch gestützt (Abb. **55**) und die entspannte Seitenlage (Abb. **62**).

Während der Schwangerschaft

In der ersten Hälfte der Schwangerschaft dürfen Sie alle Entspannungsübungen, statischen Grundübungen und dynamischen Bewegungsübungen machen (Kapitel 5, 6 und 7), sofern Sie die jeweiligen Warnhinweise beachten.
In der zweiten Hälfte der Schwangerschaft befolgen Sie das nachstehende Fünfzehn-Minuten-Programm:

1. Hockstellung gegen die Wand, 1 Minute (Abb. **170**)
2. Beingrätsche, 2 Minuten (Abb. **169**)
3. Ausfall im Knien, 2 Minuten (Abb. **78**, **79**)
4. Gegen die Wand drücken oder Hundestellung, Variation mit Stuhl, 1 Minute (Abb. **112**, **115**, **121**)
5. Dreieckstellung, je Seite zweimal (Abb. **88** bis **92**)
6. Gedrehte Dreieckstellung, je Seite zweimal (Abb. **94** bis **97**)
7. Heldenstellung, je Seite zweimal (Abb. **103** bis **105**)
8. Gegen die Wand drücken oder Hundestellung, Variation mit Stuhl, 1 Minute (Abb. **112**, **115**, **121**)
9. Entspannte Seitenlage, 2 Minuten oder länger (Abb. **169**)

12 Yoga im Alltag

Wenn Sie zu Rückenschmerzen neigen, werden Sie sich bei Ihren Aktivitäten während des Tages manchmal vorkommen, als gingen Sie auf den Zehenspitzen durch ein Minenfeld. Nahezu alles, was Sie tun (oder auch lassen) kann Probleme verursachen, falls Sie Ihre Körpermechanik nicht richtig einsetzen oder nicht kräftig oder geschmeidig genug sind.

Wenn die neue Haltung, die innere Wahrnehmung und das Selbstbild, die Sie sich durch die Yoga-Praxis aneignen, mit der Beendigung der Übungen verschwinden, werden während des ganzen übrigen Tages Ihre alten Gewohnheiten gegen Sie arbeiten. Dieses Kapitel will Ihnen helfen, destruktive Bewegungs- und Haltungsgewohnheiten zu ändern, die Ihren Rücken immer wieder lädieren können.

Der Prozeß, bei dem Sie Ihren neu entstehenden Sinn für die korrekte Haltung auf Ihre alltäglichen Beschäftigungen übertragen lernen, ist eine wunderbare Gelegenheit zur Selbsterforschung. Betrachten Sie all Ihre täglichen Aktivitäten einfach als Yoga-Übungen, dann werden Sie mit Ihrem Rücken in Frieden leben.

Im folgenden finden Sie ein paar Regeln, die Sie beim Yoga im Alltag beherzigen sollten.

Atempause und Haltungskontrolle

Gönnen Sie sich, wann immer es geht, ein paar Sekunden für eine Atempause und Haltungskontrolle. Dazu atmen Sie langsam tief in Bauch und Rücken ein. Während Sie bewußt ausatmen, überprüfen und korrigieren Sie Ihre Haltung. Üben Sie, sich größer und aufrechter zu fühlen (ohne daß Sie das Kinn recken). Entspannen Sie Kiefer und Schultern.

Stehen und Gehen

Bewegen Sie sich bewußt und gezielt, und überlegen Sie dabei, wie sich Ihre Haltung auf das Gleichgewicht auswirkt. Seien Sie sich Ihres Schwerpunkts bewußt. Wenn Sie korrekt ausgerichtet aufrecht stehen, liegt Ihr Schwerpunkt hinter dem Nabel und Ihr Gewicht verteilt sich gleichmäßig entlang der ganzen Wirbelsäule.

Befindet sich der Schwerpunkt ständig vor dem Nabel (weil Sie im Stehen die Schultern vorhängen lassen oder den Kopf vorschieben oder weil Sie einen dicken vorstehenden Bauch haben), dann wird auf die Vorderseite der Wirbel zuviel Druck ausgeübt, statt daß dieser sich gleichmäßig auf den ganzen Wirbel verteilt. Diese ungleiche Belastung erhöht die Wahrscheinlichkeit, daß es zu Rückenbeschwerden kommt.

Stehen und gehen Sie in der Bergstellung (Abb. **84**). Beugen Sie sich nicht vor und gehen Sie nicht krumm und gebückt. Verschränken Sie beim Stehen nicht die Arme vor der Brust, sondern versuchen Sie lieber, sie im Rücken zu kreuzen, so daß eine Hand jeweils den Ellbogen der Gegenseite umfaßt. Üben Sie das Gehen mit einem Säckchen Reis oder Hülsenfrüchten auf dem Kopf (Abb. **175**). Stellen Sie sich das Gefühl vor, wie Ihr Kopf andauernd das Gewicht von Ihren Ohren weg emporzudrücken versucht. Bemühen Sie sich, Ihre Ohren möglichst lotrecht über den Schultern, die Schultern über den Hüftgelenken und die Hüftgelenke über den Knie- und Fußgelenken zu halten. Strecken Sie den Scheitel empor, aber nicht das Kinn. Lassen Sie nicht das Kinn den Körper führen (Abb. **176**, unkorrekt). Mehr über das richtige Gehtraining finden Sie im 13. Kapitel „Üben ohne Risiko".

Abb. 175
Gehen in aufgerichteter Körperhaltung

Abb. 176
Schlechte Haltung beim Gehen

Sitzen

Leuten mit Bandscheibenerkrankungen bereitet das Sitzen oft besondere Probleme, weil es die Kompressionskräfte verstärkt, die auf die Lendenwirbel einwirken. Deswegen sollten Sie möglichst wenig sitzen. Falls Sie jedoch zum Sitzen gezwungen sind, schalten Sie Pausen dazwischen. Stehen Sie oft auf und gehen Sie umher.

Sitzen Sie nicht auf dem Kreuz- oder Steißbein, sondern auf den Sitzhöckern. Wenn Sie auf dem Kreuz- oder Steißbein sitzen, wird die Lendenlordose abgeflacht, und das belastet die Haltemuskeln und -bänder (Abb. **177**, unkorrekt). Schieben Sie ein Buch unter Ihre Füße, falls sie nicht bis an den Boden reichen.

Geradesitzen. Setzen Sie sich so auf die vordere Hälfte eines festen flachen Stuhlsitzes, daß Kopf, Schultern und Hüften sich exakt übereinander befinden (Abb. **178**). Diese Ausrichtung kräftigt die oberen Rückenmuskeln und fördert dadurch eine bessere Haltung. Üben Sie diese Haltung mindestens einmal täglich mehrere Minuten.

Sitzen beim Lesen oder beim Fernsehen. Benutzen Sie einen Armlehnstuhl mit hoher fester Lehne. Um die Lendenlordose zu stabilisieren, schieben Sie sich in Taillenhöhe ein fest zusammengerolltes Handtuch in den Rücken. (Wenn Sie den richtigen Durchmesser herausgefunden haben, fixieren Sie die Rolle mit Klettband oder Gummibändern.) Befestigen Sie eine weitere Handtuchrolle und eine Kopfunterlage vorsorglich in Kopf- und Nackenhöhe an der Wand.

Um in dieser Haltung zu lesen, heben Sie Ihre Lektüre empor, damit Ihr Kopf beim Lesen nicht vorhängt (Abb. **179**). Legen Sie die Unterarme und die Unterkante des Buchs auf ein Polster in Ihrem Schoß, z.B. auf ein Stück festen Schaumstoff, ein Kissen oder einen Karton passender Größe. Legen Sie diese Hilfsmittel in Reichweite, damit Sie nicht vergessen, sie zu benutzen.

Von einem Stuhl aufstehen. Benutzen Sie nach Möglichkeit einen harten Stuhl mit Armlehnen, dessen Sitzhöhe mit der Höhe Ihrer Kniekehlen übereinstimmt. Gehen Sie beim Aufstehen nicht mit dem Kinn in Führung. Halten Sie den Kopf über Ihren Schwerpunkt ausgerichtet. Rutschen Sie bis zur Kante des Stuhlsitzes vor. Schieben Sie einen Fuß, wenn's geht, unter den Sitz, und den anderen etwas nach vorne. Sollte dies nicht möglich sein, drehen Sie den Körper mit den Knien und Füßen zur Seite. Lassen Sie den gesamten Rumpf und den Kopf als eins nach vorne sinken, bis sich Ihr Schwerpunkt über den Füßen befindet. Dann stemmen Sie sich mit Händen und Füßen hoch, bis Sie aufrecht stehen (Abb. **180**).

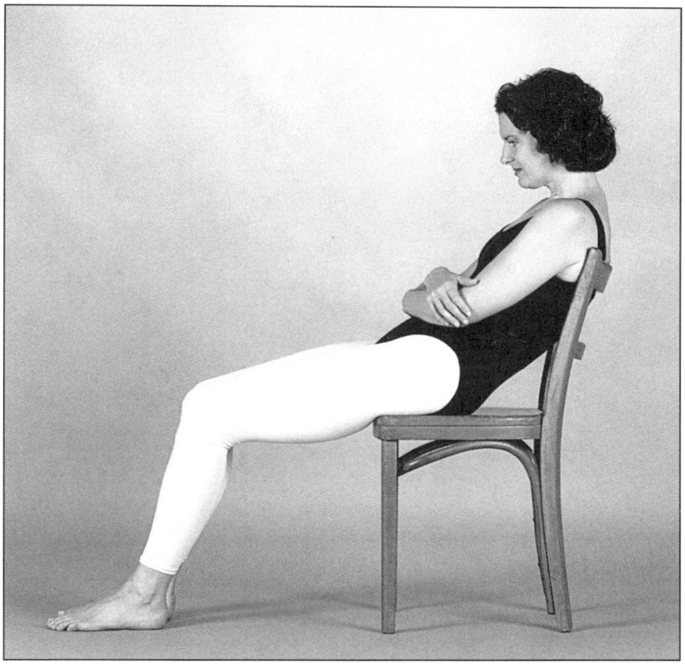

Abb. 177
Schlechte Sitzhaltung

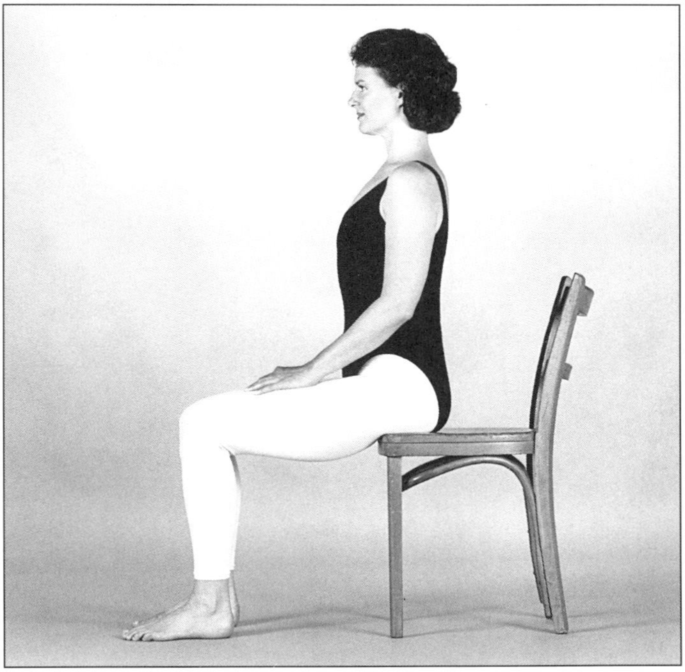

Abb. 178
Korrekte Sitzhaltung

Abb. 179 Richtige Sitzhaltung zum Lesen

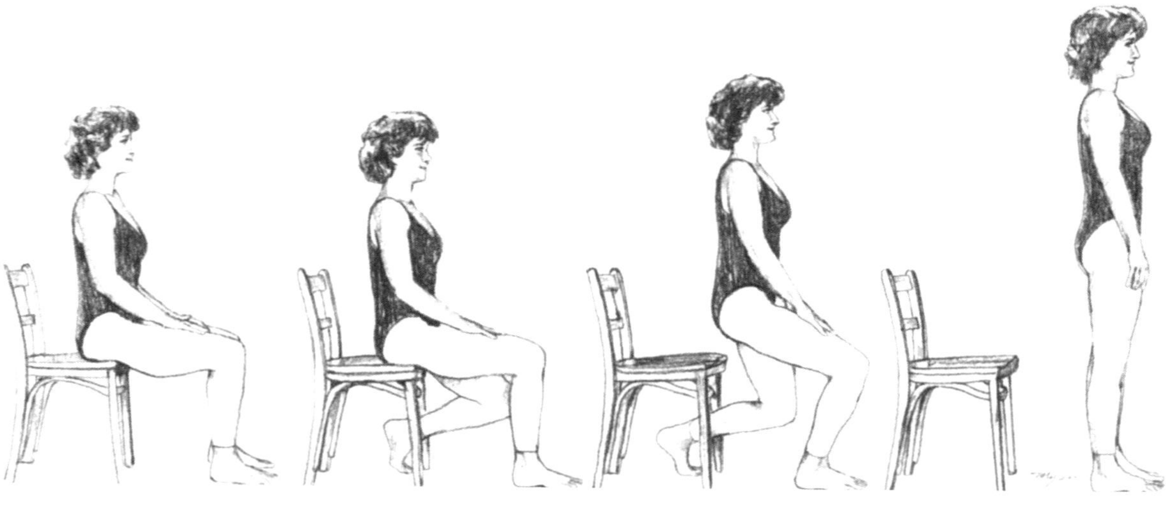

Abb.180 Aufstehen von einem Stuhl

Um sich zu setzen, absolvieren Sie die ganze Prozedur rückwärts. Beugen Sie nicht den Rumpf vor und lassen Sie nicht das Gesäß führen. Stellen Sie sich lieber mit dem Rücken dicht vor den Stuhl, einen Fuß teilweise unter dem Sitz. Lassen Sie sich mit gerade gehaltenem Rumpf direkt auf der Stuhlkante nieder. Dann lehnen Sie sich im Stuhl zurück.

Hinlegen und wieder aufstehen. Machen Sie diese Übung mindestens einmal täglich. Eine schlechte Körpermechanik beim Aufstehen und Hinlegen kann das Kreuz belasten, während der richtige Bewegungsablauf es schützt und kräftigt. Wenn Sie das Aufstehen und Hinlegen richtig absolvieren, wird diese Bewegungsweise zu einer guten neuen Gewohnheit. Der richtige Bewegungsablauf prägt sich ein, so daß Sie bei Yoga-Übungen auf dem Boden – oder wenn Sie aus anderen Gründen auf dem Boden sitzen – ganz automatisch aufstehen oder zu Boden gehen, ohne sich zu gefährden.

Aus dem Stand setzen Sie einen Fuß ein wenig hinter den anderen. Halten Sie sich notfalls an einem soliden Möbelstück fest, lassen Sie sich auf ein Knie herab, die Ohren sollen sich senkrecht über dem Schwerpunkt befinden. Dann beugen Sie das andere Knie. Lassen Sie sich mit dem Gesäß auf die Fersen nieder, und setzen Sie sich neben Ihre Füße. Zum Hinlegen stützen Sie sich auf die Arme und lassen sich mit der einen Seite Ihres Rumpfes zu Boden sinken (Abb. **181**). Beim Aufstehen läuft die Prozedur umgekehrt ab. Grundsätzlich sollten Sie alle auf dem Boden praktizierten Yoga-Positionen so beginnen und beenden.

Abb. 181 Hinlegen und wieder aufstehen

Richtiges Heben

Je weiter Sie einen Gegenstand von Ihrem Körper weghalten, desto mehr Druck wird auf Ihre Wirbel ausgeübt. (Jedes Pfund, das Sie in Taillenhöhe 30 cm vor Ihrem Bauch tragen, übt einen Druck von 15 Pfund auf die Bandscheiben in der Lendenregion aus. Ein Kind oder eine Einkaufstasche von zwanzig Pfund Gewicht, das Sie vor dem Bauch halten, belastet die Wirbelsäule mit 300 Pfund!) Je dichter Sie eine Last an den Körper drücken, desto gleichmäßiger verteilt sich ihr Gewicht auf die Wirbelsäule, das Becken und die Beine. Und da Sie dabei Ihren Schwerpunkt nur minimal verschieben, ist die Wahrscheinlichkeit geringer, daß Sie das Gleichgewicht verlieren und hinfallen.

Treten Sie möglichst dicht an die Last heran und lassen Sie sich dann auf ein Knie nieder. Drücken Sie die Last an Ihren Bauch, während Sie sich mit der Kraft Ihrer Beine hochstemmen (Abb. **182**.) Strecken Sie die Beine, indem Sie beide Füße gegen den Boden pressen. Übernehmen Sie sich nicht. Lassen Sie sich helfen, falls dies nötig ist. Teilen Sie eine schwere Last in mehrere leichtere auf. Gehen Sie niemals neben einer Last in die Hocke, denn das würde erfordern, daß

Abb. 182 Richtiges Heben

Sie sich gleichzeitig aufrichten und drehen, und dies kann zu einer Zerreißung der äußeren Bandscheibenringe führen. (Um sich zu veranschaulichen, wie die Drehung die äußeren Schichten einer Bandscheibe verletzen kann, stellen Sie sich vor, Sie würden einen Wischlappen auswringen. Die innen liegenden Fasern werden sehr gering, die äußeren hingegen, da sie eine größere Strecke zu überwinden haben, sehr stark verdreht oder gezerrt.) *Bücken und beugen Sie sich niemals aus der Taille vor, um etwas zu heben.* Gehen Sie immer in die Knie, damit der Rumpf auf das richtige Niveau gelangt. Falls Sie sich aus irgendeinem Grund vorbeugen müssen, fangen Sie einen Teil Ihres Körpergewichts ab, indem Sie eine Hand gegen den Oberschenkel oder gegen ein solides Möbelstück drücken.

Säuglinge und Kleinkinder heben und tragen. Man muß schon einigermaßen erfinderisch sein, um Yoga im Alltag bei der Betreuung von Kindern anzuwenden. Kaufen Sie Betten und Laufställchen, bei denen Sie sich nicht vorbeugen müssen, um das Kind aufzunehmen, oder passen Sie diese Möbel entsprechend an. Richten Sie sich einen Wickeltisch ein, an dem Sie stehend oder kniend arbeiten können. Es ist viel besser, wenn Sie Ihr Kind nicht an die Brust gedrückt oder auf der Hüfte, sondern auf dem Rücken tragen. Wenn Sie das Baby in einem Kunststoffkindersitz mit Tragegriff schleppen, bekommen Sie Rückenschmerzen, weil Sie das Gewicht zu weit vom Schwerpunkt entfernt halten.

Schlafen

Gönnen Sie sich genügend Schlaf, damit Ihre Bandscheiben die Möglichkeit haben, heilende Nährstoffe zu absorbieren. Schlafen Sie in Rückenlage mit einem Kissen unter den Kniekehlen, damit die Lendenwirbel von dem Zug der Hüftbeugemuskeln entlastet werden (Abb. **183**). Wollen Sie auf der Seite schlafen, beugen Sie die Hüft- und Kniegelenke. Dehnen Sie die Taille auf der Seite, die der Matratze zugewandt ist, indem Sie die Distanz zwischen Achsel und Hüfte vergrößern, und zwar schieben Sie die Hüfte abwärts. Sie liegen oft bequemer, wenn Sie sich ein Kissen zwischen die Knie oder unter das oben liegende Knie klemmen (Abb. **184**). Natürlich sollten Sie auf einer festen Matratze schlafen.

Experimentieren Sie zum Schlafen mit festen Lendenpolstern. Legen Sie ein langes Frotteetuch in Falten, wickeln Sie es sich um die Taille und befestigen Sie es mit einer Sicherheitsnadel, damit es nicht verrutscht, auch wenn Sie sehr unruhig schlafen. Probieren Sie verschiedene Dicken und Wickelhöhen aus. Manche spüren das Frotteetuch am liebsten in der Taille, andere haben es lieber in Hüfthöhe.

Schlafen Sie nicht in Bauchlage, es sei denn, Sie hätten eine Piriformis-Verspannung oder eine flache Lendenlordose. Die Bauchlage kann die Bandscheiben im Lendenbereich belasten.

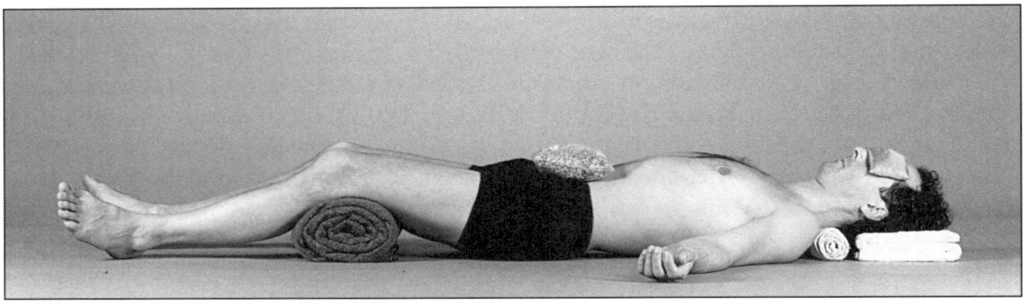

Abb. 183 Ruhelage auf dem Rücken mit Hilfsmittel in den Kniekehlen

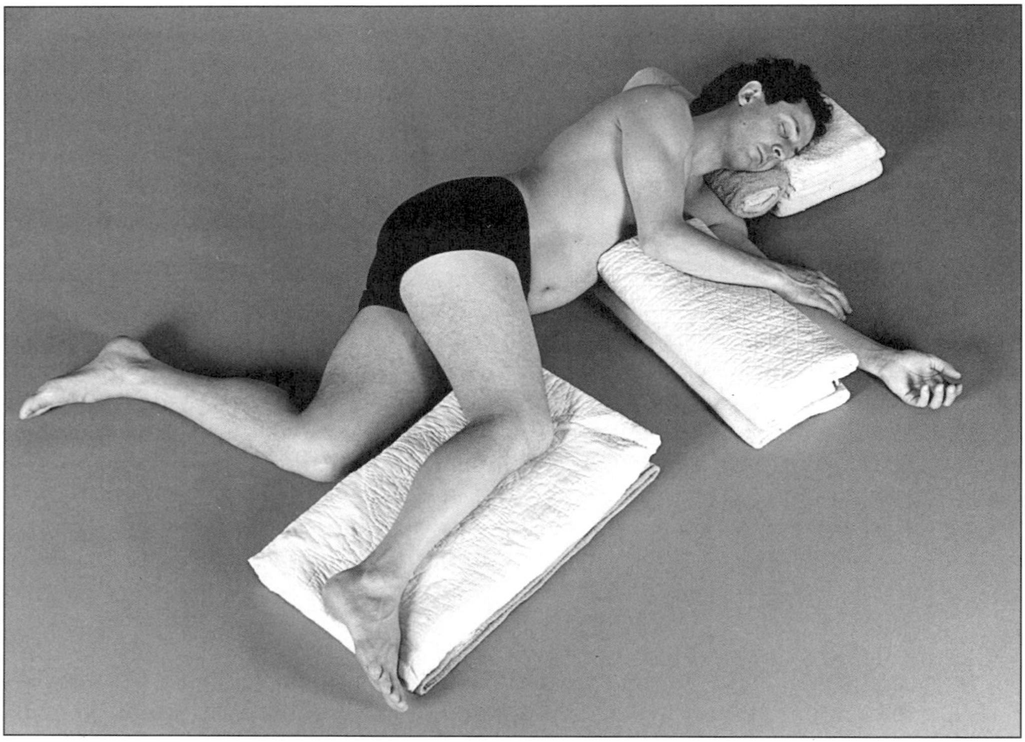

Abb. 184 Entspannung in Seitenlage

Falls Sie gewöhnt sind, auf dem Bauch zu schlafen, ändern Sie Ihre Schlafhaltung allmählich, indem Sie erst auf der Seite und später auf dem Rücken einzuschlafen versuchen. Entspannen Sie sich in der ungewohnten Haltung, bevor Sie in den Schlaf sinken. Viele Monate später werden Sie feststellen, daß Sie tatsächlich in der einen oder anderen neuen Haltung einschlafen können. Seien Sie geduldig.

Manche finden Wasserbetten bequem, andere nicht. Falls Sie auf einem Wasserbett schlafen, achten Sie auf ausreichenden Füllungsdruck, damit Ihr Körper angemessen abgepolstert wird. Die neuartigen Mehr-Kammer-Systeme bieten eine bessere Unterlage als die Ein-Kammer-Betten.

Strecken Sie sich ausgiebig, bevor Sie aufstehen. Ziehen Sie die Knie an die Brust, rollen Sie sich nach einer Weile auf die Seite und erheben Sie sich.

Autofahren

Stellen Sie die Rückenlehne des Fahrersitzes möglichst senkrecht. Oft hat der Rücken besseren Halt, wenn der Sitz sich näher am Steuer befindet. Korrigieren Sie den Fahrersitz mit Hilfe gefalteter oder zusammengerollter Handtücher, so daß Sie auf den Sitzknochen sitzen und das Kreuz gut abgepolstert ist. Um besseren Halt zu haben und nicht zusammenzusacken, falten Sie ein Badetuch längs, rollen es eng zu einer festen Rolle zusammen und fixieren diese mit Gummiringen oder Klettband. Schieben Sie die Rolle oberhalb des Kreuzbereichs längs in den Rücken. Sie können aber auch ein Handtuch oder Badetuch (je nach gewünschter Dicke) zusammenrollen und quer (also im rechten Winkel zur Wirbelsäule) hinter die Taille schieben, um der Lendenregion Halt zu geben. Probieren Sie aus, was für Ihren Rücken und für den Autositz am besten funktioniert. Vielleicht legen Sie die Hilfsmittel in Reichweite, um sie bei längeren Autofahrten abwechselnd benutzen zu können.

Die im Fachhandel angebotenen Lendenpolster und Spezialkissen aus verschiedenen Materialien geben dem Rücken meist weniger Halt als feste Handtuchrollen, die Sie individuell für Ihren Rücken herstellen. Nachgiebiger Schaumstoff ist viel zu weich, um die Knochen zu stützen, und je flacher so ein weiches Polster wird, desto geringeren Halt gibt es. Die größeren Rückenpolster für den Fahrersitz sind nur für Personen mit Durchschnittsmaßen geeignet und passen womöglich überhaupt nicht für Ihren Rücken und Ihren Autositz.

Experimentieren Sie mit Handtüchern verschiedener Länge und Dicke, die Sie an Ort und Stelle mit Gummibändern oder mit Klettband fixieren. Sobald Sie wissen, was am besten funktioniert, fixieren Sie auch die Form der Hilfsmittel. Legen Sie diese Hilfsmittel auf den Rücksitz, damit Sie bei Bedarf darauf zurückgreifen können. Übrigens können Sie sich bei Langstreckenflügen aus den Schlummerkissen und Decken ähnliche Hilfsmittel herstellen. Genieren Sie sich bloß nicht! Lassen Sie sich vom Service geben, was Sie zu Ihrer Bequemlichkeit brauchen. Bei langen Autofahrten sollten Sie alle paar Stunden eine Pause einlegen. Machen Sie dann einige der leichten Dehnungsübungen des 7. Kapitels, z.B. gegen die Wand drücken (Abb. **112**). Auf Rastplätzen üben Sie die Beckenkippung in Rückenlage (Abb. **63**) sowie das Schaukeln auf dem Kreuzbein I und II (Abb. **123**, **124**). (Picknicktisch benutzen oder Matte auf ebenem Boden.)

Ein- und Aussteigen. Öffnen Sie die Wagentür und stellen Sie sich mit dem Rücken zur Öffnung. Legen Sie nun eine Hand auf die Lehne des Fahrersitzes, die andere ans Lenkrad oder auf das Armaturenbrett, und lassen Sie sich vorsichtig rückwärts auf den Sitz gleiten. Die Beine hängen noch seitlich vom Sitz herab.

Dann halten Sie sich mit beiden Händen am Steuer, Armaturenbrett oder Fahrersitz fest, drehen den Körper in einem mit den Beinen in den Wagen und setzen sich in Fahrtrichtung zurecht.

Zum Aussteigen machen Sie das ganze umgekehrt: Zuerst öffnen Sie die Tür. Dann drehen Sie unter Zuhilfenahme der Arme den Körper insgesamt nach außen, so daß die Beine vom Sitz herabhängen. Dann rutschen Sie auf dem Sitz vor, stemmen sich mit den Armen hoch und richten sich auf.

Seien Sie besonders vorsichtig, wenn Sie ein Kind in den Kindersitz verfrachten wollen. Bringen Sie dem Kind möglichst bald bei, ohne Hilfe auf den Rücksitz und in den Kindersitz zu klettern.

Hausarbeit

Verteilen Sie die Lasten. Spannen Sie die anderen Familienmitglieder in die häuslichen Pflichten ein. Falls Sie allein leben, verteilen Sie die Hausarbeit auf mehrere Stunden, Tage oder Wochen. Machen Sie sich das Leben leichter, indem Sie z.B. weniger Schmutz in die Wohnung schleppen: Führen Sie die asiatische Sitte ein, die Schuhe vor dem Betreten der Wohnung abzulegen.

Staubsaugen. Diese Arbeit läßt sich sehr gut in mehreren Etappen verrichten. Saugen Sie der Reihe nach jeden Tag nur einen Raum. Halten Sie sich gerade bei der Arbeit, und bücken Sie sich nicht über die Staubsaugerstange. Diese soll lang genug sein, daß Sie sich aufrecht halten können. Lassen Sie den Staubsauger arbeiten, und üben Sie keinen Druck gegen den Boden aus. Für hochflorige Teppichböden sind Bodenstaubsauger praktischer. Halten Sie die Saugstange nah bei den Hüften. Wechseln Sie beim Arbeiten immer wieder zwischen rechter und linker Körperseite. Achten Sie, wenn Sie die schweren Teile des Gerätes handhaben, auf gute Körpermechanik. Zerren Sie nicht an dem Schlauch, wenn Sie das Gerät an eine andere Stelle ziehen wollen. Gehen Sie lieber hin und drehen und schieben Sie das Gerät herum, indem Sie in die Hocke oder in die Knie gehen.

Kehren. Halten Sie den Besen nah am Körper, stehen Sie aufrecht und nutzen Sie die Länge des Besenstils aus, anstatt sich zu bücken. Führen Sie den Besen abwechselnd mit der linken und der rechten Hand.

Blumengießen. Falls Sie viele Zimmerpflanzen haben, teilen Sie sich das Gießen über mehrere Tage auf. Falls nötig, füllen Sie Ihre Gießkanne mehrmals mit einer geringeren Wassermenge. Benutzen Sie eine Gießkanne mit langem Ausguß. Versuchen Sie, Ihre Pflanzen so zu arrangieren, daß Sie sich beim Gießen nicht vorbeugen müssen.

Bügeln. Sparen Sie sich unnötige Bügelei, indem Sie nach und nach bügelfreie Garderobe anschaffen. Fassen Sie dies als Problemlösung auf lange Sicht ins Auge. Bügeln Sie immer nur einen kleinen Stapel, und erziehen Sie Ihre Familie dazu, daß jeder möglichst früh lernt, seine Kleidung selbst zu bügeln. Stehen Sie gerade beim Arbeiten, bücken Sie sich nicht über das Bügelbrett. Manche finden es angenehm, wenn sie abwechselnd einen Fuß auf ein Bänkchen stellen können.

Geschirrspülen. Auch für diese Arbeit kann die übrige Familie eingespannt werden. Einer kocht, der andere besorgt den Abwasch. Spülen Sie gebrauchtes Geschirr möglichst schon weg, während gekocht wird, den Rest nach dem Essen. Falls Sie eine Spülmaschine besitzen, lassen Sie jedes Familienmitglied sein Geschirr selbst in die Maschine einräumen. Garen Sie möglichst viel in Folie, Bratschlauch usw., um stark verschmutzte Töpfe und Pfannen zu vermeiden. Benutzen Sie praktische Haushaltshelfer, z.B. Reinigungsschwämme und harte Bürsten. Verrichten Sie Küchenarbeiten in der Bergstellung (Abb. **84**).

Bettenmachen und Betten beziehen. Beugen Sie sich nicht über das Bett vor, sondern arbeiten Sie von beiden Seiten aus. Knien Sie sich zum Bettenmachen nieder. Falls Sie nur ein Knie beugen, drehen Sie sich leicht zur Seite. Bequemer ist es, wenn Sie ein kleines festes Polster unter die Knie legen. Bedenken Sie, daß Sie sich bei verkürzten Hüftbeugern nicht gleichzeitig auf beide Knie niederlassen sollen, weil Sie dann ein Hohlkreuz machen und die Lendenregion überlasten.

Körperpflege

Zähne putzen, Gesicht reinigen, rasieren. Stehen Sie aufrecht. Hängen Sie sich nicht über das Waschbecken. Ganz praktisch ist es, wenn Sie an einer anderen Stelle einen zweiten Spiegel anbringen, an den Sie dicht herantreten können, ohne sich zu verrenken. Benutzen Sie einen Waschlappen, statt sich zu bücken und Wasser aus der Leitung ins Gesicht zu klatschen. Strecken Sie nicht den Kopf vor und das Kinn empor. Nehmen Sie die Bergstellung ein, während Sie sich elektrisch rasieren (Abb.**84**). Falls Sie dicht vor den Spiegel treten müssen, um besser zu sehen, stützen Sie einen Arm auf.

Haare waschen. Waschen Sie die Haare möglichst beim Duschen. Hängen Sie den Kopf für die Haarwäsche nicht ins Waschbecken oder gar über die Badewanne. Machen Sie beim Shamponieren mit erhobenen Armen in der Dusche kein Hohlkreuz.

Gartenarbeit

Gärtnern. Lassen Sie sich bei der Gartenarbeit helfen. Bezähmen Sie Ihren gärtnerischen Ehrgeiz und tun Sie nicht mehr, als der Zustand Ihres Rückens zuläßt. Bearbeiten Sie stets nur ein kleineres Stück, und gehen Sie anstrengende (Bücken und Vorbeugen) und leichte Arbeiten abwechselnd an. Setzen Sie sich nicht mit gekrümmtem Rücken auf die Erde. Benutzen Sie statt dessen einen Hocker oder, beim Knien, Knieschützer. Informieren Sie sich in Katalogen für Gartenbedarf über entsprechende Hilfsmittel. Seien Sie vorsichtig, wenn Sie sich aufrichten. Vermeiden Sie, gleichzeitig aufzustehen und sich zu drehen.

Graben, hacken, schaufeln. Diese Arbeiten dürfen Sie sich erst zumuten, wenn Sie seit mindestens sechs bis acht Monaten keine Rückenschmerzen haben und in Ihrem Yoga-Programm bis zu den dynamischen Bewegungsübungen des 7. Kapitels vorgedrungen sind. Lassen Sie's aber auch dann langsam angehen: nicht zu lange und die Schaufel nicht zu voll packen. Halten Sie die beladene Schaufel nah beim Körper. Frisch gefallener lockerer Schnee oder rieselfähige Erde ist viel leichter zu schippen als pappiger Schnee oder nasse Erde. Um die Schaufel zu senken, beugen Sie die Knie und nicht den Rücken. Entspannen Sie sich vor und nach anstrengender Gartenarbeit mit den Positionen des 5. Kapitels.

Heimwerkerarbeiten

Achten Sie beim Heben sehr genau auf gute Körpermechanik. Denken Sie daran, daß Ihr Rücken gefährdet ist, wenn Sie mit über den Kopf erhobenen Armen arbeiten (hämmern, anstreichen). Benutzen Sie eine Leiter oder ein Gerüst, um nicht über Kopf arbeiten zu müssen.

Büroarbeit

Beim Sitzen wird ein deutlich höherer Druck auf die Bandscheiben der Lendenwirbelsäule ausgeübt. Deswegen ist es wichtig, welchen Stuhl Sie benutzen. Auf einem Kniehocker (wie z.B. die balans-Trainingsstühle mit dem nach vorne geneigten Sitz, bei denen sich das Gewicht auf die Sitzknochen und die Schienbeine verteilt) sitzen Sie sehr gut, wenn Sie sich bei einer Arbeit leicht vorneigen oder aufrecht sitzen müssen (z.B. beim Mikroskopieren oder Nähen). Für Arbeiten, bei denen Sie gewöhnlich leicht angelehnt sitzen, benötigen Sie einen Stuhl mit verstellbarer Lehne und Lendenstütze. Die richtige Sitzhöhe hat der Stuhl, wenn Ihre Füße bequem den Boden berühren und die Knie- und Hüftgelenke einen rechten Winkel bilden. Die Lendenstütze muß speziell *Ihrem* Rücken angepaßt sein. Falls der Stuhl auch von anderen benutzt wird, stellen Sie ihn jedes Mal neu ein, bevor Sie anfangen zu arbeiten. Es gibt derzeit ein sehr vielseitiges Angebot sehr guter Bürostühle und Hilfsmittel, die richtiges, bequemes Sitzen ermöglichen.

Achten Sie darauf, daß Arbeitsfläche und Arbeitsmittel sich auf der richtigen Höhe befinden. Wenn z.B. Ihr Bildschirm in Augenhöhe steht, müssen Sie den Kopf nicht heben oder senken. Die Tastatur von Computer oder Schreibmaschine soll so angeordnet sein, daß Sie bequem tippen können, ohne die Schultern hochzuziehen.

Klemmen Sie sich beim Telefonieren nicht den Hörer zwischen Schulter und Nacken. Telefonieren Sie abwechselnd mit dem rechten und dem linken Ohr. Wenn möglich, benutzen Sie Kopfhörer. Sehr praktisch sind Telefone mit Zimmerlautsprecher, bei denen Sie die Hände frei haben.

Probieren Sie ein Stehpult aus oder benutzen Sie eine schräg verstellbare Arbeitsplatte. Beim Stehen werden die Bandscheiben in der Lendenregion weniger belastet als beim Sitzen.

... und das Liebesleben

Leider kann eine Rückenverletzung Ihr Liebesleben beeinträchtigen. Erst mag die Angst vor einem Rückfall Sie zur Abstinenz veranlassen, das kann zu Depressionen führen, und diese wiederum können eine bestehende Entfremdung verstärken.

Nun bietet Ihnen Ihr Yoga-Programm nicht nur die Möglichkeit, durch die Übungen neue Bewegungsmuster auszuprobieren und zu erlernen, sondern es eröffnet Ihnen auch neue Perspektiven, wie Sie die Qualität Ihrer intimsten

Beziehungen verbessern und trotz eines Rückenleidens weiter ein aktives Liebesleben genießen können. Anstatt sich von Gefühlen der Angst und Entfremdung überwältigen zu lassen, sollte ein Paar die körperliche Liebe positiv, ja sogar therapeutisch sehen. Nehmen Sie sich Zeit, in entspannter Atmosphäre aufeinander einzugehen und den anderen liebevoll und zärtlich zu erforschen. Hier ein paar Tips:

- Die Zeit des Vorspiels benutzen Sie teilweise, um gemeinsam ruhige Entspannungs- und Dehnungsübungen zu machen, vielleicht bei leiser besänftigender Musik.
- Bewegen Sie sich sanft, langsam, fließend und vorsichtig, ohne Heftigkeit und ohne Verrenkungen. Das richtige Tempo finden Sie oft leichter durch entsprechende musikalische Untermalung.
- Bei den risikoärmeren Stellungen darf der Partner, der den lädierten Rücken hat, sich passiver verhalten und in Rückenlage von der festen Matratze und untergeschobenen Kissen profitieren. Es schont das Kreuz, wenn Sie die Knie anwinkeln. Falls es Ihnen geholfen hat, mit einem um die Taille gewickelten Handtuch zu schlafen, probieren Sie dies auch zum Unterpolstern der Lendenregion beim Beischlaf. Vermeiden Sie, Ihre Lendenlordose zu stark abzuflachen oder zu überstrecken. Probieren Sie ein bißchen herum, welche Stellungen speziell für Sie und Ihren Partner richtig angenehm sind. Einen Ratgeber für Sex bei Rückenschmerzen finden Sie am Ende des Buches.
- Bedenken Sie, daß die richtige Haltung der Wirbelsäule im Schlafzimmer genauso wichtig ist wie andernorts. Seien Sie wachsam für Signale, die ankündigen, daß Sie Ihren Rücken überlasten, und korrigieren Sie Ihre Haltung und Ihre Positionen entsprechend.
- Denken Sie daran, daß für einen Orgasmus der Penis nicht in die Scheide eindringen muß.
- Vergessen Sie nicht, sich nach der Liebe auszuruhen und die Wirbelsäule wieder auszurichten, indem Sie eine oder zwei Entspannungsübungen machen, z.B. die Rückenlage mit hochgelagerten Unterschenkeln (Abb. **54**) oder die Embryohaltung (Abb. **57**).

Nutzen Sie dieses Einüben eines gesunden Sexuallebens, um Ihre Beziehung zu überprüfen und zu verbessern. Indem Sie eine bessere Kommunikation entwickeln und auf die gegenseitigen Bedürfnisse eingehen lernen, wird Ihre Beziehung – wie Ihr Körper – stärker und flexibler.

13 Üben ohne Risiko

„Wann werde ich wieder tanzen können?"

„Mir ist nicht wohl, wenn ich nicht laufen kann. Können Sie mir helfen, daß mein Rücken gesund wird, damit ich wieder laufen kann?"

„Ich spiele für mein Leben gern Golf. Bitte sagen Sie nicht, daß ich das in Zukunft nie wieder tun darf."

Häufig kommen Rückenschmerzpatienten zu mir mit dem Ansinnen, ich möge ihren Rücken wieder heil machen, damit sie wieder gerade den Sport ausüben können, der ihre Rückenschmerzen verursacht hat. Ich versuche, die Patienten individuell zu beraten, und berücksichtige dabei, wie stark und wie lange der Rücken schon lädiert ist, welche speziellen Belastungen die jeweilige Sportart für den Rücken bedeutet und wie weit der betreffende Patient motivierbar ist, zur Rehabilitation ein Yoga-Programm zu befolgen.

Manche Patienten können ihre Aktivität vielleicht mit geringen Abwandlungen wieder aufnehmen und müssen vorübergehend nur die Intensität, Dauer und Häufigkeit reduzieren.

Andere sind vielleicht gezwungen, den Sport erst mal aufzugeben und den Rücken durch Yoga wieder aufzubauen. Nach einer Phase der Wiederherstellung darf die Sportart vorsichtig und kurzzeitig wiederaufgenommen werden. Geht das während einer Versuchsphase gut, dann ist der Sport wieder erlaubt. Andernfalls müssen Sie noch einige Yoga-Aufbauarbeit mit Ihrem Rücken leisten, bevor Sie einen neuen Versuch mit Sport wagen dürfen.

Wieder andere Patienten werden zu ihrem Kummer erfahren, daß die Lieblingssportart immer problematisch sein wird. Sie werden sich umorientieren und für die Zukunft andere Aktivitäten finden müssen, die ebenfalls Spaß machen.

Das vorliegende Kapitel macht auf mögliche Ursachen von Rückenbeschwerden bei einer Reihe von Sportarten und Trainingsformen aufmerksam. Sie lernen, wie Sie Verletzungsrisiken minimieren können, indem Sie anders vorgehen und spezielle vorbereitende Übungen ausführen, die Kraft und Geschmeidigkeit vermitteln. Sie werden außerdem auf ungefährliche Alternativen zu riskanten Sportarten hingewiesen, die ebenfalls Spaß machen.

Aerobische Übungen

Die meisten Menschen wissen heute, wie günstig sich regelmäßiges Aerobic auf das Herz, den Kreislauf und das Allgemeinbefinden auswirkt. Für viele Rückenschmerzpatienten kommt Aerobic während der Genesungsphase allerdings nicht in Frage. Dennoch gibt es eine Reihe schöner Aerobic-Übungen, die dem Rücken guttun können und weniger Vorsichtsmaßnahmen erfordern als die meisten. Hierzu zählen flottes Gehen, Skilanglauf, Trainingsapparate für Trockenski, Aerobic-Tanz ohne Sprungbelastung, in korrekter Haltung rudern oder radeln sowie Schwimmen. Soll man solchen sportlichen Aktivitäten ungefährdet nachgehen können, müssen sie in ein rehabilitierendes Yoga-Programm integriert werden, das auch eine ständige Kontrolle der richtigen Körperhaltung umfaßt. Jedenfalls ermöglichen sie ein Aerobic-Training mit all seinen heilsamen Wirkungen auf das Herz, die geistig- seelische Verfassung und den Stoffwechsel.

Vorsichtsmaßnahmen beim Aerobic

Erste Vorsichtsmaßnahme. Herz-Kreislauf-Untersuchung. Grundsätzlich sollten Sie sich, bevor Sie mit einem Aerobic-Training beginnen, einer umfassenden Herz-Kreislauf-Untersuchung unterziehen. Falls Sie älter als 35 Jahre sind oder in Ihrer Familie Erkrankungen des Herzens oder des Kreislaufs häufig vorkommen, ist auch ein Belastungs-Elektrokardiogramm unerläßlich.

Zweite Vorsichtsmaßnahme. Beurteilung der korrekten Körperhaltung (wie in Kapitel 4 beschrieben). Haben Sie Plattfüße, X-Beine oder O-Beine? Zeigen Ihre Zehen beim Gehen nach innen oder nach außen? Haben Sie ein Hohlkreuz oder ist Ihre Lendenwirbelsäule abgeflacht? Gehen oder laufen Sie mit vorgerecktem Kopf? Wenn in irgendeinem Bereich eine deutliche Abweichung von der Norm besteht, kann wiederholtes Laufen, Gehen oder Tanzen in den von der Fehlstellung betroffenen Gelenken Probleme verursachen. Während Sie sich allmählich in Ihr Aerobic hineintrainieren, wird Ihnen regelmäßiges Yoga helfen, das Gleichgewicht und die korrekte Haltung dieser Bereiche wiederherzustellen. Sollten Sie Gelenk- oder Kreuzschmerzen bekommen, reduzieren Sie das Aerobic-Programm, bis die Symptome nachgelassen haben. Gehen Sie gemächlicher vor, und konzentrieren Sie sich eine Zeitlang stärker auf Yoga. Nehmen Sie sich Zeit, Ihre Haltung zu korrigieren und zu verbessern, und fahren Sie erst danach mit Ihrem Aerobic-Programm fort.

Dritte Vorsichtsmaßnahme. Machen Sie vor und nach dem Aerobic-Training Dehnungsübungen. Dehnungsübungen zum Aufwärmen und zum Abkühlen sind unerläßlicher Bestandteil eines umfassenden und richtig ausgeführten Aerobic-Programms. Während der Durchschnittsmensch wenig Ahnung vom richtigen

Dehnen hat, sind hier die Yoga-Ausübenden klar im Vorteil. Bei den meisten Aerobic-Übungen werden immer wieder dieselben Muskelgruppen beansprucht. Werden diese Muskeln vor dem Training nicht gedehnt, kann es zu Zerrungen kommen. Unterläßt man das Dehnen nach dem Training, dann verkürzen sich diese Muskeln unaufhaltsam, führen zu einer Fehlstellung des Beckens, mindern dadurch die volle Beweglichkeit der Gelenke und gefährden den Rücken. Die im 6. und 7. Kapitel beschriebenen statischen und dynamischen Dehnungsübungen können diese Probleme verhindern.

Vierte Vorsichtsmaßnahme. Üben Sie ohne Aggressivität und ohne Ehrgeiz. Ihre geistige Einstellung zu Aerobic ist der Schlüssel dazu, die Herztätigkeit anzuregen, nicht aufzuputschen. Wenn Sie Aerobic aggressiv oder ehrgeizig ausüben, ist wahrscheinlich eine ausgeprägte Streßreaktion die Folge. Wenn Sie dagegen Aerobic introspektiv in einer sicheren und ruhigen Atmosphäre trainieren, bewirkt es keinen unguten Streß, sondern wirkt anregend und kräftigend.

Beginnen Sie Ihr Aerobic-Training mit der Haltung von Nichtaggressivität und Gewaltlosigkeit, die das Yoga gebietet. Es hat Jahre gedauert, in Ihren jetzigen schlechten Zustand zu geraten. Jetzt müssen Sie sich Zeit geben, wieder in Form zu kommen. Beginnen Sie da, wo Sie sich befinden, und gehen Sie in dem Tempo voran, das Ihnen die eigenen Kräfte diktieren. Fangen Sie nicht da an, wo Sie stehen zu müssen glauben. Lassen Sie sich nicht von irgendwelchen Tabellenwerten in irgendwelchen Büchern tyrannisieren. Folgen Sie Ihrem eigenen Tempo, hören Sie auf die Signale und Rückmeldungen Ihres Körpers.

Welche Anzeichen könnten darauf hinweisen, daß Ihr Aerobic-Training irritierend statt aufbauend wirkt? Folgende Symptome dürfen beim Üben nicht auftreten: Herzflattern oder Herzjagen; unregelmäßiger Puls; kalte, feuchte Haut; Übelkeit; Angst; Schmerzen in der Brust, im Nacken, in den Armen; Kurzatmigkeit; oder ein Gefühl drohender Vernichtung. Nach dem Training dürfen Sie sich nicht kribbelig oder gereizt fühlen. Müde, ja, aber nicht erschöpft dürfen Sie sein.

Sollte eines der vorgenannten Symptome auftreten oder der Gedanke an das Training eine Horrorvorstellung für Sie sein, denken Sie über die Gründe nach. Strengen Sie sich mehr an, als Sie eigentlich wollen? Haben Sie ein körperliches Leiden, das nicht erkannt wurde? Wäre eine andere Art des körperlichen Trainings besser für Sie? Hören Sie auf Ihren Körper und Ihren Geist. Befolgen Sie, was Ihnen Ihr gesunder Menschenverstand sagt. Korrigieren Sie Ihr Programm, bis Sie imstande sind, sich darauf zu freuen und es voll zu genießen. Falls das nicht klappt, sollten Sie sich nochmals gründlich ärztlich untersuchen lassen.

Auch Gehen ist gesund für den Rücken

Gehen stellt eine großartige aerobische Übung dar und kann von jedem Menschen, der ein Rückenleiden hat oder sich einer Operation an der Wirbelsäule unterziehen mußte, leicht praktiziert werden. Allen Rückenschmerzpatienten, die mich zur Behandlung aufsuchen, empfehle ich das Gehen, sobald die akute Schmerzphase überwunden ist und die Muskelkrämpfe nicht mehr so häufig auftreten. Das Gehen als befreiende aerobische Übung ist immer dann ratsam, wenn andere Formen von Aerobic Rückenschmerzen auslösen. Einige Vorteile, die das Gehen dem Rücken bringt, zähle ich nachstehend auf:

- Gehen bewirkt ein ausgezeichnetes Herz-Kreislauf-Training, das den jeweiligen Bedürfnissen angepaßt werden kann, von der ersten Zeit nach einer Verletzung oder Operation bis Jahre nach der vollständigen Genesung.
- Gehen ist Aerobic ohne Erschütterungen. Bei verletzungsanfälliger Lendenregion sind sprungbelastende Aktivitäten wie Joggen und Aerobic-Tanz problematisch. Die Erschütterung beim heftigen Auftritt der Füße auf Erde oder anderen Boden überträgt sich nach oben auf das ganze Knochengerüst und kann die verletzte Region extrem belasten. Jede Fehlstellung des Skeletts wird durch die Wucht, die mit heftigem Aerobic verbunden ist, enorm verstärkt.
- Gehen vermittelt die beruhigende Wirkung leichter rhythmischer Gymnastik. Die Aktivierung großer Muskelgruppen kann den Endorphinspiegel erhöhen und so zu einer Schmerzlinderung ohne Medikamente führen.
- Gehen eröffnet Ihnen die wunderbare Möglichkeit, Ihre neu erworbenen Fähigkeiten der guten Haltung und Ausrichtung des Körpers anzuwenden.
- Gehen fördert die Kräftigung all jener Muskelgruppen, die den Rücken stabilisieren und schützen.
- Die leichte schwingende Bewegung der Wirbelsäule beim Gehen bewirkt eine verbesserte Durchblutung der Muskeln, der Knochen und der Bandscheiben.
- Der psychologische Gewinn beim ausgedehnten Gehen ist beachtlich. Bei gutem Wetter halten Sie sich an der frischen Luft auf. Wenn es im Freien ungemütlich ist, bieten sich Einkaufsmeilen an. Mit jedem Schritt sagen Sie sich in Körpersprache: Ich tu mir was Gutes. Ich verhelfe meinem Rücken zu mehr Kraft und Gesundheit. Ich verbessere meine Fähigkeit, Schmerz zu ertragen. Ich verringere meine Neigung, mir selbst Schmerz zu verursachen.

Für gesundes Gehen müssen folgende Voraussetzungen erfüllt sein: Gute Schuhe, ebenes Gelände, gute Gesellschaft, gute Einstellung, gute Haltung, gute Umgebung.

Gehen verlangt keinen Aufwand. Weder müssen Sie dazu die Mitgliedschaft in einem Fitneßclub noch teure Klamotten erwerben. Sie brauchen auch keine Trainerstunden. Sie benötigen lediglich ein Paar gute Wanderschuhe, die Sie auch bei vielen anderen Gelegenheiten tragen können. Tüchtige Geher brauchen etwa alle sechs Monate ein neues Paar Schuhe. Gehen Sie auf relativ ebenen gepflasterten oder asphaltierten Wegen, bis Sie sich, so etwa nach sechs bis zehn Monaten, genügend Kraft antrainiert haben. Es ist schwierig, auf unebenem Gelände konsequent in guter Haltung zu gehen. Ebenso werden Sie erst Kraft und gute Haltung erwerben müssen, bevor Sie bergige Gegenden durchwandern.

Wie soll man gehen, damit der Rücken gesund wird?

Die beste Haltung für gesundes Gehen fördert die natürlichen Krümmungen der Wirbelsäule. Die Last von Kopf, Brustkorb und Becken verteilt sich auf die gewichtstragenden Elemente des Körpers (Hüftgelenke, Beine und Lendenwirbelsäule). Beim gesunden Geher werden Ohren, Schultergelenke und Hüftgelenke in Seitenansicht durch eine gedachte Gerade zu verbinden sein. Im Gegensatz zu einer vorgeneigten Haltung des ganzen Körpers, bei der die Schultern hinter den Kopf zurücktreten, erlaubt die gerade Haltung, das Gewicht des Körpers richtig auszubalancieren, und verhindert, daß die Rückenmuskeln überstrapaziert werden. Ist der Körper gebeugt oder befindet er sich teilweise vor seinem Schwerpunkt, dann werden die Rückenmuskeln unweigerlich überlastet, weil sie verhindern müssen, daß Sie nach vorne aufs Gesicht fallen (Abb. **185**).

Sie stützen die Lendenwirbelsäule und richten das Becken aus, wenn Sie die Bauchmuskeln leicht aktivieren. Zu diesem Zweck stellen Sie sich vor, daß sich Ihr Schambein zum Nabel hin bewegt. *Versuchen Sie nicht, die Bauchmuskeln beim Gehen so anzuspannen, daß das Steißbein eingezogen und die Lendenlordose abgeflacht wird.*

Bemühen Sie sich nicht, beim Gehen die Wirbelsäule steif zu halten, sondern lassen Sie sie entsprechend der Bewegung der Beine von vorne nach hinten mitschwingen. Dazu stellen Sie sich vor, daß der Kopf sich beim Gehen eher empor als nach vorne bewegt. Stellen Sie sich vor, er folge in seiner Bewegung einem dahinschwebenden heliumgefüllten Ballon. Dies gestattet Ihrem Körper, natürlichere Krümmungen der Wirbelsäule zuzulassen, wobei die Ohren sich in einer normaleren Position über den Schultern befinden. Diese Vorstellung verhindert auch, daß Sie mit vorgerecktem Kinn gehen. Üben Sie, mit einem Säckchen Bohnen auf dem Kopf umherzugehen, und lassen Sie dabei den Scheitel gegen das Gewicht nach oben stoßen (Abb. **186**).

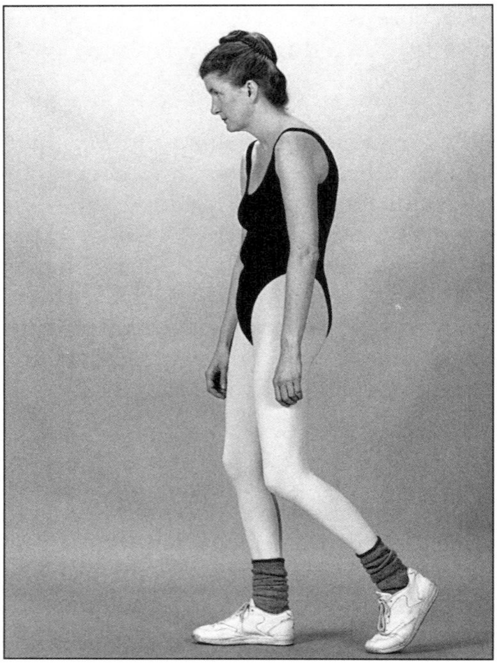

Abb. 185 Schlechte Körperhaltung beim Gehen

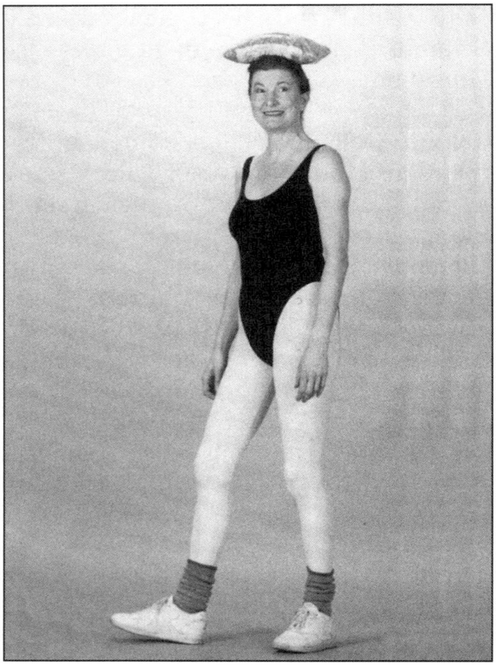

Abb. 186 Gute Körperhaltung beim Gehen

Senken Sie die Schultern in bezug auf die Ohren. Entspannen Sie die Muskeln der Schultern und der oberen Rückenpartie ausgiebig, ohne die Schultern vorhängen zu lassen. Ziehen Sie die Schultern aber nicht starr nach hinten. Heben Sie das Brustbein leicht an, ohne gleichzeitig ein Hohlkreuz zu machen.

Lassen Sie die Arme locker auf beiden Seiten mitschwingen. (Das Schwingen darf aber nicht übertrieben werden, so wie es die Geher bei ihren Wettkämpfen tun.) Schwingen Sie die Arme nicht über die Mittellinie des Körpers nach der Gegenseite, denn dies würde eine unnötige Drehung der Lendenwirbelsäule und des Beckens bewirken. Lassen Sie auch die Hände locker, ballen Sie sie nicht zur Faust. Tragen Sie Schlüssel und was Sie sonst unterwegs benötigen am Gürtel oder in einem Gürteltäschchen, damit Ihre Hände freibleiben.

Gehen Sie unbeschwert und ganz natürlich. Versuchen Sie nicht, in der Absicht eines härteren Trainings größere Schritte zu machen, dies könnte nämlich Ihren Rücken über Gebühr belasten. Machen Sie sich bewußt, in welche Richtung Ihre Füße zeigen: geradeaus oder nach außen? Sollten Ihre Füße beim Gehen nicht geradeaus zeigen, korrigieren Sie dies nicht abrupt, Sie könnten sonst die Kniegelenke belasten. Verändern Sie die Fußstellung ganz allmählich, in dem Maße, wie sich die Ausrichtung Ihrer Füße, Knie und Beine durch therapeutisches Yoga bessert.

Entspannen Sie die Gesichtsmuskeln. Die Kiefergelenke müssen locker sein. Atmen Sie ruhig und gleichmäßig. Wenn Sie so angestrengt atmen, daß Sie sich beim Gehen nicht unterhalten oder nicht singen können, vergeuden Sie Ihre Kräfte. Machen Sie langsamer oder wechseln Sie in ebenes Gelände.

Ihre Haltung beim Gehen läßt sich mühelos verbessern, wenn Sie dabei ein Bild vor Ihrem geistigen Auge haben. Ich verrate Ihnen einige meiner Lieblingsvorstellungen. Sie können sie ausprobieren, sich aber genauso gut eigene Bilder ausdenken.

Seien Sie Ihre eigene Wegbegleitung. Stellen Sie sich vor, Sie gingen neben sich und beobachteten Ihre Haltung von der Seite. Während Ihr betrachtendes Selbst Ihr gehendes Selbst beobachtet, bemerken Sie, daß sich Ihre Ohren lotrecht über den Schultern, die Schultern über den Hüften befinden und die Krümmungen der Wirbelsäule schön ausgerichtet sind. Kopf und Schultern liegen nicht vor dem Schwerpunkt des Körpers. Beobachten Sie, wie Sie sich geschmeidig und ökonomisch bewegen. Beachten Sie, wie entspannt und gesund Sie aussehen. Lächeln Sie für sich.

Betrachten Sie Ihr Spiegelbild. Stellen Sie sich vor, der Boden, über den Sie gehen, sei ein Spiegel. Während Sie darüber schreiten, spüren Sie, wie sich Ihre Füße von der Oberfläche des Spiegels leicht und mühelos emporheben. Spüren Sie, wie sich Ihre Wirbelsäule mit dem Kopf himmelwärts dehnt, während die Wirbelsäule und der Kopf Ihres Spiegelbilds im gleichen Maße vom Mittelpunkt der Erde angezogen werden.

Stellen Sie sich vor, Sie trügen eine Krone. Schreiten Sie majestätisch, ohne Ihre Wirbelsäule durch das Gewicht der Krone stauchen oder zusammendrücken zu lassen, sondern mit gestreckter Wirbelsäule und erhobenem Kopf, als wäre die Krone schwerelos. Halten Sie Ihr Kinn nicht vorgestreckt, sondern leicht gesenkt und die Halswirbelsäule emporgestreckt. Gönnen Sie sich das Gefühl, von Adel zu sein. Lächeln Sie beifällig über Ihren Anblick.

Sanfte Sportarten und Bewegungsübungen

Sportarten ohne Sprungbelastung, wie Rudern, Radeln, Skilanglauf und das Training mit Geräten für Trockenski, ferner Aerobic-Tanz ohne heftige Sprünge können die Genesung des Rückens fördern, in vielen Situationen aber auch problematisch sein. Wenn Sie solche Aktivitäten in schlechter Haltung oder mit Fehlstellungen des Körpers ausführen, können Sie Kreuzschmerzen bekommen.

Rudern und Radeln sind besonders riskant, sofern Sie dabei den Rücken krumm machen oder den Kopf vorstrecken. (Sie dürfen diese Sportarten auf keinen Fall praktizieren, wenn Ihre Rückenschmerzen auf einer Spondylolyse oder Spondylolisthese beruhen.) Wenn Sie mit korrekt ausgerichteter Wirbelsäule rudern oder radfahren, sind Verletzungen unwahrscheinlich. Die modernen Tourenräder oder Mountainbikes ermöglichen eine bessere Körperhaltung als Rennräder. Durch Radfahren werden die Muskeln an der Vorderseite des Oberschenkels (die Hüftbeuger) gekräftigt und verkürzt. Da diese Muskeln an der Vorderseite der Lendenwirbelsäule und am Becken Zug ausüben, entsteht leicht ein Hohlkreuz, wenn man sie anspannt. Machen Sie das Radeln sicherer, indem Sie dabei Ihre Wirbelsäule aufrecht halten und vorher sowie danach den Quadrizeps und die anderen Hüftflexoren dehnen. Ideale Dehnungsübungen sind der Ausfall im Knien (Abb. **78**, **79**) und die ungestützte Brücke (Abb.**74**, **75**).

Beim Skilanglauf und beim Training mit Trockenski-Geräten müssen Sie ständig darauf achten, daß die natürlichen Krümmungen der Wirbelsäule erhalten bleiben, also Ohren, Schulter- und Hüftgelenke durch eine gedachte Gerade verbunden sind. Der Körper sollte nicht mehr als fünf Grad vorgeneigt sein. Die Schultern dürfen weder vorfallen noch gekrümmt werden.

Beim Aerobic im Sitzen und beim Treppensteigen (auch an Trainingsgeräten) sollten Sie besonders auf gute Haltung achten. Wenn Sie die Knie beugen, dann stets gerade über die Zehen und niemals X-beinig.

Ist die Lendenregion empfindlich, kann auch Aerobic-Tanz ohne Sprungbelastung Ihnen Probleme bereiten, wenn Sie die Arme über den Kopf erheben. Bedenken Sie, daß die Lendenlordose durch das Emporheben der Arme, besonders bei steifen Schultern, verstärkt werden kann.

Sprungbelastende Sportarten und Bewegungsübungen

Diese Aktivitäten, wie schnelles Laufen, Joggen, Trampolinspringen, Gymnastik und rasantes Aerobic, können die Wiederherstellung des Rückens verzögern. Heftiger Schwung und Geschwindigkeit mindern Ihre Fähigkeit, Haltung und Körpermechanik zu kontrollieren. Mit heftigen Bewegungen verbundene Sportarten erschüttern den Bewegungsapparat bei jedem Aufprall. Bei Haltungsschäden der Füße, Knie oder Wirbelsäule, bei Narben im Weichgewebe oder bei degenerativen Gelenkerkrankungen, etwa Arthritis oder Knochensporn, ist die Stoßdämpfung reduziert. Außerdem werden die Hüftbeuger und die Muskeln an der Rückseite der Oberschenkel immer wieder verkürzt. Wenn diese Muskeln vor und nach sportlichen Aktivitäten nicht gezielt gedehnt werden, kann die korrekte Ausrichtung des Körpers beeinträchtigt werden.

Für Läufer, Jogger und Trampolinspringer bietet sich die Zwischenlösung, eine Zeitlang zu gehen (nicht unter Wettkampfbedingungen). Als Tänzer wenden Sie sich dem Gesellschaftstanz oder leichtem Aerobic-Tanz zu, während Sie mit Ihrem Yoga-Programm fortfahren.

Später dürfen Sie versuchsweise Ihren Lieblingssport bei geringer Belastung in Ihr Programm aus Dehnungsübungen, therapeutischem Yoga und Gehen integrieren. Beobachten Sie, wie es hinhaut. Wenn die zusätzliche Ausübung der sprungbelastenden Aktivitäten unproblematisch ist, dürfen Sie ohne Gefahr weitertrainieren. Bei Rückfällen setzen Sie jedoch die belastende Aktivität noch einige Monate aus, machen derweil Ihr rehabilitierendes Rücken-Yoga und versuchen es später erneut mit dem Sport.

Wenn für Rückenschmerzen bei Gymnastik eine Spondylolyse oder Spondylolisthese verantwortlich ist, entscheiden Sie sich besser für eine andere angenehme Form des Bewegungstrainings. Bei beiden Beschwerdebildern ist von akrobatischen Verrenkungen dringend abzuraten.

Wenn Ihre Liebe sprungbelastenden Sportarten und Bewegungsübungen gehört, können Sie auch eine Kombination aerobischer Aktivitäten versuchen, die Gehen, Schwimmen mit Maske und Schnorchel, Aerobic ohne Sprünge sowie Radfahren und Trockenski- Training in guter Haltung umfassen.

Geh- und Lauftraining mit Gewichten

Benutzen Sie während der Rehabilitation Ihres Rückens keine Gewichte an Hand- und Fußgelenken. Beim Gehen und Laufen können Gewichte um die Knöchel zu Beschwerden in den Füßen, den Fuß-, Knie- und Hüftgelenken und im Kreuz führen. Die zusätzlichen Gewichte verschlimmern bloß die schädliche Wirkung jeder Fehlstellung.

Auch Hanteln oder um die Handgelenke getragene Gewichte können Probleme schaffen. Diese Gewichte werden nämlich gewöhnlich vor die Körperachse gehalten, verschieben dadurch den Schwerpunkt nach vorne, was eine beträchtliche Zusatzbelastung der Lendenwirbelsäule sowie eine Überlastung der Muskeln im Nacken- und Lendenbereich bedingt. (Denken Sie daran, daß eine 30 cm vor dem Nabel gehaltene Last die Bandscheiben im Lendenbereich fünfzehnmal stärker belastet.) Bei einem Karpaltunnelsyndrom (durch wiederholte mechanische Reizung bedingte Schwellung des Gewebes im Handgelenk, die zu einer Nervenkompression mit örtlichem Schwäche- und Taubheitsgefühl führt) können sich Handgewichte verheerend auswirken, da sie die bei diesem Leiden bestehende Muskeldysbalance noch verstärken. Handgewichte kräftigen auch die Muskeln an der Vorderseite des Brustkorbs und fördern dadurch vorhängende Schultern und einen krummen Rücken. Eine Arthritis in den Händen, Ellbogen und Schultern kann sich durch das Benutzen von Gewichten verschlimmern.

Schwimmen

Bei Rückenbeschwerden stellt Schwimmen zwar ein ausgezeichnetes Training dar, kann aber dennoch Probleme bereiten. Sowohl beim Kraulen als auch bei Butterfly, Rücken- und Brustschwimmen ist das Kreuz gefährdet. Während die Arme vor- und über den Kopf gestreckt werden, kann sich die Lendenlordose enorm verstärken. Außerdem kann das Heben des Kopfes zum Atmen den Nacken reizen.

Das Schwimmen kann jedoch eine total rückenstärkende Aktivität sein, wenn Sie beim Kraulen und beim Brustschwimmen Maske und Schnorchel benutzen und Ihren Körper beim Schwimmen in der Berghaltung ausrichten. Falls Sie lieber ohne Maske und Schnorchel schwimmen, drehen Sie den Kopf zum Atmen abwechselnd nach beiden Seiten. Bei Rückenbeschwerden ist das Schwimmen auf der Seite sehr nützlich, Sie müssen aber abwechselnd auf beiden Seiten schwimmen. (Das klingt einfacher, als es ist. Anfangs glaubte ich zu ertrinken, wenn ich mit der „falschen" Seite schwamm.) Üben Sie sich auch im Rückenschwimmen, aber überstrecken Sie dabei nicht die Lendenlordose. Machen Sie ebenso viele Schwimmstöße in Rücken- wie in Brustlage. Vor und nach dem Schwimmtraining sollten Sie stets ein Programm von Dehnungs- und Kräftigungsübungen (aus dem 6. und 7. Kapitel) absolvieren.

Kampfsportarten

Um Kampfsportarten ohne Risiko zu betreiben, sollten Sie über hervorragende Kraft, Koordination, Haltung, Balance und Gelenkigkeit verfügen. Wenn Sie sich sehr für Kampfsport interessieren, bereiten Sie sich mit den statischen Grundübungen und den dynamischen Bewegungsübungen darauf vor. Die Bewegungsabläufe bei Judo, Karate, Tae-kwon-do und ähnlichem erfordern große Kraft und Gelenkigkeit der Beine und der Hüftgelenke. Die abrupten Schlagfolgen können die Lendenwirbelsäule verdrehen. Tritte können die Lendenwirbelsäule strapazieren, wenn die Beine und Hüften nicht genügend gelenkig sind, um unter Beibehaltung normaler Wirbelsäulenkrümmungen die Beine zu heben und zu strecken.

Womöglich müssen Sie einige Monate die dynamischen Bewegungsübungen im Stehen (Kapitel 7) trainieren, bevor Sie ungefährdet eine Kampfsportart praktizieren können. Danach beginnen Sie langsam mit einer wöchentlichen Trainingsstunde im gewünschten Kampfsport und vernachlässigen darüber nicht Ihr therapeutisches Yoga, vor allem vor und nach dem Sport.

Bowling

Der Bewegungsablauf beim Bowling – Vorbeugen *und* Drehen *und* Werfen der schweren Kugel – birgt eine Reihe potentiell schädlicher Aktionen für den Kreuzbereich. Gehen Sie erst wieder Bowling spielen, nachdem Sie acht bis zwölf Monate die Yoga-Rückenschulung absolviert haben und mindestens vier Monate lang schmerzfrei waren. Sollten Sie dann bowlen oder kegeln wollen, fangen Sie mit einer leichten Kugel an, und spielen Sie im ersten Monat höchstens zweimal pro Woche je fünfzehn bis dreißig Minuten. Wenn Ihr Rücken darauf nicht protestiert, dürfen Sie allmählich etwas länger spielen. Bei einer Spondylolyse oder Spondylolisthese dürfen Sie auf keinen Fall Bowling spielen.

Basketball

Gut und ohne Risiko Basketball zu spielen erfordert große Kraft, Standfestigkeit, Koordination, Körperhaltung und Gelenkigkeit. Bei jedem Spiel ist immer wieder das Kreuz gefährdet. Wenn die Arme zur Abwehr oder zum Werfen erhoben werden, kann sich die Lendenlordose massiv verstärken, was zu Verletzungen führen kann. Für die schnellen Drehungen und Stop-Start-Bewegungen sind Beinkraft, Standfestigkeit und Gelenkigkeit erforderlich. Falls Ihre Gelenkigkeit eingeschränkt oder Ihre Körperhaltung nicht ganz korrekt ausgerichtet ist, können die heftigen Erschütterungen des Aufpralls nach Sprüngen zu Beschwerden führen. Schließlich ist es bei dem hohen Tempo eines Basketballspiels praktisch unmöglich, die korrekte Haltung ständig zu kontrollieren.

Natürlich muß das Basketball-Training warten, wenn Sie eine Rückenverletzung erlitten oder sich einer Operation am Rücken unterzogen haben. Nutzen Sie diese Wartezeit, um die Yoga-Rückenschule durchzuarbeiten. Sobald Sie mehrere Monate lang schmerzfrei waren und ein regelmäßiges Geh-Training absolviert haben, dürfen Sie ganz vorsichtig anfangen, wieder Basketball zu spielen. Spielen Sie in einer Gruppe mit gleichem Leistungsniveau. Machen Sie erst ausgiebig Dehnungen und Übungen zum Aufwärmen. Ihre Yoga-Übungen eignen sich vorzüglich zum Aufwärmen und Abkühlen.

Alpiner Skilauf

Sicheres Skilaufen erfordert beträchtliche Kraft und Gelenkigkeit der Fuß-, Knie- und Hüftgelenke. Die Gesäßmuskeln und die Muskeln an der Rückseite der Oberschenkel müssen so geschmeidig sein, daß Sie nicht mit abgeflachter Lendenlordose laufen. Um eine Überlastung der Lendenregion zu vermeiden, muß der obere Anteil der Wirbelsäule genauso drehbeweglich sein wie die Lendenwirbelsäule. Wenn sich der obere Rücken, das Becken und die Hüften nicht ungehindert drehen können, kann eine extreme Rotation des Kreuzbereichs nötig werden.

Um gefahrlos skizulaufen, sollten die Beinkraft, die Ausrichtung der Füße und der Knie, die Geschmeidigkeit der Beine und Hüften und die Drehbeweglichkeit des oberen Rückenabschnitts gut trainiert werden. Die dynamischen Übungen im Stehen und die Drehübungen für die Wirbelsäule (Kapitel 7) sind hier besonders geeignet.

Rückschlagspiele, Golf, Baseball, Softball und andere einseitig belastende Sportarten

Abgesehen davon, daß diese Sportarten Kraft und Gelenkigkeit von Beinen und Hüften voraussetzen, belasten sie den Körper einseitig und erfordern Drehbewegungen, die hohe Anforderungen an Wirbelsäule, Becken und Iliosakralgelenke stellen. Im Verein mit der Rotationsbewegung und den heftigen Erschütterungen der Schwünge gefährdet die einseitige Belastung des Oberkörpers die Lendenwirbelsäule, falls Hüften, Schultern und Brustwirbelsäule steif sind. Sie riskieren, durch Verdrehung des Beckens nach immer derselben Seite eine Beckenfehlstellung zu bekommen und das ISG zu überlasten. (Die gleiche Art von einseitiger Drehbelastung des Körpers bewirken auch asymmetrische Tätigkeiten wie Anstreichen, Arbeiten an der Töpferscheibe oder Spielen eines Saiteninstrumentes.)

Wenn Sie eine einseitige Sportart oder sonstige Aktivität betreiben wollen, sorgen Sie dafür, daß Ihr Oberkörper gelenkig ist. Bedenken Sie, daß Lendenwirbelsäule und Becken die mangelnde Drehbeweglichkeit der Brustwirbelsäule kompensieren müssen. Deshalb sollten Sie die Geschmeidigkeit und Kraft der Schultern, Hüften, der oberen Rückenpartie und der Beine mit Hilfe Ihres Yoga-Programms trainieren und zudem daran arbeiten, die Ausrichtung von Kopf und Nacken zu verbessern. Wenn Sie mit rundem Rücken und vorgerecktem Kopf eine asymmetrische Sportart betreiben, können Sie den Oberkörper nicht ungehindert drehen. Üben Sie die Positionen des 9. Kapitels. Außerdem können Sie versuchen, Ihre Sportart auszuüben, indem Sie abwechselnd mit der Gegenhand spielen.

Um Ihre einseitig belastende Sportart schneller wieder aufnehmen zu können, üben Sie die Positionen im Stehen und die Drehungen der Wirbelsäule (Kapitel 7). Selbstverständlich machen Sie vor und nach dem Sport Dehnungsübungen. Und denken Sie daran, in die Knie zu gehen, um den Ball aufzuheben, statt sich danach zu bücken!

Training mit Gewichten

Gewichtheben oder Training mit Gewichten sollten Sie sich erst zumuten, wenn Sie die Übungen, die dieses Buch zur Rehabilitation des Rückens empfiehlt, beherrschen und ohne Schmerzen an regelmäßigen Yogakursen teilnehmen können. Doch selbst dann sollten alle derartigen Aktivitäten stets unter Anleitung einer Krankengymnastin oder Physiotherapeutin stattfinden. (Leider sind manche Mitarbeiter in Fitneßstudios nicht hinreichend ausgebildet, um Ihre Haltung zu korrigieren und Sie vor Verletzungen zu bewahren. Gebrauchen Sie deshalb Ihren neu erworbenen Sinn für die korrekte Körpermechanik. Eine meiner Kursteilnehmerinnen ist Krankengymnastin: Sie hatte durch falsch benutzte Kraftmaschinen chronische Rückenbeschwerden bekommen.)

Das Training mit Kraftmaschinen kann Muskeln kräftigen und eine Zunahme der Muskelmasse bewirken, es lehrt aber keine optimale Koordination der Körperbewegungen noch erzieht es zu einer besseren Haltung, wie Yoga dies vermag. Oft wird das Training mit Gewichten außerdem aggressiv angegangen, die Zahl der einzelnen Übungen und die angestrebte Gewichtsleistung unrealistisch hoch angesetzt. Für eine Genesung des Rückens ist dieses Vorgehen gänzlich ungeeignet, denn es verführt Sie zu Übertreibungen, bei denen Sie eher möglichst viele anstatt möglichst korrekte Bewegungen anstreben.

Ohne eine gezielte Arbeit an der Verbesserung der Haltung kann das Training mit Gewichten in Wirklichkeit schlechte Haltungsgewohnheiten verstärken und eine weitere Fehlhaltung verursachen. Die kräftigen Muskeln erledigen weiterhin den größten Teil der Arbeit, was den schwachen Muskeln gestattet, träge zu bleiben.

Das abschließende Urteil über Gewichtstraining zur Gesundung des Rückens lautet: Als Einzelmaßnahmen sind Gewichtheben und Training mit Gewichten völlig ungeeignet und potentiell schädlich. Derartige Aktivitäten sollten nur unter sachkundiger Anleitung eines Krankengymnasten oder Physiotherapeuten (am besten jemand, der das Problem aus eigener Erfahrung kennt) erfolgen und auch dann nur im Rahmen eines umfassenden Programms mit Haltungsschulung, vernünftigen Dehnungs- und Kräftigungsübungen, das die richtige Koordination des Körpers (wie das Yoga-Programm in diesem Buch) und therapeutisch wirksames Ruhen lehrt.

Anmerkung

- *Einen großen Teil der kräftigenden Wirkungen eines Gewichtstrainings erreichen Sie auch durch Yoga, indem Sie Teile des Körpers anheben – beispielsweise das Gewicht des Rumpfes, der Beine oder Arme bei den dynamischen Bewegungsübungen halten.*

Kräftigung der Bauchmuskulatur

Sportliche Aufrichtübungen mit angewinkelten oder gestreckten Knien. Oft klagen Rückenschmerzpatienten: „Ich hab tausendfach Aufrichtübungen gemacht, aber mein Rücken ist nur schlimmer geworden und der Bauch steht immer noch vor.“ Rückenschmerzpatienten und Bodybuilder, die ihre Bauchmuskeln kräftigen wollen, führen die Aufrichtübungen nur zu oft unkorrekt mit zahlreichen Wiederholungen durch. Neuerdings hat man erkannt, daß sportliche Aufrichtübungen mit gestreckten Beinen dem Rücken schaden können. Deswegen wird heute meist mit angewinkelten Knien geübt. Leider versuchen die Leute aber noch immer, sich vollständig in Sitzhaltung aufzurichten. Um den Rücken zu schützen, genügt es jedoch nicht, nur die Knie anzuwinkeln. Sie müssen statt dessen die Übung so modifizieren, daß Sie nur den Kopf und die Schultern vom Boden abheben. Auf keinen Fall sollten Sie sich soweit aufrichten, daß Sie gerade sitzen.

Die Kenntnis der Aktivität der beteiligten Muskeln hilft Ihnen zu verstehen, wie die Aufrichtübungen erfolgen müssen, um die Bauchmuskeln zu kräftigen, ohne die Lendenwirbelsäule zu gefährden. Beim Aufrichten aus der Position mit angewinkelten oder gestreckten Knien sind die Bauchmuskeln dafür zuständig, daß der Rumpf nur etwa dreißig Grad vom Boden abgehoben wird. (Wenn Sie die Arme vor der Brust verschränken, benutzen Sie den breiten Rückenmuskel [M. latissimus dorsi], der sich zwischen den Brustwirbeln und dem Oberarmbein ausspannt, um den Rumpf teilweise anzuheben, was die Bauchmuskeln natürlich entlastet.) Danach heben die Hüftlendenmuskel beidseits (M. iliopsoas, zuständig für die Beugung des Hüftgelenks) den Rumpf in sitzende Position, indem sie die Lendenwirbel und die zugehörigen Bandscheiben vom Boden in Richtung der Oberschenkel ziehen. Dieser Zug am Gewebe der Bandscheiben und an den Lendenwirbeln kann bei vorgeschädigtem Kreuzbereich verheerende Folgen haben. Ohne die Lendenregion zu gefährden, kräftigen Sie die Bauchmuskeln zuverlässig durch die Yoga-Aufrichtübungen (Abb. **64** bis **66**) und die Hüftdrehungen in Rückenlage (Abb. **67**, **68**).

Beine anheben in Rückenlage. Das Anheben der gestreckten Beine in Rückenlage ist eine weitere sogenannte Kräftigungsübung für die Bauchmuskeln, die das Kreuz belastet. Dabei müssen die Hüftbeuger beide Beine gleichzeitig heben. Meist wird gleichzeitig mit den Beinen auch noch die Lendenregion vom Boden abgehoben. Sind die Bauchmuskeln und die Hüftbeuger kräftig genug, daß Sie die Beine heben können und das Kreuz dabei auf dem Boden bleibt, dann kann diese Übung einigermaßen sicher praktiziert werden. Dies ist jedoch bei den meisten Menschen, insbesondere bei denen mit Beschwerden im Kreuz, nicht der Fall.

Sicherheitshalber halten Sie ein Knie gebeugt und setzen den Fuß flach auf den Boden. Dann heben Sie das gestreckte andere Bein, während Sie die Lendenwirbelsäule gegen den Boden drücken.

Dehnungen

Unkorrekte Dehnungen, wie ich sie vielfach auf dem Sportplatz, in Parks und in Fitneßstudios beobachte, können sehr schädlich sein. Sportler müssen lernen, Dehnungen richtig vorzunehmen, damit sie in den Genuß der Rückenschmerzprävention und der risikofreien Haltungskorrektur kommen.

Man könnte meinen, daß das Federn eine noch stärkere Dehnung fördert, aber in Wirklichkeit ist es kontraproduktiv und kann schädlich sein. Viele Verletzungen, die beim Aerobic auftreten, sind auf federnde Dehnungen zurückzuführen. Ihr Gewicht und Ihr Schwung beim Federn bewirken womöglich eine stärkere Dehnung, als Ihre Gewebe momentan verkraften können. Dies kann zu mikroskopisch feinen Rissen in Muskeln, Faszien und Sehnen führen, die narbig verheilen, dadurch die Muskeln weiter verkürzen und die Elastizität verringern.

Darüber hinaus aktiviert das Federn den Dehnungsreflex. (Gemeint ist der Patellarsehnenreflex; der Arzt prüft ihn, indem er auf die Sehne direkt unterhalb der Kniescheibe klopft: normalerweise schnellt dann der Fuß vor.) Bei abrupter Dehnung einer Muskelsehne (durch Beklopfen oder Federn) registriert der Muskel, daß er dabei ist, überdehnt zu werden. Er reagiert mit einer Kontraktion und einer Verkürzung in bezug auf seine Länge im Ruhezustand. Deswegen bewirkt das federnde Dehnen tatsächlich, daß Sie sich immer mehr verspannen.

Um eine zuverlässige Dehnung zu erreichen, sollte in guter Ausrichtung des Körpers mindestens fünfzehn bis dreißig Sekunden lang eine Position leichter bis mäßiger Dehnung gehalten werden, damit die Muskeln das physiologische Signal aufnehmen, sich zu strecken. Therapeutische Yoga-Dehnungen oder andere Dehnungen, die den Yoga-Prinzipien des sanften Übens in korrekter Ausrichtung der Haltung gehorchen, sind optimal, um die Muskelfasern zu verlängern.

Ausgezeichnete Dehnungsübungen für alle Sportarten stellen die statischen Grundübungen und die dynamischen Bewegungsübungen des Iyengar-Yoga dar.

Liebe Leserin, lieber Leser,

nun liegt es an Ihnen. Sie wissen nun alles, was ich meinen Patienten vermittele: eine Gebrauchsanweisung zur Genesung, die exakt auf Ihren Körper, Ihre Aktivitäten und Ihre Bedürfnisse zugeschnitten ist. Dieses Buch weist Ihnen den Weg. Mit seiner Hilfe können Sie Ihre individuelle Verordnung für einen gesunden Rücken niederschreiben – mit Yoga zur Haltungskorrektur, zur Schmerzlinderung und zur Streßbewältigung; ferner mit Yoga für jeden Tag und ungefährlichen aerobischen Übungen. Damit schaffen Sie die Grundvoraussetzungen für ein neues glückliches und produktives Leben in der Zukunft.

Ich wünsche Ihnen gutes Gelingen. Sie können es schaffen!

Ihre

Dr. med. Mary Pullig Schatz

Glossar

Adduktoren der Oberschenkel. Heranführende Muskeln an der Innenseite der Oberschenkel, bewirken Beinschluß (wichtig z.B. beim Reiten, um im Sattel zu bleiben).

Aktivieren. Mehrere Muskelgruppen gleichzeitig kontrahieren, um ein Gelenk in korrekter Stellung zu stabilisieren.

Akut. Plötzlich auftretend, heftig verlaufend.

Arthritis. Gelenkentzündung. Es werden verschiedene Formen unterschieden, z.B. akute und chronische A.

Bandscheibe. Synonyme: Zwischenwirbelscheibe, Diskus. Knorpelscheibe zwischen zwei Wirbelkörpern, bestehend aus einem bindegewebigen äußeren Ring und innerem Gallertkern. Wirkt als elastischer Puffer.

Bandscheibenprolaps. Synonyme: Diskusprolaps, Bandscheibenvorfall. Degenerative Veränderung, bei der ein Teil der Zwischenwirbelscheibe über die Ränder des Wirbelkörpers herausquillt (Abb. **6**).

Bauchmuskeln. Die Muskelschichten der Bauchwand. Diese Muskeln drehen den Rumpf und beugen ihn vor. Sie tragen auch zur korrekten Beckenstellung bei und stützen ferner die Lendenregion, indem sie die Baucheingeweide gegen die Lendenwirbelsäule drücken.

Chronisch. Sich allmählich entwickelnd, langsam verlaufend.

Degenerative Bandscheibenerkrankungen. Veränderungen der Wirbel und Bandscheiben, in deren Verlauf die Bandscheiben degenerieren und dünner werden. Um die mangelhafte Pufferfunktion der Bandscheiben zu kompensieren, entstehen an den benachbarten Wirbeln knöcherne Deformierungen.

Dysbalance. Gestörtes Gleichgewicht.

Dysfunktion. Funktionsstörung.

Entspannende Atmung. Einfache Atemtechnik beim Yoga, bei der nach jeder Ausatmung eine bis drei Sekunden pausiert wird, bevor man erneut einatmet (Kapitel 5).

Facettengelenke. Flache, gelenkige Verbindungen zwischen den Wirbeln beidseits der Wirbelsäule (Abb. **5**).

Faszie. Breitflächige dünne Bindegewebshülle, vor allem von Muskeln.

Hüftflexoren. Hüftbeugemuskeln; ziehen die Oberschenkel zur Brust (Abb. **9**).

Hyperextension. Überstreckung (z.B. „durchgedrückte" Knie).

Iliopsoas. Hüftlendenmuskel, gehört zu den Hüftflexoren und verläuft vom 12. Brust- und von den Lendenwirbelkörpern zum kleinen Rollhügel des Oberschenkelknochens. Der Iliopsoas kann den Oberschenkel zur Brust heben oder Lendenwirbelsäule und Becken nach vorne kippen (Hohlkreuz) (Abb. **9**).

Iliosakralgelenke (ISG). Paarige gelenkige Verbindung zwischen Darmbein (Os ileum) des Beckens und Kreuzbein (Os sacrum) (Abb. **7**). Zur ISG-Lokalisierung siehe Abb. **37**.

Ischias. Hüftschmerz infolge Reizung des Ischiasnervs. Charakteristisch ist ein nach unten schießender, in das Versorgungsgebiet des Ischiasnervs an der Rückseite des Beins ausstrahlender Schmerz.

Ischiokrurale Muskelgruppe. Große Muskeln an der Rückseite des Oberschenkels, die vor allem das Hüftgelenk strecken und das Knie anwinkeln (Abb. **7**).

Iyengar-Yoga. Von B.K.S. Iyengar entwickelte Yoga-Methode, die besonderen Wert auf die korrekte Ausrichtung des Körpers bei den Yoga-Haltungen legt und letztere den individuellen Bedürfnissen des Übenden anpaßt, oft unter Verwendung einfacher Hilfsmittel wie feste Polster, Decken, Seile, Hocker u. a.

Knochensporn. Meist durch Einwirkung abnormer Kräfte entstandene Knochenzacken.

Kyphose. Konvexe Krümmung der Wirbelsäule, physiologisch (gering) im Bereich der Brustwirbelsäule. Krankhaft: Buckel.

Ligament. Festes Band aus (kollagenem) Bindegewebe, das gegeneinander bewegliche Teile des Körpers verbindet (z.B. Gelenke).

Lordose. Physiologische Krümmung der Wirbelsäule nach vorn, z.B. Halslordose, Lendenlordose.

Lumbal. Die Lenden betreffend, z.B. Lumbalwirbel = Lendenwirbel.

Osteoporose. Knochenschwund. Die Knochen werden abnorm porös und brechen leicht.

Paraspinale Muskeln. Die großen Muskelbündel (Rückenstrecker) zu beiden Seiten der Wirbelsäule (Abb. **8**).

Pektoralis- oder Brustmuskeln. An der Vorderseite des Brustkorbs unter der Brustdrüse gelegen, ziehen die Schultern vor und die Oberarmknochen zur Thoraxmitte.

Pelvis. Knöchernes Becken; stellt die Verbindung zwischen Wirbelsäule und Beinen her.

Piriformis- oder birnenförmiger Muskel. In seinem Verlauf zwischen Kreuzbein und großem Rollhügel des Oberschenkelknochens kreuzt der Piriformis den Ischiasnerv. Er dreht den Oberschenkel nach außen, die Zehen zeigen dann von der Körperachse weg (Abb. **127**).

Quadrizeps. Große Muskelgruppe an der Vorderseite des Oberschenkels; beugt das Hüftgelenk, streckt das

Knie; gehört zu den Hüftflexoren (Abb. **9**).

Rotatorenmanschette. Haubenförmiges Dach aus Muskeln und Sehnen über dem Kopf des Oberarmknochens. Feine Einrisse der Sehnen führen oft zu Schulterschmerzen.

Rumpf(be)atmung, totale. Natürliche Atemweise, bei der die Bauch- und Beckenmuskeln entspannt sind und der Brustkorb weit geöffnet wird.

Sakrum oder Kreuzbein. Dreieckige Knochenplatte am unteren Ende der Wirbelsäule, bildet die Rückwand des knöchernen Beckens (Abb. **7**). Zur Lokalisierung siehe Abb. **36**.

Schambein (Os pubis). Knochen, der die Vorderseite des Beckens bildet, etwa zwei Handbreit unterhalb des Nabels tastbar (Abb. **7**).

Sitzknochen oder Sitzhöcker. Die knöchernen Vorsprünge an der Basis des Beckens, auf denen das Körpergewicht bei aufrechter Sitzhaltung ruht.

Skoliose. Abnorme seitliche Verkrümmung der Wirbelsäule.

Spondylolisthese. Gleitwirbel. Verschiebung von Wirbeln aus ihrer normalen Lage.

Spondylolyse. Lockerung oder Lösung eines Wirbels durch angeborene Spaltbildung im Wirbelbogen.

Thorax. Brustkorb. Adjektiv: thorakal.

Vertebra. Wirbel. Adjektiv: vertebral.

Yoga. Im alten Indien entstandenes philosophisches und therapeutisches System, das zu harmonischem Leben sowie geistig-seelischer und körperlicher Gesundheit führt.

Zervikal. Hals oder Nacken betreffend.

Nützliche Adressen

Institute für Iyengar-Yoga erfragen Sie unter folgenden Adressen:

Arbeitskreis Iyengar-Yoga in Deutschland
Herr Michael Forbes
Maistraße 31
D 80337 München
Tel.: 0 89 – 53 71 70

Frau Erika Erber
Margaretenstraße 164/42
A 1050 Wien
Tel.: 01 – 5 59 24 75

Frau Judith Adank
Schänzlihalde 203
CH 3013 Bern
Tel.: 31 – 3 31 17 97

Hilfsmittel für Iyengar-Yoga können Sie bei folgenden Adressen beziehen:

Renate Ockel
Ansbacher Straße 60
D 10777 Berlin
Tel.: 0 30 – 2 18 48 24

Ralf Schütt
Bleicherwiesen 6
D 31224 Peine
Tel.: 0 51 71 – 4 11 22

Yoga-Hilfsmittel-Versand

Michael Forbes
Maistraße 31
D 80337 München
Tel.: 0 89 – 53 71 70
Fax: 0 89 – 5 43 98 03

Die Übersetzerin dankt im

Iyengar-Yoga-Institut, Alt Hausen 23, 60488 Frankfurt am Main,

Herrn Claus Grzesch für Informationen und Adressen,

Herrn Wolfgang Becker für eine wohltuende Übungsstunde in Iyengar-Yoga!

Literaturhinweise

Ebert, D.: Physiologische Aspekte des Yoga. Gustav Fischer Verlag, Stuttgart 1986

Eliade, M.: Yoga. Unsterblichkeit und Freiheit. Suhrkamp tb 1127, Frankfurt a.M. 1985

Fuchs, Chr.: Yoga in Deutschland. Rezeption, Organisation, Typologie. Kohlhammer 1990

Jacquemart, P., S. Elkéfi: Yoga als Therapie. Lehrbuch für die Arzt- und Naturheilpraxis. Jungjohann Verlagsgesellschaft 1993

Jung, G.: Umsteigen auf Vollwertkost. Trias, Stuttgart 1989

Kent, H.: Yoga leichtgemacht. Übungen für geschwächte, kranke und ältere Menschen. Ariston Verlag, Genf/München 1988

Krämer, K.-L., M. Stock, M. Winter: Klinikleitfaden Orthopädie. 2., erw. Auflage, Jungjohann Verlagsgesellschaft 1993

Leitzmann, C., H. Million: Vollwertküche für Genießer. Falken-Verlag, Niedernhausen 1993

Mehta, Silva, Mira u. Shyam: Yoga-Gymnastik für Entspannung, Energie und Wohlbefinden (Iyengar-Methode). 2. Auflage, Christian Verlag, München 1992

Sivananda Yoga Zentrum (Hrsg.)**:** Yoga für alle Lebensstufen – in Bildern. 6. Auflage, Gräfe und Unzer Verlag 1993

Voss-Herrlinger: Taschenbuch der Anatomie. Band 1, Bewegungssystem. 18. Auflage, Gustav Fischer Verlag, Stuttgart 1985

Anhang

Tagebuch: Zielsetzungen für den Rücken

Datum	gesetztes Ziel	Ziel erreicht, Datum

Tagebuch: Zielsetzungen für den Rücken

Datum	gesetztes Ziel	Ziel erreicht, Datum

Rückenschmerztagebuch

Datum	Umstände/Ursachen der Rückenattacke	Schmerzdauer	Schmerzort und -intensität (leicht/gleichmäßig/stark)	Anmerkungen

Rückenschmerztagebuch

Datum	Umstände/Ursachen der Rückenattacke	Schmerzdauer	Schmerzort und -intensität (leicht/gleichmäßig/stark)	Anmerkungen

Protokollblätter über Gelenkigkeit und Haltung

Datum ☞			
Beurteilung der Lendenlordose im Sitzen (Abb. 12–14) flach, normal, Hohlkreuz			
Beurteilung der Lendenlordose im Stehen (Abb. 15–17) flach, normal, Hohlkreuz			
Beurteilung der Brustwirbelsäule (Abb. 18, 19) Krümmung zu stark, normal, zu gering			
Beurteilung der Schulter und des Schulterblattes rechts (Abb. 20–22) rund, normal / hoch, niedrig			
Beurteilung der Schulter und des Schulterblattes links (Abb. 20–22) rund, normal / hoch, niedrig			
Ausrichtung der Körperhaltung im Stehen (Abb. 23) Kopf: vorgestreckt, normal, nach hinten gestreckt			
Kniegelenkmitte (rechts): hinter, über, vor den Knöcheln			
Kniegelenkmitte (links): hinter, über, vor den Knöcheln			
Ausrichtung der Wirbelsäule zur Mittelachse (Abb. 24, 25) Wirbelsäule gerade, seitlich verkrümmt			
Untersuchung auf Skoliose (Abb. 26) Rippen am Rücken symmetrisch, asymmetrisch rechte/linke Seite steht vor			
Beurteilung des Beckenstandes (Abb. 27) gerade, nach rechts geneigt, nach links geneigt			
Beurteilung der Kniegelenke (Abb. 28–31) X-Beine, normal, O-Beine			
Beurteilung der Fußgelenk- und Fußstellung Ferse und Fußgelenk von hinten (rechts): nach innen gekippt, gerade, nach außen gekippt			

Protokollblätter über Gelenkigkeit und Haltung

Datum ☞			
Beurteilung der Fußgelenk- und Fußstellung (Forts.) Ferse und Fußgelenk von hinten (links): nach innen gekippt, gerade, nach außen gekippt			
Fuß und Zehen (rechts): Fußgewölbe: normal, flach, hoch Großzehe: normal, nach außen gebogen Klauenzehen, Hammerzehen			
Fuß und Zehen (links): Fußgewölbe: normal, flach, hoch Großzehe: normal, nach außen gebogen Klauenzehen, Hammerzehen			
Beurteilung der Schultergelenkbeweglichkeit rechts (Abb. 33, 34): normal, eingeschränkt			
Beurteilung der Schultergelenkbeweglichkeit links (Abb. 33, 34): normal, eingeschränkt			
Beurteilung der Hüftgelenkbeweglichkeit rechts (Abb. 35, 36): normal, eingeschränkt			
Beurteilung der Hüftgelenkbeweglichkeit links (Abb. 35, 36): normal, eingeschränkt			
Beurteilung der ISG-Symmetrie (Abb. 37–39) gleich, ungleich rechts oder links schmerzempfindlich			
Beurteilung der Bauchmuskelkraft (Abb. 40, 41) sehr gering, relativ gering, relativ gut			
Geschmeidigkeit der ischiokruralen Muskelgruppe (Abb. 42–44): normal, verringert Abstand Gesäß – Wand (cm)			
Geschmeidigkeit der Muskeln an der Innenseite der Oberschenkel (Abb. 45) normal, verringert Winkel der Beingrätsche (in Grad)			

Protokollblätter über Gelenkigkeit und Haltung

Datum ☞			
Beurteilung der Lendenlordose im Sitzen (Abb. 12–14) flach, normal, Hohlkreuz			
Beurteilung der Lendenlordose im Stehen (Abb. 15–17) flach, normal, Hohlkreuz			
Beurteilung der Brustwirbelsäule (Abb. 18, 19) Krümmung zu stark, normal, zu gering			
Beurteilung der Schulter und des Schulterblattes rechts (Abb. 20–22) rund, normal / hoch, niedrig			
Beurteilung der Schulter und des Schulterblattes links (Abb. 20–22) rund, normal / hoch, niedrig			
Ausrichtung der Körperhaltung im Stehen (Abb. 23) Kopf: vorgestreckt, normal, nach hinten gestreckt			
Kniegelenkmitte (rechts): hinter, über, vor den Knöcheln			
Kniegelenkmitte (links): hinter, über, vor den Knöcheln			
Ausrichtung der Wirbelsäule zur Mittelachse (Abb. 24, 25) Wirbelsäule gerade, seitlich verkrümmt			
Untersuchung auf Skoliose (Abb. 26) Rippen am Rücken symmetrisch, asymmetrisch rechte/linke Seite steht vor			
Beurteilung des Beckenstandes (Abb. 27) gerade, nach rechts geneigt, nach links geneigt			
Beurteilung der Kniegelenke (Abb. 28–31) X-Beine, normal, O-Beine			
Beurteilung der Fußgelenk- und Fußstellung Ferse und Fußgelenk von hinten (rechts): nach innen gekippt, gerade, nach außen gekippt			

Protokollblätter über Gelenkigkeit und Haltung

Datum ☞			
Beurteilung der Fußgelenk- und Fußstellung (Forts.) Ferse und Fußgelenk von hinten (links): nach innen gekippt, gerade, nach außen gekippt			
Fuß und Zehen (rechts): Fußgewölbe: normal, flach, hoch Großzehe: normal, nach außen gebogen Klauenzehen, Hammerzehen			
Fuß und Zehen (links): Fußgewölbe: normal, flach, hoch Großzehe: normal, nach außen gebogen Klauenzehen, Hammerzehen			
Beurteilung der Schultergelenkbeweglichkeit rechts (Abb. 33, 34): normal, eingeschränkt			
Beurteilung der Schultergelenkbeweglichkeit links (Abb. 33, 34): normal, eingeschränkt			
Beurteilung der Hüftgelenkbeweglichkeit rechts (Abb. 35, 36): normal, eingeschränkt			
Beurteilung der Hüftgelenkbeweglichkeit links (Abb. 35, 36): normal, eingeschränkt			
Beurteilung der ISG-Symmetrie (Abb. 37–39) gleich, ungleich rechts oder links schmerzempfindlich			
Beurteilung der Bauchmuskelkraft (Abb. 40, 41) sehr gering, relativ gering, relativ gut			
Geschmeidigkeit der ischiokruralen Muskelgruppe (Abb. 42–44): normal, verringert Abstand Gesäß – Wand (cm)			
Geschmeidigkeit der Muskeln an der Innenseite der Oberschenkel (Abb. 45) normal, verringert Winkel der Beingrätsche (in Grad)			